弗布克工厂精细化管理手册系列

工厂现场精细化
管理手册
（第2版）

吴 明 编著

人 民 邮 电 出 版 社

北 京

图书在版编目（CIP）数据

工厂现场精细化管理手册 / 吴明编著. -- 2版. --
北京 : 人民邮电出版社，2014.1
ISBN 978-7-115-33969-0

Ⅰ．①工… Ⅱ．①吴… Ⅲ．①工业企业管理—手册
Ⅳ．①F406-62

中国版本图书馆CIP数据核字(2013)第291099号

内 容 提 要

这是一本细化工厂现场管理的指导性图书，作者从职责、要点、制度、流程、方案、工具六大维度出
发，详细介绍了生产现场组织设计与岗位职责、生产现场环境布置、生产现场作业流程、现场生产计划
执行、生产现场作业管控、生产现场工艺管制、生产现场设备保全、生产现场质量控制、生产现场物
料管制、生产现场物流改善、生产现场人员、现场安全生产、现场5S推进、生产现场可视化、生产现场
改善等多个方面的内容，形成了一整套切实可行的工厂现场精细化管理体系。本书所提供的内容可以帮
助读者有效提升工厂现场管理的水平。

本书适合工厂中从事生产管理的人员以及企业培训师、咨询师和高校相关专业师生阅读。

◆ 编　著　吴　明
　　责任编辑　张国才
　　责任印制　杨林杰

◆ 人民邮电出版社出版发行　　北京市丰台区成寿寺路 11 号
　　邮编 100164　电子邮件 315@ptpress.com.cn
　　网址 https://www.ptpress.com.cn
　　北京天宇星印刷厂印刷

◆ 开本：787×1092　1/16
　　印张：24.5　　　　　　　　2014 年 1 月第 2 版
　　字数：300 千字　　　　　　2025 年 8 月北京第 51 次印刷

定　价：79.80 元

读者服务热线：(010) 81055656　印装质量热线：(010) 81055316
反盗版热线：(010) 81055315

"弗布克工厂精细化管理手册系列" 再版序

工厂是制造型企业的中心，工厂管理水平的高低直接影响企业的经济效益。随着微利时代的到来，精细化管理在企业中将扮演更加重要的角色，这就要求工厂管理者必须对加工制造的各个环节进行更为**细致**、**规范**的管理和控制。

为方便读者"拿来即用"、"改了能用"，我们对工厂管理10大模块的职能事项都进行了"模板化"设计，以便读者根据本企业的实际需求进行修改或套用。

"弗布克工厂精细化管理手册系列"于三年前应此需求而面世。本系列图书自上市以来，赢得了广大读者的关注，特别是在工厂工作的读者朋友们对本系列图书内容的全面性、精细性、实操性给予了高度评价，同时针对书中存在的问题也提出了有益的改进建议。在本次改版的过程中，我们对这些问题进行了修正，对第1版图书的部分内容做了相应的修改、删除和增补。希望通过本次改版，这套图书能够为广大读者带来更多工作上的便利。

改版后的"弗布克工厂精细化管理手册系列"图书旨在通过对岗位职责、事项要点、管理制度、管理流程、执行方案、操作工具的重新整合，以及书中所提供的大量具体的操作方案和执行流程，帮助企业将执行工作落实到具体岗位和具体人员，进一步提高执行效率。

同时，改版后的"弗布克工厂精细化管理手册系列"图书的特色更加鲜明，大量实用性、指导性的内容将进一步帮助企业把**"工作事项精细化、管理工作规范化、执行作业流程化、操作方法工具化"**。

1. 精细化

本系列图书涵盖了工厂生产计划、采购、物料、技术、现场、安全、设备、质量、成本、人力资源共10项内容；针对每个事项内容，作者都给出了细化、可执行的制度、流程、方案，并提供了标准化的模板。

2. 工具化

本系列图书提供的各种参照范本都可以作为企业设计精细化管理体系的参照范例和工具，内容均从工厂的角度出发，针对性强，制造企业可以拿来即用，也可因需而变。

3. 图表化

图表化主要体现在制度、流程、方案、文案的模板设计上。本系列图书给出了具体的业务管理流程图以及表格形式的制度、方案和文案，为工厂推行精细化管理提供了参照范本。

本系列图书可以作为工厂各个部门实施精细化管理的操作手册，也可作为企业各个部门和各岗位人员进行自我管理及自我改善的工具书。

再版前言

《工厂现场精细化管理手册（第 2 版）》是"弗布克工厂精细化管理手册系列"图书中的一本。本书将"**精细化、工具化、图表化**"的思路贯穿于每章内容的写作过程中，既能帮助读者系统地把握内容，又能针对读者某一方面的阅读需求提供解决方案。

本书以工厂现场精细化管理为中心，立足于工厂现场生产各级单位的管理实践，针对某一岗位、某一类事件的管理问题，提供了规范化运作的系统工具，提出了"**职责 + 要点 + 制度 + 流程 + 方案 + 工具**"的六位一体的解决方案，将执行工作落实到具体的岗位和人员，并给出了可操作的方案。

这是一本能够指导具体工作的精细化管理手册，也是一本能够提高工厂各级人员工作效率的实务性工具书。在《工厂现场精细化管理手册》第 1 版的基础上，本书做了如下修订和补充。

1. 进一步完善工作事项体系

本书详细叙述了生产现场环境布置、生产现场作业流程、现场生产计划执行、生产现场作业管控、生产现场工艺管制、生产现场设备保全、生产现场质量控制、生产现场物料管制、生产现场物流改善、生产现场人员、现场安全生产、现场 5S 推进、生产现场可视化、生产现场改善等多个方面，几乎涵盖工厂生产现场管理的全部工作内容。

2. 进一步完善现场改善工具体系

本书针对生产现场改善活动的需要，在品管圈活动管理、现场 OJT 实施、人机环的安全防护、5S 活动推进、目视管理、看板管理、TDR 现场改善、现场浪费识别与消除等方面，提供了大量的活动开展规范、参照方案、演习案例、文书表单等工具。

这些工具大多来源于企业生产现场改善与革新的咨询案例，切实符合工厂现场的管理与改善需求。生产现场管理人员可根据本厂的实际需要，从这套改善工具体系中选择符合自身改善需求的工具"拿来即用"或"组合使用"。

3. 构建工厂现场精细化管理工具体系

本书共设计了大、中、小型工厂及人、物、场地优化结合的 4 种工厂现场管理组织结构、7 类岗位职责、31 个工厂现场精细化管理流程、50 个工厂现场精细化管理制度、41

个工厂现场精细化管理方案，以及众多的工厂现场精细化管理工具。通过对这些内容的设计，不但构建了工厂现场管理的内容框架，而且为工厂生产管理人员的日常工作提供了可参考的模板。

在本书编写的过程中，孙立宏、孙宗坤、刘井学、刘伟、李金山负责资料的收集和整理，王玉凤、廖应涵、王建霞、郑超荣、李苏洋负责数字图表的编排，姚小风、孙玖凡参与编写了本书的第一、二章，韩建国、赵全梅参与编写了本书的第三章，李育蔚、高玉卓参与编写了本书的第四章，韩伟静参与编写了本书的第五章，金成哲、黄成日参与编写了本书的第六、七章，滕晓丽、姚俭胜参与编写了本书的第八、九章，薛显东、杨晓溪参与编写了本书的第十、十一章，杨雪、毕春月参与编写了本书的第十二、十三章，莫子剑、王琴参与编写了本书的第十四、十五章，全书由吴明统撰定稿。

目　录

生产现场组织设计与岗位职责

第一章

第一节　生产现场组织结构

一、大型工厂生产现场组织结构设计

生产规模的大小和生产工艺的繁简程度，是设置工厂生产现场组织结构的重要依据。大型工厂的现场生产规模大、生产环节多、内部分工细、部门之间及各工序之间的关系复杂，因此，工厂应结合其实际生产、工艺情况和发展规划来设计现场组织结构。

按职能划分的大型工厂生产现场组织结构设计范例如图1-1所示。

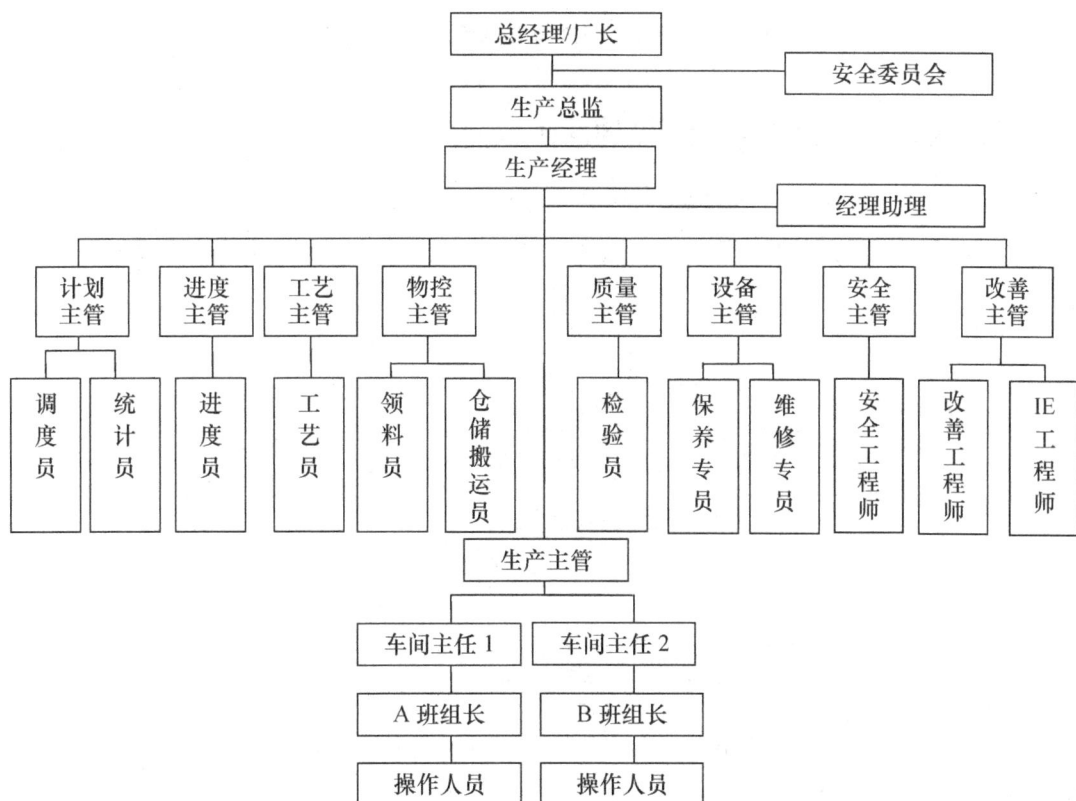

图1-1　按职能划分的大型工厂生产现场组织结构设计范例

二、中型工厂生产现场组织结构设计

中型工厂生产现场组织结构设计范例如图1-2所示。

```
                        ┌──────────────┐
                        │  总经理/厂长  │
                        └──────┬───────┘
                        ┌──────┴───────┐
                        │   生产经理    │
                        └──────┬───────┘
   ┌───────┬───────────┬───────┼───────────┬───────────┬───────────┐
┌──┴───┐┌──┴───┐  ┌────┴─────┐┌─┴────┐  ┌──┴───┐   ┌──┴───┐
│计划主管││现场主管│  │质量控制主管││工艺主管│  │设备主管│   │安全主管│
└──┬───┘└──┬───┘  └────┬─────┘└─┬────┘  └──┬───┘   └──┬───┘
 ┌─┴──┐  ┌──┴───┐   ┌───┴──┐  ┌──┴──┐  ┌───┴───┐  ┌──┴──┐
┌┴┐┌─┴┐│车间主任│   │检验员│  │工艺员│  │设备维修│  │安全员│
│调││统││       │   └──────┘  └─────┘  │ 专员  │  └─────┘
│度││计││       │                      └───────┘
│员││员│└──┬───┘
└─┘└──┘ ┌──┴────┐
        ┌┴───┐┌─┴──┐
        │班组长││领料员│
        └─┬──┘└────┘
       ┌──┴───┐
       │操作人员│
       └──────┘
```

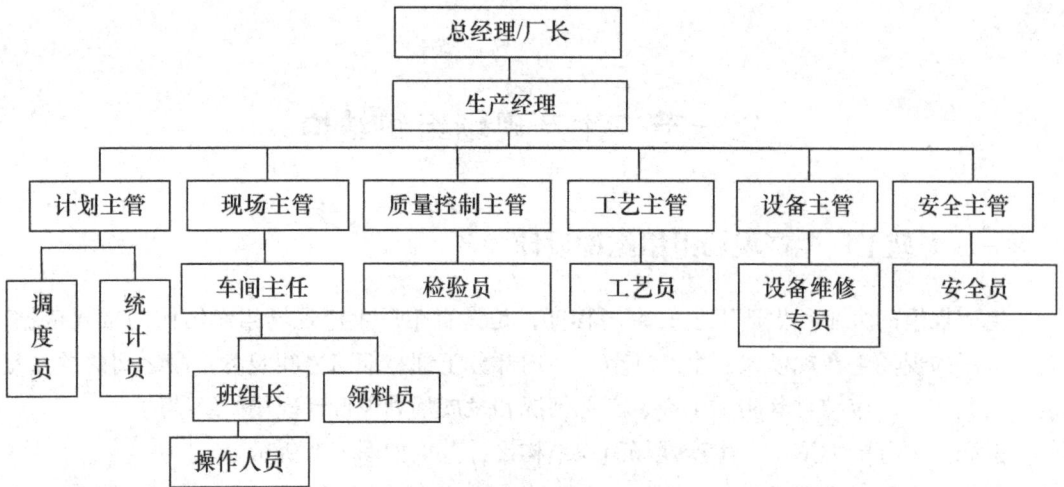

图 1-2　中型工厂生产现场组织结构设计范例

三、小型工厂生产现场组织结构设计

小型工厂可以实行"二级管理"模式，即由工厂经理（或厂长）直接领导车间班组作业，及时、有效地解决班组在生产过程中遇到的问题。其具体组织结构设计范例如图1-3所示。

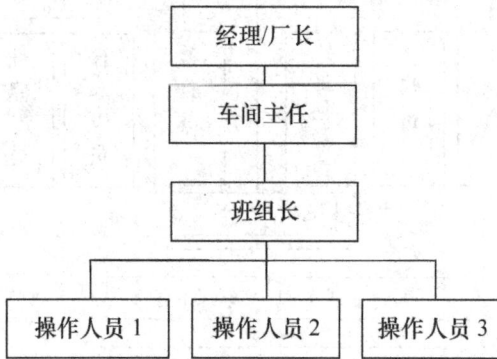

```
              ┌──────────┐
              │ 经理/厂长 │
              └────┬─────┘
              ┌────┴─────┐
              │ 车间主任  │
              └────┬─────┘
              ┌────┴─────┐
              │  班组长   │
              └────┬─────┘
     ┌────────────┼────────────┐
┌────┴────┐  ┌────┴────┐  ┌────┴────┐
│ 操作人员1 │  │ 操作人员2 │  │ 操作人员3 │
└─────────┘  └─────────┘  └─────────┘
```

图 1-3　小型工厂生产现场组织结构设计范例

四、人、物、场地优化组合的生产现场组织结构设计

人、物、场地是工厂生产现场的三大要素，工厂通过对这三要素的分析，结合生产特点，使人、物、场地各得其所，实现最佳组合，从而创造良好的生产效益。根据人、物、场地优化组合原则设计的工厂生产现场组织结构范例如图1-4所示。

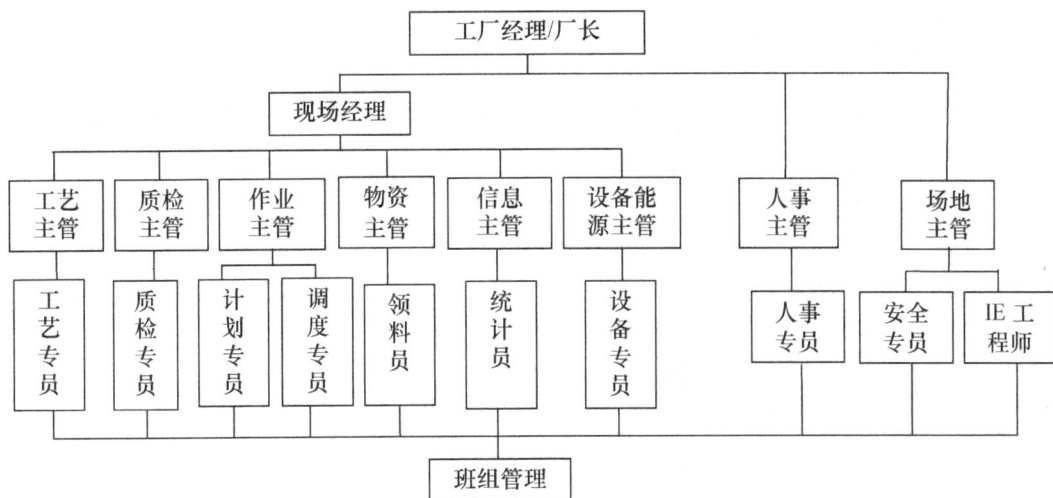

图1-4　人、物、场地优化组合的生产现场组织结构设计范例

第二节　生产现场岗位职责说明

　　现场管理是工厂生产经营的重点，其主要任务是合理组织现场的各类生产要素，使之有效地结合起来，形成一个有机的生产系统并保持良好的运行状态。生产现场管理是提高生产率、降低生产成本、提升产品质量的重要且有效的方法。

　　生产现场管理工作内容如图1-5所示。

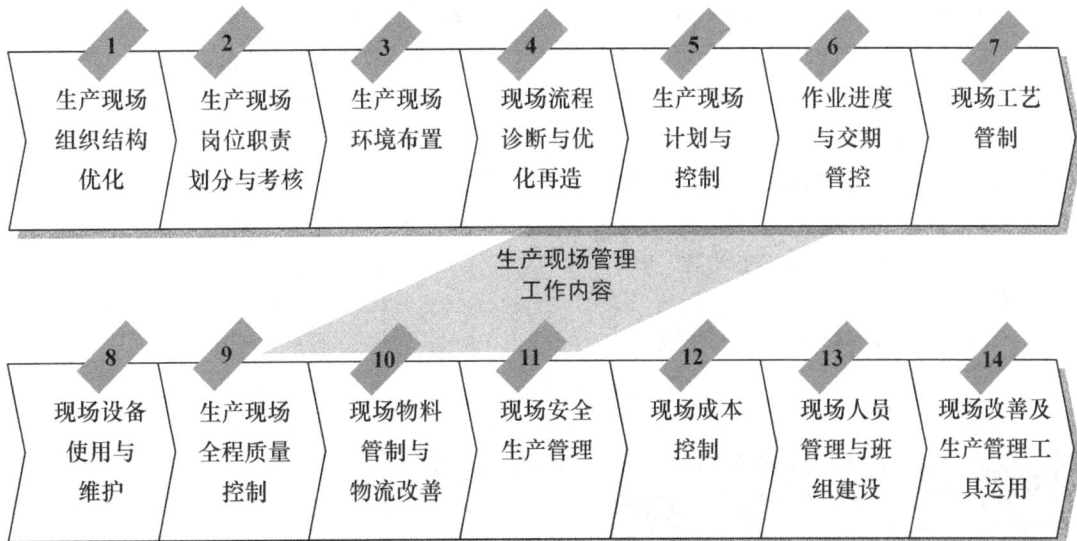

图1-5　生产现场管理工作内容

一、车间主任岗位职责

任职资格	基本要求	相关说明

基本要求

1. 学历
   大专以上学历，具有生产运作管理、质量管理、现场管理等相关专业知识
2. 专业经验
   三年以上相关行业的生产管理工作经验
3. 个人能力要求
   具备制订生产计划的能力、实现产品质量和控制成本的能力、良好的组织协调与沟通能力

相关说明

1. 认同企业文化，忠诚度高
2. 注重车间内部管理
3. 注重节约成本，减少资源浪费
4. 有学习意识和创新精神
   ……

职责内容

1. 根据工厂生产任务与计划，拟订年度车间工作计划，具体安排每月、旬、日的生产计划并监督完成
2. 负责车间生产活动及辅助工作，检查各班次作业完成情况，根据生产进度调整人员休班或加班
3. 按时巡查生产现场，及时纠正生产和管理错误，处置故障、异常情况和紧急事件
4. 审核生产计划、指令、物料供应及库存报表，控制生产成本，评估车间班组投入产出效益
5. 指导监督车间班组、人员的工作，保证产品质量，调整及维护设备工艺
6. 监督劳动安全卫生、文明生产、标准化及现场管理
7. 协调并执行工作指示和计划，遇到矛盾或冲突时，及时上报或协商解决
8. 监督车间各类资料的收集、整理和归档建档工作，签批上报的各类统计报表、报告
9. 指导、培训、监督车间人员的工作，做好车间人员的绩效考核和奖罚工作
10. 完成上级领导交办的其他工作

考核指引

1. 考核频率
   月度考核、季度考核、年度考核
2. 考核主体
   工厂经理、人力资源部
3. KPI
   生产任务完成率、产品质量合格率、在制品周转率、生产成本降低率、产品交货及时率、安全事故发生次数、车间培训计划完成率

1. 考核结果作为薪酬发放的依据
2. 考核结果作为培训实施及职位晋升的参考
3. 考核得分低于____分者，予以口头警告处分

考核说明	结果运用

二、班组长岗位职责

	基本要求	相关说明
任职资格	1. 学历 中专以上学历，具有生产现场管理、本行业相关的理工类专业知识 2. 专业经验 两年以上相关行业的生产现场工作经理 3. 个人能力要求 具备生产计划执行能力、团队协调能力、发现与分析解决问题的能力、团队建设能力	1. 认同企业文化，忠诚度高 2. 注重班组内部管理 3. 有学习意识和创新精神 ……
职责内容	1. 协助车间主任全面落实工厂和车间的各项管理制度，参与制订车间的各项生产计划并贯彻执行 2. 全面负责班组人员管理工作，如实填报考勤，进行沟通与考核工作，搞好班组建设 3. 协助车间主任做好产品投产前的组织安排和技术准备工作，安排好首件产品检验工作 4. 合理安排各道工序生产，注意各道工序的工时平衡，保证按时完成任务 5. 组织技术练兵，提高全班技术水平，狠抓产品质量，降低产品不合格率，确保完成有关质量指标 6. 及时发现生产中的问题，协助车间主任解决，确保生产各个环节正常运转 7. 切实抓好班组安全生产工作，加强设备维修保养，督促开展班组安全生产措施，检查安全消防器具 8. 实施全班组人员的技术传授和培训活动，提高操作水平 9. 开展本班组的经济核算工作，节约能源和辅料，降低产品成本 10. 完成上级领导交办的其他工作	
考核指引	1. 考核频率 月度考核、季度考核、年度考核 2. 考核主体 车间主任、人力资源部 3. KPI 生产任务完成率、产品一次性合格率、产品返工率、工时标准达成率、产品交货及时率、下属人员违规次数	1. 考核结果作为薪酬发放的依据 2. 考核结果作为培训实施及职位晋升的参考 3. 考核得分低于____分者，予以口头警告处分
	考核说明	结果运用

三、调度员岗位职责

基本要求	相关说明

任职资格

基本要求:
1. 学历
   大专以上学历，具有生产运作管理、成本管理等相关专业知识
2. 专业经验
   一年以上的相关工作经验
3. 个人能力要求
   具备较强的应变能力、沟通协调能力、计划调度能力

相关说明:
1. 认同企业文化，忠诚度高
2. 注重团队的内部协作
3. 有学习意识和创新精神
   ……

职责内容

1. 根据生产计划和进度要求，协调人员、物料和设备，疏导、开展生产活动，确保按时完成任务
2. 根据生产作业进度，协调、督促生产车间零部件及各工序产成品的流转，保证生产的有效运行
3. 及时安排并协调紧急订单或补货订单的生产
4. 监督、检查各生产环节半成品的投入和产出进度，一旦发现问题及时协调
5. 监督、检查生产所需物料的缺损情况，跟催生产环节所需物料，确保物料足量、及时到位
6. 参加生产调度会议，汇报当班期间的生产作业情况，记录、整理和下发会议纪要
7. 收集、整理日、周、旬、月计划完成情况的统计资料和其他生产信息并进行分析，为下一阶段的生产调度工作提供参考依据
8. 完成上级领导交办的其他工作

考核指引

考核说明:
1. 考核频率
   月度考核、季度考核、年度考核
2. 考核主体
   生产计划主管、人力资源部
3. KPI
   生产任务完成率、生产排程达成率、生产任务单准确率、物料跟催及时率、紧急订单/补货订单按时完成率、调度会议纪要下发及时率

结果运用:
1. 考核结果作为薪酬发放的依据
2. 考核结果作为培训实施及职位晋升的参考
3. 考核得分低于____分者，予以口头警告处分

考核说明	结果运用

四、领料员岗位职责

	基本要求	相关说明
任职资格	1．学历 　　中专以上学历 2．专业经验 　　一年以上的物料管理工作经验，熟悉车间常用材料、辅助材料的性能 3．个人能力要求 　　具备沟通协调能力、团队协作能力、识别不合格物料的能力	1．认同企业文化，忠诚度高 2．时间观念强 3．有学习意识和创新精神 　　……
职责内容	1．根据生产作业计划，制订车间领料计划，并遵照计划领取所需原材料和辅助材料 2．根据车间生产进度，将各种原材料、辅料发放到各作业单元并做好相应的发料记录 3．经常检查物料，发现原材料或辅料有异常时查明原因并及时处理，如不能处理应立即上报领导 4．控制现场物料不超期，将超订单用量或超领原材料和辅料及时退库 5．负责车间原材料和辅助材料的保管工作，将原辅料标识清楚，执行生产现场的定置管理和9S管理 6．按规定处理呆滞原材料和辅料，并做好处理记录 7．协助相关人员做好现场物料的盘点工作 8．协助统计员制作原材料、辅料的统计报表，按规定填写有关资料 9．维护好物料搬运工具和危险物料的安全防护设施 10．完成上级领导交办的其他工作	
考核指引	1．考核频率 　　月度考核、季度考核、年度考核 2．考核主体 　　班组长、车间主任、人力资源部 3．KPI 　　缺料及错料次数、领料延误造成停工呆料时间、现场应退物料超期未退仓库的次数、原料因保管不善造成损失的金额、物料相关记录差错率	1．考核结果作为薪酬发放的依据 2．考核结果作为培训实施及职位晋升的参考 3．考核得分低于____分者，予以口头警告处分
	考核说明	结果运用

五、工艺员岗位职责

基本要求	相关说明

任职资格

1. 学历
   大专及以上学历，具有初级技术职业资格
2. 专业经验
   一年以上的本行业技术类岗位工作经验
3. 个人能力要求
   具备良好的归纳思维、问题发现与解决能力、技术创新能力、技术需求转化能力

1. 认同企业文化，忠诚度高
2. 注重内部沟通和协调
3. 有学习意识和创新精神
   ……

职责内容

1. 根据生产工艺、技术研究计划及生产技术主管的工作安排，完成工艺试验研究任务
2. 完成工艺图纸、工艺方案、工艺流程书、工序控制标准等工艺文件的编制工作
3. 根据生产进程需要，及时将生产工艺文件下发至相关部门及人员，负责工艺技术方面的培训
4. 深入生产现场，对生产过程予以技术指导，及时解决生产过程中出现的技术问题
5. 对现场生产的质量进行巡检，避免发生工艺质量事故
6. 参与各类生产事故的处理工作，提出技术改进方面的意见
7. 参与新工艺技术攻关、新技术开发、旧技术改进等工作
8. 收集国内外行业先进生产技术信息，为生产工艺技术的应用和改进提出合理化建议
9. 负责企业内部生产技术资料、工艺规程资料、工艺方案的整理和保管，并做好保密工作
10. 完成上级领导交办的其他工作

考核指引

1. 考核频率
   月度考核、季度考核、年度考核
2. 考核主体
   工艺技术主管、人力资源部
3. KPI
   工艺试验研究任务按时完成率、工艺文件编制准确率、工艺技术文件下发率、现场技术问题解决及时率、技术服务满意度

1. 考核结果作为薪酬发放的依据
2. 考核结果作为培训实施及职位晋升的参考
3. 考核得分低于____分者，予以口头警告处分

考核说明	结果运用

六、检验员岗位职责

	基本要求	相关说明
任职资格	1．学历 　大专及以上学历，具有质量管理、本行业理工类专业知识 2．专业经验 　一年以上的相关行业质量检验工作经验 3．个人能力要求 　熟练操作本行业相关检验仪器设备，细心、稳重，善于发现、分析、解决问题	1．认同企业文化，忠诚度高 2．注重内部协作 3．有学习意识和创新精神
职责内容	1．协助建立企业生产质量管理体系、制度、流程、规范和标准 2．配合质量管理部做好进料验收入库工作，做好检验记录并提出相关工作意见 3．对原材料、辅料等进行复检，以确认是否符合生产要求并做好复检记录 4．对生产车间现场进行巡检，及时制止、处罚违章操作 5．参与半成品、产成品的质量检验工作 6．对检验中发现的不合格品进行分析，确定其是否影响产品质量，协助处理不合格品 7．严格按照检验器具操作规程使用检验器具，并负责所辖器具的维护管理 8．对产品质量状况进行分析并协助各生产车间改善产品质量工作 9．及时记录、汇总、存档各项质量检验的相关文档、资料，定期提交相关报告 10．不断学习和引进新技术、新方法，改进原有的质量检验方法，提高产品质量 11．完成上级领导交办的其他工作	
考核指引	1．考核频率 　月度考核、季度考核、年度考核 2．考核主体 　质量控制主管、人力资源部 3．KPI 　质检工作及时完成率、检验工作差错率、检验差错损失额、未及时检验被投诉次数、原辅材料现场使用合格率、检验工具完好率	1．考核结果作为薪酬发放的依据 2．考核结果作为培训实施及职位晋升的参考 3．考核得分低于＿＿＿分者，予以口头警告处分
	考核说明	结果运用

七、统计员岗位职责

任职资格	基本要求	相关说明

基本要求

任职资格

1. 学历

   大专及以上学历，具有统计学等相关专业知识

2. 专业经验

   一年以上的统计工作经验

3. 个人能力要求

   具有良好的数据分析能力、分析解决问题的能力、沟通和团队合作能力

相关说明

1. 认同企业文化，忠诚度高
2. 注重内部协作
3. 有学习意识和创新精神
   ……

职责内容

1. 协助生产统计体系的建立、管理和完善工作，建立、健全统计台账制度
2. 负责产品原材料、辅料、机台设备及相关生产用品的进、出、存统计，并建立分项台账
3. 对生产进度数据、机台工时数据等进行统计，并负责相关数据的分析、归纳和存档
4. 登记生产统计记录，负责制作与上报年、季、月度生产统计报表和产量日报表等
5. 定期进行成本、生产统计分析，出具统计分析报告，发现问题及时向有关部门汇报并解决
6. 协助对员工进行考勤统计，掌握员工实际上班时间，并制作员工月出勤状况统计表
7. 管理维护统计信息系统，录入、维护和更新统计数据
8. 负责生产部统计资料、报表台账的收集、归档与管理
9. 完成上级领导交办的其他工作

考核指引

考核说明

1. 考核频率

   月度考核、季度考核、年度考核

2. 考核主体

   车间主任、人力资源部

3. KPI

   原材料统计差错率、产品统计差错率、考勤统计差错率、统计报表上报及时率、统计信息录入出错率

结果运用

1. 考核结果作为薪酬发放的依据
2. 考核结果作为培训实施及职位晋升的参考
3. 考核得分低于____分者，予以口头警告处分

生产现场环境布置
精细化管理

第二章

第一节 现场平面布置

一、现场平面布置流程

工厂现场的平面布置需结合自身生产的特点和要求，以保证生产过程顺畅为基础，以节约生产成本和作业时间为目标。工厂现场平面布置流程如图2-1所示。

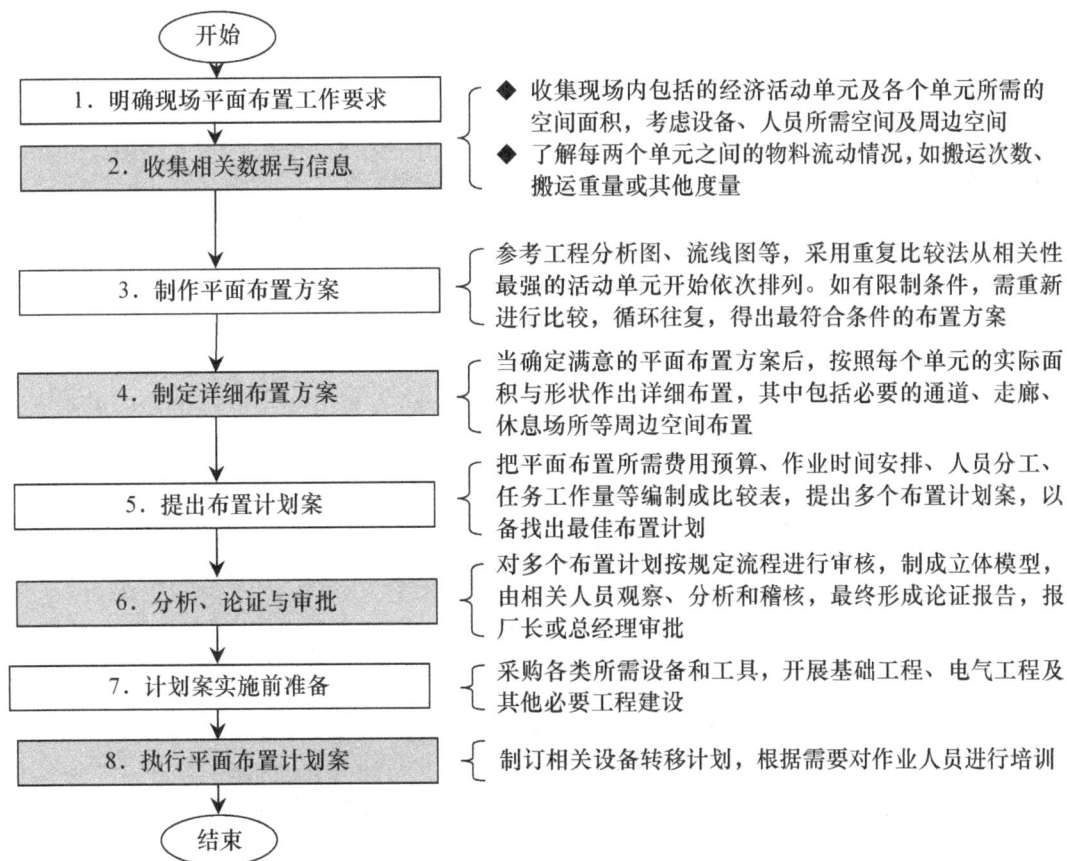

图2-1 工厂现场平面布置流程

二、现场平面布置设计

（一）车间布局设计

车间是工厂生产的主要场所，拥有工厂各生产要素，包括设备、工具、物料、半成品、生产人员、技术人员和管理人员等。

1. 车间布局的原则

车间布局应遵循如图2-2所示的原则。

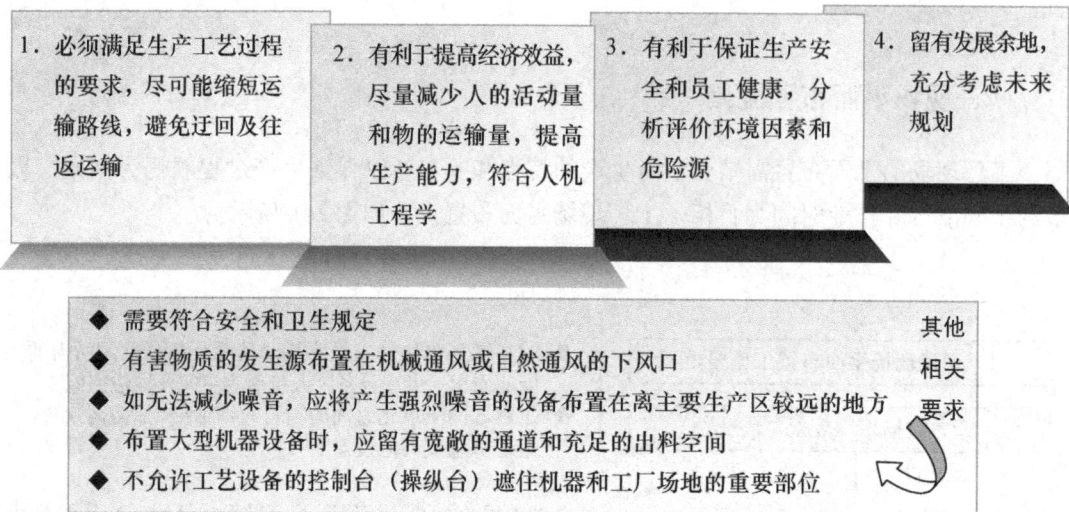

1. 必须满足生产工艺过程的要求，尽可能缩短运输路线，避免迂回及往返运输

2. 有利于提高经济效益，尽量减少人的活动量和物的运输量，提高生产能力，符合人机工程学

3. 有利于保证生产安全和员工健康，分析评价环境因素和危险源

4. 留有发展余地，充分考虑未来规划

其他相关要求

◆ 需要符合安全和卫生规定
◆ 有害物质的发生源布置在机械通风或自然通风的下风口
◆ 如无法减少噪音，应将产生强烈噪音的设备布置在离主要生产区较远的地方
◆ 布置大型机器设备时，应留有宽敞的通道和充足的出料空间
◆ 不允许工艺设备的控制台（操纵台）遮住机器和工厂场地的重要部位

图2-2 车间布局设计原则

2. 车间构成部分

生产性质和生产规模影响着车间的构成。大型车间一般由六大部分组成，如图2-3所示。

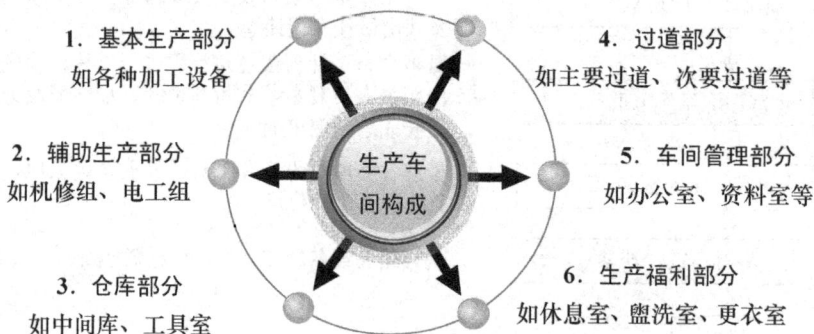

1. 基本生产部分 如各种加工设备
2. 辅助生产部分 如机修组、电工组
3. 仓库部分 如中间库、工具室

生产车间构成

4. 过道部分 如主要过道、次要过道等
5. 车间管理部分 如办公室、资料室等
6. 生产福利部分 如休息室、盥洗室、更衣室

图2-3 车间构成部分

3. 车间现场平面布置方法之一——物料流程布置法

物料流程布置法的具体介绍如图2-4所示。

（二）现场设备布置设计

1. 设备布置原则

车间布置的关键是设备布置，其布置原则如图2-5所示。

方法介绍

按照原材料、在制品、成品等物资在生产过程中的流动方向和搬运量来进行布置

适用范围

特别适合物料运输量很大的工厂

方案设计

最优化的设计方案是使全场搬运量最小，特别是非相邻单位质检的搬运量要最小

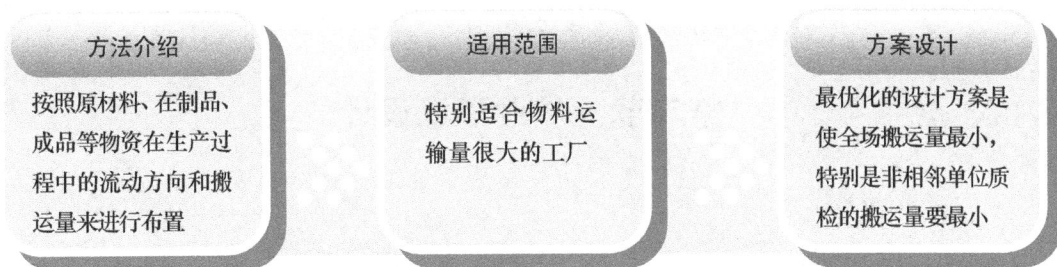

图2-4　现场平面布置方法之一——物料流程布置法

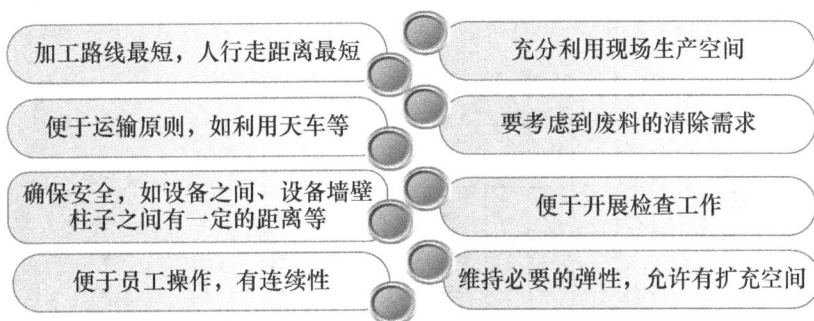

加工路线最短，人行走距离最短

充分利用现场生产空间

便于运输原则，如利用天车等

要考虑到废料的清除需求

确保安全，如设备之间、设备墙壁柱子之间有一定的距离等

便于开展检查工作

便于员工操作，有连续性

维持必要的弹性，允许有扩充空间

图2-5　设备布置的八大原则

2. 设备布置的四种方法

设备布置的四种方法如图2-6所示。

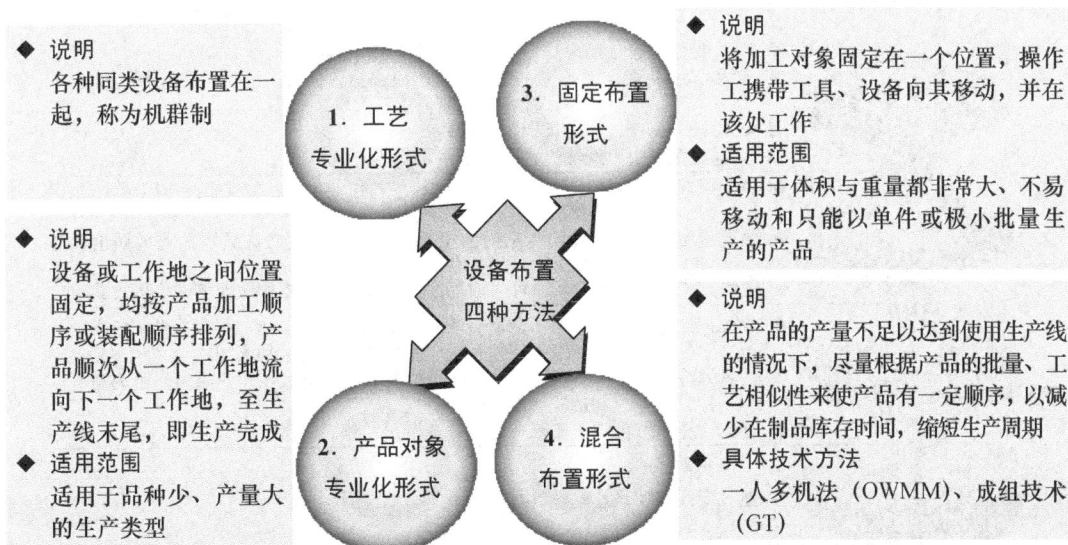

◆ 说明
各种同类设备布置在一起，称为机群制

1. 工艺专业化形式

3. 固定布置形式

◆ 说明
将加工对象固定在一个位置，操作工携带工具、设备向其移动，并在该处工作
◆ 适用范围
适用于体积与重量都非常大、不易移动和只能以单件或极小批量生产的产品

◆ 说明
设备或工作地之间位置固定，均按产品加工顺序或装配顺序排列，产品顺次从一个工作地流向下一个工作地，至生产线末尾，即生产完成
◆ 适用范围
适用于品种少、产量大的生产类型

设备布置四种方法

2. 产品对象专业化形式

4. 混合布置形式

◆ 说明
在产品的产量不足以达到使用生产线的情况下，尽量根据产品的批量、工艺相似性来使产品有一定顺序，以减少在制品库存时间，缩短生产周期
◆ 具体技术方法
一人多机法（OWMM）、成组技术（GT）

图2-6　设备布置的四种方法

第二节　作业环境设计

一、照明设计

照明设计是指为作业环境提供高质量的照明条件，恰当设定视野范围内的亮度，消除耀眼的眩光和太暗的灯光等不符合要求的照明，为作业人员创造一个舒适的照明条件。

（一）生产率、视觉疲劳与照度的关系

生产率、视觉疲劳与照度关系如图 2-7 所示。

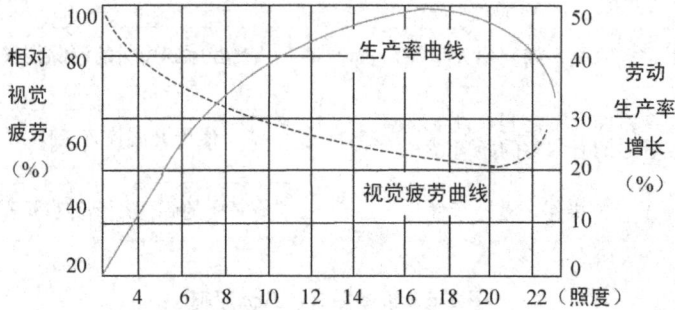

图 2-7　生产率、视觉疲劳与照度关系

（二）照明设计的步骤

工厂现场照明设计的步骤如图 2-8 所示。

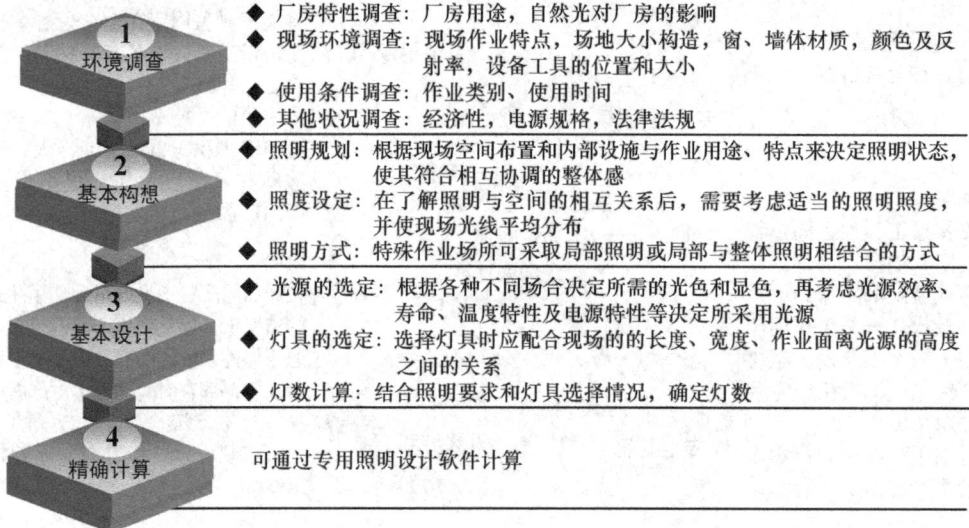

1　环境调查
◆ 厂房特性调查：厂房用途，自然光对厂房的影响
◆ 现场环境调查：现场作业特点，场地大小构造，窗、墙体材质，颜色及反射率，设备工具的位置和大小
◆ 使用条件调查：作业类别、使用时间
◆ 其他状况调查：经济性，电源规格，法律法规

2　基本构想
◆ 照明规划：根据现场空间布置和内部设施与作业用途、特点来决定照明状态，使其符合相互协调的整体感
◆ 照度设定：在了解照明与空间的相互关系后，需要考虑适当的照明照度，并使现场光线平均分布
◆ 照明方式：特殊作业场所可采取局部照明或局部与整体照明相结合的方式

3　基本设计
◆ 光源的选定：根据各种不同场合决定所需的光色和显色，再考虑光源效率、寿命、温度特性及电源特性等决定所采用光源
◆ 灯具的选定：选择灯具时应配合现场的的长度、宽度、作业面离光源的高度之间的关系
◆ 灯数计算：结合照明要求和灯具选择情况，确定灯数

4　精确计算
可通过专用照明设计软件计算

图 2-8　照明设计的步骤

二、温湿度设计

空气的温度与湿度是热环境的两个主要因素，它们之间可以互换，而且密切相关。温湿度是工作现场最重要的条件之一，工作环境内应该有合适的温度。

（一）不同作业下操作人员对温湿度的要求

在最适宜的温度下，操作人员的工作效率最高。升高和降低温度，工作效率都会降低。不同作业下操作人员对温湿度的要求不同，具体如表2-1所示。

表2-1　不同作业对温湿度的要求

不同作业类别	温度	湿度
生活最适宜环境	15℃～20℃	相对湿度在70%以下
轻体力劳动作业	15℃～18℃	相对湿度在70%以下
重体力劳动作业	7℃～17℃	相对湿度在70%以下
脑力劳动作业	10℃～17℃	相对湿度在70%以下
备注	人们在温度为20℃左右且相对湿度在65%的环境中感到舒适，而工作效率高的温度是15℃～18℃，人体最适宜的相对湿度为30%～60%	

（二）夏季生产现场温湿度设计

1. 夏季生产现场温度规定如表2-2所示。

表2-2　夏季生产现场温度规定

夏季通风室外计算温度（℃）	22及以下	23	24	25	26	27	28	29～32	33及以上
生产现场与室外最大温差（℃）	10	9	8	7	6	5	4	3	2

2. 夏季生产现场不同湿度下的温度要求如表2-3所示。

表2-3　夏季生产现场不同湿度下的温度要求

相对湿度（%）	50	60	70	80
温度（℃）	30	29	28	27

（三）生产现场防寒设计

冬季生产现场的采暖温度如表2-4所示。

表2-4 冬季生产现场的采暖温度

劳动强度（分级）	采暖温度（℃）
Ⅰ级（轻）	18～21
Ⅱ级（中）	16～18
Ⅲ级（重）	14～16
Ⅳ级（过重）	12～14

三、工厂作业环境设计方案

方案名称	××工厂作业环境设计方案	编　号	
		受控状态	

一、背景介绍

工厂生产现场是产品生产和加工的集散地，生产现场环境的好坏直接影响到生产操作人员的工作情绪与生产效率、产品质量等方面。因此，根据生产作业环境设计的要求，结合工厂生产特点与现状，本着为员工提供一个健康、有序、安全的生产作业环境的想法，特制定本方案。

二、工厂作业环境的总体框架设计

工厂生产现场的总体框架设计在建筑施工阶段确定。

三、生产现场内墙壁设计

1. 工厂车间的内墙壁直接采用腻子刮白，保持其自然色不做调整。

2. 内墙壁上计划悬挂六块长为____米，宽为____米的生产看板框，离地高度为____～____米。

四、生产现场的照明与通风

1. 生产现场照明主要使用____W的节能灯，其灯座安装于离地面____～____米的墙壁上，灯座之间的距离以____米为宜。

2. 生产现场通风除自然通风外，还要采用机械通风，具体做法为在灯座与灯座的墙壁中间安装悬挂式工业风扇。

五、车间的地面设计

1. 生产现场的地面采用水泥地面，保证其硬度与承受力水平。

2. 工厂地面用不同的颜色划分出不同的区域，具体由通道、设备、成本、半成品、原材料、不良品、工位器具等区域组成。其中，中间为划分好的物品放置区域，两边为生产加工区域，同时便于5S管理。

3. 生产现场通道将采用井字形布局，方便人员、物流的流动。其中，人员通道宽度不得小于一米，物流通道宽度不小于两米。

4. 在物品放置区铺设皮垫，防止物品倒时砸伤地面。

六、生产车间的设备布局设计

1. 对各种加工设备进行布局时，工厂将同一种设备放置在一起，按照工序顺序依次进行设备的布局。

（续）

2. 大型生产设备的间距为____米，距离墙或立柱的间距为____米。

3. 中小型设备的间距为____米，距离墙或立柱的间距为____米。

4. 工厂对生产现场所有生产设备的机电部分设置隔音罩，减小噪音的产生。

七、车间的生产用具摆放设计

1. 在车间四周墙壁处设置高度以低于窗户为准、宽度为____米、长度为____米的储物柜，柜中将放置员工的私人用品和生产时所用到的工具。其中，柜门采用推拉式，材质为铁质。

2. 生产车间的座椅高度为____～____毫米，并且带有可调动功能，按照固定时间段内每个班组的人数进行配置。

八、生产车间的水、电、气设计

1. 生产现场的水源全部入地，在每台设备周围安装一个出水口，设置水龙头。

2. 生产现场的电线全部走屋顶，并用铆钉进行固定，线缆密集区采用防护罩的形式进行固定，在每个立柱与设备的附近设置电器箱，包括闸刀与插座。

3. 生产中所使用的氮气在地面之下铺设管道，每台设备的附近设置出口，同时在生产现场外单独盖一小屋用来盛放氮气罐。

九、生产车间消防措施

在生产现场每个拐角处，按规定的要求放置若干个灭火器，并保证其在使用期限之内。

编制人员		审核人员		审批人员	
编制时间		审核时间		审批时间	

四、工厂防毒与防尘设计规范

制度名称	工厂防毒与防尘设计规范		受控状态	
			编　号	
执行部门		监督部门	编修部门	

第1章　总则

第1条　目的

为加强工厂对粉尘作业、有毒作业环境的管理，减少作业环境给工厂员工带来的伤害，维护员工的身体健康，特制定本规范。

第2条　适用范围

本规范适用于工厂防毒防尘环境设计工作。

第3条　相关解释

1. 生产作业中产生的金属和金属的微尘，如煤、水泥粉尘、铝粉尘等，此类物质对人体有较大危害，容易造成尘肺病等疾病。

（续）

2. 有毒作业环境主要指由以下三类有毒物质造成的有毒作业环境。

（1）固态毒物，包括一些金属和非金属的化合物。

（2）液态毒物，包括芳香族碳氢化合物、醇类、醚类、酮类等液体溶剂。

（3）气态毒物，包括刺激性气体（如硫酸、盐酸、硝酸、氯、氟、溴、碘等）和窒息性气体（如氨气、甲烷、二氧化碳、一氧化碳、硫化氢、氰化物等）。

第2章　防尘设计

第4条　在生产过程中生产工艺允许的条件下，生产人员可将生产中用到的易产生粉尘的物料进行湿化，即在物料的装卸、搬运、研磨、筛选和混合等过程中进行加水处理。

第5条　对于不能进行湿化的物料，工厂生产现场配合工艺技术部门尽量使其生产过程密封化、管道化、机械化，减少尘源的产生。

第6条　对粉尘浓度比较大的生产现场，生产人员要定时用水冲洗地面、墙壁、建筑构件及允许水洗的设备外罩等地方，保持其处于湿润的状态，防止二次扬尘。

第7条　生产人员的工作地点或集中地点必须位于生产现场中通风良好和空气较清洁的地方，易产生严重粉尘污染的工段应位于主导风的下风口。

第8条　对于粉尘浓度比较高的生产现场，必须不间断地进行通风除尘，任何人不得以任何理由停止操作。

第9条　工厂将对各生产现场的防尘情况进行不定期的检查与定期评比，按照相关的规定进行奖励与惩处。

第10条　工艺技术部门应紧跟国内外的最新技术，不断吸收、研制新技术，改革生产设备，减少粉尘的产生。

第11条　相关部门在设置新的项目时，应尽量避免采用危害较大的原材料或工艺路线。

第3章　防毒设计

第12条　固态毒物防范设计

1. 生产现场的机械设备应尽量进行密封，通过改造使其尽量实现自动化，减少人工操作，减少中毒的可能。

2. 在固态毒物造成的有毒作业环境中，生产人员必须严格按照操作规程进行操作，防止中毒事件发生。

3. 确实需要使用有毒原料时，生产人员应采取碘灭汞法、升华法等减少原料毒性。

4. 生产人员在毒物浓度较高或中毒机会较大的生产平台工作时，必须带好防护用具并遵守限时规定。

5. 质量管理部门人员应定期检测生产现场的空气中各种毒物的浓度并加以控制，如果超过国家相关标准应立即停产，直至空气中的浓度符合国家的相关标准。

第13条　液态毒物防范设计

1. 液态毒物造成的有毒作业环境，应尽量实现生产的自动化、机械化、密封化，采用低毒或无毒物质替代毒性大的物质。

（续）

2. 液态有毒作业环境中的各种管道、存储池务必保证密封性，防止发生跑、冒、滴、漏的现象，从而造成中毒事件的发生。

3. 液态毒物造成的有毒生产现场，必须设置强力的通风设备，及时排出毒蒸汽与粉尘。

4. 在有毒生产现场的毒物存放处或易中毒处，必须设置明显的标识与防护措施，防止因情况不明而意外中毒。

5. 有毒的生产现场应配置解毒的器具或物品，并在其旁边设立醒目的标识。

第 14 条　气态毒物防范设计

1. 对于气态毒物造成的有毒作业环境，必须设置良好的通风设备与应急设备。

2. 在气态毒物造成的有毒作业环境中工作时，尽量采用自动化或远距离操作，防止发生中毒事件。

3. 确因实际需要而进行近距离操作时，操作人员必须戴好防毒面具、手套和穿好胶鞋、防毒服等防护用具，并且注意不要将皮肤裸露在外。

4. 在灌注、存储、运输液态的气体毒物时，生产现场应有防爆、防火、防漏的措施。

5. 以气体毒物作为原料或成品的作业环境，其生产设备必须具有放腐蚀的措施，防止气态毒物液化时蚀穿设备造成中毒事件。

6. 有毒的生产现场要做好废气、废水、废渣的回收工作并妥善处理，防止生产人员中毒。

7. 质量管理部门应派专人定期检测生产现场的空气中各类毒性气体的含量，若超过最高允许浓度，应立即停产，采取措施，使之达到国家的相关标准。

第 4 章　附则

第 15 条　本规范由生产部制定，其解释权、修改权归生产部所有。

第 16 条　本规范经总经理办公会议审议后，自颁布之日起执行。

修订记录	修订标记	修订处数	修订日期	修订执行人	审批签字

五、振动与噪音控制及防护措施

制度名称	工厂现场振动与噪音控制及防护措施		受控状态	
			编　　号	
执行部门		监督部门	编修部门	

第 1 章　总则

第 1 条　目的

振动与噪音对工厂现场人员的工作效率和身心健康会造成很大的影响。为了对工厂的振动与噪音进行控制和防护，维护员工的身心健康与安全，提高作业效率，同时结合本工厂的生产特点，特制定本措施。

（续）

第2条　适用范围

本措施适用于工厂现场振动与噪音控制及防护的相关工作。

第3条　工厂现场改善主管及 IE 工程师负责工厂现场的振动与噪音控制及防范工作，现场各人员及工厂其他人员需配合其工作。

第2章　振动的控制与防范

第4条　振动作用于人体的主要因素包括振动的频率、振幅和加速度。

第5条　气温、噪音、接触时间、体位姿势、个体差异、被加工部件的硬度、冲击力及紧张等因素均影响振动对人体的作用。

第6条　应将振动强度较大的生产设备安装在单层厂房或多层厂房的底层，对振幅、功率大的设备应设计减振措施。

第7条　产生强烈振动的车间应修筑隔振沟。

第8条　产生振动的车间墙体应加厚。

第9条　相关人员需对工艺设备和方法进行修改，以达到减振的目的。

第10条　工厂可采取自动化、半自动化控制装置，以减少振动。

第11条　工厂需改进振动设备与工具，降低振动强度。

第12条　相关负责人需减少手持振动工具的重量，减轻操作人员的肌肉负荷。

第13条　相关负责人需改进风动工具，改变排风口方向，固定工具。

第14条　工厂改革工作制度，做到专人专机、及时保养和维修设备。

第15条　生产现场可在地板及设备地基上采取隔振措施。

第16条　相关部门合理发放个人防护用品，如防振保暖手套等。

第17条　相关人员需控制车间及作业地点温度，保持在16℃以上。

第18条　工厂建立合理劳动制度，坚持工作间隙休息及定期轮换工作制度，以便人体各器官系统功能的恢复。

第19条　生产现场与人力资源部配合，加强操作人员的技术训练，减少作业中的静力作业成分。

第3章　噪音的控制与防范

第20条　噪声对工作的危害在于其影响听力或者干扰听觉信号辨别，同时引起生理、心理效应从而影响操作人员的知觉水平和信息传递。

第21条　工厂对噪音的控制与防范可从控制噪声源、控制噪声传播途径和给接收者装备合适的防护装置三个方面进行。

第22条　在生产作业中，生产部配合工艺技术部门注意改进工艺流程和工作程序，防止设备因长时间的运转而产生噪音。

第23条　工厂在选购新设备时，必须对设备的噪音环节进行评估，选购设备的噪音排放应符合国家相关的排放标准，在同等条件下应选购噪音排放小的设备。

第24条　具有生产性噪声的车间应尽量远离其他非噪声作业车间、行政区和生活区。

（续）

第 25 条 噪声较大的设备应尽量将噪声源与操作人员隔开，生产工艺允许远距离控制的可设置隔声操作室。

第 26 条 应将噪声较大的生产设备安装在单层厂房或多层厂房的底层。

第 27 条 为减轻噪声和振动的产生和传播，工厂应设置隔声室以阻断噪声的传播，隔声室的天棚、墙体、门窗均应符合隔声、吸声的要求。

第 28 条 噪声强度超过《工业企业噪声控制设计规范》要求的厂房，其内墙、顶棚应安装吸声层。

第 29 条 正确设计和改装机器，使用消音器以及在机器内外表面涂上各种消音材料。

第 30 条 使用各种栅栏、围栏和消音板等设施及其他声学处理手段来减少噪声，通过合理布置区域减少噪声，可利用自然物阻挡噪声等。

第 31 条 生产现场需对产生噪音的机电设备进行控制，具体措施包括以下四项。

1. 在操作中严格遵守机电设备的操作规程，防止因错误的操作导致机电设备产生噪音。

2. 尽量减少各种机电设备的运行时间，用完后要立即关闭机电设备。

3. 按照机电设备的养护要求，定期润滑、更换易损件，紧固各个易松动的零部件。

4. 加强机电设备巡检工作，遇到突发状况要及时修理产生异常噪音的设备，缩短异常噪音的排放时间。

第 32 条 若因工作需要，生产人员必须到噪音比较大的地方进行操作时，生产人员应佩戴好耳塞、耳罩、防声帽等个人防护用品。

第4章 现场人员保健措施

第 33 条 工厂新进员工应在入职前进行正规的体检，凡患有就业禁忌症的，不得上岗。

第 34 条 工厂为全体员工提供定期体检，尽早发现受振动和噪音损伤的生产人员，并采取适当的预防措施，及时治疗病患者。

第5章 附则

第 35 条 本措施由工厂生产部制定，解释权、修改权归生产部所有。

第 36 条 本措施经总经理审批通过后方可实施。

	修订标记	修订处数	修订日期	修订执行人	审批签字
修订记录					

第三节　现场环境检测

一、现场环境检测流程

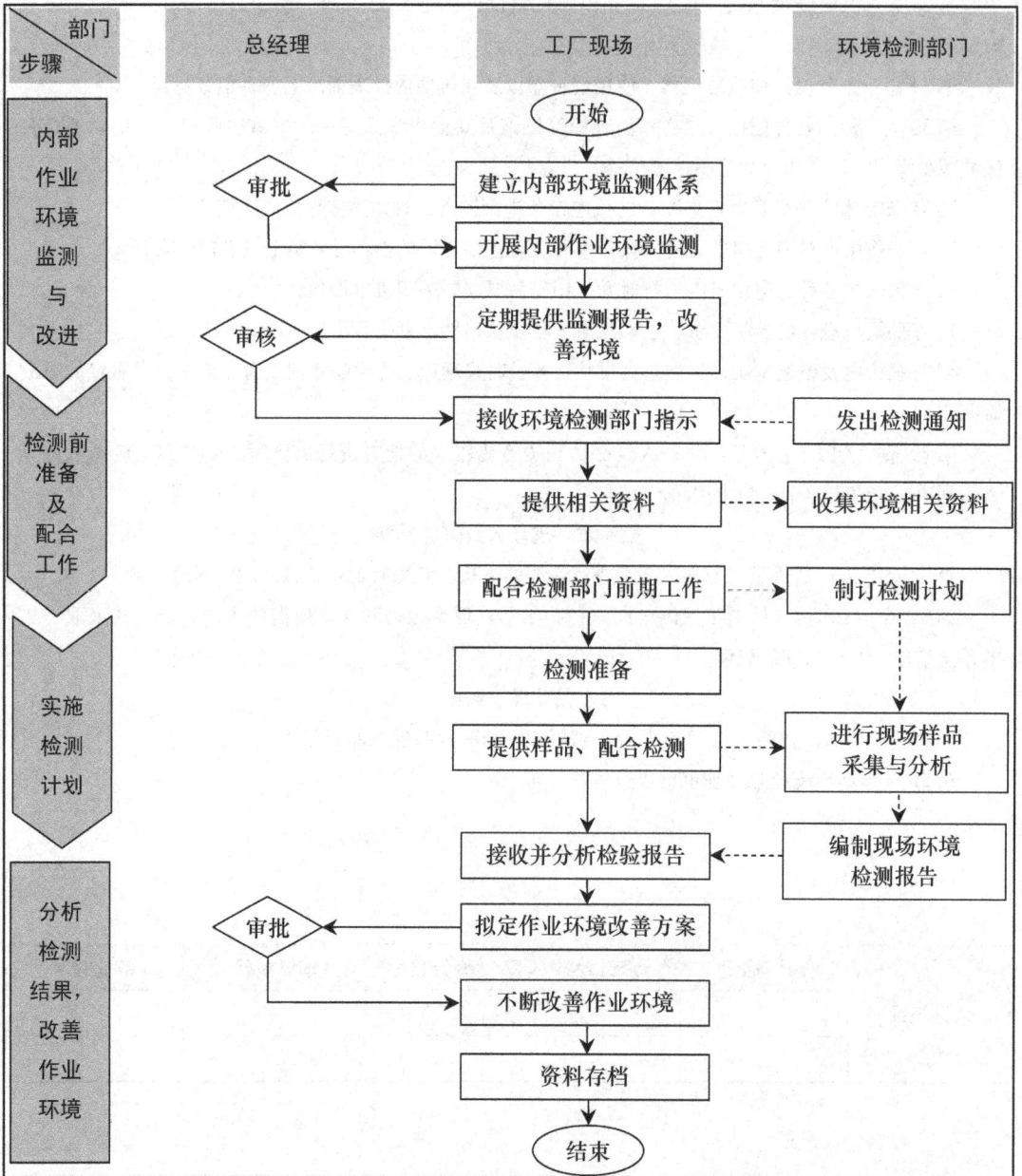

部门 步骤	总经理	工厂现场	环境检测部门

内部作业环境监测与改进 → 开始 → 建立内部环境监测体系（审批）→ 开展内部作业环境监测 → 定期提供监测报告，改善环境（审核）→ 接收环境检测部门指示 ← 发出检测通知

检测前准备及配合工作 → 提供相关资料 → 收集环境相关资料；配合检测部门前期工作 → 制订检测计划

实施检测计划 → 检测准备 → 提供样品、配合检测 → 进行现场样品采集与分析 → 编制现场环境检测报告

分析检测结果，改善作业环境 → 接收并分析检验报告 → 拟定作业环境改善方案（审批）→ 不断改善作业环境 → 资料存档 → 结束

二、现场环境检测办法

制度名称	现场环境检测办法		受控状态	
			编　号	
执行部门		监督部门	编修部门	

第1章　总则

第1条　目的

1. 掌握现场环境中危害因素的性质、强度或浓度及其时间和空间的分布情况。

2. 估计人体的接触水平，为研究接触水平与健康状况的关系提供基础数据。

3. 检查作业环境的卫生质量，评价劳动条件是否符合卫生标准的要求。

4. 监督有关劳动卫生和劳动保护法规的贯彻执行情况，评价劳动条件防治措施效果。

5. 为控制危害因素及制定、修订卫生标准和工作计划提供依据。

6. 为从事生产作业的员工创造一个健康、良好的工作环境。

第2条　适用范围

本办法适用于对工厂生产作业环境检测的相关事宜。

第3条　职责分工

1. 工厂EHS小组负责生产作业环境检测相关事宜，并配合外部环境检测部门的监督检查。

2. 生产现场所有人员需积极配合EHS小组和外部环境检测部门的检查工作。

第4条　作业环境监测类型

1. 长周期测试，主要评估个人在给定时间间隔内的平均暴露情况。

2. 连续测量，能够探测可以造成急性暴露的高浓度有害物质的短期暴露情况。

3. 快速测量，针对已知确切的暴露时间点马上进行测量，这种检测方式适用于急性危害。

第5条　作业环境监测方法

1. 空气质量测试，包括定时采样法和长时间连续采样法。

2. 粉尘采样，如粉尘过滤。

3. 使用仪器直接监测。

4. 仪表测量，如温湿度计、盖革计数器、声级计测器等。

第2章　采集有害因素的样品

第6条　在采集有害因素样品时，采集人员应明确工作场所操作人员的工种和人数、每种工种的实际工作情况，然后确定样品采集的对象、采集点、样品采集的时间段、采集方法等。

第7条　对于流动性比较强的工作，在采集样品前应该对各个工种操作人员的具体流动地点、所进行的操作、所接触有害因素的状况进行详细的记录。

第8条　环境检测人员在采集样品时，必须记录当天的生产情况、操作人员的工作情况以及操作人员使用防护用品的情况，以此来保证采集样品的科学性和结果的客观性。

第9条　按照职业卫生标准的要求进行采样

1. 环境检测人员在进行样品采集时，必须按照职业卫生标准的要求进行，不得擅自降低标准。

（续）

2. 环境检测人员应该根据作业现场的情况决定是否进行检测。

（1）如果作业现场有害因素浓度的变化不大，可以不检测。

（2）如果作业现场有害因素浓度变化较大，必须在浓度变化大的地点、浓度最高的时间段进行采集。

第10条　选择合适的样品采集方法

环境检测人员采集样品时，必须在操作人员的工作时间内，通过现场调查确定的可能接触有害因素浓度最高的时间段，分别进行多次样品采集，以此来保证样品采集的科学性。

第11条　选择合适的采样仪器

环境检测人员采集样品时，应根据实际样品采集所需要的流量选择样品采集仪器。

第12条　校正采样流量

在长时间的样品采集中，环境检测人员应在采样前和采样后分别进行流量校正，分别记录流量以防止出现偏差。

第13条　将样品与空白对照样品进行对照

在样品采集中，空白对照样品应与样品进行同时操作，同时储存与运输。

第14条　详细记录采样时间

1. 采样中，应在采集样品的同时记录具体的采集时间，不能笼统注明样品的采集时间。

2. 样品采集的时间采用24小时制记录法，时间必须精确到分钟。

第3章　作业环境检测的管理

第15条　工厂环境检测人员应不间断地收集本工厂生产作业环境的资料，分析整理后编制定期的检测计划，并报生产总监与总经理审批。

第16条　工厂环境检测人员在检测生产作业环境时，必须采用标准的检测方法与规范的检测设备，在一般情况下不允许凭经验进行判断，必须有科学的依据。

第17条　工厂环境检测人员必须保持24小时值班制，保证任何时候都可以进行检测工作，主管领导与值班领导的手机保证24小时开机，以应对突发状况。

第18条　作业环境的检测是一项长期性的工作，对于已经被控制的危害因素，工厂应该定期派专人进行复查，防止事件的再次发生。

第19条　作业环境检测的资料由专人进行保管，其所记录的数据将作为制订工作计划与改善方案的依据，不得随意销毁，进行销毁时必须得到有关责任人的批准。

第20条　环境检测人员根据历史数据与现实状况，定期提出对作业环境的改善方案，供相关领导决策时参考。

第4章　附则

第21条　本办法由生产部制定，其解释权、修改权归生产部所有。

第22条　本办法经总经理办公会议审议后，自颁布之日起实施。

修订记录	修订标记	修订处数	修订日期	修订执行人	审批签字

三、现场环境改善办法

（一）现场环境改善方法

对于在生产现场查找和发现的隐患或问题，作为现场环境的检测人员应提出正确的处置意见，改善作业环境。现场环境改善办法如图2-9所示。

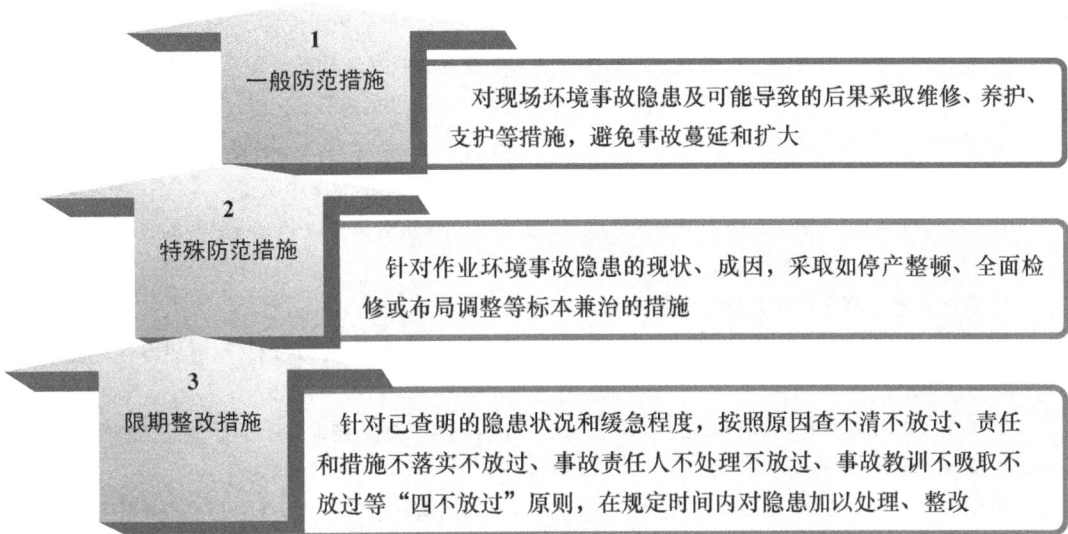

1 一般防范措施	对现场环境事故隐患及可能导致的后果采取维修、养护、支护等措施，避免事故蔓延和扩大
2 特殊防范措施	针对作业环境事故隐患的现状、成因，采取如停产整顿、全面检修或布局调整等标本兼治的措施
3 限期整改措施	针对已查明的隐患状况和缓急程度，按照原因查不清不放过、责任和措施不落实不放过、事故责任人不处理不放过、事故教训不吸取不放过等"四不放过"原则，在规定时间内对隐患加以处理、整改

图2-9　现场环境改善办法

（二）现场环境改善办法范例

制度名称	现场环境改善办法		受控状态	
			编　　号	
执行部门		监督部门	编修部门	

第1章　总则

第1条　目的

为加强现场环境的管理，减少或消除作业环境对生产人员的身体危害，确保现场人员身体健康，保证生产顺利进行，特制定本办法。

第2条　适用范围

本办法适用于对现场非常温作业、辐射作业、噪音等作业环境的改善事宜。

第2章　非常温作业环境改善

第3条　现场高温作业环境的改善

1. 高温作业环境应在不影响工艺操作的情况下合理安排热源，尽量疏散热量。

2. 在生产工艺或技术允许的情况下，应采用水隔热或材料隔热的方法隔绝热源。

（续）

3. 在高温作业环境下，必须设置多个通风口或安装工业电扇以排出对流热，降低车间的温度。

4. 在粉尘较大的生产现场应设置冷气休息室，防止因温度过高而给员工的身体造成损伤。

5. 现场配合工艺技术部门改进工艺流程与操作方法，不断改善高温作业条件，减少员工接触高温的机会。

第4条　低温的生产现场必须设立水暖或风暖的设施、设备。

第5条　有下列情形之一的，低温生产现场适合采用新鲜空气的风暖设备。

1. 生产现场散发的粉尘（如镁粉）与水接触后会引起自燃或爆炸时。

2. 生产现场散发有毒升华粉尘（如碘）和低熔点粉尘（如二硝基甲苯）时。

3. 生产现场所散发的一些气体或粉尘等与散热管道或散热器表面接触后引起自燃时。

第6条　有下列情形之一的，低温生产现场需要采用水暖，而不能采用风暖。

1. 生产现场的空气中含有病原微生物或含有害物质超过最高允许浓度和有极难闻的气味时。

2. 生产现场拥有大量粉尘时。

3. 在生产的过程中散发大量的剧毒物质时。

第7条　生产现场的取暖设施应与现场的存储物保持一定的距离，防止因热辐射使得存储物发生变化而造成事故。

第8条　如采用水暖，当管道通过可燃结构时，管道应与可燃结构保持不小于____厘米的距离或用非燃烧材料隔开。

第9条　在散发易燃、易爆物质的生产现场，不宜采用蒸汽管道，而应该采用表面光滑的散热器，并使得散热器与墙壁、窗台、地面等保持一定的距离，便于清扫。

第10条　在遇水后能形成燃烧、爆炸或引起电气事故的生产现场内，取暖所用热管应采用焊接连接，并不得设置阀门等管件，如生产现场设有散热器也应采用焊接连接。

第11条　在低温生产现场使用散热器取暖时，散热器的表面温度不宜过高，一般保持在____℃即可。

第3章　辐射作业环境改善

第12条　生产人员在从事有辐射的工作前必须进行相关的培训，掌握辐射的基本知识与安全保护知识，经过考核成绩合格者方可上岗。

第13条　若现场放置的设备存在或有可能存在辐射，必须根据具体情况在辐射的源头设置屏蔽物，屏蔽物的厚度与材质以工艺技术部门提供的资料为准，禁止擅自变更。

第14条　生产现场需配合工艺技术部将可能产生放射性辐射的流程、设备尽量密封化、自动化，尽可能减少人工操作。

第15条　车间主任在安排生产时，应注意保证员工在辐射现场工作的时间不能太长。

第16条　生产人员在有放射性辐射的现场工作时尽量使用长柄工具，通过增长距离来减少放射性辐射对身体的危害。

第17条　质量管理部门应每天派人检测有放射性辐射现场的外照射剂量和空气中、工作台上的放射性辐射强度，超过国家相关标准的应立即停工，采取有效措施直至达到国家的相关标准。

第18条　在有放射性辐射现场从事生产的员工每天下班后必须彻底清理工作服及体表，否则不允许离开工厂。

（续）

第19条　员工在清理带有辐射物质的工作服和体表时，应注意以下七个方面的问题。

1. 清理工作服时要在常温下使用浸泡、冲刷、淋洗、擦洗等合理的去污方法。

2. 清理工作服尽量不要隔夜，应在当天去污。

3. 在工作服的去污过程中要使用专一的容器，防止交叉感染和扩大感染。

4. 清理工作服的容器也要经常去污。

5. 清理工作服时的去污试剂必须使用工厂配好的，禁止随意更换。

6. 清理工作服时必须去专用的场地，严禁在专用场地之外去污。

7. 进行体表去污时要选择合适的洗涤剂，严禁使用乙醚、三氯乙烯等有机溶剂和容易被皮肤吸收放射性物质的酸碱溶液、角质溶解剂、热水等，一般可用软毛刷刷洗，但注意不要损伤皮肤。

第20条　生产现场中使用电焊作业时，必须在车间单独隔出来的电焊作业地点进行，防止紫外线的辐射给其他生产人员带来伤害。

第21条　生产现场需要使用激光进行作业时，应设置专门的作业场所，作业场所的地面、墙壁、天花板、门窗等均应采用暗色不反光材料和毛玻璃，作业场所内部需要设置摄像头或安全观测孔以便观测。

第4章　噪音作业环境改善

第22条　对机械设备所发出的噪音控制措施包括以下四项。

1. 严格遵守机械设备的操作规范，防止因错误的操作导致机械设备产生噪音。

2. 定期对机械设备的主要部件进行检测和保养，保持其性能良好及排放的噪音符合国家规定的相关技术标准。

3. 检查机械设备的运行状态时应注重对其噪音的检测，对于超过噪音排放标准的机械设备要及时采取措施减少噪音排放。

4. 加强对机械设备的日常检测工作，发现突发情况，及时修理，缩短噪音的排放时间。

第23条　企业在选购新设备时，必须对设备的噪音环节进行评估，尽量选取自动化或密封化的设备，减少人工操作以减少噪音对员工身体的侵害。

第24条　对于排放噪音比较大的机电、机械设备，在生产中应在设备上安装隔音机罩或设置隔音间，阻断噪音的传播途径。

第25条　对有隔音间进行隔音的机电、机械设备，应做好隔音间的密封工作，随时关闭隔音门与隔音窗，将噪音与生产人员隔离开来。

第26条　车间主管在安排工作时，应尽量减少相关人员在噪音环境中的暴露时间，以减轻噪音对身体的伤害。

第5章　附则

第27条　本办法由生产部制定，其解释权、修改权归生产部所有。

第28条　本办法经总经理审批通过后，自颁布之日起执行。

	修订标记	修订处数	修订日期	修订执行人	审批签字
修订记录					

生产现场作业流程精细化管理

第三章

第一节 标准化生产作业

一、标准化作业实施流程

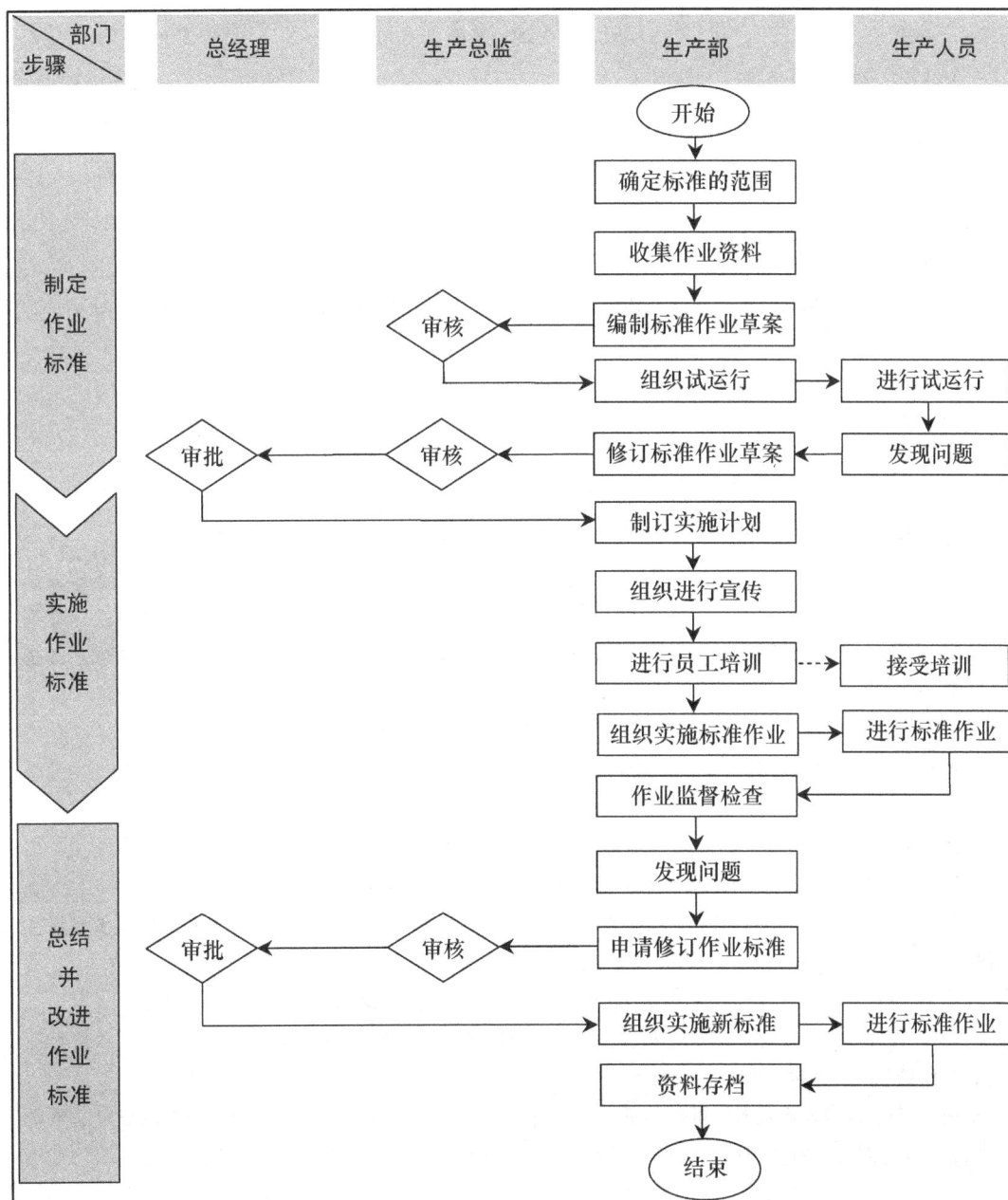

部门\步骤	总经理	生产总监	生产部	生产人员
			开始	
制定作业标准		审核	确定标准的范围	
			收集作业资料	
			编制标准作业草案	
			组织试运行	进行试运行
	审批	审核	修订标准作业草案	发现问题
实施作业标准			制订实施计划	
			组织进行宣传	
			进行员工培训	接受培训
			组织实施标准作业	进行标准作业
			作业监督检查	
总结并改进作业标准	审批	审核	发现问题	
			申请修订作业标准	
			组织实施新标准	进行标准作业
			资料存档	
			结束	

二、标准化作业管理规定

制度名称	标准化作业管理规定		受控状态	
			编　号	
执行部门		监督部门	编修部门	

第1章　总则

第1条　目的

为促进工厂的技术发展，规范生产作业流程，提高工厂的生产效率和产品质量，创造最大收益，根据工厂的实际情况，特制定本规定。

第2条　适用范围

本规定适用于工厂在标准化作业管理方面的相关事宜。

第3条　解释说明

1. 标准化作业是指将工厂作业的各种规范如规程、规定、规则、要领等形成作业标准指导书，然后依据此作业标准指导书进行作业的过程。

2. 标准化作业以工厂现场安全生产、技术活动的全过程及其要素为主要内容。

第4条　职责权限

工厂的标准化作业文件由工艺技术部制定，生产部在生产现场负责执行。

第2章　标准化作业的实施

第5条　生产现场实施标准化作业之前要做好相关的准备工作，包括以下三个方面。

1. 人员准备，实施标准化作业之前必须对相关的人员进行作业标准培训，使生产现场的工作人员了解、掌握作业标准。

2. 技术准备，指编制标准化作业与原作业的区别表，对于较难的工艺组织技术攻关，下发新的技术资料等。

3. 物质准备，指准备标准化作业所必须的工装、量具、检测器具等用具。

第6条　全厂倡导遵守标准的意识，将标准展示在工厂的宣传板上，日常工作中每位员工均需遵守作业标准。

第7条　班组长现场指导与跟踪确认作业标准的执行，贯彻执行标准化作业。

第8条　现场作业指导书需放在操作人员随手可以拿到的地方。

第9条　生产现场的负责人在标准化作业实施期间负责监督、检查与指导，监督生产人员严格按照标准化作业的规定进行生产，同时收集标准化作业中存在失误的地方。

第10条　对于不遵守标准化作业要求的行为，一经发现就立刻指正，马上纠正行为。

第11条　实施标准化作业时应考虑、分析到不同的作业部门实施标准化作业的潜力，要量力而行，避免打乱工厂正常的生产秩序。

第12条　作业标准在未经审批前不允许任何人随意更改，对于多次违反标准化作业规定的生产人员，应采取停职培训的措施，若操作仍不符合标准化作业的规定，作转岗处理直至劝退。

（续）

第3章　标准化作业的考核

第13条　考核组织结构

标准化作业的考核以标准化作业考核小组为主要机构，组长由生产总监担任，组员由生产部、质量管理部、工艺技术部等抽调人员担任。除组长外，组员可轮换。

第14条　标准化作业考核小组的主要工作是制定标准化作业的考核标准并负责具体的执行工作。

第15条　标准化作业的考核原则

1. 采用定量与定性相结合的考核方式。

2. 定量考核以工厂所记录的生产数据与考核小组抽查的数据为准，定性考核做到公平、客观。

3. 考核的结果与员工的收入直接挂钩。

第16条　标准化作业考核的范围

标准化作业考核的范围主要是以标准化作业为主，包括员工对标准化作业的掌握程度、所生产产品的质量和数量、生产设备的故障率、质量事故的发生次数及生产环境等内容。

第17条　标准化作业的考核主要以季度为考核单位，考核时间从每一季度的开始一直持续到结尾，并在下季度开始后五天之内宣布考核结果与奖惩状况。

第18条　在考核周期内，考核小组成员将不定期地到生产现场检查标准化作业情况，检查完毕后由当日负责车间生产的车间主任签字确认。

第19条　标准化作业的考核采用车间考核与生产人员个人考核相结合的方式，考核结果根据车间与个人的成绩分别进行奖惩。

第20条　标准化作业考核的指标主要包括以下两个部分的内容，具体如下表所示。

标准化作业考核的指标列表

类别	主要指标
1. 生产车间标准化作业考核指标	（1）车间生产人员对标准化作业的掌握度（平均值）
	（2）考核期内生产车间产成品的合格率
	（3）考核期内生产车间实际生产产量与计划完成数量的差异率
	（4）车间生产设备因操作问题而产生的故障次数
	（5）生产现场重大产品质量事故的发生次数
	（6）生产现场的环境在考核期内的平均达标率
2. 生产人员个人标准化作业考核指标	（1）生产人员个人对标准化作业的掌握程度
	（2）考核期内生产人员个人生产产品的合格率
	（3）考核期内生产人员的计划生产任务与实际完成任务的差异率
	（4）生产人员所生产产品的质量事故发生次数
	（5）生产人员所使用的设备因人为原因造成的事故次数

（续）

第21条　标准化作业的考核采用百分制，由考核小组根据工厂保存的生产数据与抽查数据进行打分，根据最终的实际得分划分以下四个等级。

1. 优秀，90（含）～100分。

2. 良好，80（含）～90分。

3. 合格，70（含）～80分。

4. 不合格，70分以下。

第22条　标准化作业的考核结果除了与员工当月收入直接挂钩之外，其综合结果也是工厂决定员工调整工资级别、职位升迁和人事调动的重要依据。

第23条　生产总监对考核小组呈报的考核结果进行审核后报总经理审批，总经理签字同意后，考核结果即时生效。

第24条　任何人如对考核结果有异议，可在考核结果公布后的一周之内向考核小组提出。

第25条　人员考核的成绩主要用于生产人员的工资、奖金的发放，同时与生产人员的晋升、调级等密切相关，生产车间的考核成绩主要与生产车间主管人员的工资、福利、奖金和晋升等密切相关，具体运用如下表所示。

标准化作业考核结果运用说明

考核对象	考核得分	结果等级	结果运用
车间考核	90（含）～100分	优秀	1. 车间主任发放工资额的＿＿％，作为奖励 2. 奖励车间＿＿元的活动资金 3. 优先考虑培训、晋升等
	80（含）～90分	良好	1. 车间主任发放工资额的＿＿％，作为奖励 2. 奖励车间＿＿元的活动资金
	70（含）～80分	合格	待遇不变，车间无奖金
	70分以下	不合格	1. 车间主任发放工资额的＿＿％，作为惩处 2. 由车间主任负责在规定期限内改善该车间的生产面貌，否则作降职、调岗处理
人员考核	90（含）～100分	优秀	1. 发放工资额的＿＿％，作为奖励 2. 作为重点培养对象，优先考虑培训、晋升
	80（含）～90分	良好	发放工资额的＿＿％，作为奖励
	70（含）～80分	合格	工资待遇与福利不变
	70分以下	不合格	1. 发放工资额的＿＿％，作为惩处 2. 进行培训与二次考核，若仍然不合格，则作转岗处理直至劝退

（续）

第4章　附则				

第26条　本规定经总经理审批通过后，自颁布之日起执行。

第27条　工厂原有的与本规定类似的或相反的条款，自本规定颁布之日起自动废除。

	修订标记	修订处数	修订日期	修订执行人	审批签字
修订记录					

三、作业指导书编制规范

制度名称	作业指导书编制规范		受控状态	
			编　　号	
执行部门		监督部门	编修部门	

第1章　总则

第1条　目的

1. 规范生产作业流程，实现生产作业的标准化，提高生产效率和产品质量。

2. 帮助生产操作人员识别物料与产品，采用正确的作业方法和自检互检方法。

3. 规定合理的作业时间，确保完成任务。

第2条　适用范围

工厂各生产作业流程作业指导书的编写与完善等相关工作均需参照本规范执行。

第3条　解释说明

1. 生产作业指导书用于指导具体的作业，如仪器设备的操作、产品或原材料的检验与试验、计量器具的检定、产品的包装等。

2. 作业指导书是为保证过程质量而制定的程序，是指导、保证生产作业过程质量的最基础的文件，为开展纯技术性质量活动提供指导，有时也称为工作指令令或操作规范、操作规程、工作指引等。

第4条　职责分工

工艺技术部负责生产作业指导书的编写与改善工作，生产现场严格执行作业指导书。

第5条　作业指导书按内容可划分为以下三类。

1. 用于生产、操作、检验和安装等具体过程的作业指导书。

2. 用于指导具体管理工作的各种工作细则、计划和规章制度等。

3. 用于指导自动化程度高而操作相对独立的标准操作规范。

第2章　作业指导书编写原则与内容

第6条　编写原则

1. 简单实用的原则。

（续）

2. 内容易懂的原则。

3. 尽可能方便使用者的原则。

4. 易于修改的原则，在持续质量改进过程中发挥员工的积极性和创造性。

5. 与已有的各种文件有机结合的原则。

第7条 为明确编写作业指导书的必要性，工艺技术部需回答以下问题。

1. 为什么要编制此作业指导书。

2. 有了此作业指导书，能执行什么任务，能够控制哪些影响质量的因素。

3. 岗前培训、岗位培训能否覆盖或取代此作业指导书。

第8条 作业指导书编写内容

1. 作业内容，即此工序所需要做的事。

2. 作业简图，即用图示的方式表达作业内容。

3. 作业工时，即完成此工序所需要的时间。

4. 质量要求与检查。

5. 物料内容描述，即此工序所用到的物料。

6. 使用工具描述，即此工序所用到的工具。

7. 注意事项，即在操作时遇到的问题与必须注意的地方。

8. 审批权限。

9. 适用的产品名、工序、编号和日期，便于文件管理。

第9条 编写内容应满足4W1H原则

1. Where，即在哪里使用此作业指导书。

2. Who，即什么样的人使用该作业指导书。

3. What，即此项作业的名称及内容是什么。

4. Why，即此项作业的目的是什么。

5. How，即如何按步骤完成作业。

第10条 数量要求

1. 不一定每一个工位、每一项工作都需要成文的作业指导书。

2. 在培训充分有效时，作业指导书可适量减少。

第11条 作业指导书需是生产作业特定操作的条件和标准，具体要求如下。

1. 条件：明确操作的场合或前提条件，明确这项操作由谁开始和认可，规定人员条件、环境条件、设备要求和量块要求等检定条件。

2. 标准：作业指导书需提供权威的作业标准，如尺寸、公差、公式、表格、温度范围、表面条件、加工方法、成分、原材料等。

第3章 作业指导书具体编写要求

第12条 工艺技术部在编制标准化作业文件之前应广泛地调查研究与收集资料，确定各项作业可以进行标准化的内容。

第13条 工艺技术部在制定作业标准时所收集的资料应包括以下四个方面的内容。

（续）

1. 国内外与本厂产品或生产线有关的标准资料。

2. 与工厂的现场生产相配套的标准和相应的参考资料。

3. 工厂的设计部、生产部、质量管理部及车间具体操作人员对作业标准的意见及建议。

4. 与作业标准相关的历年现场生产技术数据。

第14条 工艺技术部编制出的标准作业草案经生产总监审核后，必须发放到生产现场由车间主任组织试运行，试运行的时间一般不超过两个月。

第15条 工艺技术部根据收集到的试运行信息与相关部门进行讨论、求证，对标准作业方案进行最终的校对确认，并报生产副总与总经理进行审批，审批通过后方可执行。

第16条 工艺技术部制定的作业标准必须包括产品标准、工艺技术标准、半成品标准、设备技术标准、计量标准、包装技术标准、包装材料标准、现场环境标准、安全生产技术标准、标识、搬运技术标准、技术基础标准等内容。

第17条 作业指导书的格式要求，包括以下四个方面。

1. 以满足培训要求为目的。

2. 既可以用文字描述，也可以用图表来表示，或两者结合起来使用。

3. 简单、明了、无歧义。

4. 美观、实用。

第4章 作业标准的修改与复审

第18条 工艺技术部与生产现场定期召开作业标准改善检讨会议，提出作业改善的相关事项及方向，不断完善作业标准。

第19条 有下列情形之一的，工艺技术部需修改作业标准。

1. 标准中的内容在配上图后仍有含糊不清、难以理解的。

2. 标准中要求的工作在现实中无法完成或即使完成也需要付出很大代价。

3. 工厂生产的产品质量水平已经做出变更。

4. 工艺流程已经改变。

5. 生产设备的部件或材料已经发生改变。

6. 生产设备、生产工具或使用的仪器生产改变。

7. 工作程序出现了变动。

8. 影响生产的外界因素或要求发生了变动。

9. 国家标准或行业标准发生了改变。

第20条 修订作业标准时，必须由生产部或工艺技术部提出申请，经生产总监组织相关人员开会审议后方可进行修订。

第21条 修订作业标准时，对于工厂在生产中无法满足的国家或行业标准，只能采取通过组织技术攻关或引进新的工艺及设备的措施，不允许随意降低国家或行业的作业标准。

第22条 根据现实情况的需要，工厂所制定的作业标准需每两年进行一次复审。

第23条 复审工作由生产总监组织生产部、工艺技术部、质量管理部的相关人员组成作业标准复审小组进行工作。

（续）

第24条　作业标准的复审结果一般包括重新确认、修改、修订与废止四种，具体执行如下。

1. 确认，指作业的标准仍能满足当前生产的需要，各种技术参数与技术指标符合当前的技术发展水平，作业标准的内容不做修改。对于此类复审结果，只需在复印的封面上注明"＿＿年确认"即可。

2. 修改，指对作业的标准进行名称、技术参数、示意图和示意表等内容进行少量的修改与补充，经修改补充后，此类作业标准仍然可以使用。

3. 修订，指当主要的作业标准内容发生较大的改变时，需要重新修订原来的作业标准。此类标准进行修订时必须在原件处附上修订的详细依据（如原标准执行时存在的问题、工艺的发展现状等），并且按照标准的编号将原作业标准资料全部收回后下发修订过的作业标准。

4. 废止，指复审的作业标准内容已不适合当前的生产需要或复审时的作业标准已经失去了意义，故作废止处理。

第5章　附则

第25条　本规范由工艺技术部制定，解释权、修改权归工艺技术部所有。

第26条　本规范经总经理审批通过后，自发布之日起严格执行。

	修订标记	修订处数	修订日期	修订执行人	审批签字
修订记录					

第二节　生产作业流程管理

一、生产作业流程诊断分析

生产作业流程优化与再造的前提是对现有生产作业流程进行调查研究，分析诊断生产作业流程中存在的问题。

（一）生产作业流程的内容

生产作业流程的一般内容如图3-1所示。

（二）生产作业流程诊断工具

常用的生产作业流程诊断工具有NVA/VA分析、5WHY法、ECRS技术等，其具体方法介绍如下所述。

1. NVA/VA分析法

NVY/VA分析法将构成一个流程的各项工作任务分为三类，其具体介绍如图3-2所示。

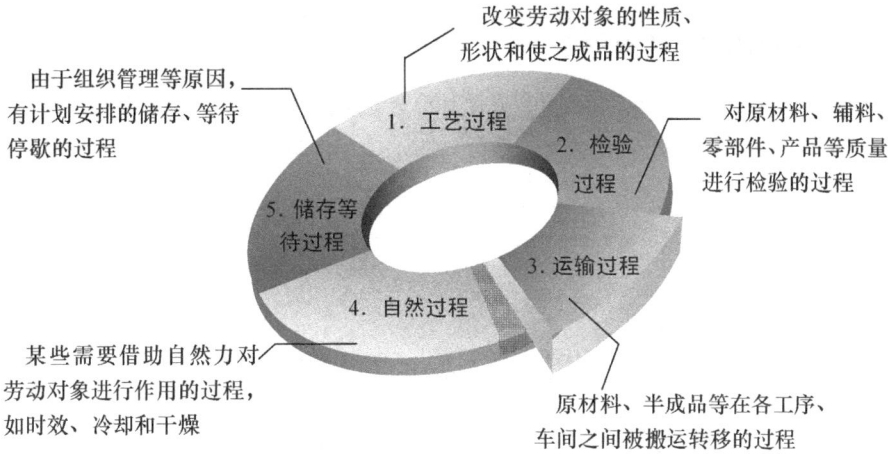

图3-1 生产作业流程的内容

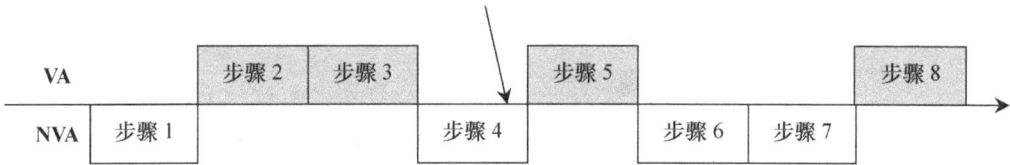

◆ 非增值活动（NVA），指不增加附加值却是必需的活动，是各项增值活动的连接剂
◆ 增值活动（VA），指能使产品或服务的附加值得到提高的活动
◆ 浪费（Waste），指既不增值，也不是必需的活动

图3-2 NVY/VA 分析法说明

2.5WHY 法

5WHY 法说明如图 3-3 所示。

图3-3 5WHY 法说明

3. ECRS 技术

ECRS 技术说明如图 3-4 所示。

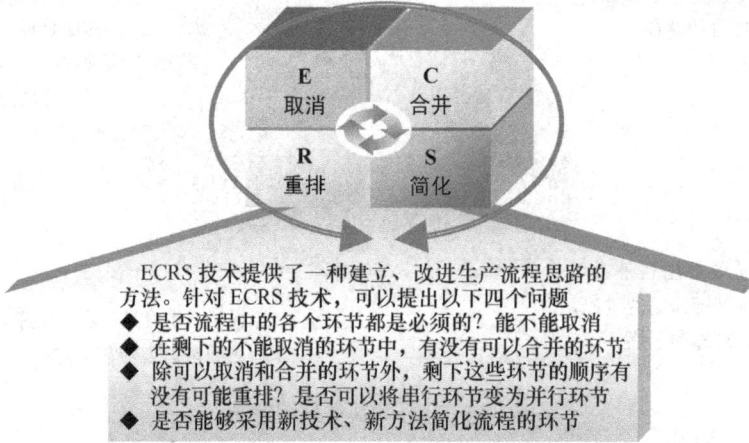

图 3-4　ECRS 技术说明

二、生产作业流程优化实施

为达成工厂的发展目标，适应市场、技术、竞争等条件的不断变化，工厂现场的生产流程需不断改进、优化。生产作业流程优化的基本步骤如图 3-5 所示。

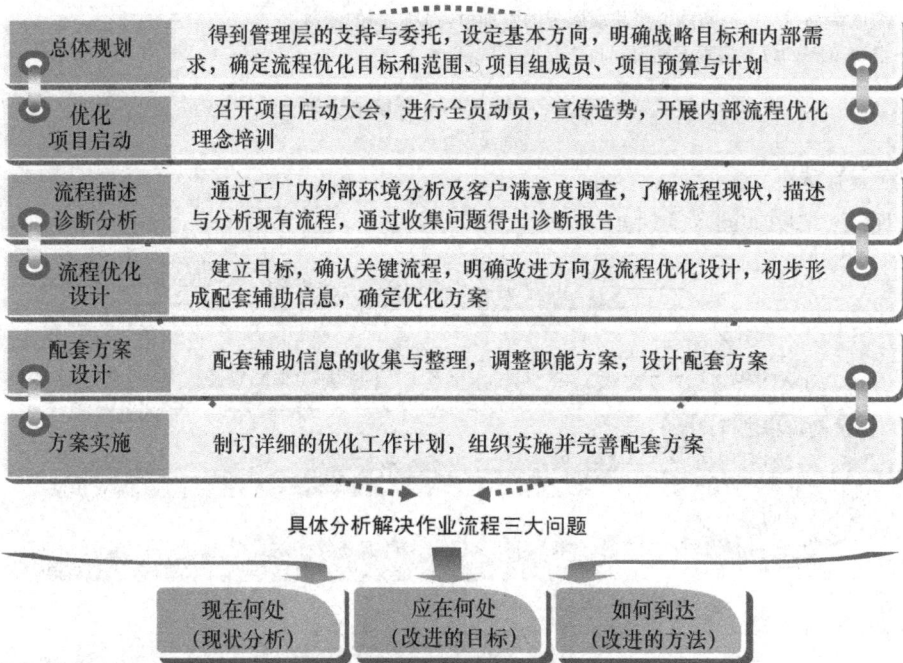

总体规划	得到管理层的支持与委托，设定基本方向，明确战略目标和内部需求，确定流程优化目标和范围、项目组成员、项目预算与计划
优化项目启动	召开项目启动大会，进行全员动员，宣传造势，开展内部流程优化理念培训
流程描述诊断分析	通过工厂内外部环境分析及客户满意度调查，了解流程现状，描述与分析现有流程，通过收集问题得出诊断报告
流程优化设计	建立目标，确认关键流程，明确改进方向及流程优化设计，初步形成配套辅助信息，确定优化方案
配套方案设计	配套辅助信息的收集与整理，调整职能方案，设计配套方案
方案实施	制订详细的优化工作计划，组织实施并完善配套方案

具体分析解决作业流程三大问题

现在何处（现状分析）　　应在何处（改进的目标）　　如何到达（改进的方法）

图 3-5　生产作业流程优化的基本步骤

三、生产作业流程再造实施

（一）生产作业流程再造的原则

生产作业流程再造的目的是将非增值活动压缩到最少，使流程最优化。流程再造的原则如图 3-6 所示。

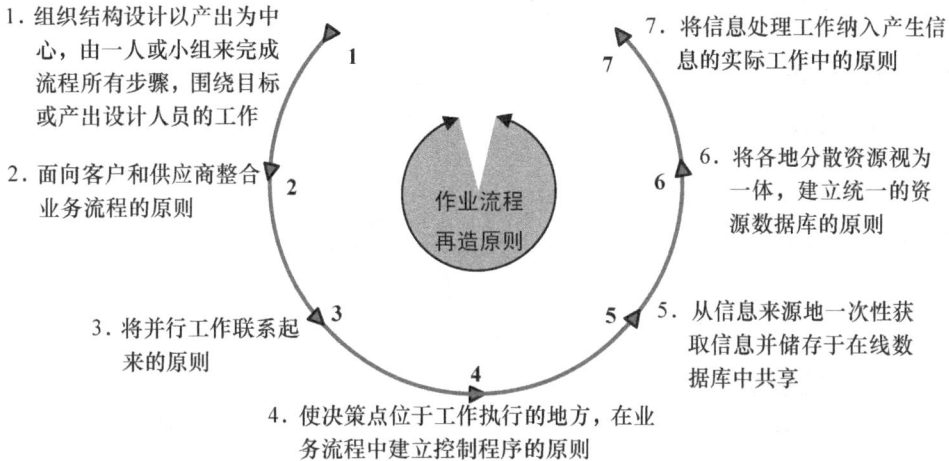

1. 组织结构设计以产出为中心，由一人或小组来完成流程所有步骤，围绕目标或产出设计人员的工作

2. 面向客户和供应商整合业务流程的原则

3. 将并行工作联系起来的原则

4. 使决策点位于工作执行的地方，在业务流程中建立控制程序的原则

5. 从信息来源地一次性获取信息并储存在在线数据库中共享

6. 将各地分散资源视为一体，建立统一的资源数据库的原则

7. 将信息处理工作纳入产生信息的实际工作中的原则

作业流程再造原则

图3-6　生产作业流程再造的原则

（二）生产作业流程再造步骤

生产作业流程再造的一般步骤如图 3-7 所示。

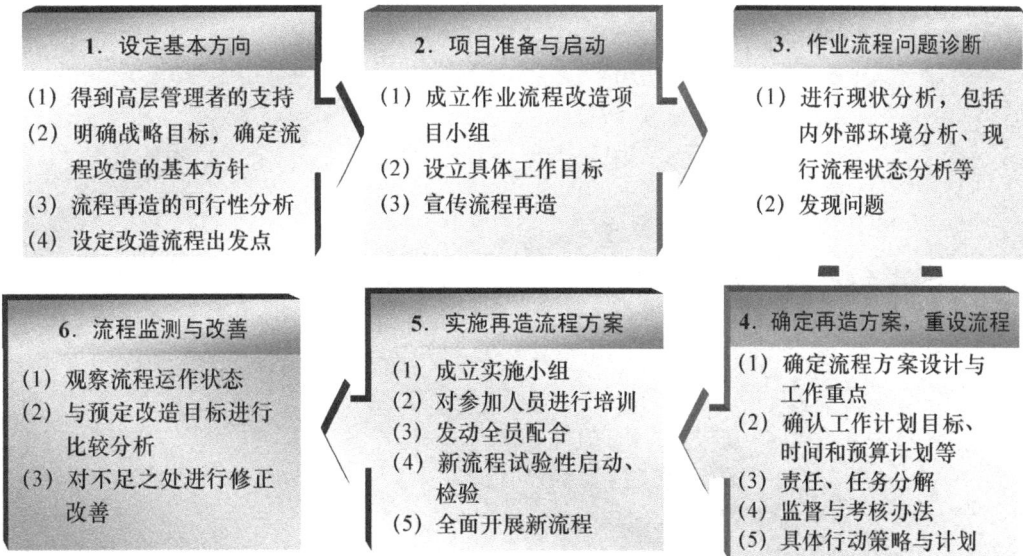

1. 设定基本方向
(1) 得到高层管理者的支持
(2) 明确战略目标，确定流程改造的基本方针
(3) 流程再造的可行性分析
(4) 设定改造流程出发点

2. 项目准备与启动
(1) 成立作业流程改造项目小组
(2) 设立具体工作目标
(3) 宣传流程再造

3. 作业流程问题诊断
(1) 进行现状分析，包括内外部环境分析、现行流程状态分析等
(2) 发现问题

6. 流程监测与改善
(1) 观察流程运作状态
(2) 与预定改造目标进行比较分析
(3) 对不足之处进行修正改善

5. 实施再造流程方案
(1) 成立实施小组
(2) 对参加人员进行培训
(3) 发动全员配合
(4) 新流程试验性启动、检验
(5) 全面开展新流程

4. 确定再造方案，重设流程
(1) 确定流程方案设计与工作重点
(2) 确认工作计划目标、时间和预算计划等
(3) 责任、任务分解
(4) 监督与考核办法
(5) 具体行动策略与计划

图3-7　生产作业流程再造的步骤

（三）生产现场作业流程再造工作技巧

工厂在进行生产作业流程再造时需注意如图3-8所示的相关事项。

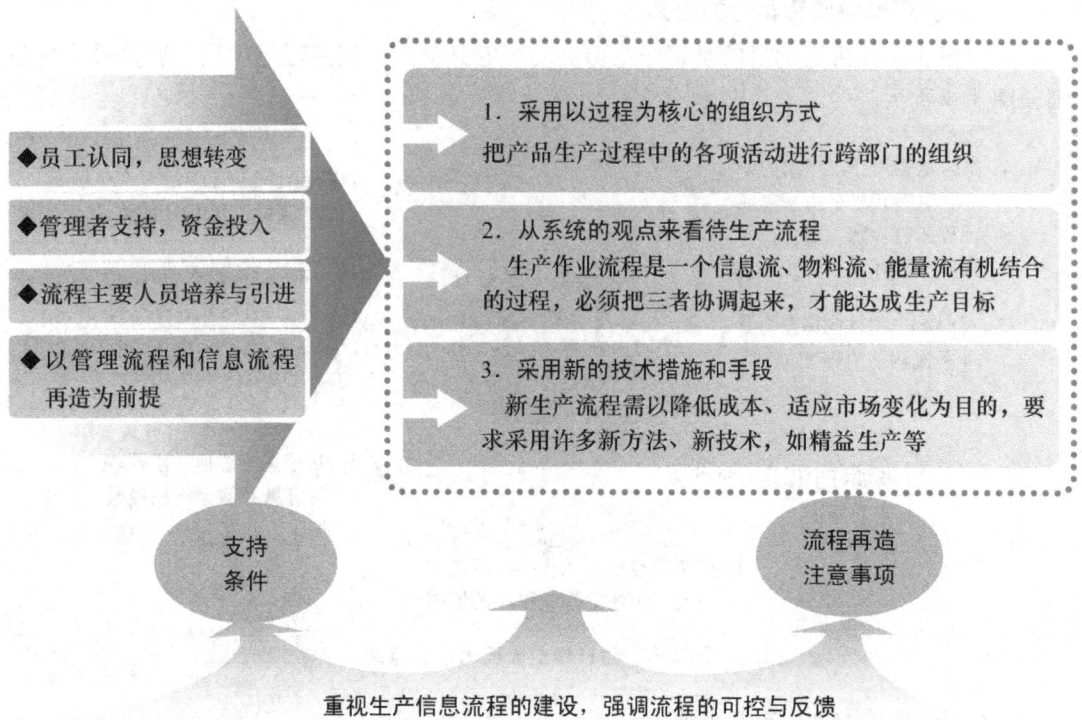

◆员工认同，思想转变

◆管理者支持，资金投入

◆流程主要人员培养与引进

◆以管理流程和信息流程再造为前提

1. 采用以过程为核心的组织方式
把产品生产过程中的各项活动进行跨部门的组织

2. 从系统的观点来看待生产流程
生产作业流程是一个信息流、物料流、能量流有机结合的过程，必须把三者协调起来，才能达成生产目标

3. 采用新的技术措施和手段
新生产流程需以降低成本、适应市场变化为目的，要求采用许多新方法、新技术，如精益生产等

支持条件

流程再造注意事项

重视生产信息流程的建设，强调流程的可控与反馈

图3-8 生产现场作业流程再造工作技巧

现场生产计划执行精细化管理

第四章

第一节 编制生产计划

一、车间产能负荷分析

产能即生产能力，指工厂在一定生产环境下，凭借一定的生产工艺、生产技术水平，在一定时间内所能生产的产品数量。产能负荷则具体到车间设备、员工等在一定时间内生产产品的数量。为使生产计划得到有效执行，工厂在编制生产计划前应对车间产能负荷进行分析，使生产计划合理、可靠。一般来讲，产能负荷可从设备负荷、人力负荷、技术能力三方面进行分析，具体内容如下所述。

（一）设备负荷分析

设备负荷指设备在现有生产条件下及一定时间内所能生产某种产品的最大数量。产品的生产离不开设备的正常运作，设备负荷是生产计划编制人员在编制生产计划时应该考虑的重要因素。设备负荷分析步骤如下所述。

1. 根据生产计划，分析完成该计划的生产任务需要使用的设备并将其分类。

2. 计算各设备的产能负荷，其具体计算公式如下。

$$单台设备负荷 = \frac{作业时间}{单位产品标准时间}$$

$$所有设备负荷 = \frac{总作业时间}{总标准时间} \times 设备台数 \times 开机率$$

$$每日应生产数 = \frac{每台设备的计划生产总数}{计划生产日}$$

3. 汇总现有设备负荷并与计算出的设备负荷（即每日应生产数）相比较，确定负荷不足或剩余，并采取措施解决设备负荷不足或剩余的问题。如果设备负荷不足则应增补设备，但若所需增补的设备单价过高，则应考虑以增加工时来提升产量。

（二）人力负荷分析

人力负荷指车间员工在现有生产条件下，一定时间内所能生产的产品数量。员工产能具有不确定性，如员工一定时间内生产产品的数量会因员工请假、工伤而发生变动，而且不同员工的能力具有差异性。

上述因素导致工厂不易控制员工的产能，从而导致工作不能直接分析员工产能，而是根据生产计划分析车间需要的员工数量，然后与现有员工数量进行比较，进而确定人力负荷是否不足或剩余。

1. 根据销售部门提供的月度销售计划拟订当月的生产计划，核算出各型号产品的计划生产数量。根据完成单件产品所需的标准工时、车间每人每天工作时间及当月的计划工作天数，再考虑宽放时间，计算出当月人力的总需求。计算公式如下：

$$\sum 产品需求工时 = 产品标准工时 \times 当月计划生产数量$$

$$\sum 月需求工时 = \sum A\,产品需求工时 + \sum B\,产品需求工时 + \cdots + \sum N\,产品需求工时$$

$$人员需求 = \frac{\sum 月需求工时}{每人每天工作时间 \times 月工作日} \times (1 + 宽放率)$$

2. 汇总现有的员工数，求出人员需求与现有员工数的差额。若人员需求大于现有员工数，即出现人力不足的情况，可以申请增补工人。

（三）技术能力分析

工厂的技术水平对人力负荷及设备负荷有着重要影响，因此需对工厂技术能力进行分析。工厂技术能力分析步骤如下。

1. 详细列举出工厂每种产品的生产工序。

2. 针对每一道工序，分析该工序对技术水平的要求。技术水平可从技术人员的规模、技术人员的素质、车间设备的先进性、产品工艺等方面进行综合分析。

3. 分析工厂现有的技术水平，与应达到的技术水平相比较，找出现有技术的不足之处，并制定相应的解决方法。

4. 将结果填写在"生产技术能力分析表"中，使分析结果直观具体。

（四）短期产能调整

当产品及所需产品数量发生较大变动，并且未能提前做好准备时，会导致产能负荷与需求不平衡，此时工厂需进行短期的产能调整。表4-1汇总了短期产能调整的方法。

表4-1　短期产能调整方法

负荷 调整方法	负荷不足	负荷剩余
外包	部分工作外包	外包收回
使用工时	加班或轮班	减少加班或轮班
增减临时工	增加临时工	减少临时工
增减设备	增加设备	减少设备
增减开机率	增加开机率	减少开机率

二、生产计划编制流程

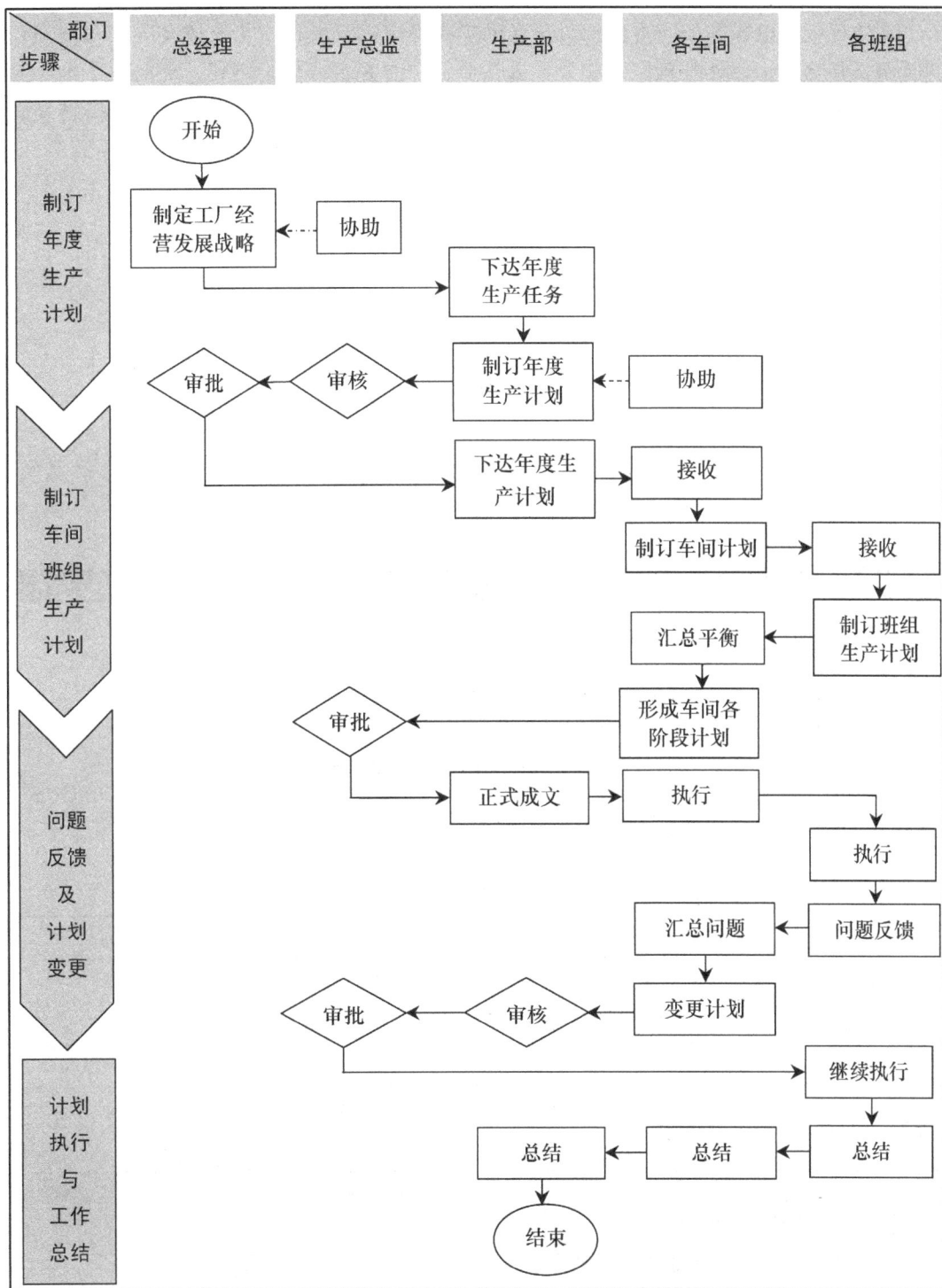

部门\步骤	总经理	生产总监	生产部	各车间	各班组
制订年度生产计划	开始 → 制定工厂经营发展战略 ← 协助		下达年度生产任务 → 制订年度生产计划 ← 协助		
	审批 ← 审核				
制订车间班组生产计划			下达年度生产计划	接收 → 制订车间计划	接收 → 制订班组生产计划
			汇总平衡 ←	形成车间各阶段计划	
	审批				
		正式成文 → 执行		执行	
问题反馈及计划变更			汇总问题 ←	问题反馈	
	审批 ← 审核 ←		变更计划		
				继续执行	
计划执行与工作总结	总结 ←	总结 ←		总结	
	结束				

三、基准日程计划编制

基准日程指以标准作业方法和以正常的工作强度进行操作，为完成某一项作业所需的时间，是为使作业能按预定日完成，确认应在何时开工、何时进行、何时完工的一种标准。基准日程以最终产品的交货期为基点，从这个基点倒推各个工序的开始日和完成日。

（一）基准日程表的编制

1. 基准日程表因产品、型号等不同，具体内容也有所不同，通常包括图4-1所列内容。

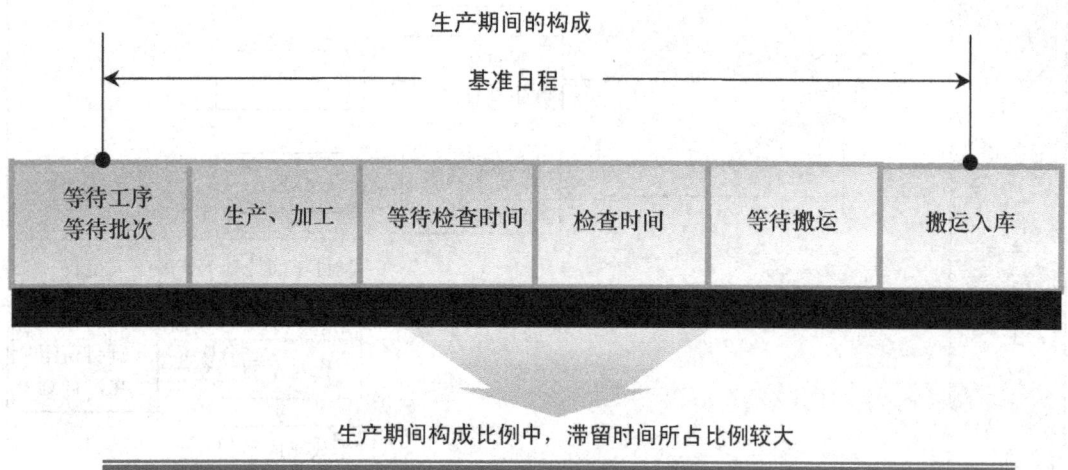

图4-1 基准日程表需设定的内容

2. 基准日程表范例如表4-2所示。

表4-2 ××工厂的××产品基准日程表

作业日期	8/28	8/30	9/01	9/04	9/07	9/08
所需天数		2 天	2 天	3 天	3 天	1 天
制程		设计	采购	加工	装配	检验试车
次序号		5	4	3	2	1	0
基准日程	11 天前（开始日期）	9 天前	7 天前	4 天前	1 天前	基准日（完工日期）

（二）计算基准日程的方法

计算基准日程的方法如图4-2所示。

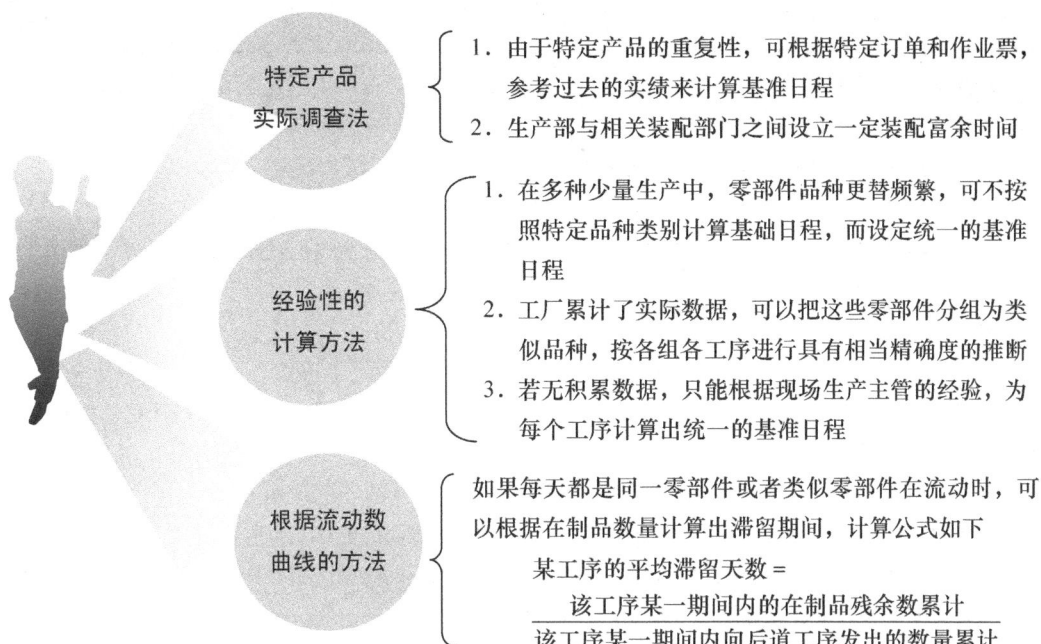

图 4-2　基准日程计算方法汇总

四、车间生产计划编制规范

制度名称	车间生产计划编制规范		受控状态	
			编　　号	
执行部门		监督部门	编修部门	

第 1 章　总则

第 1 条　目的

为加强对车间现场生产计划的管理工作，编制合理有效的车间生产计划，完成工厂生产任务，特制定本规范。

第 2 条　定义

车间生产计划是工厂生产计划的具体执行计划，是把工厂全年的生产任务具体地分配到各车间、工段、班组以至每个操作人员，规定各相关人员在月、旬、周、日以至轮班和小时内的具体生产任务，从而保证按品种、质量、数量、期限和成本完成工厂的生产任务。

第 3 条　车间生产计划的内容

1. 车间生产作业计划日常安排。

2. 班组生产作业计划的编制。

3. 班组内部生产作业计划的编制。

（续）

4. 临时生产计划及其他。

第4条　车间生产计划编制原则

1. 保证工厂总生产作业计划中各项指标的落实。

2. 认真进行各工种、设备生产能力的核算和平衡。

3. 根据生产任务的轻重缓急，安排原材料、零部件投入、加工和出产进度。

4. 保证前后班组、前后工序互相协调、紧密衔接。

第5条　职责分工

1. 工厂厂长负责车间生产计划的审批。

2. 销售部负责提交计划期内产品的预测销量、上年度产品销售情况、本年度生产计划、月度生产计划、产品订单等资料。

3. 仓储部负责提交产品原材料、成品库存等方面的资料。

4. 技术部负责提交设备改进、技术研发、新产品试制等方面的资料。

5. 生产部负责组织实施车间生产计划的编制工作，根据不同类型产品的具体情况合理安排生产任务，使各车间、各班组合理搭配，保证生产任务的顺利完成。

第2章　车间生产计划编制要求

第6条　大量生产类型产品的总生产计划编制要求

大量生产类型产品的市场需求量稳定、季节性需求明显，编制此类生产计划时可采用如下编制方法。

1. 生产稳定情况下采用产量分配形式，包括平均分配、分期递增、小幅度连续增长、抛物线递增等。

2. 在需求具有季节性的情况下，生产进度的均衡安排方式如下图所示。

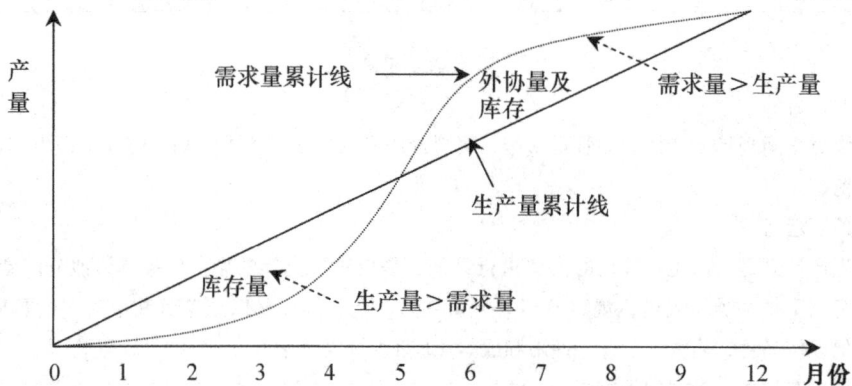

需求具有季节性情况下生产进度的均衡安排方式

3. 在需求具有季节性的情况下，生产进度的变动安排方式如下图所示。

（续）

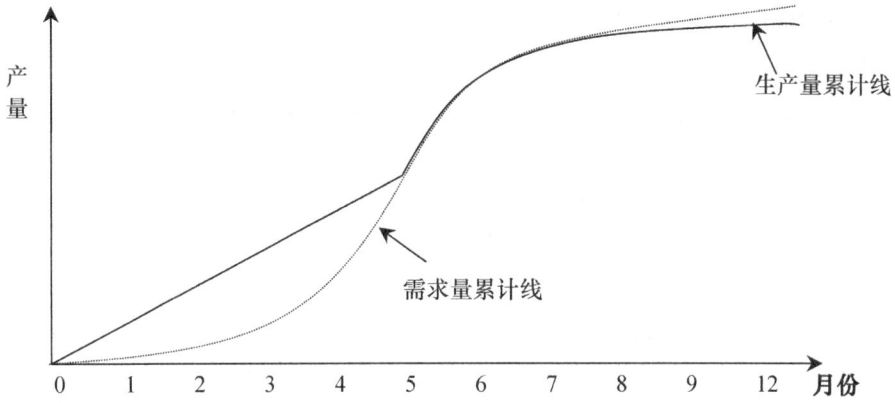

需求具有季节性情况下生产进度的变动安排方式

4. 在需求具有季节性的情况下，生产进度的折中安排方式如下图所示。

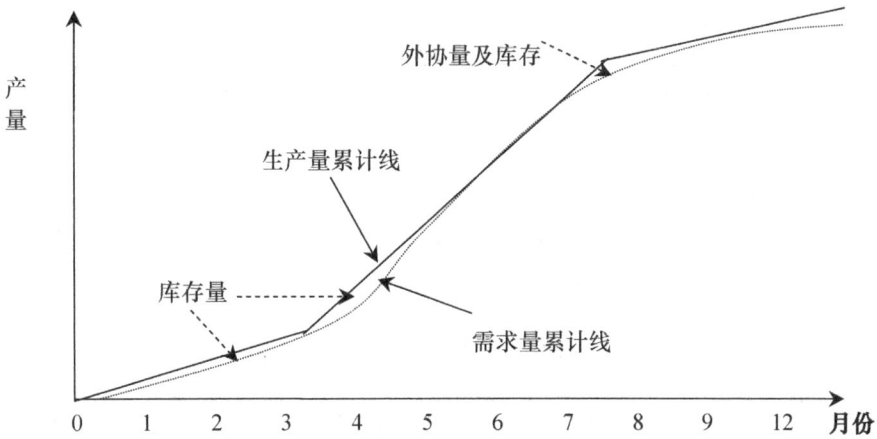

需求具有季节性情况下生产进度的折中安排方式

第7条　成批生产类型产品生产计划编制要求

1. 产量较大、经常生产的主导型产品可在全国范围内均衡安排或根据订货合同安排。

2. 合理搭配产品品种，使各车间、各工种、各种设备的负荷均衡并得到充分利用。

3. 产量少的产品尽可能集中安排，减少各周期生产的产品品种数。

4. 新产品分摊到各季度、各月生产，要与生产技术准备工作的进度衔接和协调。

5. 尽可能使各季、月的产量为批量倍数。

6. 考虑原材料、燃料、配套设备、外购外协件对生产进度的影响。

（续）

第8条　单件小批生产类产品生产计划编制要求

1. 按合同规定的时间要求进行生产。

2. 兼顾人力和设备的均衡负荷。

3. 先安排明确的生产任务，对尚未明确的生产任务按概略的计算单位作初步安排，随着合同的落实逐步使进度计划具体化。

4. 小批生产的产品尽可能采取相对集中轮番生产的方式，以简化管理工作。

第3章　车间生产计划编制步骤

第9条　调查研究，收集资料

编制车间生产计划时需要收集的资料包括工厂长期发展战略与规划、计划期内产品的预测销量、技术部提交的计划期内新产品试产计划、上期生产计划的完成情况、仓储部提交的成品库存及原材料库存状况、生产现场的统计资料等。

第10条　统筹安排，初步提出生产计划草案

第11条　综合平衡，确定车间生产计划

第12条　编制各层次的生产作业计划

第13条　编制生产准备计划

根据生产作业计划任务，规定原材料和外协件的供应、设备维修和工具的准备、技术文件的准备、劳动力的调配等生产准备工作的要求，以保障生产作业计划的执行。

第14条　进行设备和生产面积的负荷核算和平衡

第15条　制定或修改期量标准

期量标准是指为生产对象（产品、部件、零件）在生产过程中的运动所规定的生产期限和生产数量的标准。不同生产类型的期量标准如下表所示。

不同生产类型的期量标准

生产类型	期量标准
大量生产	节拍、流水线工作指示图表、在制品定
成批生产	批量、生产间隔期、生产周期、在制品定额、提前期、交接期
单件小批	生产周期、提前期

第4章　车间各类生产计划的编制方法

第16条　大批生产的班组作业计划编制方法

大批生产的班组作业（产品品种少、生产稳定、节拍生产的流水线）计划只需从工厂的总月度作业计划中，将有关产量任务按日均匀分配到相应班组。其具体要点如下。

1. 通常用标准计划法来对班组进行操作人员生产任务分配，即编制出标准计划指示图标。

（续）

2. 把班组所加工的各种制品的投入出产顺序、期限和数量以及各工作地的不同制品次序、期限和数量全部制成标准，并固定下来。

3. 有计划地做好生产前的各项准备工作，严格按标准进行生产活动。

4. 不用每日编制计划，只需将每月产量任务作适当调整。

第17条　成批生产车间作业计划编制方法

成批生产车间作业计划的编制取决于车间生产组织形式和成批生产的稳定性，具体要点如下。

1. 如果班组是按对象原则组成的，各班组生产的零部件为车间零部件分工表中所规定的零部件，则班组月计划任务从车间月度生产任务得出，无需进行计算。

2. 如果班组是按工艺原则组成的，可按在制品定额法或累计编号法，通过在制品定额和提前期定额标准安排任务，并编制相应的生产进度计划。

第18条　小批生产车间作业计划编制方法

单件小批生产品种多，工艺和生产组织条件不稳定，不能编制零件分工序进度计划，具体要点如下。

1. 根据单件小批生产特点，对于单个或一次投入一次产出的产品，先对其中主要零件及工种安排计划，指导生产过程各工序之间的衔接。

2. 其余零件可根据产品生产周期表中所规定的各工序阶段提前期类别，或按工厂计划规定的具体时期，以日或周为单位，按各零件的生产周期规定投入和出产时间。

第5章　附则

第19条　本规范由生产部制定，解释权归生产部所有。

第20条　本规范经总经理审批通过后，自颁布之日起开始执行。

修订记录	修订标记	修订处数	修订日期	修订执行人	审批签字

第二节　执行生产计划

一、生产计划执行流程

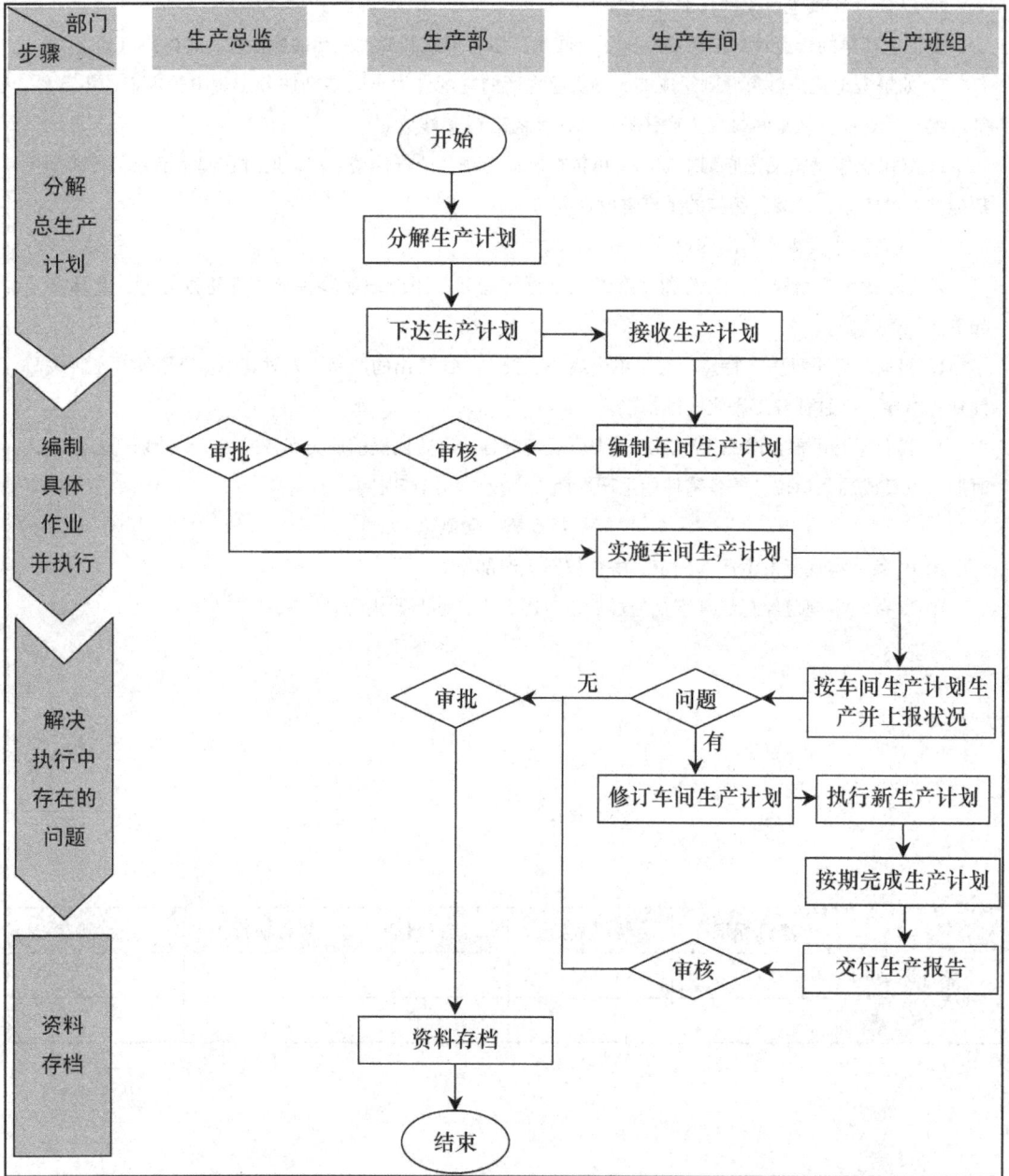

部门 步骤	生产总监	生产部	生产车间	生产班组

分解总生产计划

开始 → 分解生产计划 → 下达生产计划 → 接收生产计划

编制具体作业并执行

编制车间生产计划 → 审核 → 审批

实施车间生产计划

解决执行中存在的问题

按车间生产计划生产并上报状况 → 问题

问题（无）→ 审批

问题（有）→ 修订车间生产计划 → 执行新生产计划

按期完成生产计划 → 交付生产报告 → 审核

资料存档

资料存档 → 结束

二、生产计划控制流程

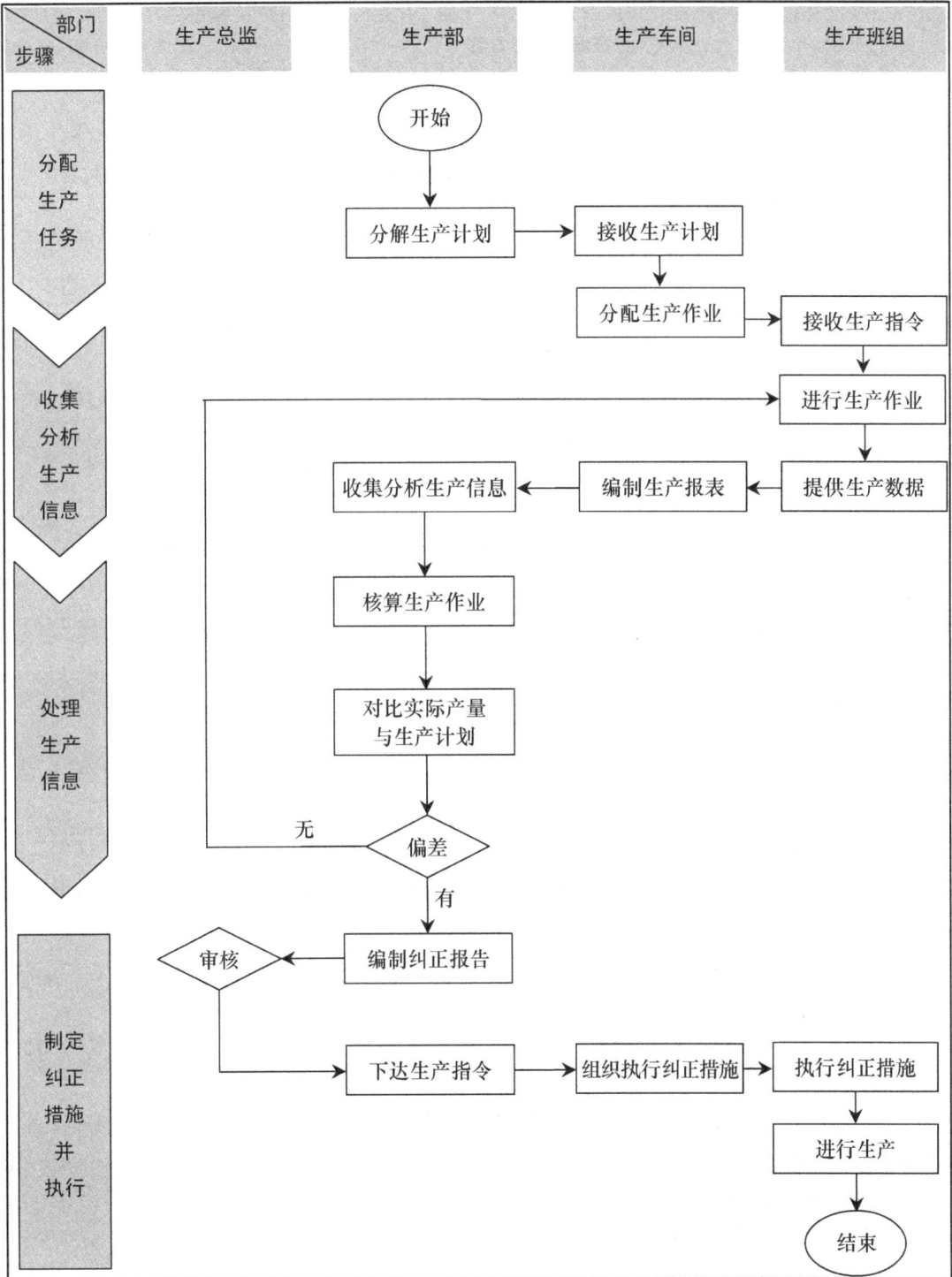

部门 步骤	生产总监	生产部	生产车间	生产班组

分配生产任务

开始

分解生产计划 → 接收生产计划

分配生产作业 → 接收生产指令

收集分析生产信息

进行生产作业

收集分析生产信息 ← 编制生产报表 ← 提供生产数据

核算生产作业

处理生产信息

对比实际产量与生产计划

偏差　无／有

制定纠正措施并执行

审核 ← 编制纠正报告

下达生产指令 → 组织执行纠正措施 → 执行纠正措施

进行生产

结束

三、生产现场派工方案

方案名称	生产现场派工方案	编　　号	
		受控状态	

一、目的

生产现场派工是执行生产作业计划、控制生产进度的具体手段，为有效执行生产计划，按时、保质、按量完成工厂的生产任务，特制定本方案。

二、适用范围

本方案适用于生产现场派工的相关事宜，生产部在选取派工方法及派工单形式时皆依方案执行。

三、相关解释

1. 日常生产派工

日常生产派工是把每周、每日、每个轮班以至每个小时各个工作岗位的生产任务进行具体安排，把班组的生产作业计划任务进一步具体分解为各个工作地在更短时期内（如周、日、轮班、小时）的生产任务，并检查各项生产准备工作，保证现场按生产作业计划进行生产。

2. 派工单

派工单也称派工指令，是生产凭证之一，其除了具有开始作业、发料、搬运、检验等生产指令的作用以外，还有控制在制品数量、检查生产进度、核算生产成本等原始凭证的作用。

四、生产派工应考虑的因素

在根据生产作业计划进行生产派工时，应考虑到以下两点因素。

1. 考虑交货日期

按交货日期要求，依先后顺序分配生产作业。

2. 从提高生产作业效率的角度进行作业分配

将工作量与作业者的能力相配合，或将相同的作业集中安排。

五、现场派工方法

现场派工方法主要有标准派工法、定期派工法、临时派工法及轮换派工法四类，具体内容如下。

1. 四类派工方法的适用范围

（1）标准派工法适用于大量生产的现场（每个岗位和操作人员固定完成一道或少数几道工序）。

（2）定期派工法适用于成批量生产现场。

（3）临时派工法适用于单件小批量生产现场（生产任务杂且数量不定，各工作地担负的工序和加工的零件品种多、数量小）。

（4）轮换派工法适用于现场劳动条件较恶劣的岗位以及使操作人员身体的某些部位高度紧张、容易造成疲劳的岗位。

2. 四类派工方法的操作说明

四类派工方法的具体操作见下表。

（续）

\multicolumn{2}{c}{现场派工方法操作说明表}	
派工方法	操作说明
标准派工法	采用标准计划或标准工作指示图表 1. 标准计划把各工作岗位的加工工序、加工顺序、日产量、操作人员工作安排等都编制成标准，固定下来 2. 操作人员每天按照标准计划工作，不必经常分配任务 3. 当每月产量有变动时，只需调整标准计划中的日产量即可
定期派工法	根据月生产作业计划，每隔旬、周或三日，定期为每个工作地分派工作任务 1. 派工时要考虑保证生产进度，充分利用设备能力，同时要编制零件加工进度计划和设备负荷计划 2. 派工时区别轻重缓急，保证关键零件加工进度和关键设备负荷饱满 3. 分配给工作地和操作人员的任务符合设备特点和生产技术水平
临时派工法	1. 根据生产任务和生产准备工作的实际状况，根据生产现场的实际负荷状况，随时把需要完成的生产任务下达到各个工作地 2. 分配任务时，一般采用任务分配箱作为派工工具，帮助调度员和班组长随时掌握各工作地任务分配情况、准备情况及工作进度，每个工作地设三个空格，分别存放"已指定"、"已准备"、"已完工"的生产任务单 （1）当工作地被指定一项新任务，正在进行准备工作时，任务单放在"已指定"一格 （2）当工作地完成作业准备工作，开始加工时，将任务单从"已指定"一格取出，放入"已准备"一格 （3）当工作地完成作业后，将任务单从"已准备"一格取出，放入"已完工"一格
轮换派工法	◆ 在每个轮班内，一半时间在该岗位工作，一半时间换到其他岗位工作，以减少和消除操作人员过度疲劳和不适感，保持情绪稳定，确保生产效率和质量

六、派工单管理

正确使用派工单，选择适合车间生产特点的派工单形式，对建立正常生产秩序具有重要作用。

1. 派工单类型

派工单主要有加工路线单、单工序工票、看板三种类型，其特点及适用范围如下表所示。

（续）

派工单类型及说明

派工单类型	特点分析	适用范围
加工路线单 （跟单或长票）	1. 有利于控制在制品流转，加强上下工序衔接 2. 一票到底，周围环节多，易于污损和丢失	生产批量小或者批量虽大但工序较少、生产周期较短
单工序工票 （工序票或短票）	1. 周转时间短，使用灵活，不易丢失和污损 2. 缺点是一序一票，管理工作量大	大批量生产
看板 （传票卡）	1. 无看板不领料，后工序根据加工完毕零件的看板到前工序去领料 2. 无看板不运送，搬运工人根据看板数量在工序间运送 3. 无看板不生产，前工序根据后工序送来看板决定生产数量	所有生产类型

2. 派工单格式

（1）加工路线单是以零部件为单位综合发布的指令，指导操作人员依工艺路线顺序进行加工并随零件一起运行，各道工序共用一张生产指令。具体样式如下表所示。

加工路线单

产品名称：⠀⠀⠀⠀⠀编号：⠀⠀⠀⠀⠀填表日期：＿＿＿年＿＿月＿＿日

零件号			零件名称			每台件数		
计划投入数	件	台	累计	实际投入数	件	台		累计

日期	工序		机床号	工作者收到			检查结果			检查员签章
	序号	名称		数量	签章	合格	返修	工废	料废	

合格入库数	检查员签章	仓库盖章	入库日期	备注

班长：⠀⠀⠀⠀⠀⠀⠀⠀⠀⠀计划员：

（2）单工序工票以工序为单位，一序一票，一个零件加工过程中有多少道工序就有多少张工序票。具体样式如下表所示。

（续）

单工序工票

机床号：　　　　　　　　编号：　　　　　　　　填发日期：＿＿＿年＿月＿日

产品编号	零件号	零件名称	工序号	工序名	单件定额	每台件数	投入件数	
							当批	累计

日期	班次	作业员姓名	加工时间			完成		检查结果						备注
			起	止	工时	件数	工时定额	合格	回用	退修	工废	废料	签印	

（3）看板图是领料、送货和生产的指令，具体样式如下图所示。

生产指令看板

任务编号：＿＿＿＿＿＿＿＿＿＿＿　　　　产品型号：＿＿＿＿＿＿＿＿＿＿＿

零件图号：＿＿＿＿＿＿＿＿＿＿＿　　　　零件名称：＿＿＿＿＿＿＿＿＿＿＿

投产数量：＿＿＿＿＿＿＿＿＿＿＿　　　　交货日期：＿＿＿＿＿＿＿＿＿＿＿

制造单位：＿＿＿＿＿＿＿＿＿＿＿

零件分批入库记录

入库时间					
入库量					
检查员印					
验收人印					

看板图

编制人员		审核人员		审批人员	
编制时间		审核时间		审批时间	

第三节 现场生产调度

一、现场生产调度流程

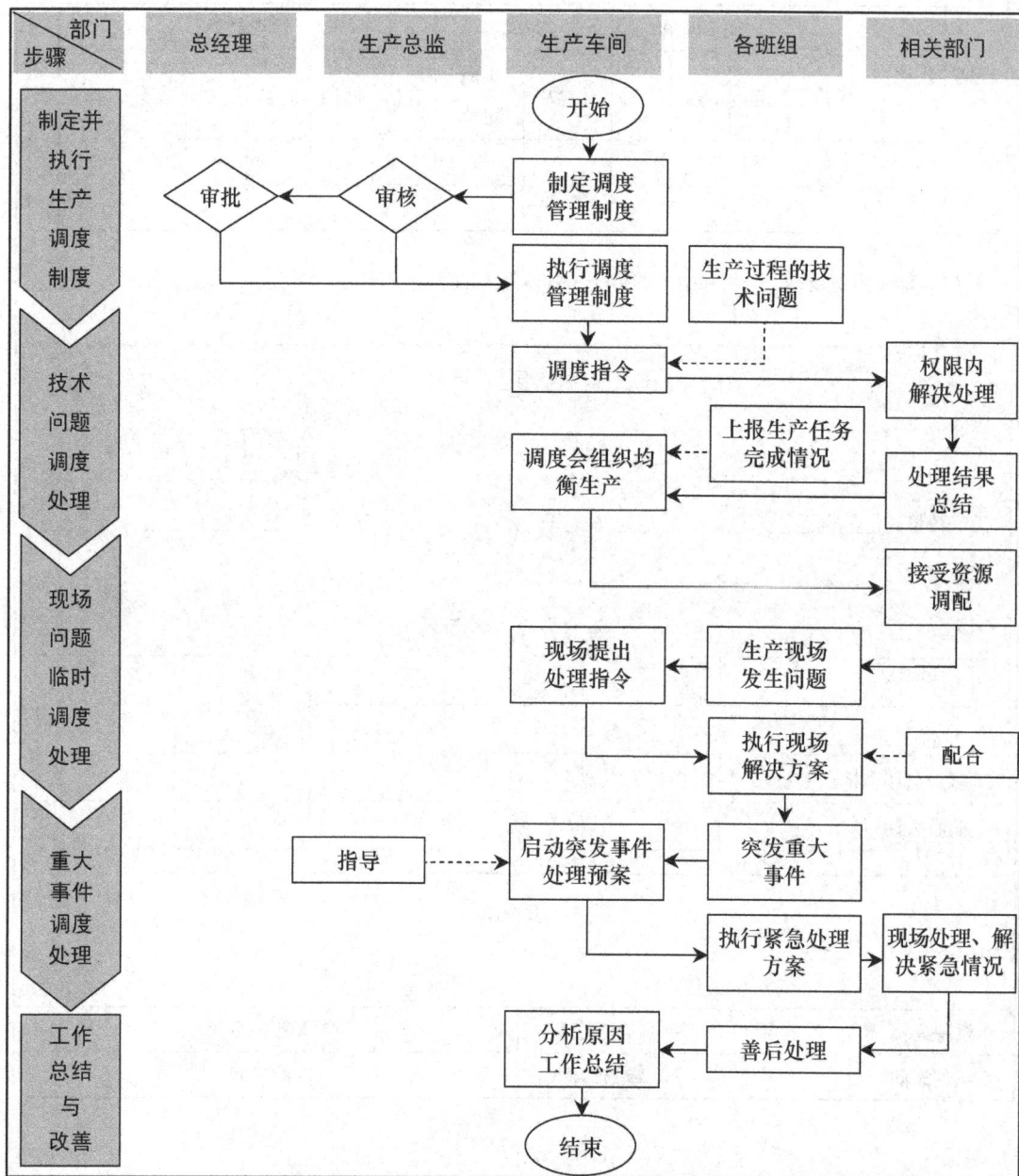

部门\步骤	总经理	生产总监	生产车间	各班组	相关部门

制定并执行生产调度制度

技术问题调度处理

现场问题临时调度处理

重大事件调度处理

工作总结与改善

开始

制定调度管理制度

审批 ← 审核

执行调度管理制度

生产过程的技术问题

调度指令

权限内解决处理

调度会组织均衡生产

上报生产任务完成情况

处理结果总结

接受资源调配

现场提出处理指令

生产现场发生问题

执行现场解决方案

配合

启动突发事件处理预案

指导

突发重大事件

执行紧急处理方案

现场处理、解决紧急情况

分析原因工作总结

善后处理

结束

二、生产调度实施细则

制度名称	生产调度实施细则		受控状态	
			编　号	
执行部门		监督部门	编修部门	

第1条　为了做好生产调度工作，保证生产人员按时到位，生产原料及设备及时供应，生产车间保质、保量地按时交货，特制定本细则。

第2条　生产调度管理是生产经营管理的中心环节，生产部作为生产调度管理的职能部门，是生产的指挥中心。

第3条　管理组织及其职能如下所述。

1. 生产调度工作由生产部在生产总监的领导下开展。

工厂以生产调度为核心，建立与各职能部门、车间主任及生产班组长相连接的生产调度指挥系统，按程序分层次地组织、协调、指挥生产。

2. 生产调度指挥系统对工厂的生产活动实行全面管理。

3. 以生产调度集中统一指挥为原则，一切与生产相关的操作指令都要通过生产调度指挥系统逐级下达，情况紧急或必要时，有权调度工厂范围内的人力、物力，以确保操作平稳、生产安全、保质、保量、按时完成生产任务。

4. 调度指令具有权威性，各车间、班组及有关部门必须协作配合、贯彻执行。有不同意见时，可一面贯彻执行、一面向上一级主管汇报及请示。

第4条　生产调度应以市场为导向，以"少投入、多产出、快产出"为原则，科学利用资源，合理组织调配、有效进行生产过程控制，获取最佳经济效益。

第5条　上工序要满足下工序的材料申请，按下工序要求的品种、质量、数量和时间组织本工序生产，向下工序供料。

第6条　若上道工序出现异常，在品种、质量、数量、时间方面不能满足本工序要求时，要及时调整，减少对后续工序的影响，尽可能保持全工厂生产线秩序的正常。

第7条　辅助工序要满足主生产线的工序，为主生产线工序提供辅助条件。

第8条　生产调度指挥系统在接到工艺技术部门下达的月、周、日生产作业计划后，把生产任务和各种指标分解到各班次及班组。分解的主要依据是各班组的月作业时间，即按日历时间扣除定休时间确定各班组的工时，从而确定生产指标。

第9条　落实生产指标时，需考虑上月生产实绩、本月设备情况、安全状况、各种计划指标与标准等。

第10条　相关人员需根据生产例会的决定，结合生产实际情况，调整生产作业。

第11条　车间班组长及时收集现场生产实际情况，督促生产岗位填写各种原始记录，整理生产日报，每周汇总、总结一次，并将信息及时反馈给各班组，使其能根据自己的生产实绩查找差距，以改进工作。

（续）

第12条　生产调度指挥系统负责协调各个生产环节，确保设备正常与原材料、能源供应符合生产要求。

第13条　生产调度指挥系统组织好班间的交接班工作，每天上岗时巡视整个作业区，了解生产、设备状况，查阅交接班记录。

第14条　紧急情况下的调度与应急处理。

1. 当生产调度员接到紧急报警电话但尚未向外界报警时，生产调度员需立即拨打报警电话（如119、110或120等），并通知生产管理部领导和主管人员，迅速联系有关部门（如车队、医务室）或其他车间进行应急处理。

2. 生产调度员必须在最短时间内到达现场协助处理。

第15条　生产调度例会的管理参照《生产调度会管理规定》。

第16条　生产调度指挥系统、各车间及各部门对本细则的执行情况，由人力资源部负责组织相关领导参与检查考核工作。

第17条　本细则由生产部制定、修订与解释。

第18条　本细则经总经理审批通过后，自发布之日起实施。

修订记录	修订标记	修订处数	修订日期	修订执行人	审批签字

三、生产调度会管理规定

制度名称	生产调度会管理规定		受控状态	
			编　号	
执行部门		监督部门	编修部门	

第1章　总则

第1条　目的

为规范会议内容，提高会议效率，加强工厂各部门间生产信息的沟通，及时协商解决生产中的有关问题，特制定本规定。

第2条　适用范围

本规定适用于工厂生产调度会的管理，生产计划所涉及的各相关部门需遵守本规定。

第3条　定义

生产调度会是正常情况下解决生产上存在的问题、协调各部门工作的决策会议，参会人员包括生产总监、生产调度指挥部、设备管理部、安全管理部、质量管理部负责人或授权人等。

生产调度会由生产总监或其授权人主持。

（续）

第4条 职责分工

1. 生产部负责组织召开生产调度会，落实会议考核，负责提交和发布会议纪要，负责按会议纪要落实跟进工作。

2. 与会各部门负责按时间要求完成会议安排的本部门所属相关工作。

第2章 会议类型及要求

第5条 生产调度例会

1. 为及时解决生产计划实施中的问题，保证下达的各项生产计划任务能按期完成，生产调度例会定于每周二、三、四、五的下午三点召开。

2. 生产调度例会的主要内容如下。

（1）各车间汇报生产任务完成情况。

（2）各部门汇报计划进度落实情况，提出改进和考核意见。

（3）各部门落实生产计划中需要协调的事项。

第6条 生产项目协调调度会

1. 生产总监可根据需要不定期召开生产项目协调调度会，通知该项目相关的具体责任部门负责人或指派专人参加会议。

2. 生产项目协调调度会由生产部汇报项目的进度情况，提出需要会上协调解决的问题。

第7条 生产调度会要求

1. 各部门应提前做好准备，保证会议质量。

2. 各部门在对问题的原因进行分析和制定对策时，务必保证措施具有可执行性。

3. 会议期间与会人员要集中精力，积极参与讨论。

4. 与会人员的通讯工具需处于静音或振动状态，不能在会场内接电话。

第3章 会议流程及考核

第8条 会议流程

1. 主持人宣布会议开始。

2. 各部门汇报上次会议部署的工作进展情况，并汇报未落实工作的原因。

3. 各部门提出需在生产调度会协商解决的问题。

4. 与会人员分析问题原因并提出解决措施。

5. 生产总监做会议总结，布置各项工作及下阶段的生产任务，明确责任人及进度要求。

第9条 会议考核

1. 迟到一次，罚款____元；旷会一次，罚款____元；手机响铃一次，罚款____元。

2. 调度会上严禁言语攻击，违反此项规定者，罚款____元。

3. 调度会参会人员劳动保护用品要穿戴齐全，穿戴不齐全者，罚款____元。

4. 因休班、请假、出差或其他情况不能按时参加调度会的，必须提前向生产部说明，否则视为旷会。

第4章 会议纪要及问题跟踪

第10条 会议纪要

生产调度指挥部应整理会议内容并编制"生产调度会议纪要"，经生产总监审核后下发给参会部门。"生产调度会议纪要"如下表所示。

（续）

生产调度会议纪要			
会议时间		会议地点	
参会人员			
一、会议主要议程			
二、上阶段未完成工作			
三、本阶段主要工作			
会议所提问题		责任人	
		责任人	
		责任人	

第11条　问题跟踪监督

生产调度指挥系统应编制生产调度会问题跟踪表（样式如下表所示），对会议上提出的问题解决措施执行情况进行跟踪监督。

生产调度会问题跟踪表

序号	问题描述	提出部门	发生部门	原因分析	对策	规定完成期限	责任人	落实情况描述
1	A产品订单无明确交期	生产部	市场部	订单涉及到的产品数量很大，工厂产能不足	市场部给出明确的交期	×××年× ×月××日	×××	已按会议协定的要求如期完成
2								

第5章　附则

第12条　本规定由生产部负责制定、修订与解释。

第13条　本规定经总经理审批通过后立即发布实施。

修订记录	修订标记	修订处数	修订日期	修订执行人	审批签字

生产现场作业管控精细化管理

第一节　生产进度控制

一、生产进度控制流程

部门 步骤	生产总监	生产部	生产车间	生产班组

```
                                              ┌──────┐
                                              │ 开始 │
                                              └──────┘
                                                 │
        ┌ 审批 ◄─── 审核 ◄─────────── 确定车间生产计划
        │
        └────► 分解计划 ──────► 执行计划
                                    │
                汇总措施 ◄──── 进度措施
                   │
        审批 ◄─── 确定进度措施
         │
         └──► 组织执行 ──────► 执行
                                  │
                汇总问题 ◄──── 发现问题
                   │
        审批 ◄─ 审核 ◄── 进度调整
```

生产计划分解与执行

制定进度控制措施与执行

问题分析与进度调整

工作总结与改进

否　是

调整进度 ──► 执行

制定措施 ──► 执行

工作总结与改进 ◄── 工作总结与改进

结束

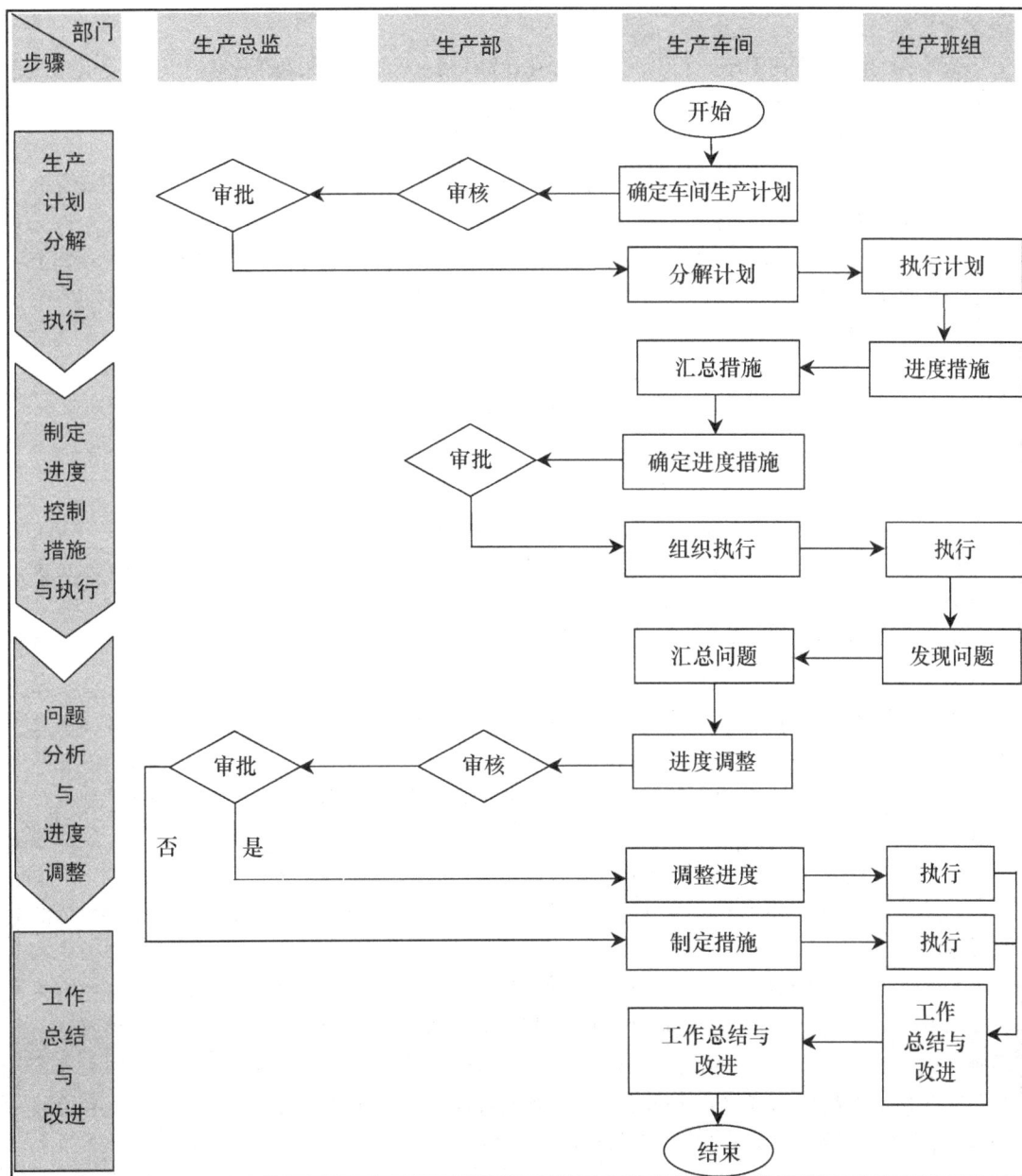

二、生产进度控制制度

制度名称	生产进度控制制度		受控状态	
			编　　号	
执行部门		监督部门	编修部门	

第 1 章　总则

第 1 条　目的

为加强对生产过程的管理，保证完成生产作业计划所规定的产品产量和交货期限指标，结合工厂的实际情况，特制定本制度。

第 2 条　相关说明

1. 生产进度控制是指对某种产品生产的计划、程序、日程所进行的安排和检查，其目的在于提高效率、降低成本，按期生产出优质产品。

2. 生产进度控制要求从原材料投入生产到成品出产、入库的全部过程都要进行控制，包括时间上的控制和数量上的控制。

第 3 条　适用范围

本制度适用于工厂生产现场的进度控制管理相关事项。

第 2 章　职责分工

第 4 条　编制进度控制计划的职责分工

1. 工厂级生产计划管理人员负责制订产品及主要部件的生产进度计划和投入进度计划。

2. 车间计划人员根据工厂级计划做进一步细化，编制零件和部件的投入产出计划进度。

3. 车间一般需制订工序进度计划，若车间规模大，产品结构复杂，品种多，工序进度计划可由班组编制。

第 5 条　执行测量比较的职责分工

1. 每个班组设兼职的统计员，统计每日的生产成果，包括进度计划执行情况、设备的生产作业完工量以及每个操作人员的作业完成量和劳动工时统计。班组统计于每班结束前进行，将统计结果上交车间，有些关键数据可以同时报告车间生产统计员。

2. 车间设专职生产统计员，汇总处理班组上报的统计资料，统计全车间的生产进度计划执行情况。

第 6 条　进度控制措施制定与实施的职责分工

1. 生产调度主管负责工厂的生产进度，进度措施的指定和调度指令的发布通过生产调度会议的形式完成。

2. 车间生产调度会议每周至少召开一次，由车间主任或生产调度组长主持，车间各职能组室有关人员和班组长参加，研究讨论生产进度和存在的问题，制定控制措施，落实措施负责人以及完工日期。

3. 工厂生产调度会议每周召开一次，由生产经理召集主持，生产总监出席，各车间主任、调度员以及工厂有关职能部门（如采购、质量管理等部门）负责人参加。

（续）

4. 根据生产情况，工厂召开现场调度会、日常碰头会等，解决一些专门性的问题或日常性的协调问题。

第7条　相关职能部门职责

1. 采购部负责原材料和外购件的采购工作，确保投入进度计划的准时执行。

2. 设备动力部门负责保证设备的开动率和生产能源供应。

3. 人力资源部负责培训和提供符合要求的生产人员。

4. 质量管理部负责生产过程相关检验工作，严格控制不良品率。

第3章　投入进度控制

第8条　投入进度控制是指对产品开始投入生产的日期、数量、品种进行控制，以便符合生产计划要求。

第9条　大量生产投入进度控制可根据投产指令、投料单、投料进度表和投产日报等进行控制。

第10条　成批和单件生产的投入进度控制比大批大量生产投入进度控制要复杂。因为一方面要控制投入的品种、批量和成套性；另一方面要控制投入提前期，可利用投产计划表、配套计划表、加工线路单等工具。

第4章　出产进度控制

第11条　出产进度控制是指对产品（或零部件）的出产日期、出产提前期、出产量、出产均衡性和成套性的控制。

第12条　大量生产出产进度控制

1. 主要用生产日报（班组的生产记录、班组和车间的生产统计日报等）与出产日期进度计划表进行比较，控制每日出产进度、累计出产进度和一定时间内生产均衡程度。

2. 在大量生产的条件下，投入和出产的控制分不开，计划与实际、投入与出产均反映在同一张投入、出产日历进度表上，其既是计划表，又是核算表和投入、出产进度控制表。

3. 对生产均衡程度的控制，主要利用年均衡率、旬均衡率和月均衡率。

第13条　成批生产出产进度控制

1. 主要是根据零件标准生产计划、出产提前期、零部件日期进度表、零部件成套进度表和成批出产日期装配进度表等来进行控制。

2. 对零部件成批出产日期和出产前期的控制，可直接利用月度生产作业计划表。只要在月度作业计划的"实际栏"中逐日填写完成的数量，即可清楚地看出实际产量与计划产量及计划进度的比较情况。

3. 在成批生产条件下，对零部件出产成套性的控制，可直接利用月度生产作业计划，对零部件的出产日期和出产提前期进行控制。

第14条　单件小批生产进度控制

根据各项订货合同所规定的交货期进行控制，通常是直接利用作业计划图表，在计划进度线下用不同颜色的笔画上实际的进度线即可。

第5章　工序进度控制

第15条　工序进度控制是指对产品在生产过程中经过每道加工工序的进度进行控制。

（续）

第16条　按加工路线单经过的工序顺序进行控制

由车间、班组将加工路线单进行登记后，按加工路线单的工序进度及时派工，遇到某工序加工迟缓时要立即查明原因，采取措施解决问题以保证按时、按工序顺序加工。

第17条　按工序票进行控制

将零部件加工顺序的每一工序开票交给操作人员进行加工，完成后将工序票交回，再派工时又开一张工序票通知加工，用此办法进行控制。

第18条　跨车间工序进度控制

对于零部件跨车间加工时，需加强跨车间工序的进度控制。控制的主要方法是明确协作车间分工及交付时间，由零部件加工主要车间负责到底。

1. 主要车间要建立健全零件台账，及时登记进账，按加工顺序派工生产。

2. 协作车间要认真填写协作单，并将协作单号及加工工序、送出时间一一标注在加工路线单上。待外协加工完毕、协作单连同零件送回时，主要车间要在协作单上签收，双方各留一联作为记账的原始凭证。

第6章　在制品控制

第19条　在制品控制范围

在制品控制范围包括在制品占用量的实物和信息形成的全过程。具体有以下四个方面。

1. 原材料投入生产的实物与账目控制。

2. 在制品加工、检验、运送和储存的实物与账目控制。

3. 在制品流转交接的实物与账目控制。

4. 在制品出产期和投入期的控制。

第20条　在制品控制方法主要取决于生产类型和生产组织形式。

第21条　大量生产时的在制品控制方法

对在制品占用量的控制，可采用轮班任务报告单的形式，结合生产原始凭证或台账进行，即将各工作地点每一轮班在制品的实际占用量与规定定额进行比较，使在制品的流转和储备量保持正常的占用水平。

第22条　成批和单件生产时在制品控制方法

采用加工路线单来控制在制品的流转，并通过在制品台账来掌握在制品占用量的变化情况，检查是否符合原定控制标准。如发现偏差，要及时采取措施组织调节，使其控制在允许的范围之内。

第7章　附则

第23条　本制度由生产部制定，解释权、修改权归生产部所有。

第24条　本制度经总经理审批通过后，自发布之日起严格执行。

修订记录	修订标记	修订处数	修订日期	修订执行人	审批签字

三、进度信息收集办法

制度名称	进度信息收集办法		受控状态	
			编　号	
执行部门		监督部门	编修部门	

第1章 总则

第1条 目的

为加强对生产现场的进度控制，规范进度信息的管理，有效执行生产计划和进度目标，确保完成生产任务目标，结合工厂的实际情况，特制定本办法。

第2条 适用范围

本办法适用于生产现场进度信息的收集与管理等相关工作。

第3条 生产进度信息的内容

1. 综合生产量或生产实绩。

2. 不同机械或不同工位的生产实绩。

3. 发生进度缓慢的处理结果。

第4条 生产进度信息的收集渠道

1. 现场操作人员直接通报。

2. 现场巡视，包括车间管理者的现场巡视与高层巡视督查等。

3. 使用与管理生产日报系统。

第5条 生产进度信息统计资料

1. 加工路线单。

2. 单工序工票。

3. 废品通知单。

4. 返修通知单。

5. 停工记录。

6. 生产报表（日报、周报、月报等）。

第2章 现场作业直接通报管理

第6条 操作人员是生产现场发生异常的第一发现者，发现时须通报给现场管理人员。

第7条 现场采用大型数量表示盘

在现场安装传感工具来感知通过的物品并将其以数值的形式表示出来，相关人员可通过大型数量盘获取生产状态（运行或停止）信息、本日目标、现在目标、现在实绩、进度和时间等，全面掌握进度信息。

第8条 如生产现场不大，可大声地将异常状态通报给现场主管。现场主管马上进行确认，采取停止生产、排除不良品等措施。

第9条 在每条流水线、每个作业者旁边都安装一个按键，确保发生故障时只需一按，设置在现场主管旁边的警示板上的灯就会亮起来。

（续）

第10条　设置警示装置是为了在现场任何地方都能看得到，运行中有意外时就按键报警，警示板的中心灯就会亮起。

第3章　现场巡视管理

第11条　现场巡视的目的

1. 掌握生产进度。

2. 发现品质问题。

3. 检查工艺流程与方法是否正确。

4. 检查卫生与安全情况。

5. 检查现场人员的劳动纪律。

6. 开展看板检查与5S检查。

7. 车间工作状况总体评价。

第12条　现场巡视方式

1. 定期巡视，工厂车间人员每天定时对现场进行巡视，生产管理人员每周定期巡视现场。

2. 不定时巡视，工厂车间管理人员与生产管理人员不定期对生产现场进行巡视。

3. 群体巡视，相关巡视小组（各个部门组成）对生产现场进行巡视。

4. 个人巡视，生产经理、车间主任或基层管理人员根据各自的工作性质对生产现场进行巡视。

5. 专题巡视，如生产进度巡视。

6. 全面巡视，对整个生产现场的巡视，包括各车间、各班组等。

7. 重点抽查，对重点工作环节、重要工序、工作点、关键产品等进行抽查。

第13条　为有效掌握现场生产进度情况，相关人员在进行现场巡视时需了解生产工序情况。

1. 熟知产品和产品零部件。

2. 了解产品的生产工艺。

3. 从产品一上线就进行巡视。

第14条　现场巡视重点

进行现场巡视时，应该重点注意生产进度是否落后、有无重大质量问题隐患、订单有无完成、物料供应是否及时等问题。

第15条　现场巡视过程中，应随时登记巡视记录，并分析巡视结果。

第4章　生产日报系统管理

第16条　生产日报有助于相关人员了解生产进度，发现生产异常并适当做出反应与处理。

第17条　生产日报体现的内容

1. 产量数据报表，以便了解生产进度。

2. 工时情况，以便了解实际工时的耗用。

3. 效率情况，以便能运用绩效管理来提高效率。

4. 成本方面必需的基础资料，以便准确核算成本。

第18条　常用的报表包括生产日报表（如个人日报、班组日报、车间日报等）、质量管理日报表、入库报表、产量看板、生产周报和不良品统计表。

（续）

第19条　产品揭示板

产品揭示板的范本如下表所示。

产品揭示板

车间：　　　　　　　　　　　　　　　　　　　　　日期：＿＿＿年＿月＿日

线号						备注
产品						
型号						
产量完成率						
品质不良率						

第20条　生产周报范本

生产周报范本如下表所示。

生产周报

周数：　　　　　　　　日期：＿＿＿年＿月＿日　　　　　　　　页数：

产品名称	型号	批号	计划数量	变动数量	完成数量	盈余数	备注
生产状况综述					制定		
					检讨		
备注					批准		

第5章　附则

第21条　本办法由生产部制定，解释权、修改权归生产部所有。

第22条　本办法经总经理审批通过后，自发布之日起严格执行。

修订记录	修订标记	修订处数	修订日期	修订执行人	审批签字

四、进度信息分析方案

方案名称	进度信息分析方案	编　　号	
		受控状态	

一、目的

为确保顺利完成生产任务，加强对生产现场的进度控制，收集分析进度信息，合理规避风险，减少工厂损失，特制定本方案。

二、适用范围

本方案适用于进度信息分析的相关工作事项。

三、职责分工

生产调度人员负责工厂的进度控制，开展进度信息的收集与分析工作，为相关决策提供依据。

四、填制生产进度异常分析表

"生产进度异常分析表"如下表所示。

生产进度异常分析表

月份	生产批数	改变批数	异常原因								备注
			待料	订单更改	效率低	人员不足	设备故障	放假	安排不当	其他	
1月											
2月											
3月											
4月											
……											
12月											
合计											
说明											

五、影响进度的具体原因分析

影响生产现场进度的因素主要包括以下六个方面。

1. 设备故障问题

数据分析来源为设备完好率，尤其是关键设备的完好率。

2. 停工待料问题

数据分析来源为供应不及时、前后工序衔接不好，造成生产停工的次数多与时间长。

3. 质量问题

废品率高于标准，原因包括设备精度下降、物料质量问题、操作人员人为因素、加工工艺问题等。

4. 员工缺勤问题

生产现场人员可能发生的突发事件造成的请假、缺勤现象。

5. 工艺问题

工艺不合理或更新频繁，影响作业进度。

（续）

6. 计划与执行问题

生产计划安排不合理，影响生产计划的完成情况。

六、应对进度异常

通过分析进度异常的原因，相关人员有针对性地采取应对措施进行整改，有效控制生产进度，具体如下表所示。

生产进度异常应对措施

异常原因	异常影响	应对对策
计划不当（应排未排）	影响生产及交货	1. 报告通知相关部门 2. 依据交期管理制度处理
应生产而未生产	影响生产进度	1. 生产看板体现出来 2. 发出异常报告通知相关部门 3. 至少于排程日前三天做出具体反应
应完成而未完成 应入库未入库	影响出货	1. 生产看板反应 2. 发现时即刻反映
补生产（尾数）	影响出货	1. 查核在制品状况 2. 发出新的生产命令

编制人员		审核人员		审批人员	
编制时间		审核时间		审批时间	

第二节　产品交期控制

一、产品交期控制规定

制度名称	产品交期控制规定		受控状态	
			编　　号	
执行部门		监督部门	编修部门	

第1章　总则

第1条　目的

为遵守和客户签订的交货期，保质、保量、按时完成生产任务，特制定本规定。

第2条　适用范围

本规定适用于对工厂生产产品交期控制管理的工作。

（续）

第3条　职责

生产现场交期的控制由生产部及车间的计划调度人员负责。

第2章　交期设定

第4条　销售部依据"产能负荷分析"、"出货日程表"、生产部意见、客户需求等确定产品销售交期。

第5条　生产部依据"排程原则"及"产能负荷分析"编制"生产计划"，确定生产交期。

第6条　紧急订单须先与相关部门协调后排定交期。

第7条　生产现场确定交期的重要内容就是编制产品出产进度计划，其具体编制规范请参照本工厂的《生产计划编制规范》。

第3章　交期过程沟通与监督

第8条　在生产作业过程中，班组长需时刻注意与相关人员进行沟通并尽快获得反馈，以便形成准确的判断，及时做出正确的决策。

第9条　生产交期沟通流程如下图所示。

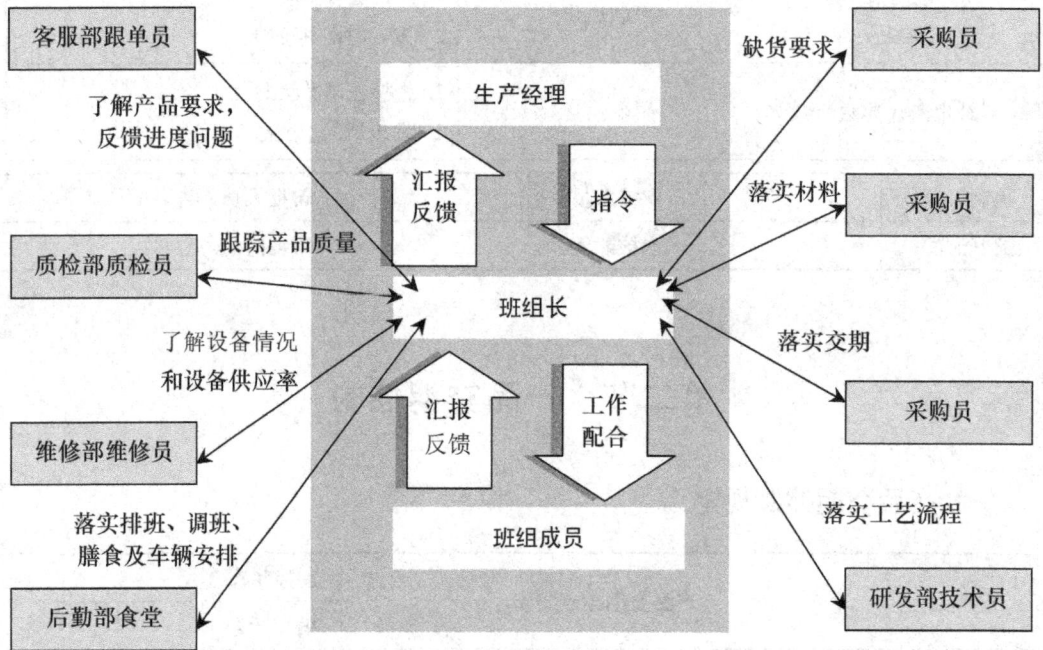

生产交期沟通流程示意图

第10条　监督交期工作的原则

1. 提前计划性。

2. 准确及时性。

3. 全面完整性，具备相关的跟踪方法和记录。

（续）

第 11 条　进度落后处理方法

1. 提升产能，必要时增加轮班，部分工作考虑委托外厂加工。

2. 调整出货计划。

3. 减少紧急订单的的插入。

4. 延长工作时间或于休假日调班。

第 4 章　交期的变更

第 12 条　交期变更的方式

1. 订单减少或生产计划提前，导致交期提前。

2. 订单增加、中途插单、计划延迟或计划暂停、导致交期延后。

3. 生产作业计划无期限搁置或订单取消，导致交期取消。

第 13 条　生产部及车间依据对交期异常的原因分析，采取相应的对策。

第 14 条　影响交期的责任部门或责任人向生产部经理呈报"延误报告"，以便生产部与销售部协调交期的修正事宜。

第 5 章　附则

第 15 条　本规定由生产部制定，解释权、修改权归生产部所有。

第 16 条　本规定经总经理审批通过后，自发布之日起严格执行。

修订记录	修订标记	修订处数	修订日期	修订执行人	审批签字

二、产品交期异常改善方案

方案名称	产品交期异常改善方案	编　号	
		受控状态	

一、目的

为规范工厂的交期管理，合理处理交期异常（延误或超前）现象，特制定本方案。

二、适用范围

本方案适用于工厂由于各类原因引起的交期异常（延误或超前）现象的改善工作。

三、生产现场影响交期异常的原因分析

1. 产品技术性变更频繁。

2. 物料计划不佳。

3. 工序、负荷计划不完备。

4. 工序作业者和现场督导者之间产生对立或协调沟通不顺畅。

5. 工序间负荷与能力不平衡，出现半成品积压。

（续）

6. 报告制度、日报系统不完善，因而无法掌握作业现场的实际情况。

7. 人员管理不到位，纪律性差，缺勤人数多。

8. 工艺不成熟，品质管理欠缺，不良品多，致使进度落后。

9. 设备、工具管理不良，致使效率降低。

10. 生产排程的不合理或产品漏排，导致生产效率低或该生产的产品没生产。

11. 现场督导者的管理能力不足。

12. 其他原因。

四、产品交期改善原则

1. 加强产销配合

（1）建立产销链接管理制度，明确产与销的权限。

（2）确定紧急订单的处理原则。

（3）督促管理与生产的密切配合。

2. 完善设计、技术变更规范，减少或消除临时、随意的变更。

3. 合理安排与控制制程

（1）产能管理与维持。

（2）建立制程过程异常处理机制。

4. 完善物料控制

（1）制订科学合理的物料计划。

（2）做好采购管理和供应商管理。

（3）加强仓储管理，保证物账一致。

5. 完善质量管理制度

（1）不合格品的管理控制。

（2）外协品的质量管控。

6. 建立及实施生产绩效管理制度

（1）人员出勤及作业绩效评估分析。

（2）改善设备完好率、使用率。

（3）生产准备工作的简化及缩短准备时间。

五、生产部改善措施

1. 提高现场主管、督导者的管理能力。

2. 确定外协或外包政策。

3. 缩短生产周期。

4. 加强岗位、工序作业的规范化，制定作业指导书等，确保作业质量。

5. 加强教育培训和人际沟通，提高作业者的工作意愿。

六、相关部门改善交期的方法

相关部门改善交期的方法如下表所示。

（续）

相关部门改善交期的方法说明		
部门	影响交期的因素	改善方法
销售部	1. 频繁变更订单或计划 2. 随意答应客户的交期，导致期限极为紧迫 3. 无法把握客户或市场需求，无法订立明确的销售预订计划 4. 临时增加或急需即刻完成的订单多 5. 销售主管直接干涉生产运作，直接在现场指示作业	1. 定期召开产销协调会议，改善销售、生产两部门的关系，促进产销一体化 2. 要求生产管理应定期编制现有的订货余额表、主要工程进度状况表、余力表及基准日程表，提供给销售部，以便依此决定最适当的交货日期 3. 加强销售部人员培训，提高工作技能和业务能力 4. 销售部应每月编3~6个月的需求预测表，作为生产部制订中期生产计划的参考 5. 当销售人员对业务不熟悉时，往往无法和客户商定订单的内容及要求，所以应制定产品成交说明或规范，使订单接洽更加有效率 6. 客户在途中可能变更订单的内容或要求，因此应在商谈之初就提供明确的记录并让客户确认
研发设计部	1. 出图计划延后，后续工作的安排也跟着迟延 2. 图纸不齐全，使材料、零件的准备存在缺失，影响交期 3. 突然更改设计，导致生产混乱 4. 小量试制还没完成，即开始批量投产	1. 编制设计工作的日程进度管理表，通过会议或日常督导控制进度 2. 质或量的内部能力不足时，应寻求其他途径，如委托外部具有能力者 3. 当无法如期提供正式、齐全的设计图纸或资料时，可预先编制初期制程需要的图纸或资料，以便事先准备材料等，防止制程延迟 4. 审核设计图纸或资料时应认真负责，尽量避免中途出现更改、修订 5. 推进设计以及共用零件的标准化，减少设计工作量 6. 设计工作的分工应职责清晰、明确
采购部	1. 所采购的材料或零件滞后入库 2. 材料质量不良或不均 3. 物料计划不完善 4. 外协产品的品质不良率高，数量不足	1. 进一步加强采购、外协管理，实行重点管理方式 2. 以统计方法调查供应商和外协厂商的不良品发生状况，确定重点管控厂家 3. 对重点管理对象，采取具体而有效的措施加以改善

编制人员		审核人员		审批人员	
编制时间		审核时间		审批时间	

三、产品交期缩短方案

方案名称	产品交期缩短方案	编　号	
		受控状态	

一、方案背景

缩短交货期可以为工厂带来以下好处。

1. 缩短交期有利于增加一定时间的销售额，从而增加工厂的利益。

2. 以短交期报价，可在获取接单方面占据有利形势，提高工厂的竞争力。

3. 可提高设备的运转率，能使设备的折旧周转加快，这对工厂的利润计算方面是有好处的。

4. 促使员工产生紧张感，提高工作效率。

二、适用范围

本方案适用于工厂交期缩短的相关工作事项。

三、职责分工

工厂建立以筹划缩短交期计划为目的的项目小组，生产总监为项目组长，生产经理为副组长，成员包括各车间主任或相关指定人员、采购部及设备管理部等相关部门人员。

四、交期现状调查

1. 调查对象

调查对象为生产作业的步骤。调查目前作业所需时间，主要包括以下内容。

（1）从接单到生产指令的发出过程。

（2）研发、设计过程。

（3）材料调配过程。

（4）加工生产过程。

（5）质量检验过程。

2. 调查来源

各工作指令、加工路线单、工序票、看板和台账等。

五、生产现场缩短交期的方法

1. 调整生产品种优先进行生产

对特定的品种优先进行生产，但这种优先要事先取得销售部的认可。

2. 分批生产、同时生产

（1）同一订单的生产数量分作几批进行生产，首次的批量少些，以便尽快生产出来。

（2）用几条流水线同时生产来达到缩短交期的目的。

3. 缩短作业时间

短缩安排工作的时间，排除生产作业过程中浪费时间的因素，采用新技术提高加工速度以缩短作业时间。

六、缩短作业时间的具体方法

工厂重点采用缩短作业时间的方法如下表所示。

（续）

缩短作业时间具体方法说明	
各作业时间段	**具体缩短方法**
从接单到生产指令发出	绘制流程图，缩短的要点如下 1. 排除浪费时间 2. 缩短停滞时间
研发设计时间	1. 制定设计日程进行进度管理 2. 设计技术者不做本行业以外的工作 3. 提高设计作业的速度（如规格化、CAD 使用、微型系统的采用等） 4. 提高验图的速度 5. 提高设计审查效率 6. 质量检查与情况反馈 7. 排除无效设计作业
作业加工时间	1. 缩短准备时间 2. 缩短净加工时间 3. 排除生产加工以外的浪费时间（如手停、不良修正、机械故障、劳动灾害等浪费的时间） 4. 严格实施 5S 管理
质量检查时间	1. 完备质量检查表单及报告 2. 根据过去的实际状况削减检查项目

编制人员		审核人员		审批人员	
编制时间		审核时间		审批时间	

第三节　交接班管理

一、交接班管理流程

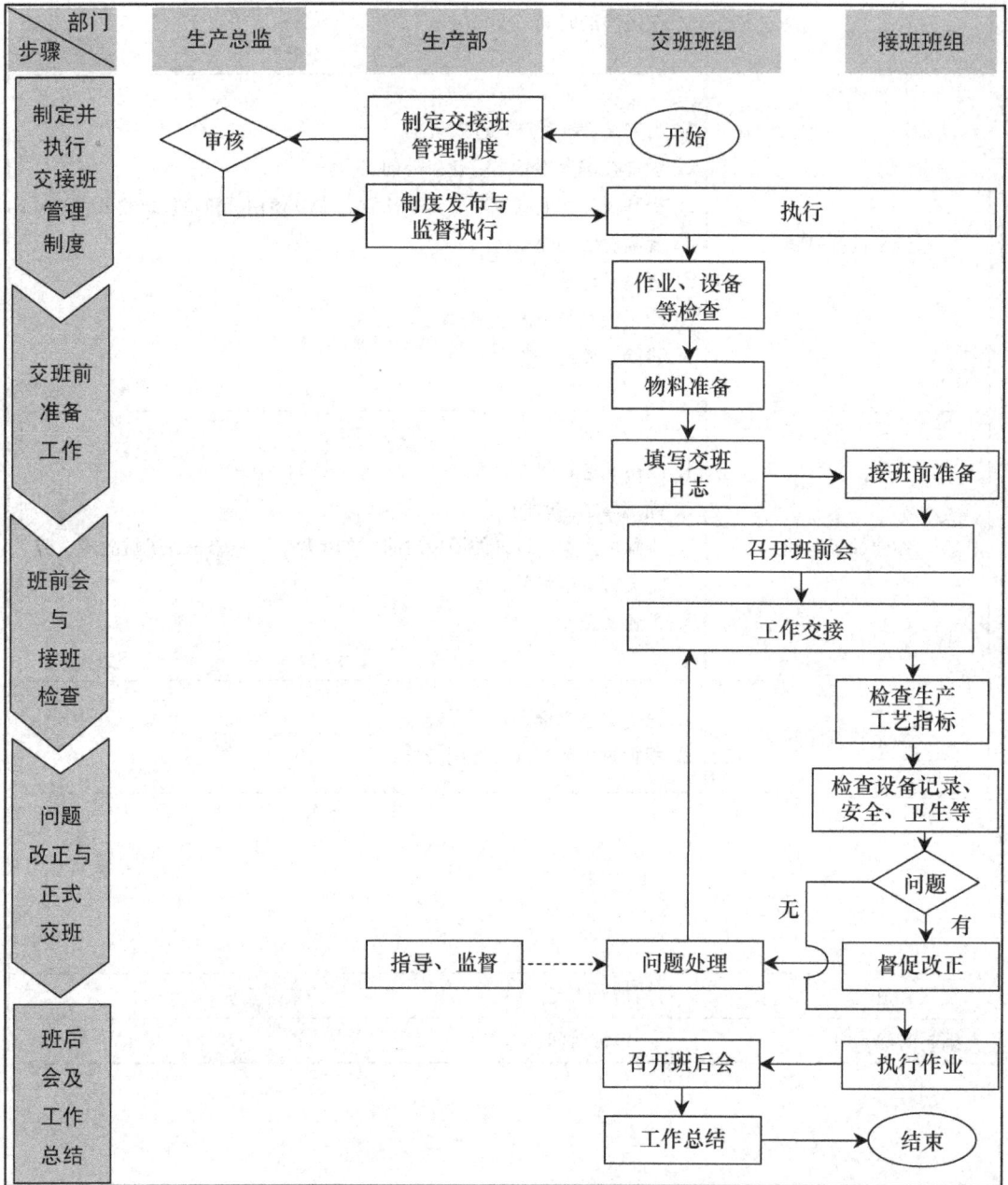

<table>
<tr><td rowspan="2">步骤</td><td>部门</td><td>生产总监</td><td>生产部</td><td>交班班组</td><td>接班班组</td></tr>
</table>

```
部门\步骤      生产总监        生产部          交班班组         接班班组

制定并
执行        审核  ←——  制定交接班 ←——————————  开始
交接班            管理制度
管理
制度              制度发布与  ——————————→  执行
                  监督执行

                                         作业、设备
交班前                                    等检查
准备
工作                                      物料准备

                                         填写交班  ——————→  接班前准备
                                         日志

班前会                                         召开班前会
与
接班                                            工作交接
检查
                                              检查生产
                                              工艺指标

                                              检查设备记录、
                                              安全、卫生等

问题                                              问题
改正与             指导、监督 --------→  问题处理 ←——  督促改正
正式      无                                      有
交班

                                              执行作业
班后
会及              召开班后会 ←——————————————
工作
总结              工作总结  ——————→  结束
```

二、交接班运行细则

制度名称	交接班运行细则		受控状态	
			编　　号	
执行部门		监督部门	编修部门	

第1章　总则

第1条　目的

为了规范工厂生产现场连续工作岗位人员的交接班管理，提高交接班的速度与质量，避免因交接班而造成现场生产事故或失误，特制定本细则。

第2条　适用范围

本细则适用于工厂现场连续工作岗位的交接工作。

第3条　职责划分

1. 生产经理负责审批交接班管理制度并监督执行情况。

2. 车间主任、调度主管负责制订和组织实施交接班计划，并监督班次交接程序，不断改进排班表。

3. 班组长负责班次交接的组织实施与管理，处理交接过程中的问题。

4. 各班组操作人员按照规定进行班次交接，完成交接任务。

第2章　班前会管理

第4条　班前会的召集

1. 交接班双方的值班班长、接班的全体人员必须参加，白班交接时要有一名车间领导参加。

2. 参会人员必须穿戴工作服、工作帽，严禁穿高跟鞋和带钉子的鞋。

3. 提前20分钟点名。

第5条　班前会的内容

1. 交班值班班长介绍上一班情况，包括生产、工艺指标、设备使用、异常情况及事故、目前存在的问题等。

2. 各岗位汇报班前检查情况。

3. 接班值班班长安排工作。

4. 车间领导做出具体指示。

第3章　接班管理

第6条　接班前准备

1. 接班人必须提前30分钟到岗。

2. 检查生产、工艺指标、设备记录、消耗物品、工具和卫生等情况。

3. 提前20分钟召开班前会。

第7条　接班人进一步检查，如没有发现问题应及时交接班，并在操作记录上签字。

第8条　岗位一切情况均由接班者负责，接班人应将上一班最后一小时的数据填入操作记录中，并将工艺条件保持在最佳状态。

（续）

第4章 交班管理

第9条 交班原则

1. 遵守"三不交"原则，即接班者未到不交班、接班者没有签字不交班、事故没有处理完毕不交班。

2. 遵守"二不离开"原则，即班后会不开不离开车间、事故分析会未开完不离开车间。

第10条 交班前的准备工作

1. 一小时内不得任意改变负荷和工艺条件，生产要稳定，要将工艺指标控制在规定范围内，应及时消除生产中的异常情况。

2. 检查设备是否运行正常。

3. 认真做好原始记录和巡回检查记录。生产概况、设备仪表使用情况、事故和异常状况均应记录在记事本上。

4. 提前为下一班储备消耗物品。

5. 接班者到岗后，交班者需详细介绍本班生产情况，解释记事栏中的主要事项并回答问题。

第11条 班后会的召开

1. 交班的全体人员要参加，白班交班时必须有一名车间领导参加。

2. 交班后应准时召开班后会。

第12条 班后会内容

1. 各岗位人员介绍本班情况。

2. 值班主任进行综合发言。

3. 车间领导作出具体指示。

第5章 交接班检查与考核

第13条 交接班问题处理

1. 各车间负责交接班管理工作，若交接班过程中发现问题则由双方班组长协商处理。

2. 意见不统一时，由车间主任裁决后执行，重大问题要向生产部报告，组织有关人员采取解决措施。

3. 交接班各相关问题及解决方案均需详细、真实地记录下来。

第14条 未做好交接班手续即离开岗位的，扣除当天工资。

第15条 如在交班记录中有意隐瞒事故，由此产生后果的由交班者负责，交接班后发生的事故由接班者负责。

第16条 接班时未仔细查看有关记录即开始生产的，由此产生事故由接班者负责。

第17条 凡发生偏差时，必须由发现人填写"偏差通知单"，写明品名、批号、规格、批量、工序、偏差的内容，发生的过程及原因、地点，由填表人签字并注明日期。将"偏差通知单"交给车间管理人员，并通知车间主任及质量管理部门负责人。

第18条 车间主任会同质量管理部人员进行调查，根据调查结果提出处理意见。

1. 确认不影响产品最终质量的情况下继续生产。

2. 确认不影响产品质量的情况下进行返工或采取补救措施。

（续）

	3. 确认不影响产品质量情况下采取再回收、再利用措施。 4. 确认可能影响产品质量的情况下报废或销毁。 　　第19条　车间将调查结果及需采取的措施形成书面报告，一式三份，经车间主任签字后附在"偏差通知单"后上报生产部、质量管理部负责人，经其审核、批准签字。 　　第20条　车间按批准的措施组织实施。实施过程在车间主任和质量管理部人员的控制下进行，并详细记录，同时将"偏差报告单"及调查报告和处理措施报告附于记录后。 　　第21条　车间如出现设备异常，由设备管理部负责解决。维修时应有记录及配件使用记录，并记录异常情况的产生点，制定处理办法。 　　第22条　调查发现可能与本批次前后生产批次的产品有关，则立即通知质量管理部负责人，采取措施停止相关批次的放行直到调查确认后确定处理措施。 第6章　附则 　　第23条　本细则由生产部负责制定、修改，解释权归生产部所有。 　　第24条　本细则经总经理审批通过后自颁布之日起实施。					

修订记录	修订标记	修订处数	修订日期	修订执行人	审批签字

三、三班倒排班方案

方案名称	三班倒排班方案	编　　号	
		受控状态	

一、目的

为保证工厂作业的顺利进行，有效完成生产任务，保障员工的休息时间，工厂实行三班倒制度，特制定本方案。

二、适用范围

本方案适用于工厂现场所有需要24小时作业的工种的操作人员。

三、职责分工

所有的排班表由各车间主任及调度员制定。

四、三班倒时间规定

工厂班次分为白班、中班、夜班，具体班次时间与交接班时间如下图所示。

（续）

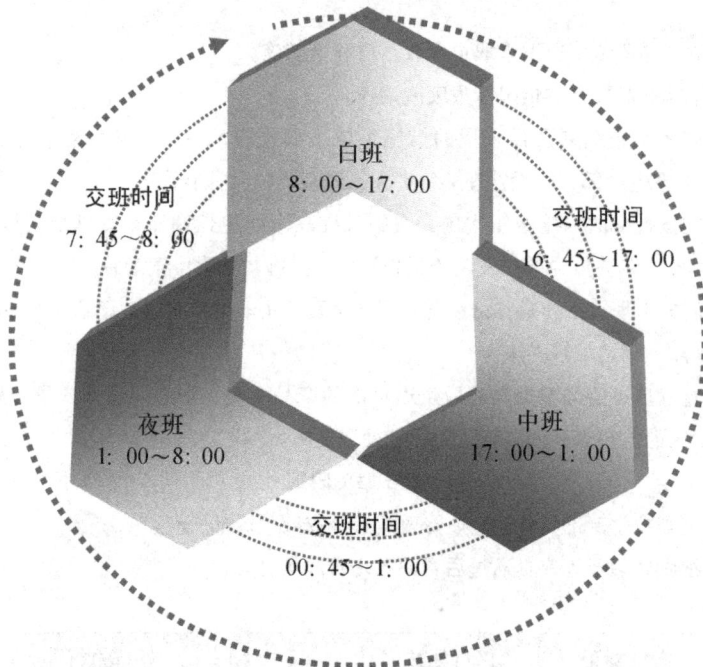

三班倒时间安排示意图

五、交接班工作内容

交接班是两个班组的正常衔接，是上一个班全面详尽地向下一个班交代与传达生产状况的重要环节。为了平稳、安全生产，各班组在进行交接班作业时应注意以下七点内容。

1. 接班准备

接班人员必须提前 15 分钟到达现场，换好工作服，召开班前会，在班组长的带领下，认真检查现场后进行交接班。

2. 召开班后会

交班完毕的班组在班长的带领下参加班会后，讲评当班生产任务的完成情况，处理本班遗留的问题。

3. 交工艺

当班人员应对管理范围内的工艺现状负责，交班时应保持正确的工艺流程，并向接班人员交代清楚。

4. 交设备

当班人员应严格按工艺操作规程和设备操作规程认真操作，对管辖范围内的设备状况负责，交班时应向接班人员移交完好的设备，交代所有动静设备的现状，尤其是大型设备的情况，如遇检修，则需讲明检修的部位与进度。

（续）

5. 交卫生

当班人员应做好设备等的清洁卫生，交班时要交接清楚。

6. 交工具

交接班时，工具应摆放整齐，做到无油污、无损坏、无遗失。

7. 交记录

交接班时，岗位运行记录、工艺操作记录、巡检记录、设备维护保养记录等应真实、准确、整洁。

六、交接班注意事项

交接班时如发生以下情况之一，接班人员应不予交接工作。

1. 生产不正常、事故未处理完。

2. 设备或工艺有问题，搞不清楚原因。

3. 岗位卫生未搞好。

4. 记录不清、不齐、不准。

5. 工序指定本班的任务未完成。

七、排班表管理

1. 排班表公布

（1）每月25日前相关人员需制定次月的排班表并张贴在布告栏上。

（2）排班表包括所有轮班员工的上班时间、班次与休息规定，从月初来时到月末结束。

2. 排班表交送

（1）部门档案存档。

（2）张贴于部门布告栏上。

（3）人力资源部用于考勤、考核与计薪等。

3. 排班表的执行

（1）员工每月休假根据实际生产经营情况而定，一般除值班人员以外的员工均在星期天休假。

（2）排班表一经签发并公布于众一般不允许变动。

（3）因为个人的原因，要求调换休息的员工可以填写"调休要求"进行申请，在得到车间主任或部门经理批准后方可生效。

（4）休假员工（包括年假、病假、事假等）也应在排班表中体现，注明原因。

（5）在"调休要求"得到部门批准和同意后，员工没按新的班次要求上班的，将会受到相应的纪律处分。

编制人员		审核人员		审批人员	
编制时间		审核时间		审批时间	

生产现场工艺管制精细化管理

第六章

第一节　工艺监控

一、现场工艺监控流程

部门 步骤	生产总监	工艺技术部	生产部	班组现场
制定并执行工艺纪律	审核	开始 → 制定工艺纪律 纪律发布与执行	执行	
日常工艺操作纪律检查		日常纪律检查考核、惩罚 监督	现场工艺操作 各控制点检查	
定期巡检及期限内整改		每周工艺检查 限期整改	配合 整改	每日工艺检查记录
不定期工艺检查及问题反馈	审核	形成定期报告 不定期工艺检查 发现工艺异常 工艺分析	定期汇报 汇总、反馈工艺异常	
工艺改进与执行	审核	工艺改进方案 修改工艺文件并发布 结束	工艺培训与执行	

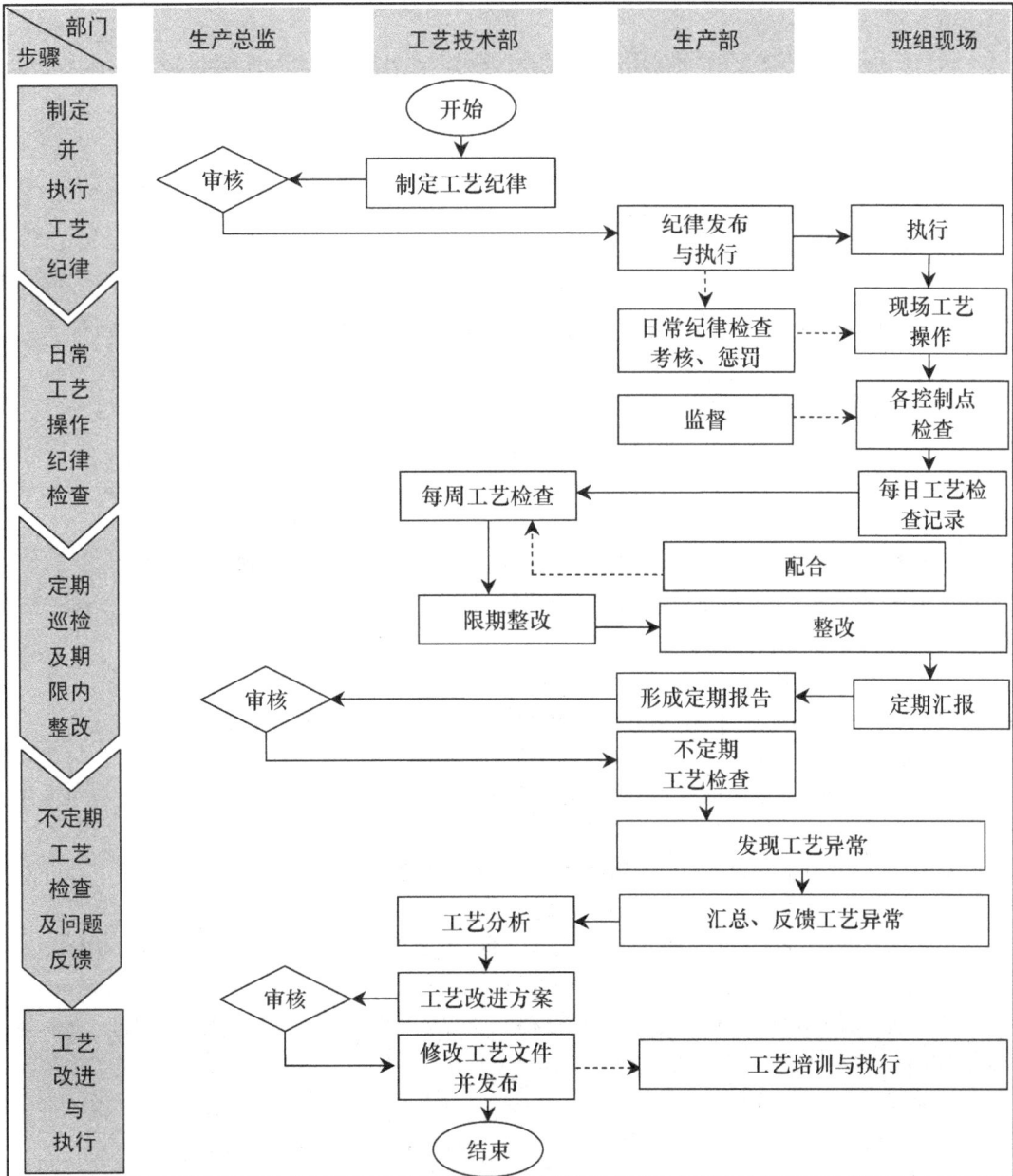

二、现场工艺纪律规定

制度名称	现场工艺纪律规定		受控状态	
			编　号	
执行部门		监督部门	编修部门	

第1章　总则

第1条　目的

为加强对生产现场工艺纪律的管理，保证生产过程中严格按照工艺文件进行操作，实现标准化作业，根据工厂的相关规章制度，特制定本规定。

第2条　术语界定

工艺纪律是指在生产过程中，员工需执行工艺管理相关制度和工艺技术文件的规定。它是员工掌握工艺技术、提高产品质量的重要保证。

第3条　职责分工

1. 生产部负责制定、贯彻和执行工艺纪律考核标准，并执行考核、评价工作。

2. 工艺技术部负责收集各车间现场经常发生的质量问题，监督各车间现场执行工艺的情况，进行考核、评价，并参与全场的工艺检查。

3. 车间工艺员负责工艺纪律的具体执行、贯彻和落实工作，并对检查出的不合格项进行整改。

第2章　严格执行工艺要求

第4条　工艺纪律是确保产品质量、安全生产、降低消耗、提高效益的保证，各相关部门及人员都应严格执行工艺纪律。

第5条　必须做到工艺文件正确、完整、统一和清晰，并符合工艺文件的审批、修改规定。

第6条　依据工厂相关的培训制度，车间操作人员上岗前须经过专业培训，做到定人、定机、定工种。

第7条　车间必须依据工艺文件安排生产，并努力做到均衡生产。

第8条　凡投入生产的材料、毛坯、外购件和外协件等必须符合设计及工艺要求。

第9条　必须保证工艺设备正常运转、安全可靠，符合工厂的设备管理条例。

第10条　操作人员在生产中必须严格按设计图样、工艺规程和操作指导书的要求进行加工与装配。

第11条　检验人员必须严格按照设计图样、工艺规程和操作指导书进行检查。

第3章　现场工艺变更操作

第12条　操作人员在生产实践中进行的技术革新项目必须经过工艺技术部会同车间工艺技术组共同进行验证，鉴定合格后纳入正式文件方可正式使用。

第13条　为均衡生产或因生产急需，下列情况可由现场工艺员提出，经工艺技术部批准，允许临时变更工序顺序或加工顺序。

1. 在同一车间内流转的工序。

2. 改变加工顺序对于零件整体质量无任何影响，并对后续工序加工亦无影响。

（续）

3. 改用较高精度设备加工。

第4章　附则

第14条　各车间每月定期对本工艺纪律执行情况进行检查，填写并提交"工艺纪律检查表"。

第15条　本规定经总经理审批通过后严格执行，修改时亦同。

修订记录	修订标记	修订处数	修订日期	修订执行人	审批签字

三、现场工艺巡检办法

制度名称	现场工艺巡检办法		受控状态	
			编　号	
执行部门		监督部门	编修部门	

第1章　总则

第1条　目的

为加强现场工艺的监督与管理，实现作业标准化管理，保证产品质量与人身安全，结合工厂的生产特点，特制定本办法。

第2条　适用范围

本办法适用于生产现场的工艺操作检查等相关事项。

第3条　工艺巡检方式

1. 日常检查。

2. 每周检查。

3. 每月不定期进行全面检查。

第2章　工艺巡检实施

第4条　日常检查

车间主任与车间班组长、现场工艺员共同负责车间日常工艺纪律管理，发现违反工艺纪律现象及时纠正，同时记录在"工艺纪律检查表"上。

第5条　周检

工艺技术部在生产部的配合下于每周五以前进行一次工艺纪律检查，并填写"工艺纪律周检记录卡"。

第6条　每月不定期全面检查

工艺技术部经理每月至少组织一次工厂生产的全面工艺纪律检查，并填写"工艺纪律月检记录卡"。

（续）

第7条　工艺技术部统计每次检查结果，并将前一次检查结果中的不符合项作为下次检查的重点。

第8条　工艺巡检基本内容

工艺巡检工作内容如下表所示。

工艺巡检表

序号	巡检内容	分值	责任部门	评分标准	备注
1	作业工位摆放与装机符合作业指导书、工艺对照表和样板等工艺文件	10	车间	每违反一次，扣0.5分	
2	操作人员进行生产作业前的准备工作	10	车间	现场检查计分	
3	工艺文件、样板管理的完好性	5	车间	现场检查计分	
4	作业过程中发现不合格零件时要做好标识，置于不合格区，并在一个工作日内清理完毕	5	车间仓库	现场检查计分	
5	作业前，调试相关设备，按设备操作规程做好相关设备的点检记录	10	车间	现场检查计分	
6	定期检查电源等是否在使用要求范围内，并按要求做好记录	5	车间	现场检查计分	
7	现场物流、搬运、场地等按要求进行定置管理	10	车间	现场检查计分	
8	将各控制点的质量情况严格记录下来	10	车间	现场检查计分	
9	生产现场物料、器具等按要求进行定置摆放，物料数量不能超过规定数量	10	车间	现场检查计分	
10	车间和仓库对存放的物料进行防水、防尘、防盗等安全管理	5	车间仓库	现场检查计分	
11	坚持拒收标识不清楚或与装机不符的物料，并请工艺员查明原因，如有物料清单编码错误，要及时反馈到工艺员并进行修改	10	车间	每发现1次BOM单错误，奖励0.5分	
12	检查安全生产及不安全因素的整改情况	10	车间	现场检查计分	

第3章　工艺巡检工作要求

第9条　车间根据工艺技术部规定的重点巡回检查点，结合本车间及班组的实际情况，制定出本车间各班组和岗位的巡回检查路线。

第10条　每个生产班组和岗位的巡回检查路线，必须以图示的形式在岗位或控制室内展示出来。

（续）

第11条　每个重点巡回检查点必须挂上巡回检查牌，牌上标有时刻标记。

第12条　检查时必须认真、细致，发现问题应及时处理，不能处理的问题要立即上报。

第13条　每检查完一个点要转动检查牌，使牌上所指时刻与实际检查时间相符，然后进行下一个点的检查。

第14条　做好岗位巡回检查记录，对发现的问题及处理情况做详细记录。

第4章　巡检结果运用

第15条　工艺技术部把每次工艺检查的结果进行汇总通报。

第16条　工艺检查中出现的不合格项目，由各车间自行提出整改措施，工艺技术部负责验证，重大不合格项目由工艺技术部提出书面整改意见。

第17条　工艺检查结果分为通报批评、表扬、罚款、奖金四种形式，对于因违反工艺纪律而进行的罚款将进行专款专用。

第18条　三次检查同一项目不合格的车间或班组，全年工艺检查成绩为不合格。

第19条　工艺巡检结果纳入员工的考核奖励工作当中，严重违反工艺规定或造成重大损失的人员应给予纪律处分和经济处罚。

第5章　附则

第20条　本办法由生产部与工艺技术部共同制定。

第21条　本办法经总经理审批通过后严格执行，修改时亦同。

修订记录	修订标记	修订处数	修订日期	修订执行人	审批签字

四、工艺异常处理规定

制度名称	工艺异常处理规定		受控状态	
			编　　号	
执行部门		监督部门	编修部门	

第1章　总则

第1条　为控制工艺违纪现象，有效处理工艺异常，确保产品质量和生产进度，结合工厂的实际情况，特制定本规定。

第2条　本规定适用于生产现场工艺异常处理的相关工作事项。

第2章　工艺异常发现与上报

第3条　操作人员在生产过程中发现异常现象时，对于一般意义或之前发生过的异常现象由当班操作人员与当班班组长解决，对于难以判断异常原因或较重大的质量问题应及时反馈给现场工艺人员，由现场工艺人员协调解决。

（续）

第4条　操作人员发现同一物料连续三件存在同样缺陷或缺陷物料数量比例较高时，应立即停止该工序操作并通知班组长及现场工艺人员协调解决。

第3章　工艺管理异常分析与处理

第5条　工艺异常的管理方面原因分析如下表所示。

工艺异常的管理方面的原因

工艺异常原因	具体表现
工艺准备不充分	1. 图样、工艺文件种类不齐全，内容不完整 2. 图面有错误、不清晰
图样和工艺文件日常管理不善	1. 晒印分发文件份数较乱，时多时少，修改市场有所遗漏 2. 操作人员借用工艺文件方法不当，借错文件 3. 技术文件未及时一次修改完，文件不统一
设备管理缺失	1. 设计技术状况差，不能满足工艺要求 2. 关键工序（控制点）设备未建立周期点检卡，直接影响工序加工质量的设备性能和精度，超过允许界限值 3. 设备及其附件脏、乱、差
工艺设备管理问题	1. 未按工艺文件规定使用工艺装备 2. 关键工序的工艺装备影响工序加工质量的某些精度，超过允许的界限值 3. 模具或其他较复杂的工艺装备未进行收件验证并挂"首件"标志，下场前检查末件并挂"末件"标志
计量器具管理问题	1. 在用计量器具超过鉴定周期 2. 计量器具不合格 3. 在用计量器具"检定卡片"丢失
材料或半成品管理问题	1. 材质或规格不符合工艺文件规定 2. 毛坯、半成品的内在质量不合格或加工余量过大或过小 3. 半成品工艺基准破坏
文明生产管理问题	1. 生产现场油水、垃圾遍地，切屑堆积、通道不通，存在脏、乱、差现象 2. 缺少器具，零件码放不整齐，出现磕碰、划伤、锈蚀情况
均衡生产管理问题	1. 均衡生产差，月末突击，为赶任务违纪 2. 装配突击，粗制滥造，零件、工具乱堆放，影响文明生产和定置管理

（续）

第6条　工厂须合理分配管理职能，建立岗位责任制，将管理措施落实到部门或人员的工作责任中去，消除无人负责的现象。

第7条　建立健全车间现场管理制度，制度内容应详细具体，具有指令性、系统性、可实施性和可检查性。

第8条　工厂建立工艺系统纪律检查考核办法，对违纪因素明确责任，做好记录，及时反馈，进行考核，奖励分明，严格治理，重奖重罚。

第9条　工厂管理人员应充分重视工艺纪律考核，明确工艺纪律考核不仅是操作人员和生产车间的职责，也包括生产服务系统等多方面的问题。

第4章　工艺操作异常分析与处理

第10条　无意差错造成的工艺异常处理如下表所示。

无意差错造成的工艺异常处理说明

工艺异常原因	处理对策
工作地点光线暗，照明不足，造成误操作或误测量而违纪	1. 为操作人员创造一个良好的工作环境，尽可能减少操作人员疲劳和工作情绪不稳定，使他们能持续集中注意力
工作时间长，操作人员疲劳而引起误操作	2. 提高所有设备的自动化程度，对一些岗位应安装预防无意差错系统，减少人的无意误操作
环境噪声大，工作地脏乱，造成操作人员情绪不佳，不可能持续集中注意力而误操作	

第11条　技术性差错造成的工艺异常处理如下表所示。

技术性差错造成的工艺异常处理说明

工艺异常原因	处理对策
设备陈旧，技术状况不佳	1. 对陈旧设备进行更新，或安装数显或简易数控设备
检测手段落后，不能得到准确的测量结果，造成误差	2. 更新检测手段，尽可能采用综合性检查仪，或在线自动检测仪表，减少测量手段的误差 3. 培训操作人员，每项新产品或重大老产品投产之前，应对关键和重要工序操作人员进行培训，组织操作人员练习基本操作
操作人员的技能不成熟、水平低而误操作	4. 制定内容详细、具体且能指导操作的工艺文件并组织学习，提高操作人员的技术水平

第12条　有意差错造成的工艺异常处理如下表所示。

（续）

有意差错造成的工艺异常处理说明	
工艺异常原因	**处理对策**
操作人员责任心不强，干活马虎大意而误操作	1. 做好思想工作，领导以身作则，公正处理事情，领导与操作人员直接对话，清除不满情绪，提高操作人员的责任心 2. 建立工艺纪律检查考核办法，开展工艺纪律检查，将日常检查和抽查相结合，做好记录，对遵章守纪者给予奖励，对违纪者做出惩罚，奖罚分明，严格管理 3. 开展工艺纪律竞赛，对优胜者进行奖励，提高操作人员的自觉性 4. 开展培训宣讲，提高操作人员的责任心
操作人员对工厂管理有意见，对奖金、工资等现状不满，产生逆反心理	
追求产量多的报酬	
对某些工艺因素责任不清，标准不明确，操作人员未去澄清	
领导和归口管理部门对工艺纪律未检查考核	

第5章 临时工艺及脱离工艺管理

第13条 在生产过程中，由于某些原因，少数工序的某些项目暂时达不到工艺要求或造成工艺异常时，经批准允许临时脱离目前的工艺。

第14条 属于工艺设计缺陷和错误的，因某些原因不能立即修改工艺规程时，工厂允许采用临时工艺，但有效期不得超过三个月，且需经生产总监和工艺技术负责人签字确认。

第15条 由于生产加工过程中出现技术质量问题需采取挽救措施时，经批准允许脱离原工艺的，一次性有效。

第16条 由于某种原因导致出现工艺异常，少数工序的某些项目达不到工艺要求时，经批准允许脱离原工艺，一次性有效。

第17条 由于工厂的原因要脱离工艺及采用临时工艺时，由工厂工艺技术部编制，生产总监审核后，经工艺技术部或车间主任批准生效。

第18条 因违反工艺纪律产生工艺异常，从而造成工艺事故的，需脱离工艺及采用临时工艺时，由工艺技术部门负责编制，经生产总监审批。

第6章 附则

第19条 本规定由生产部与工艺技术部共同制定。

第20条 本规定经总经理审批通过后严格执行，修改时亦同。

	修订标记	修订处数	修订日期	修订执行人	审批签字
修订记录					

第二节　工艺装备管制

一、工艺装备管制流程

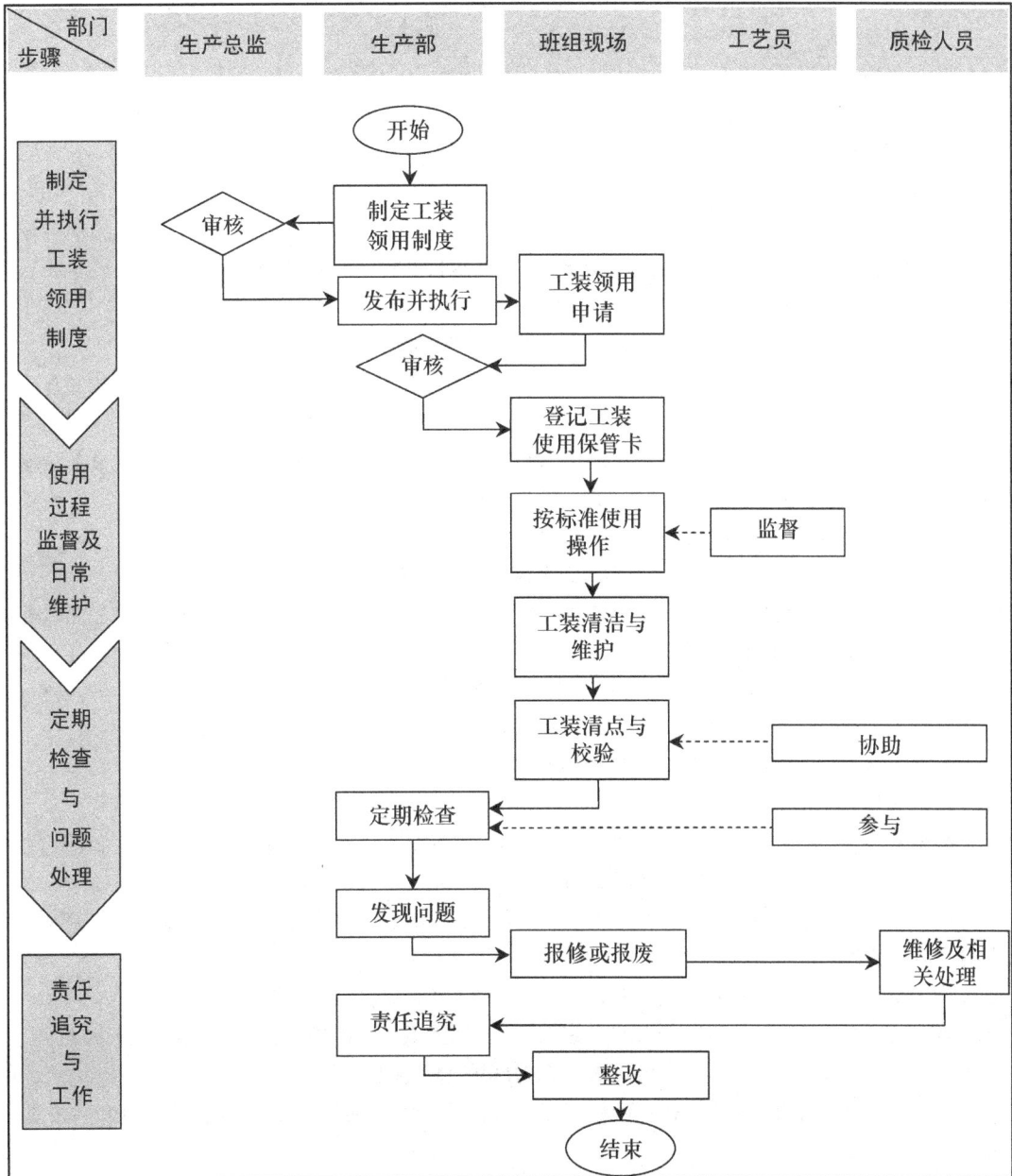

二、工艺装备管制制度

制度名称	工艺装备管制制度		受控状态	
			编　号	
执行部门		监督部门	编修部门	

第1章　总则

第1条　目的

1. 及时申请领用生产中所必需的工装，确保生产进度。

2. 做好工装的成套性工作。

3. 按标准使用和保管工装。

4. 保证生产正常，延长工装的使用寿命。

第2条　适用范围

本制度适用于工厂各工艺装备管理相关事项，工装包括模具、夹具、样板等。

第3条　责任权限

1. 工艺技术部负责工艺装备的设计，并绘制图样及相应的技术文件。

2. 生产部负责工艺装备的制造或采购工作，并负责做好在用及库存工艺装备的使用、维护和管理工作。

3. 生产部指定专人负责编制"工艺装备总册"，为每一件工艺装备建立档案，记录工艺装备从验证合格归档到报废的履历验收与标准工具选定的全过程。

4. 各车间负责工艺设备的使用、维护与保管。

第2章　工艺装备的制造与验证

第4条　工装设计必须满足产品工艺要求，做到结构合理、使用方便、安全可靠，充分考虑制造工艺性，并贯彻标准化和通用化。

第5条　工装设计文件必须齐全，并履行审核和批准手续，在工装设计文件中，应明确规定以下内容。

1. 工艺装备的消耗定额。

2. 工艺装备的检定周期、检定内容和磨损期限。

3. 易损件明细。

第6条　生产现场根据工艺装备图样和技术要求，进行加工、制造或外协采购（由采购部负责）。

第7条　制作完成后，工艺技术部需进行工装验证，并填写"工装验证单"，保留验证记录。

第8条　第一次设计制造的关键工艺装备、新结构工艺装备以及采用新工艺、新材料试冲或试压的各类模具都需要验证。

第9条　需要验证的工装，在工装底图的"零件明细表"右上角注明"验证"字样。

第10条　领用工装后，相关人员做好准备工作，与质量检验人员确定验证时间，通知有关人员参加。

第3章　工艺装备的领用管理

第11条　生产部对现场使用的工装建立领用（借用）规定，定期归还，以免工装在生产中质量受损。

（续）

第12条　生产现场建立"工装使用保管卡"，记录操作人员领用记录，包括工装的型号、数量、名称、规格和日期。

第13条　各相关人员根据工艺文件规定申请、领用工装，登记办理领用、借用手续，按规定时限归还。

第4章　工装的使用与维护

第14条　现场操作人员结合多种产品的上下场，做好工装的下场清理与上场准备。

第15条　现场操作人员按照工艺要求使用工装，在工装强度、性能允许的范围内使用，严禁串规代用。

第16条　操作人员在工艺人员的指导下遵守操作规程，正确使用工艺装备，注意日常维护保养。

第17条　工厂不允许专用工装代替通用工装，禁止精具粗用的现象，使用过程中注意保持精度和使用的条件。

第18条　对工艺装备的消耗与占用，应合理制定消耗定额与储备定额。

第19条　在每种产品下场后，相关人员对生产中使用的工装要及时清理、鉴定，分情况安排退库、改进或修复等工作，以保证再次上场时使用。

第20条　工艺装备要进行分类、编号，工装应放在固定场所，有精度要求的工装应按规定进行支撑、垫靠。

第21条　存放环境应保持清洁、干燥、通风，温度适当，防止磕碰，做到账、物、卡相符。

第22条　加强防锈、防潮措施，加强保养，切实保证工艺装备不损坏，始终处于良好状态。

第5章　工装检查

第23条　工厂对工艺装备的技术要求进行检查，发现问题及时处理。

第24条　对于量具、精密模具建立周期校正制度，周期按使用期限或加工批量而定。

第25条　复杂工艺由工艺技术部检查或协同车间检查，简易工艺装备由车间自行检查。

第26条　操作人员每日查对工装箱一次，每周进行一次账物核对，以保持工装账物相符。

第27条　特殊对待贵重和精密工装，切实做好使用保管工作，定期清洁、交验精度和轻拿轻放等。

第28条　对于检查不合格或无法修复的工装应予报废，生产部填写"工艺装备报废单"，并报生产总监批准。

第29条　对于准予报废的工装，生产部应注销工装编号，直至予以销毁。

第6章　附则

第30条　本制度由生产部、工艺技术部协同制定，解释权归生产部与工艺技术部所有。

第31条　本制度经总经理审批通过后，自颁布之日起执行。

	修订标记	修订处数	修订日期	修订执行人	审批签字
修订记录					

三、模具使用管理规范

制度名称	模具使用管理规范		受控状态	
			编　　号	
执行部门		监督部门	编修部门	

第1章　总则

第1条　目的

为有效管理生产作业所用模具，延长模具使用寿命，保证产品质量，降低生产成本，提高生产效率，特制定本规范。

第2条　适用范围

本规范适用于工厂生产作业活动所需模具的使用管理工作。

第2章　模具使用申请与审批

第3条　因生产而需要制作新的模具时，需由模具管理人员填写制作或修理申请，经工艺技术负责人审核后，由工艺技术部与相关单位接洽制作和修改事宜。

第4条　新制、修理的模具入厂时，由模具管理人员核对其数量、品名、规格是否与相关申请一致，检查各部位有无不良状况。

第5条　新制、修理的模具须由其管理人员进行试模，试模的产品由管理员初检，如发现不良需由工艺技术部审核确认，不符合要求或造成产品有品质问题的，则退回承制商修改。

第6条　模具管理人员对检验无误的模具进行建档，对每副模具建立完整的模具领用归还记录，模具编号依据制作厂商的编号。

第7条　外借模具时，由模具管理人员编写"模具外借申请单"，注明借进或借出，由部门主管审查，经生产经理核准后方可借出。

第8条　使用人员及外借厂商归还模具时，由模具管理人员检查模具的以下四项状况。

1. 尺寸与模具图是否相符。

2. 配件数量及规格。

3. 各部位配合是否良好。

4. 模具及配件有无损伤。

第3章　模具作业操作要求

第9条　模具作业前，操作人员要将机台与模具前后锁模板擦拭干净。

第10条　安装单面抽芯模具时，应注意抽芯的位置，一般用抽芯块对后安全门方向装置模具。

第11条　安装双面抽芯模具时，一般采用抽芯块对前后安全门方向装置模具。

第12条　在调模过程中，需将机台锁模曲轴打直，适当调紧模具，以20%以下的速度和压力调模，直至不能调动时应立即松开调模键，把模具固定牢固后，再开模具进行适当调整。

第13条　接冷却水时，应先把模具闭合，严禁碰撞抽芯滑块或不规范操作。

第14条　调节机台顶针时，应把行程调至刚好顶出产品为宜，不得顶出太长，以防对模具造成损伤。

第15条　对顶针需弹簧复位的模具，一律要接微动开关或装置机械保护装置，以确保顶针能安全复位。在生产时，顶针在未完全复位的情况下严禁闭模生产。

（续）

第 16 条　调试产品时，应先用 30% 的压力与速度开始注射充模，再逐渐增加压力与速度。

第 17 条　任何模具在进入正常生产前，必须调整为低压保护设定型。

第 18 条　操作时，模具达到一定的模温时再开冷却水。

第 19 条　如在生产前已将模具预热到工作温度，可直接打开冷却水。

第 20 条　下模时应先关掉冷却水，再生产 3～5 分钟，用干净抹布把模腔擦净，涂上油或防锈剂，做好防护工作，以免生锈。

第 21 条　从机台上换下来的模具，浇口一律不准朝下，最好朝上摆放于模具放置区。

第 22 条　预热时要将顶针合部退回模内（不要闭合过紧），进行均匀加热，切忌点式加热，否则容易造成模具退火。

第 23 条　未合模的情况下，严禁机台前进抵撞前模，以免把前模撞松动或撞掉。

第 4 章　异常清理处理

第 24 条　在操作过程中，操作人员每生产一种产品都要确保模具内无遗留物品后方可闭模，一旦发现异常要及时向主管人员反映。

第 25 条　在操作过程中发现粘模，应把产品取出方可合模生产，严禁模腔带遗料生产。

第 26 条　粘模后，不得用铁器敲打模腔，应选择专用铜棒撬出产品。

第 27 条　操作过程中，如出现深腔粘料，禁用金属器物敲打，将铁线烧红后插入堵塞位置，冷却后拔出，从而带出所粘铝料。

第 28 条　操作过程中，模具上的销子、活动滑块及顶针要常擦油润滑。

第 29 条　操作过程中，发现料头粘前模时，严禁用钳子去夹料头，以防用力过大碰伤模腔（正确方法是把机台射台退出，用铜棒从浇口套处敲出料头）。

第 5 章　模具保管与维护

第 30 条　将未用于生产的模具按编号整齐摆放于模架上。

第 31 条　模具于批量完成后应立即检验确认，正常则入库，异常则立即报修。如模具需外发修理，由车间主管填写"设备外修单"，经经理批准后安排外发修理，严禁无单发货。

第 32 条　搬运模具时应特别小心，运输时须将模具放置平稳，到模架前用升降车取放模具时，应先固定好车位才可进行升降操作。运输时需将叉板放置最低，以防坠落。

第 33 条　为延长模具使用寿命，防止模具过早龟裂，在使用至××模次、××模次、××模次时应进行淬火回火处理。

第 34 条　对损坏已不能正常生产的模具，由车间主任检查、工艺技术部审核，按报废、部分报废、修复使用三个阶段处理。

第 35 条　凡对模具造成损坏的，操作人员应及时上报班组长，工厂应视情况追究当事人的责任。

第 36 条　如未主动申报模具故障，一经发现由操作人员及其班组长共同承担责任。

第 6 章　附则

第 37 条　本规范由生产部制定，解释权、修改权归生产部所有。

第 38 条　本规范经总经理审批通过后，自公布之日起开始执行。

	修订标记	修订处数	修订日期	修订执行人	审批签字
修订记录					

生产现场设备保全精细化管理

第七章

第一节 标准化操作

一、设备标准化操作流程

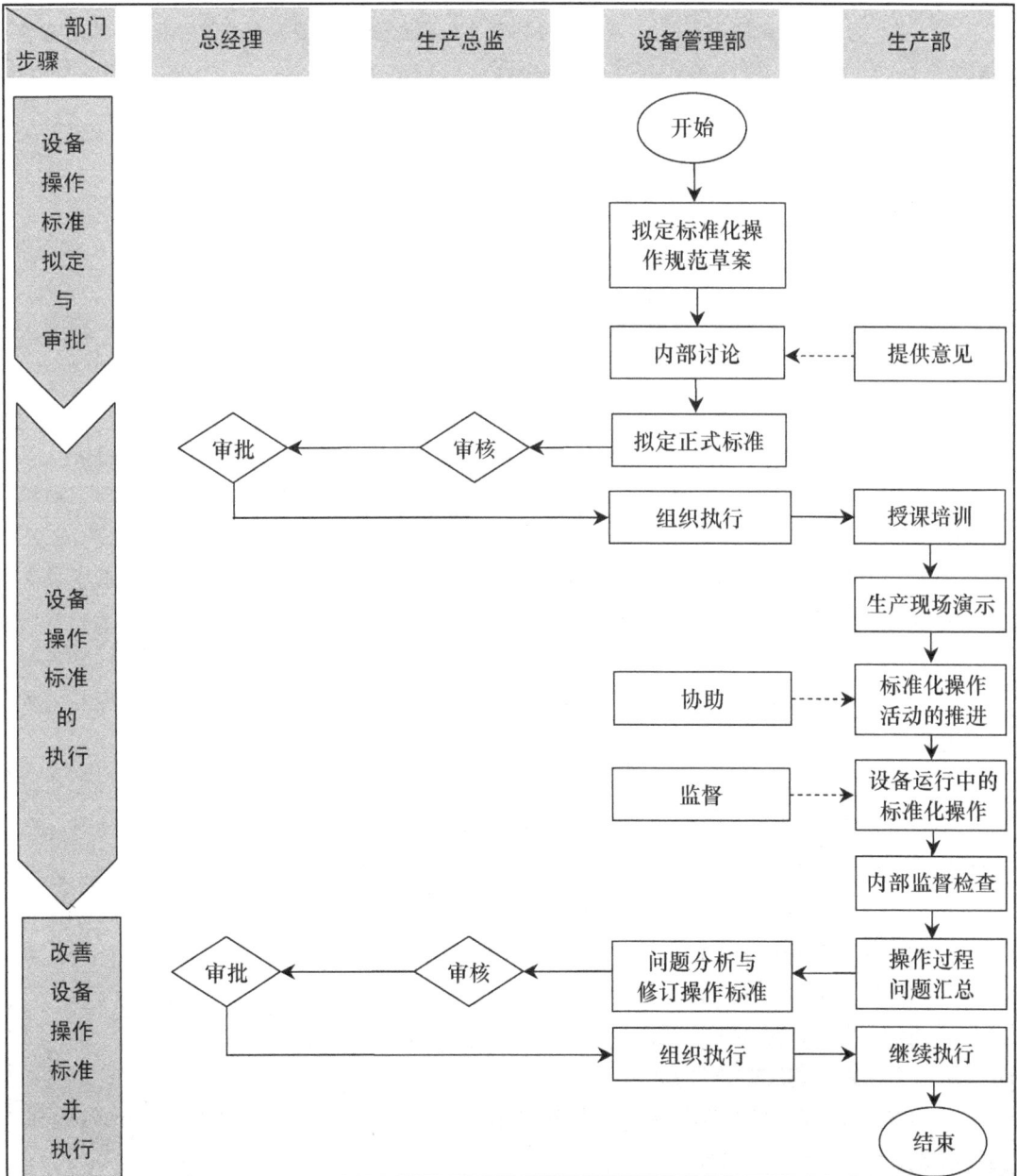

部门\步骤	总经理	生产总监	设备管理部	生产部
设备操作标准拟定与审批			开始 → 拟定标准化操作规范草案 → 内部讨论 ← 拟定正式标准	提供意见
	审批 ←	审核 ←		
设备操作标准的执行			组织执行 →	授课培训 ↓ 生产现场演示
		协助 ┈>	标准化操作活动的推进	
		监督 ┈>	设备运行中的标准化操作 ↓ 内部监督检查	
改善设备操作标准并执行	审批 ←	审核 ←	问题分析与修订操作标准 ←	操作过程问题汇总
			组织执行 →	继续执行 ↓ 结束

二、设备标准化操作细则

制度名称	设备标准化操作细则		受控状态	
			编　号	
执行部门		监督部门	编修部门	

第1章　总则

第1条　为确保设备的正常运行，避免人为损坏设备，防止危害人身安全的事故发生，特制定本细则。

第2条　本细则适用于设备的标准化操作人员。

第3条　相关部门及人员的职责说明如下。

1. 设备管理部和生产部负责制定设备标准化操作的相关文件。

2. 设备操作使用人员应严格按照设备的使用规程进行操作。

第2章　设备操作前准备工作

第4条　操作人员必须经过专业培训并持有操作证，凡新上岗且尚未取得操作证的人员，必须在持有操作证的操作者的指导下操作设备。

第5条　设备启动前，操作人员应按照设备的使用要求进行检查。

第6条　对于生产线上或集体操作的设备，操作人员应熟悉和掌握开机前的确认方法和内容。

第7条　生产前五分钟，设备操作人员必须检查设备的运行情况，检查内容包括开关按钮、制动阀、脚踏板等。

第8条　操作前首先通电空载运行2~3分钟，由操作人员检查设备有无异常现象，并在"设备使用记录表"上做好记录，如有异常情况，应立即报告上级主管，由专门人员进行维修。

第3章　设备操作实施要点

第9条　在启动设备时，操作人员必须先发出启动设备的警告信号，然后按照设备使用规定的动作程序进行操作。

第10条　在设备运转过程中，要注意用眼看、耳听、鼻闻等方法观察设备是否有异常情况发生。

第11条　当设备在启动或运行过程中发生异常情况时，为保证人身和设备安全，操作人员必须立即切断电源并通知维修人员进行维修。

第12条　设备在转动时，禁止操作人员做以下工作。

1. 用手拿布清扫轴或轴头转动部分。

2. 取下或停用安全装置及设施。

3. 进行安装、拆卸、修理等工作。

4. 向转动轮结合处浇抹润滑油。

第13条　在关键要害岗位实行两人操作确认制度，即一人操作，一人在旁监护，避免出现操作失误，导致重大人身和设备事故发生。

（续）

	第4章　附则

第 14 条　本细则由设备管理部负责起草和修订。

第 15 条　本细则经总经理审批后实施。

	修订标记	修订处数	修订日期	修订执行人	审批签字
修订记录					

第二节　日常运行管控

一、掌握设备磨损规律

设备磨损指设备运行时，做相对运动的两个接触表面之间发生摩擦，从而导致设备表面物质不断损失的现象。依照磨损的定义，可将磨损视作导致摩擦副系统中材料损耗的过程。影响设备磨损的因素有很多，但实践证明，一般机械零件的正常磨损过程有一定的规律。

磨损过程一般表现为三个过程，即磨合阶段、正常磨损阶段、剧烈磨损阶段，三个阶段可用图 7-1 描述。

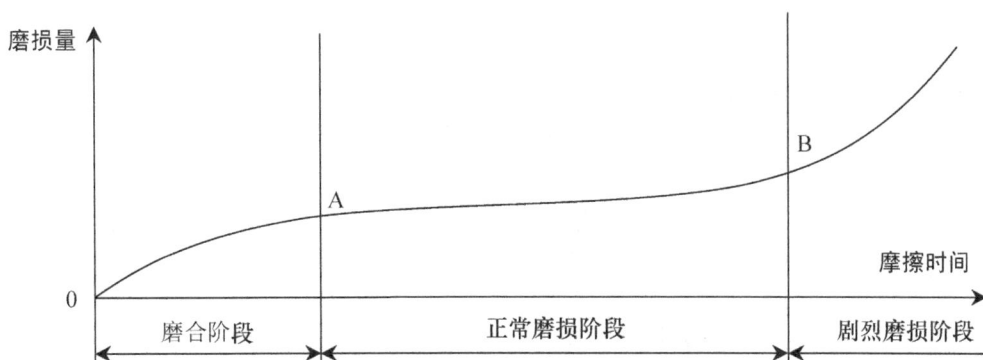

图 7-1　设备磨损过程三阶段

阶段一：磨合阶段，为图 7-1 中的 0A 段，设备磨损速度快，主要原因是零件粗糙表面在负载运转中的快速磨损、低可靠度零件在负载下的迅速失效、操作人员对新设备不熟悉等。随着粗糙表面被磨平，失效零件被更换，设备操作人员逐渐熟悉设备，设备磨损速度逐渐减小，至 A 点进入正常磨损阶段。

阶段二：正常磨损阶段，磨损速度缓慢，设备处于最佳技术状态，如图7-1AB 段，磨损量随着时间的推移基本成直线状。在此阶段，工厂应注意设备的维护保养，采用正确的操作技术和使用规程加强点检，尽量延长该阶段的时间。

阶段三：剧烈磨损阶段，即图7-1 中的 B 点以后阶段，当主要零部件的磨损程度已经达到正常使用极限时，若继续使用，磨损量就会急剧上升，造成设备精度、技术性能、生产效率明显下降，故障率急剧上升。设备使用中应及时发现正常使用极限，及时进行预防修理，更换磨损零件，防止故障发生。

二、设备点检作业实施细则

制度名称	设备点检作业实施细则		受控状态	
			编　号	
执行部门		监督部门	编修部门	

第1章　总则

第1条　为准确掌握设备状况，维持和改善设备工作性能，预防事故发生，延长设备寿命，降低维修费用，保证正常生产，特制定本细则。

第2条　本细则适用于工厂车间内所有设备的点检工作，点检人员在实施设备点检工作时应严格遵循本细则。

第3条　设备点检指为提高、维持生产设备的原有性能，通过人的"五感"（视、听、嗅、味、触）或者借助工具、仪器，按照预先设定的周期和方法，对设备上的规定部位（点）进行有无异常的预防性周密检查，以使设备的隐患和缺陷能够得到早期发现、早期预防、早期处理的设备检查行为。

第4条　工厂设置设备点检组，设备管理部主任担任组长，组员由技术部员工、设备管理部员工及设备操作员工组成。各岗位点检人员具体职责分工如下表所示。

设备点检人员职责分工表

点检人员	职责分工
点检组长	◆ 负责将设备点检的相关制度、要求传达给点检人员，并负责落实 ◆ 清晰掌握辖区工作中的危险源点及隐患，积极采取措施治理或控制 ◆ 掌握本辖区工作中影响、制约生产的隐患 ◆ 对任何设备故障及时组织人员进行处理，找出原因并制定防范措施

（续）

（续表）

点检人员	职责分工
点检组成员	◆ 对车间内设备的正常运行状态负责 ◆ 按照点检标准及路线对设备进行点检，按要求及时、准确填写设备台账及点检日志 ◆ 清晰掌握车间内设备的位置、数量、工况、型号、内部构造及性能，处理设备故障

第2章　设备点检基本要求

第5条　点检人员应按照点检标准按时、高质量地完成设备的点检任务，并认真做好记录，记录不允许中断。

第6条　点检人员应定时或不定时地巡视设备，对重要设备应进行重复点检，确保设备的平稳运行。

第7条　点检人员在点检中发现设备故障时应立即停机，并通知设备维修人员。

第8条　在进行点检作业前，点检人员应根据设备的运行状态及历史记录掌握设备的故障点及关键点，并将其单独列出来作为设备点检的重点。

第9条　在进行点检作业前，点检人员应确定设备点检所需要的点检方式。点检方式一般包括日常点检、定期点检及精密点检三种，具体说明如下表所示。

设备点检类别汇总表

方式	说明
日常点检	◆ 包括点检、修理、调整、清扫、给油、排水等项目
定期点检	◆ 包括编制标准、编制计划、落实计划、设备费用的掌握、故障的分析与处理、改善设备故障的研讨、与操作人员的沟通等项目
精密点检	◆ 包括精密点检与日常诊断、设备故障调查、设备综合性调查、施工记录与试运转记录、购入关键零部件的管理、精密点检器具的管理等项目

第3章　设备点检作业流程及点检记录

第10条　设备点检作业需依照下表的12个环节执行。

设备点检作业环节

环节	说明
定点	◆ 科学分析设备，找准可能发生故障和老化的部位（一般包括滑动部位、回转部位、传动部位、与原料相接触部位、符合支撑部位、受介质腐蚀部位等）
定标	◆ 确定点检部位后，点检人员逐点制定点检标准

（续）

（续表）

环节	说明
定期	◆ 制定点检周期（即隔多长时间进行一次点检工作）
定项	◆ 确定检查项目（每个点可能检查一项内容，也可能检查多项内容）
定人	◆ 根据检查的部位和技术精度要求落实点检人员
定法	◆ 确定检查方法，是人工检查还是工具测量，是采用普通仪器还是精密仪器
检查	◆ 确定检查的环境和步骤，是在生产运行中检查还是停机检查，是解体检查还是不解体检查
记录	◆ 检查时做好记录，并按规定格式填写清楚
处理	◆ 检查过程中，能处理和调整的问题要及时处理和调整，并将处理结果计入处理记录 ◆ 若点检人员没有能力或没有条件处理，应及时报告组长安排处理
分析	◆ 分析检查记录和处理记录，找出薄弱维护点，即设备故障率高的部位
改进	◆ 对通过分析发现的问题加以解决，并改进设备
评价	◆ 任何一项改进都要进行评价，看其经济效果如何，然后不断完善

第11条　点检员应按下列具体要求做好点检记录。

1. 点检记录一般包括点检作业卡、点检异常情况记录、设备润滑记录以及设备精度测定报告、分析报告等。

2. 各种点检记录要严格按各类设备的点检表要求进行逐项填写，对于点检发现的问题，要在点检异常情况记录中做详细记录。

3. 应妥善保存点检记录，各级专业技术人员要认真研究分析设备点检中发现的问题，根据各类点检记录不断地总结设备运行规律，及时合理地提出设备预防性检修计划，使设备保持稳定运行。

4. 每月月底要对点检记录进行分析，每季度要进行一次检查与处理记录的汇总整理并存档备查，为检修和改造提供依据，每年要系统地总结一次并提出改进计划，同时通过分析修正点检工作量。

第4章　点检工作考核

第12条　点检组长对点检人员进行不定期监督检查，对未按照点检要求完成的点检人员进行处罚。

第13条　点检人员现场未按点检要求进行点检的，每发现一次，罚款____元。

（续）

第14条	点检记录填写不认真，漏填或不填，发现一次罚款____元，最高罚款不超过____元。
第15条	点检人员出现漏检造成事故的，每次罚款____元。
第16条	对于设备发生事故的点，未及时录入点检作业卡，每查出一次，罚款____元。

第5章　附则

第17条　本细则由设备管理部负责起草和修订。

第18条　本细则经总经理审批后生效实施。

修订记录	修订标记	修订处数	修订日期	修订执行人	审批签字

三、设备润滑作业实施细则

制度名称	设备润滑作业实施细则		受控状态	
			编　号	
执行部门		监督部门	编修部门	

第1章　总则

第1条　为减少设备磨损、降低动力消耗、延长设备使用寿命，依据国家有关法律、法规，特制定本细则。

第2条　本细则适用于工厂的设备润滑管理工作，包括设备润滑工作的执行、润滑油的贮存保管、润滑油具的管理与使用、废油的回收等。

第3条　设备润滑工作中相关部门或单位的职责分工如下表所示。

设备润滑工作职责分工表

部门/单位	职责
设备管理部	◆ 负责工厂设备润滑技术管理工作，配备专职或兼职技术管理人员，对工厂设备润滑工作进行技术指导 ◆ 审核设备选用的润滑油、润滑油添加剂及润滑油的变更 ◆ 审核各油品使用单位提出的设备"五定"润滑表及用油计划，监督、指导各单位的"三级过滤"工作 ◆ 检查与考核工厂润滑油的选购、储存、保管、发放、使用及润滑器具的管理

（续）

（续表）

部门/单位	职责
设备使用单位	◆ 执行工厂《设备润滑作业实施细则》，负责本单位设备润滑管理工作，编制本单位设备润滑手册 ◆ 根据本单位人员、设备变更情况编制和修订本单位所管设备的"设备'五定'润滑表"，做好设备润滑的"五定"及"三级过滤"工作 ◆ 制订本单位设备润滑油使用计划，并及时上报设备管理部 ◆ 负责本单位设备润滑油品的入库、储存、使用和废油回收等工作
物资供应部	◆ 负责工厂润滑油及润滑器具的采购、保管、发放及供应商评估工作 ◆ 负责新购入润滑油的入库工作，入库润滑油按批次委托检验部门抽样化验复查，复查不合格油品不得发放 ◆ 做好润滑油的合格证、化验单及相关资料的索取、提供及存档工作 ◆ 负责工厂废油回收、再生及处理工作
质量管理部	◆ 负责设备润滑油品的分析化验工作，按时完成润滑油分析工作，及时将润滑油化验单提供给相关单位

第 2 章　设备润滑作业执行规定

第 4 条　设备润滑工作要求如下。

1. 设备操作人员需要监测设备的整体润滑情况，发现润滑异常时应立即停止设备运行并上报情况。

2. 设备操作人员对设备进行润滑时需要注意油桶、油具、加油点与润滑油的清洁，防止因润滑用具不洁导致油路堵塞。

3. 设备适用单位应定期请质量管理部检测设备中润滑油的品质，防止润滑油受到外界灰尘、水分、温度等因素的影响而产生变质。经检验后润滑油不符合设备使用要求时，需要及时更换润滑油的种类。

4. 更换润滑油前，必须清理设备的润滑管道，确保润滑管道的干净、畅通。

5. 设备使用单位在日常巡检设备时需要注意安全，只允许在规定的通道上行走，不得跨越传动装置和运输带。设备停止运行前，不得用手及其他物品伸入油箱检查。

6. 设备清洗换油前，需要将电路切断，并在开关处挂上"禁止合闸"的标牌。

7. 加完润滑油后需要及时清理地面上的油污物，防止发生火灾。

第 5 条　设备使用单位定期检查设备的润滑情况。当设备需要润滑时，填写领油单，提交给物资供应部及设备管理部。在下列情况下，设备使用单位应实施设备润滑工作。

（续）

1. 设备正常运转时，一般应在 3~6 个月内换一次新油，换油周期亦可根据工作条件、操作说明及润滑油状况而定。经过大修后第一次（跑合期）投入运转的设备，一般应在 1 个月内换一次新油。

2. 具有独立润滑系统的机组经检修后，润滑系统应进行油循环。循环油箱应配备滤油设备并加强脱水检查，脱水频次根据设备和润滑油的具体情况而定。

3. 运行中的大型机组，每月至少检验一次润滑油，在大修后、运转前必须采样分析。各单位根据实际情况确定对重点设备的检验周期，检验发现润滑油不合格时应及时采取解决措施。

第 6 条　设备管理部审核设备使用单位提交的领油单，检查其所选用的润滑油、润滑油添加剂是否符合设备的润滑要求。

第 7 条　物资供应部根据设备使用单位提交的领油单据进行润滑油的采购、发放工作。在发放润滑油时，物资供应部应注意以下事项。

1. 物资供应部必须根据各单位的实际需要发放润滑油。

2. 润滑油发放人员应熟悉各种润滑油的名称、牌号、存放位置，发油时应核对领油单据，确认无误后方可发油，并遵循存新发旧的原则。

3. 发油人员必须向领油人员提供所领润滑油的合格证，对不合格的润滑油，领油人员有权拒领。发油人员如发现盛油器具标记不清或不合格时，可拒绝发油。

第 8 条　设备使用单位领取润滑油后即进行设备润滑作业。设备润滑人员应编制设备"五定"润滑表，设备管理部应派技术人员进行技术指导，监督设备使用单位的"三级过滤"工作。

1. 设备润滑"五定"工作内容如下。

（1）定点，规定每台设备的润滑部位及加油点。

（2）定人，规定每个加、换油点的负责人。

（3）定质，规定每个加油点的润滑油品牌号。

（4）定时，规定加、换油时间。

（5）定量，规定每次加、换油数量。

2. 为了减少润滑油中的杂质含量，防止尘屑等杂质随润滑油进入设备，在实施润滑工作时必须对润滑油进行"三级过滤"，包括入库过滤、发放过滤和加油过滤。

（1）入库过滤，润滑油入库、泵入油罐储存时要经过过滤。

（2）发放过滤，润滑油发放、注入润滑容器时要经过过滤。

（3）加油过滤，润滑油加入设备储油部位时要经过过滤。

第 9 条　当设备需要变更润滑油时，设备使用单位需要征得设备管理部的同意。在选择新品种的润滑油时，应遵循同等质量或以优代劣的原则。

第 10 条　设备润滑作业考核如下。

1. 设备润滑记录不完整、不规范，处罚设备润滑作业记录人员____元/人。

2. 未能及时发现设备缺油情况，导致设备故障，处罚设备操作人员____元/人。

3. 设备润滑部位无标识、部件无标记，处罚责任人____元/人。

4. 润滑工具摆放不合理，不符合 5S 管理要求，处罚设备润滑人员____元/人。

（续）

5. 润滑油选用不正确，导致设备故障，处罚设备使用单位相关责任人____元/人，设备管理部相关责任人____元/人。

6. 在补油、换油过程中，将不同厂家的润滑油或不同品种的润滑用混用，处罚责任人____元/人。

7. 润滑油开口存放，油桶乱堆、乱摔，处罚设备润滑人员____元/人。

8. 变更润滑油时未经设备管理部同意，处罚设备使用单位相关责任人____元/人。

9. 废油处理不当，根据实际情况处罚物资供应部责任人____元/人。

第3章　润滑油的管理

第11条　润滑油的储存与保管要求如下所述。

1. 润滑油储存库房应干燥清洁，通风良好，防雨、防晒、防尘，配置有完善的消防设施。

2. 各种储油容器应定期清洗。

3. 储油容器应按其规格分组、分层摆放，层间用木板隔开，容器上注明润滑油名称、牌号、入库时间及质量鉴定时间等。

4. 润滑油入库时必须有合格证，库存三个月以上的润滑油必须进行检验，检验不合格的按废油处理。

5. 储油容器在换装不同种类的润滑油时，必须进行彻底冲洗，经检验合格后方可改装其他润滑油。

第12条　物资供应部及各润滑油使用单位应做好废油的回收、再生与处理工作。更换下来的废油由物资供应部做好收集工作，经设备管理部确认无法再使用的废油可按规定处理。经过再生处理的润滑油，必须经过化验合格后方可继续使用。

第4章　润滑器具的管理与使用

第13条　润滑器具应按统一的规格、标准进行购置，并按岗位需要进行发放。基本器具有领油大桶、固定式油桶（箱）、抽油器、提油桶、油壶、接油盘、过滤漏斗、油脂桶、油脂铲、油脂枪等。

第14条　各润滑器具应标记清晰，专具专用，清洁干净，出现破损时要及时修理或更换。

第15条　一般情况下，领油大桶、固定式油桶（箱）每三个月清扫一次，其余各器具每周清洗一次。

第16条　"三级过滤"所用过滤网应符合以下规定。

1. 汽缸油、齿轮油或其他黏度相近的润滑油所用滤网：一级40目、二级60目、三级80目。

2. 液压油、透平油、冷冻机油、空气压缩机油、全损耗系统用油、车用机油或其他黏度相近的油品所用滤网规格为一级60目、二级80目、三级100目。如有特殊要求，则按特殊规定执行。

第5章　附则

第17条　本细则由设备管理部负责起草和修订。

第18条　本细则经总经理审批后生效实施。

	修订标记	修订处数	修订日期	修订执行人	审批签字
修订记录					

四、设备运行管理控制流程

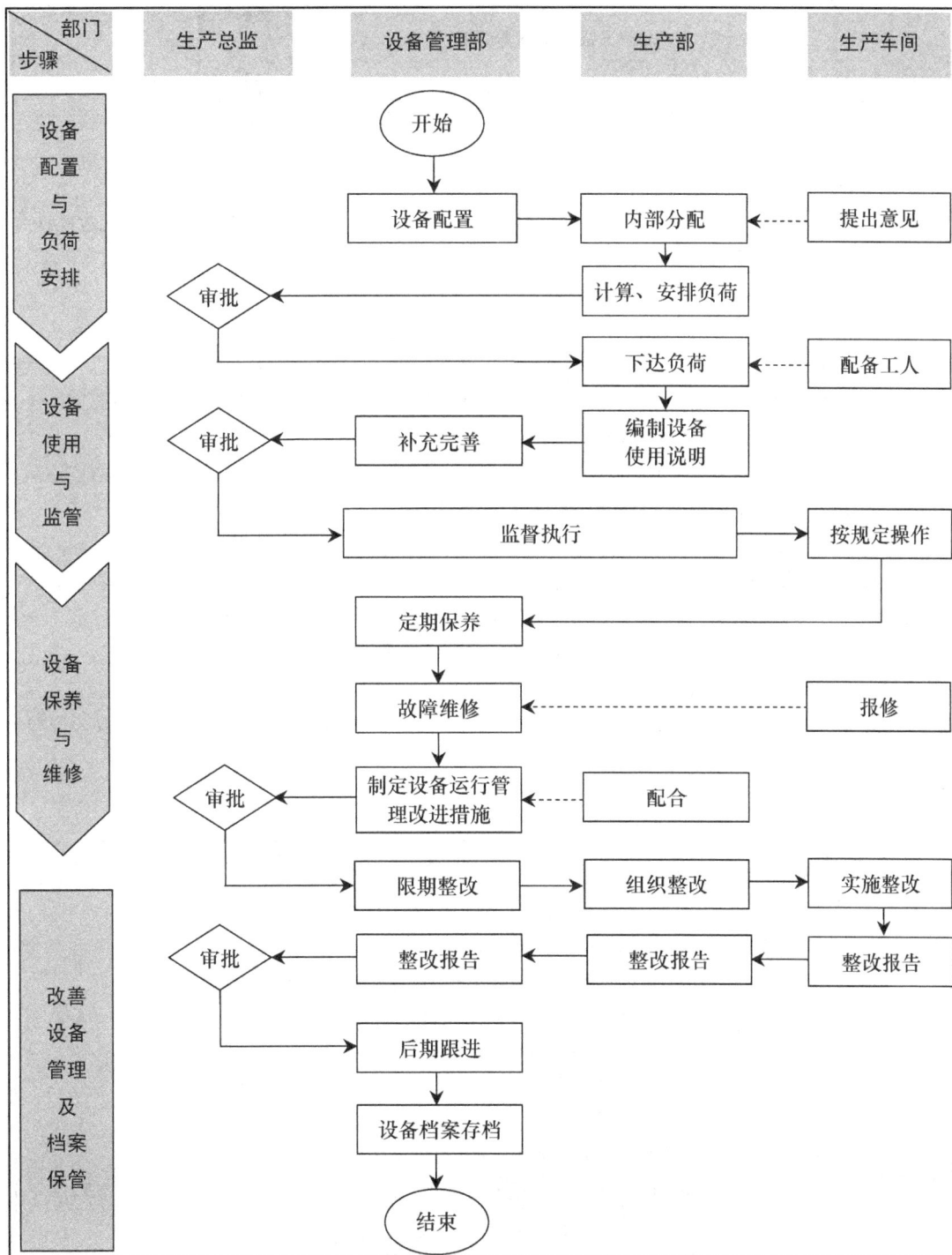

部门 步骤	生产总监	设备管理部	生产部	生产车间

开始

| 设备配置与负荷安排 | 设备使用与监管 | 设备保养与维修 | 改善设备管理及档案保管 |

设备配置 → 内部分配 ← 提出意见

审批 ← 计算、安排负荷

下达负荷 ← 配备工人

审批 ← 补充完善 ← 编制设备使用说明

监督执行 → 按规定操作

定期保养 ←

故障维修 ← 报修

审批 ← 制定设备运行管理改进措施 ← 配合

限期整改 → 组织整改 → 实施整改

审批 ← 整改报告 ← 整改报告 ← 整改报告

后期跟进

设备档案存档

结束

五、设备三级维护保养规定

制度名称	设备三级维护保养规定		受控状态	
			编　　号	
执行部门		监督部门	编修部门	

第1章　总则

第1条　目的

为科学管理工厂机械设备，使机械设备维护保养工作有组织、有计划、有原则、有标准地进行，以达到机械设备使用寿命长、综合效能高和适应生产发展需要的目的，特制定本规定。

第2条　适用范围

本规定适用于工厂设备维护保养工作。

第3条　相关责任

1. 设备管理部负责对全厂范围内机械设备保养的归口管理和统一安排，负责建立设备保养工作各项制度和章程，并指定专人负责实施设备保养工作。

2. 设备使用单位及使用人员应按照工厂关于设备维护保养的方针、政策和规定，对部门的设备管理进行细化，并在执行过程中从严要求，经常检查，加强考核。

第4条　术语界定

三级保养制是以操作者为主，对设备进行以保为主、保修并重的强制性维修制度，包括设备的日常维护保养、一级保养和二级保养。其中，设备日常维护保养又分为日保养和周保养两种。

第2章　设备日常维护保养

第5条　日保养工作规范

日保养由当班设备操作人员进行，主要做好班前四件事、班中五注意和班后四件事，具体说明如下表所示。

日保养主要工作内容

事项	具体工作说明
班前四件事	◆ 消化图样资料，检查交接班记录 ◆ 擦拭设备，按规定润滑加油 ◆ 检查手柄位置和手动运转部位是否正确、灵活，安全装置是否可靠 ◆ 低速运转检查传动是否正常，润滑、冷却是否畅通
班中五注意	◆ 运转声音有无异样 ◆ 设备的温度、压力、液位、电气、液压是否正常 ◆ 气压系统是否正常 ◆ 仪表信号有无异常情况 ◆ 安全保险系统运转情况

（续）

（续表）

事项	具体工作说明
班后四件事	◆ 关闭开关，所有手柄放到零位 ◆ 清除铁屑、脏物，擦净设备导轨面和滑动面上的油污并加油 ◆ 清扫工作场地，整理附件、工具 ◆ 填写"交接班记录"和"运转台时记录"，办理交接班手续

第6条　周保养工作规范

1. 周保养工作由设备操作人员在每周末进行，一般设备保养时间为两小时，精、大、稀设备保养时间为四小时。

2. 周保养工作的具体内容说明如下表所示。

周保养主要工作内容

事项	具体说明
外观清洁	◆ 擦净设备导轨、各传动部位及外露部分，清扫工作场地，达到内外洁净无死角、无锈蚀，周围环境整洁
操纵传动装置检查	◆ 检查各部位的技术状况，紧固松动部位，调整配合间隙，检查互锁、保险装置，达到传动声音正常、安全可靠
液压润滑装置检查	◆ 清洗油线、防尘毡、滤油器，油箱添油或换油，检查液压系统，保证油路畅通，无渗漏，无研伤
电气系统清洁	◆ 擦拭电动机、蛇皮管表面，检查绝缘、接地，达到完整、清洁、可靠

第3章　设备一级保养

第7条　设备一级保养时间

设备的一级保养原则上以三个月为周期，干磨多尘的设备以一个月为周期。

第8条　设备一级保养人员

设备一级保养工作以操作人员为主、设备维修工为辅。

第9条　设备一级保养操作要点

1. 拆卸指定部件、箱盖及防尘罩等并进行彻底清洗。

2. 疏通油路，清洗过滤器，更换油线、油毡、滤油器和润滑油等。

3. 补齐手柄、手球、螺钉、螺帽和油嘴等机件，保持设备完整。

4. 紧固设备的松动部位，调整设备的配合间隙，更换个别易损件及密封件。

5. 清洗导轨及各滑动面，清除毛刺及划痕。

（续）

第 4 章　设备二级保养

第 10 条　设备二级保养时间

设备的二级保养原则上为每半年进行一次，也可在生产淡季进行。

第 11 条　设备二级保养人员

生产设备二级保养以维修人员为主、操作人员为辅。

第 12 条　设备二级保养操作要点

1. 对设备的部分装置进行分解并检查维修，更换、修复其中的磨损零部件。

2. 更换设备中的机械油。

3. 清扫、检查、调整电气线路及装置。

第 5 章　附则

第 13 条　本规定由生产部制定，其解释权、修改权归生产部所有。

第 14 条　本规定经工厂总经理会议审议后，自下发之日起执行。

修订记录	修订标记	修订处数	修订日期	修订执行人	审批签字

六、设备运行控制实施方案

方案名称	设备运行控制实施方案	编　号	
		受控状态	

一、目的

为了加强设备管理工作，激发操作人员爱护机器设备的主人翁责任感，共同用好、维护好、修好生产设备，特制定本方案。

二、适用范围

本方案适用于本厂设备运行管理控制工作。

三、责任人员

1. 设备管理部、生产部负责本方案的实施和监督。

2. 设备操作人员负责配合本方案的执行。

四、制定设备操作规程及运行纪律

生产主管及相关设备管理人员应为操作人员规定好设备使用的纪律，具体内容如下。

1. 凭操作证使用设备，遵守安全操作规程。

2. 管理维护设备档案，按工厂规定对设备进行保养。

3. 遵守交接班制度，如实填写交接班记录。

（续）

4. 管理好作业区域内的工具、附件，不得遗失。

5. 发现故障应立即停车检查，自己不能处理的情况及时通知检修部门。

五、建立健全操作人员岗位责任制

1. 按照岗位责任制的要求，对担任操作、一班作业的设备建立专人专机制，对于三班作业和多人共同操作的设备建立机长负责制，在班组内再进一步划分岗位职责，做到台台设备有人管。

2. 为切实做好岗位责任制的落实工作，应进一步制定与设备运行有关的如下制度。

（1）设备维护养护制，要求操作人员按规定的保养周期和作业范围保养设备。

（2）巡检制，规定每隔一段时间对设备的重要部位进行检查，发现问题，及时处理。

（3）交接班制度，在操作人员交接班时，对设备的各个部件、附件、工具进行比较全面的检查和交接。

六、建立健全包机制

根据设备的工艺特点和生产条件的不同，工厂应采用适当的包机方式，具体说明如下表所示。

各种包机制比较表

包机制方式	具体说明
双包合同制	◆ 通过操作人员和检修工人签订双包合同的办法，将操作人员和检修工人统一组织到包机制中 ◆ 合同规定了双方在设备管理方面的职责 ◆ 操作人员需严格遵守设备运行纪律 ◆ 设备维护保养人员的职责为传授操作人员使用、维护设备的方法，帮助操作人员掌握设备技能、结构和工作原理，定期检查设备保养状况，及时完成检修任务
单机包机制	◆ 一般在担任操作的设备上采用，如金属切割机床等
多工种包机制	◆ 把围绕设备进行工作的有关工种的操作人员组织起来，共同管好、用好设备
区域包机制	◆ 在生产活动比较分散的情况下采用 ◆ 可以分片或按工段把操作人员与检修人员对口组织起来，实行包机制

七、开展"红旗设备"、"信得过设备" 竞赛活动

1. 设备竞赛的实质是人的竞赛，主要评比设备负责人的精神面貌、劳动态度以及人员操作技能、维修技术、各小组之间的协作配合情况等。

2. 通过竞赛，评选出"红旗设备"，在此基础上进一步评比出"信得过设备"。

3. 评比标准如下。

（1）"红旗设备"的标准为设备完成任务好，工作时间长，设备性能好，零部件完整齐全，设备使用达到规定要求，设备清洁、润滑、紧固、调整和防腐工作做得好，设备使用记录齐全准确。

（续）

（2）"信得过设备"是在符合"红旗设备"条件的前提下，更注重出错率、事故率和生产质量等细节的评比。

4. 奖励。对于获得奖项的操作人员和检修工人，工厂给予适当的精神奖励和物质奖励，以提高员工的积极性，保持活动能持久开展。

编制人员		审核人员		审批人员	
编制时间		审核时间		审批时间	

七、现场 TPM 活动实施方案

方案名称	现场 TPM 活动实施方案	编　号	
		受控状态	

一、目的

为了将设备的使用效率提高到最大极限，追求零缺陷的生产状态，特制定本方案。

二、使用范围

本方案主要适用于现场 TPM（全面生产保养）的推进活动。

三、职责分工

1. TPM 推进委员会负责活动的计划和组织工作。

2. 生产现场人员应积极配合 TPM 的开展和实施。

四、准备阶段

（一）TPM 目标设立原则

1. 与工厂发展背景相适宜。

2. 与工厂运营目标相匹配。

3. 与生产、质量、成本、交货期、安全和员工士气等因素相联系。

（二）成立 TPM 推进委员会

委员会成员至少包括四人，具体岗位职责如下。

1. 主管人员，应具备组织、协调能力，由生产部经理担任。

2. 有现场工作经验的人员一名，以确保计划制订不脱离实际工作状况。

3. 具有企划能力的人员一名及以上，主要负责制定推动问题点的解决方案及切实可行的活动策划案。

4. 助理一名，负责策划案的完稿及其他行政事务。

（三）制订 TPM 推进计划

TPM 推进委员会负责推进计划的制订工作，计划内容应包括阶段目标、实施时间和责任人等因素。

126

（续）

五、运行阶段

现场 TPM 的活动精髓在于发动全员参与设备的维护和保养，TPM 运行可分为以下三个阶段。

（一）恢复设备的基本条件

该阶段的主题是设备清扫，具体步骤和相关说明如下表所示。

TPM 第一阶段工作表

步骤	细分	实施说明
期初清扫	用眼睛看有无摇晃、偏摆的情况	◆ 压力表位置是否容易点检 ◆ 油量计位置是否适当 ◆ 油窗是否干净 ◆ 加油口盖子的通气孔是否堵塞
	用鼻子闻有无异常的味道	◆ 气门阀运行时是否产生异味
	用耳朵听有无异常的声音	◆ 机泵是否有异响 ◆ 皮带、链条是否有滑动噪声 ◆ 设备是否会发出异常的声音
	用手摸，感触设备机器各部位有无异常发热或震动的现象	◆ 机泵外表有无异常的发热 ◆ 传动带的张力是否足够 ◆ 设备各位置是否有漏油的状况
清扫困难点及易脏污位置的改善	明确清扫困难点	◆ 清扫不到位的位置 ◆ 不符合安全原则的位置 ◆ 易导致工作服脏污的位置 ◆ 10 分钟内不能完成清扫的位置
	掌握实施要点	◆ 绘制清扫困难点分布图，区分污染发生源及清扫困难点两部分 ◆ 对污染发生源，如漏油、漏气、螺母松脱、粉尘等，进行改善 ◆ 采用 QC 方法，借助 5W2H 原则制定改善对策 ◆ 通过 PDCA 循环方法，再配合要因分析解决清扫困难点的问题

（续）

（续表）

步骤	细分	实施说明
制定清扫和加油基准	明确实施目的	◆ 培养操作人员对基本条件的正确认识，确立点检、清扫、加油时间的作业基准
	掌握实施要点	◆ 明确清扫、点检重点，如清扫部位、实施时间、采用方法和工具等 ◆ 明确加油的重点，如加油的位置、种类、周期、用量和处理方法等 ◆ 将操作要求制定成标准文件，组织人员学习和演练，确保操作安全

（二）彻底点检与维持

该阶段是对第一阶段的完善和巩固，并将相关工作进行标准化，具体说明如下表所示。

TPM 第二阶段工作表

步骤	细分	说明
总点检	实施目的	◆ 制定点检培训手册，使操作人员了解设备的功能与结构，并且提高自己维护设备的能力
	实施要点	◆ 将第一阶段点检工作中发现的问题和点检基准再次整理成点检培训手册 ◆ 培训手册应包含设备构造、性能、正确的调整方法、操作方法和注意事项等内容 ◆ 利用自主维护培训时间开展自上而下的点检培训工作 ◆ 在生产现场观察操作人员是否达到自主点检的要求，并进行确认和适当修正
自主点检	实施目的	◆ 提高操作人员的自觉性和点检能力，全面提升自主维护设备的水平
	实施要点	◆ 将第一阶段的清扫和加油基准及点检文件根据生产现场观察结果进行研讨修订 ◆ 修订重点包括点检项目能否再减少、周期是否恰当、方法是否科学、时间是否最短、维护范围是否明确和恰当等 ◆ 根据修订结果制定最终的"自主点检检查表" ◆ 操作人员根据"自主点检检查表"实施设备点检

（续）

（三）设备问题点的彻底改善

该阶段是现场 TPM 维护整理、整顿的标准化与自主管理的深入开展阶段，具体步骤和说明如下表所示。

TPM 第三阶段工作表

步骤	细分	说明
整理、整顿的标准化	实施目的	◆ 简化管理对象，使各项目标准化，并以系统化方式进行自主维护
	实施要点	◆ 确立管理对象范围，制定管理基准 ◆ 为追求设备零故障，对设备及生产用各相关物品明确点检内容和要求，以保持设备原有功能 ◆ 应根据行业特点确定设备维护标准和设备性能标准
自主管理的深入开展	实施目的	◆ 将本厂现场管理方针和目标有效展开，以持续改善为主要理念，通过故障模式与影响分析、平均故障间隔期等分析记录改善工作
	实施要点	◆ 操作人员需遵守已形成规范的标准 ◆ TPM 推进委员会应定期检查操作人员的执行情况并敦促改进

六、评价阶段

TPM 效果评价活动可以下表为指导，根据实际情况选择适当评估项目。

TPM 效果测定评价项目表

项目指标	指标公式	指标说明
生产效率	$\dfrac{生产费(生产金额)}{劳动人员数(延长劳动时间)} \times 100\%$	人均产量
设备综合效率	时间稼动率 × 性能稼动率 × 良品率	对现场设备的时间、性能、品质综合分析，判断设备对产品的贡献
时间稼动率	$\dfrac{负荷时间 - 停止时间}{负荷时间} \times 100\%$	对负载时间除去设备停止时间后所求稼动时间的比例
性能稼动率	$\dfrac{产能 \times 实际工作时间}{负荷时间 - 停止时间} \times 100\%$	算出速度损耗指标、时间稼动率未实现的速度损耗
故障件数	实数值	突发故障的件数

（续）

（续表）

项目指标	指标公式	指标说明
故障率	$\dfrac{设备停止次数合计}{动作时间的合计} \times 100\%$	区分平均负载时间的故障发生率
机械器具装备率	$\dfrac{机械装置 + 工具器具产品 + 车辆搬运装置}{作业人员} \times 100\%$	评估工厂机械装备情况
设备投资效率	$\dfrac{生产收益}{设备资产} \times 100\%$	区分设备资产加工产能比率，确定资本的生产性

编制人员		审核人员		审批人员	
编制时间		审核时间		审批时间	

第三节　设备故障处理

一、现场设备故障诊断

设备故障主要是指设备失去或降低其规定功能的事件或现象，具体表现为设备的某些零件失去原有的精度或性能，使设备不能正常运行、技术性能降低，致使设备运行中断或效率降低。为保证车间生产工作的正常进行，设备维护人员应在设备发生故障时及时组织设备故障现场诊断工作。

（一）设备故障分类

设备故障的分类方式较多，主要有按故障发生的速度分类、按故障发生的后果分类、按技术性原因分类等，具体故障的说明如下。

1. 按故障发生的速度分类，设备故障可分为突发性故障和渐发性故障。

（1）突发性故障是由于各种不利因素与偶然的外界影响共同作用，超出了设备所能承受的限度而突然发生的故障。这类故障一般无明显征兆，而是突然发生，通过事前检查或监视无法发现。

（2）渐发性故障是由于各种影响因素的作用使设备的初始参数逐渐劣化，衰减过程逐渐发展而引起的故障。这类故障一般与设备零部件的磨损、腐蚀及老化有关，而且故障的发生有明显的征兆，能通过预先检查或监视及早发现，如能采取一定的预防措施，可以控制或延缓故障的发生。

2. 按故障发生的后果分类，设备故障可分为功能性故障与参数性故障。

（1）功能性故障是指设备不能继续完成自己规定功能。这类故障往往是由于个别零件损坏造成的，如内燃机不能发动、油泵不能供油等。

（2）参数性故障是指设备的工作参数不能保持在允许的范围内。这类故障属渐发性的，一般不妨碍设备的运转，但影响产品的加工质量，如机床加工精度达不到规定标准、动力设备出力达不到规定值等。

3. 设备故障按技术性原因可分为三大类，即磨损性故障、腐蚀性故障、断裂性故障。具体说明如表7-1所示。

表7-1　技术性原因导致的设备故障类别

类别	说明
磨损性故障	◆ 机械在工作过程中，互相接触做相互运动的对偶表面在摩擦作用下发生尺寸、形状和表面质量变化，在某一时刻超过极限值所引起的故障
腐蚀性故障	◆ 化学腐蚀，设备上的金属和周围介质直接发生化学反应所造成的腐蚀 ◆ 物理腐蚀，设备上的金属与熔融盐、熔碱、液态金属相接触，使金属某一区域熔解
断裂性故障	◆ 脆性断裂，因设备上的材料性质不均匀引起，或由于加工工艺处理不当所引起 ◆ 疲劳断裂，由于热疲劳（如高温疲劳）、机械疲劳（分为弯曲疲劳、扭转疲劳、接触疲劳、复合载荷疲劳等）以及复杂环境下的疲劳等各种综合因素共同作用所引起的断裂 ◆ 应力腐蚀断裂，一个有热应力、焊接应力、残余应力或其他外加拉应力的设备，如果同时存在与金属材料相匹配的腐蚀介质，则将使材料产生裂纹并以显著速度发展的一种开裂

（二）设备故障发生的原因

设备维护人员只有了解设备故障发生的原因，才能在现场诊断时做到有的放矢。图7-2展示了设备发生故障的普遍原因。

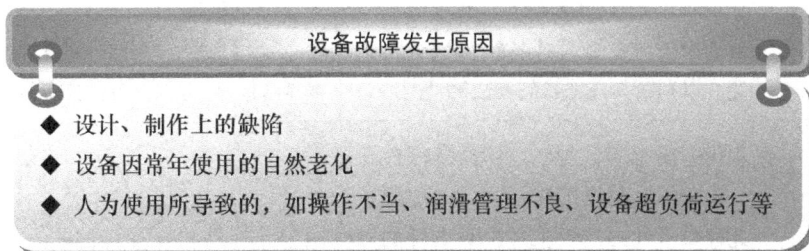

设备故障发生原因

◆ 设计、制作上的缺陷
◆ 设备因常年使用的自然老化
◆ 人为使用所导致的，如操作不当、润滑管理不良、设备超负荷运行等

图7-2　设备故障发生原因

（三）现场设备故障诊断

工厂生产设备发生故障的原因很多，如设备操作人员操作有问题，设备维修、保养部

门维修保养不当，长久性故障多，未对故障进行详细的分析等。设备维护人员可依照如图7-3所示步骤进行现场故障诊断工作。

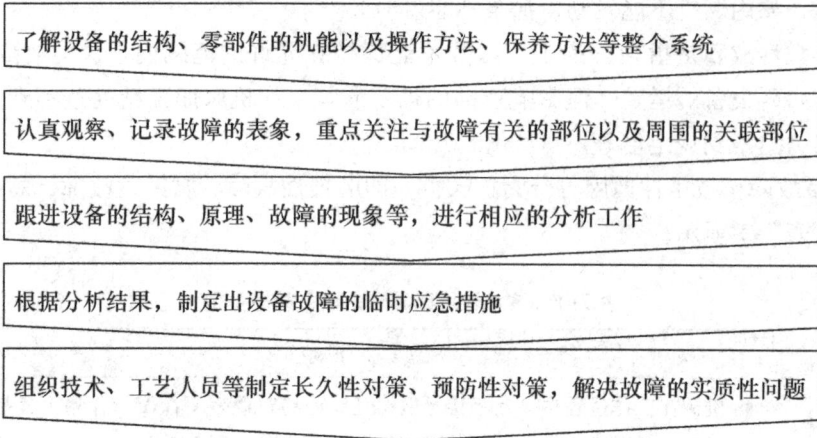

了解设备的结构、零部件的机能以及操作方法、保养方法等整个系统

认真观察、记录故障的表象，重点关注与故障有关的部位以及周围的关联部位

跟进设备的结构、原理、故障的现象等，进行相应的分析工作

根据分析结果，制定出设备故障的临时应急措施

组织技术、工艺人员等制定长久性对策、预防性对策，解决故障的实质性问题

图7-3　现场设备故障诊断

（四）设备故障诊断方法

设备维护人员诊断故障时应遵循"先易后难、先简后繁、先外后内、分段查找、逐步缩小范围"的原则，通常采用人工直观法、仪器设备法、故障树分析法对故障予以分析诊断。具体内容如表7-2所示。

表7-2　设备故障诊断方法

方法	含义	特点
人工直观法	◆ 通过问、看、嗅、摸、试、听等直接感观或借助简单工具，以确定设备技术状况和故障的方法	◆ 不需要专用设备，诊断结果的准确性依赖于诊断人员的技术水平和实践经验
仪器设备法	◆ 在设备不解体的条件下，通过专用仪器或设备对设备某些特定参数进行检测，以判断其技术状态和故障情况	◆ 诊断速度快、结果准确、不需解体（或只需拆除个别小零件）、可发现隐蔽性故障 ◆ 需要多种检测设备，投资较大
故障树分析法	◆ 利用逻辑推理，对确定的故障事件在一定条件下用图形表示，并确定导致此故障事件必然发生某次级事件的因果关系，再分析此次级事件必然发生的更次级事件，如此层层分析演绎、制图，直至分析到基本故障事件或不能再分解的边界事件为止	◆ 直观反映系统故障与各种基本故障的逻辑关系，为迅速排除故障提供了依据 ◆ 利用故障树可找出系统故障的故障谱，再进一步找出系统的最薄弱环节，便于加强对薄弱环节的检查及维护以提高机器使用的可靠性

二、设备故障处理流程

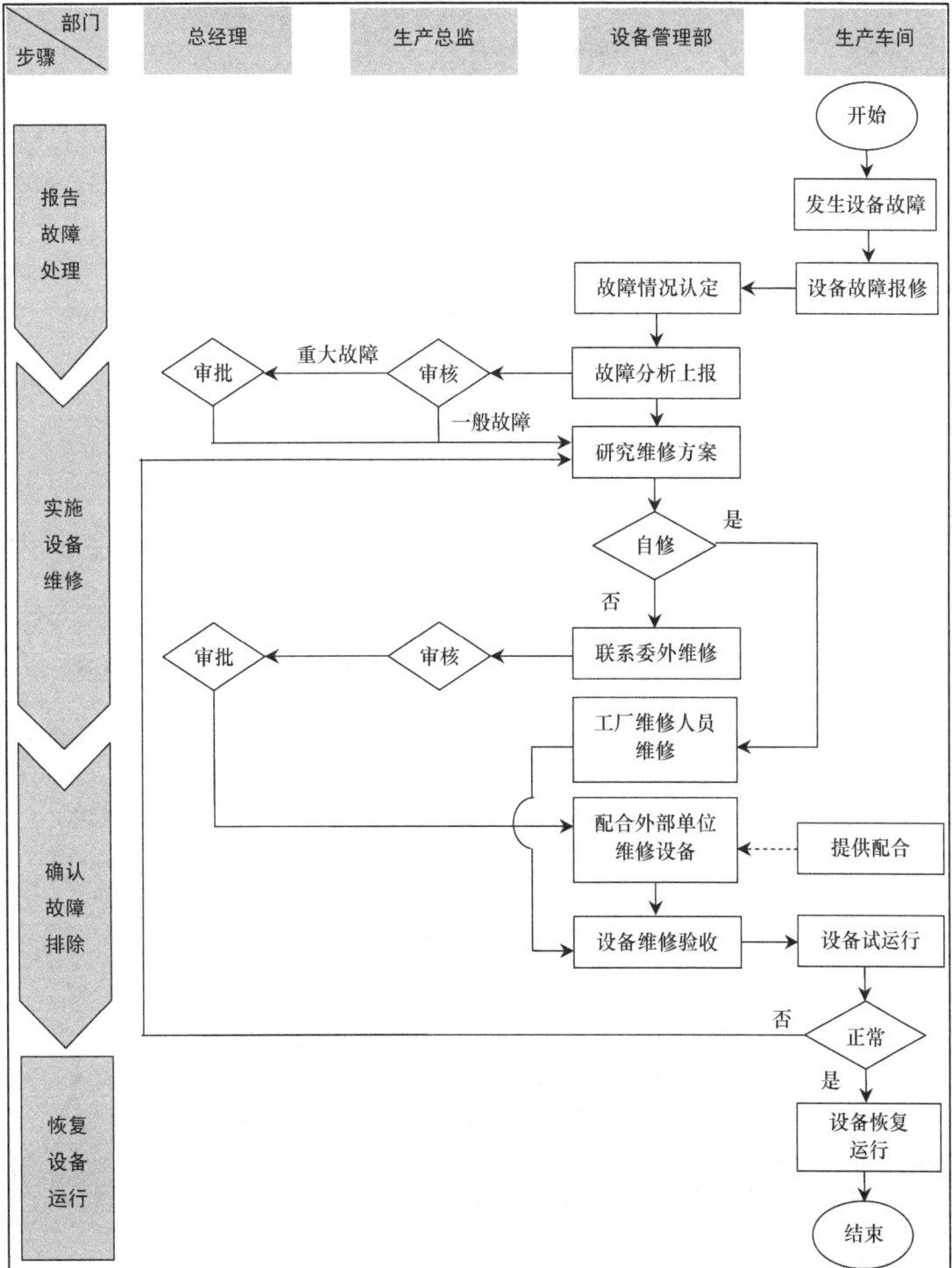

部门\步骤	总经理	生产总监	设备管理部	生产车间
报告故障处理				开始
				发生设备故障
			故障情况认定	设备故障报修
	审批（重大故障）	审核	故障分析上报	
实施设备维修		一般故障	研究维修方案	
			自修（是/否）	
	审批	审核	联系委外维修	
			工厂维修人员维修	
确认故障排除			配合外部单位维修设备	提供配合
			设备维修验收	设备试运行
				正常（是/否）
恢复设备运行				设备恢复运行
				结束

三、设备故障处理办法

制度名称	设备故障处理办法		受控状态	
			编　　号	
执行部门		监督部门	编修部门	

第1章　总则

第1条　目的

为规范生产现场设备故障处理工作，避免因设备故障阻碍生产计划实施，特制定本办法。

第2条　适用范围

本办法适用于处理工厂生产现场设备故障的相关事项。

第3条　设备故障处理原则

1. 分析根本原因原则。

2. 明确事故责任原则。

3. 做好防范措施原则。

第2章　设备故障现场处理和上报

第4条　设备发生故障后，操作人员应采取相应措施，特别是危及设备及人身安全的重大故障应立即切断电源，保护现场，并及时报告直接领导。

第5条　按设备分级管理有关规定上报，受理人员要及时开展设备分析并严肃处理。班组长和操作人员参加故障分析会议时，应实事求是地反映事故发生经过和采取措施过程，不得虚构或隐瞒。

第6条　一般故障由故障单位负责人组织有关人员在设备管理部的参与下分析故障原因。

第7条　如故障性质本身具有典型教育意义，设备管理部应负责组织设备管理人员、安全员和相关操作员到场分析，使大家接受教育，避免故障再次发生。

第8条　重大及特大设备故障由分管设备管理副总主持，组织设备、安全、技术部门和故障有关人员分析，必要时可成立故障调查组，吸收专业技术人员参加，分析故障原因，制定防范措施，并提出处理意见。

第3章　设备故障分析

第9条　生产单位要及时组织故障分析工作，保存分析的原始数据。

第10条　任何人不能破坏现场，不能移动或者接触故障部位的表面，以免发生其他情况。

第11条　设备管理部要保护好设备故障现场，并进行详细记录和照相。

第12条　如需拆卸发生故障的部件，要避免使零件再产生新的痕迹或变形等。

第13条　在分析故障时，除注意发生故障部位外，还要详细了解周围环境，多走访有关人员，以便掌握真实的情况。

第14条　分析故障不能仅凭主观臆断做出结论，要根据调查情况与测定数据进行仔细分析和判断。

（续）

第4章　设备抢修

第15条　在分析出故障原因的前提下，积极组织人员抢修，减少换件，尽可能地减少修复费用。

第16条　故障抢修需外车间协助加工的，必须优先安排，不得拖延维修期，采购部应优先提供检修故障用料，尽可能减少生产设备的停修天数。

第5章　设备故障处理情况汇报

第17条　发生故障的单位、故障设备的维修单位应在故障发生后三天内认真填写"设备故障报告单"，报送设备管理部。

第18条　"设备故障报告单"一般由设备管理部签署处理意见，重大故障及特大故障由主管副总批示后报上级主管部门。"设备故障报告单"如下表所示。

设备故障报告单

单位		设备名称		编号		报告人	
故障时间	__月__日～__月__日			损失工时		__时__分	
故障类别	□ 原料不良　　□ 电气故障 □ 机器故障　　□ 操作不当 □ 其他_____			损失原料			
				设备损坏		□有　□无	
异常情形							
异常原因							
处理方法							
检讨建议							
分管副总批示		设备管理部经理意见			技术部经理意见		

第19条　设备故障维修人员应按规定填写维修记录，由车间设备管理员负责计算实际损失并填入"设备故障报告单"损失栏内，报送设备管理部。

第20条　设备管理部每个季度统计上报一次设备故障发生情况。重大、特大故障应在季报表内附上故障概况及处理结果。

第21条　设备管理人员填写故障处理记录时应包括以下内容。

1. 设备编号、名称、型号、规格和故障概况。

2. 故障发生的前后经过和相关责任人。

3. 设备损坏情况及发生原因，分析处理结果，重大、特大故障应附有现场照片。

4. 在对发生故障的设备进行修复的前后，均应对其主要精度和性能进行测试。

第22条　设备故障的一切原始记录和有关资料均应存入设备档案，凡属设备设计、制造质量方面的故障，应将出现的问题反馈到原设计单位和制造单位。

（续）

第 6 章　惩罚措施

第 23 条　设备故障发生后，必须遵循"三不放过"原则进行处理，任何设备故障都要查清原因和责任，对故障负责人按照情节轻重、责任大小、认错态度分别给予批评教育、行政处分或经济处罚。

第 24 条　工厂对设备故障隐瞒不报的集体或个人应加重处罚，并追究其领导责任。

第 25 条　生产部对设备和动能供应过程中发生的未遂事故也需给予高度重视，分析原因和危害，从中吸取教训，采取必要措施以防止类似故障的发生。

第 7 章　附则

第 26 条　本办法由设备管理部负责制定、修订和解释，生产部配合执行。

第 27 条　本办法报技术总监审批通过后，自颁发之日起生效实施。

修订记录	修订标记	修订处数	修订日期	修订执行人	审批签字

生产现场质量控制精细化管理

第八章

第一节　制程质量控制

一、制程质量控制流程

步骤 \ 部门	质量管理部	生产部	相关部门

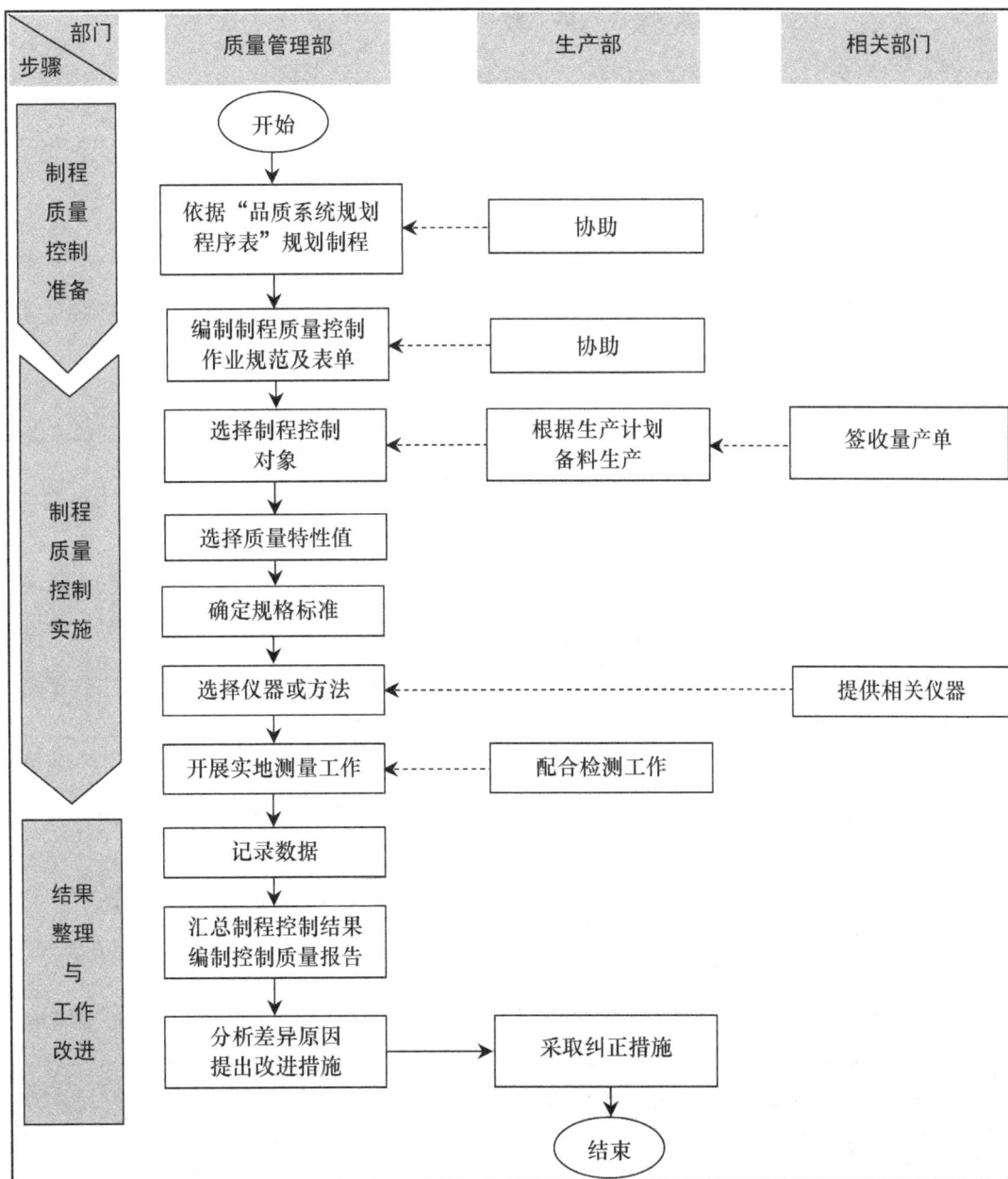

制程质量控制准备

开始

依据"品质系统规划程序表"规划制程 ← 协助

编制制程质量控制作业规范及表单 ← 协助

制程质量控制实施

选择制程控制对象 ← 根据生产计划备料生产 ← 签收量产单

选择质量特性值

确定规格标准

选择仪器或方法 ← 提供相关仪器

开展实地测量工作 ← 配合检测工作

记录数据

结果整理与工作改进

汇总制程控制结果编制控制质量报告

分析差异原因提出改进措施 → 采取纠正措施

结束

二、制程质量控制办法

制度名称	制程质量控制办法		受控状态	
			编　号	
执行部门		监督部门	编修部门	

第 1 章　总则

第 1 条　目的

为确保制程质量稳定，提高生产效率，降低工厂的整体运营成本，特制定本办法。

第 2 条　适用范围

本办法适用于原料投入生产线经过加工直至装配产成品的过程质量控制。

第 2 章　制程质量控制工作要点

第 3 条　制程控制的策划

1. 制程的策划方案应能保证每个制程都按规定的方法和顺序在受控状态下进行，受控的对象包括下列内容。

（1）即将投入生产的各种物资。

（2）已批准的生产、安装和服务设备。

（3）书面程序或质量计划。

（4）计算机软件。

（5）引用的标准和规章。

（6）批准的适用工艺和人员。

（7）有关的辅助材料、公用设施和环境条件等。

2. 对硬件产品、制程、软件、流程性材料、服务或环境的质量状况，应按照加工顺序在关键工位进行验证，以减少损失，提高效益。

3. 制程监控应按成品规范或内控标准进行。

4. 对所有的制程检验均应制订计划并做出规定。对各个要检查的质量特性应保存书面试验和检验程序，包括检验和试验的专用设备以及具体技术要求和技艺准则。

5. 应制定制程的清洁、防护方法以及包装细节，包括防潮、防震等书面程序。

6. 对研究改进制程质量新方法的各种努力，应加以鼓励。

第 4 条　物资控制

1. 投产前，所有的材料和零件均应符合规定的要求。但在确定接收检验的类型和数量时，应考虑其对成本的影响、不合格物资对生产流程的影响。

2. 制程中物料、产品应适当存放、隔离、搬运和防护，以保持其适用性。

3. 要特别考虑保管期及对变质的控制，包括适当期限内对产品进行评定。

（续）

第5条　物资的可追溯性和标识

1. 可追溯性。当产品的可追溯性对质量至关重要时，从接收到所有的生产、交付和安装的整个制程中都应保持其相应的识别标记，以确保对物资的识别和验证状态的可追溯性。

2. 标识。物资的标记和标签应字迹清楚、牢固耐久并符合规范要求；从接收、生产、交付到安装，应按书面程序进行独特标识并做好记录；应能在必须追回或进行特别检验时识别具体产品。

第6条　设备控制和维护

1. 所有的生产设备，包括机器、夹具、工装、工具、样板、模具和计量器具等，在使用前均应验证其精确度。

2. 注意维护制程控制中使用的计算机以及软件。

3. 设备在两次使用间应合理存放和防护并进行定期验证和再校准，以确保满足精确度和精密度的要求。

4. 工厂制订预防性维护保养计划，以确保持续而稳定的制程能力。

5. 对影响产品质量的设备性能要特别加以注意。

第7条　辅助材料、公用设施和环境条件

1. 对质量特性起重要作用的辅助材料和公用设施，如生产用水、压缩空气、电、化学用品等也应加以控制并定期进行验证，以保证对制程影响的统一性。

2. 对产品质量十分重要的环境条件，如温度、湿度和清洁度，应规定一定的限度并进行控制和验证。

第3章　制程质量控制实施

第8条　制程控制管理

1. 应对产品质量起重要作用的制程制订控制计划，并进行监测和控制。

2. 应对不易和不能经济地测量以及需要特殊检验技能的产品特性给予特别注意。

3. 应以适当频次对制程参数进行监控和验证，主要包括以下四个方面。

（1）所用设备的准确度。

（2）操作人员的技能、能力和知识。

（3）用于控制制程检测结果和数据的精确度。

（4）制程环境和其他影响质量的因素，如时间、温度、压力。

4. 在有些情况下，如制程的缺陷不能通过产品本身的检验或试验来直接验证，只有在产品使用后才变得明显，这些制程的质量要求事先鉴定确认，以保证制程能力以及控制制造过程中的所有重要变化。

第9条　制程更改的控制

1. 应明确规定制程更改的批准部门的职责，必要时还需征得顾客同意。

2. 当更改设计时，生产工具、设备、材料或制程的所有变更应形成文件，并按规定的程序实施。

3. 每次制程更改后，应对产品进行评价以验证所做的更改是否对产品质量产生了预期效果。

4. 同时，还应将由于制程更改而引起的制程和产品特性之间关系的任何变化形成文件，并及时通知有关部门。

第10条　制程自主检查

1. 制程中每一位作业人员均应对所生产的制品实施自主检查，如遇质量异常应挑出，如系重大或特殊异常应立即向主管报告，并开立"质量异常处理单"，填列异常说明、原因分析及处理对策，送质量管理部判定异常原因及责任发生部门后，依据实际需要交有关部门会签，再送企业最高管理者拟定责任归属及奖惩，如果有跨部门或责任不明确的，应请企业最高管理者批示。

2. 现场各级主管均有督促下属确实实施自主检查的责任，随时抽验所属各制程质量，一旦发现有不良或质量异常时应立即处理，并追究相关人员的责任，以确保产品质量水准，降低异常再次发生。

第11条　制程验证

1. 应对制程的生产能力是否符合产品规范进行验证。

2. 必须确定对产品质量有重大影响及与产品或制程特性有关的作业，对其进行必要的控制以确保这些特性符合操作规范要求或进行适当的修改或改进。

3. 制程验证的对象还包括材料、设备、计算机系统及软件、程序和人员。

第12条　产品搬运

1. 产品搬运，要求对进厂的材料、在制品和最终的产品进行合理的计划和控制，并有书面的搬运制度，这不仅适用于交货，还适用于产品投入使用。

2. 搬运产品时，应正确选择和使用适当货盘、容器、传送装置以及运输装置，以防止在生产或交付制程中由于振动、震动磨损、腐蚀、温度或任何其他条件所造成的损坏。

第13条　验证状况的标识

1. 应对制程输出的验证状况做出标识，这种标识可采用适当的方式，如印记、标签、标记或在产品的检验记录上标出，或由计算机条码标出，或标出实际的位置。

2. 这些标识应能区别未经验证的、合格或不合格的产品，也应能识别负责验证的单位。

第14条　不合格品的控制

应规定对不合格产品和不合格器材加以明确的标识和控制的办法。

第15条　质量文件的控制

应按照质量体系的规定对质量文件进行控制。

第4章　附则

第16条　本办法由质量管理部制程控制小组起草，经质量管理部经理审核后报总经理审批。

第17条　本办法自颁布之日起执行。

第18条　本办法会根据实际需要进行修改、补充，其控制程序同上。

修订记录	修订标记	修订处数	修订日期	修订执行人	审批签字

三、制程质量检验细则

制度名称	制程质量检验细则		受控状态	
			编　　号	
执行部门		监督部门	编修部门	

第1章　总则

第1条　为明确制程质量检验作业程序，进行首件检验、首三件检验以及巡回检验，确保生产过程中产品质量得到严格监控，特制定本细则。

第2条　本细则适用于首件、首三件以及巡回检验的过程。

第3条　相关部门职责

1. 质量管理部负责产品制程中首件、巡检、专检的执行和记录。

2. 生产部及各生产车间负责制程定点检验区域的检验和记录，以及质量问题的改善与纠正措施的执行。

第2章　首检工作规定

第4条　首检又称为首件检查，是指在出现特定情况时，应对制造的第一或前几件产品进行检验，目的在于及时发现问题，从而避免产生批次性不合格品。

第5条　首检范围

1. 一批产品开始投产时。

2. 设备重新调整或生产工艺有重大变化时。

3. 每个班次开始加工前或操作人员发生变化时。

4. 毛坯种类或材料发生变化时。

第6条　首检主要包含以下五个方面。

1. 图号与工作单是否相符合。

2. 材料、毛坯或半成品与工作任务单是否相符。

3. 材料、毛坯的表面处理与安装定位是否相符。

4. 配方配料是否符合规定要求。

5. 首件产品加工出来后的实际质量特征是否符合图纸或技术文件规定的要求。

第7条　首检一般采用"三检制"的办法，即操作人员实行自检、班组长进行复检、制程质检员专检。

第8条　首件样品制造出来后，应执行以下检验程序。

1. 操作人员自检。

2. 班组长按照产品生产工艺及工序规定和"产品制程检验手册"对首件样品进行全面检查、测量，将检验结果详细记录在"首件检验记录表"上。"首件检验记录表"如下表所示。

143

（续）

首件检验记录表

客　户		批　号		品名/规格	
机台号		检验日期		使用量具	

外观及其他检验					
检验项目			质量状况判定		

尺寸检验								
规格值	公差	1	2	3	4	5	6	判定

备注			最终判定	□ 合格　　□ 不合格	

3. 制程质检员对首件样品及"首件检验记录表"进行复检，复检意见记录在"首件检验记录表"相应栏内，并依顺序转交质量管理部经理、工艺工程师进行复查及批示。

4. 首件查核后，由工艺工程师组织相关班组长、制程检验主管、制程质检专员开产前生产会，由工艺工程师主持讲解工艺要求，参与质检人员提出在检验中发现的质量问题，协商改善对策。只有当首件审核完成后，各班组才可正式生产。

第9条　对于大批量的产品而言，"首件"并不限于一件或三件，而是要检验一定数量的样品，通过这种前期检验，反复改善产品的生产制造状态，才能以达到作业标准要求。

第3章　巡检工作规定

第10条　巡检又称巡回检验、流动检验，是指检验人员在生产现场按照一定的时间间隔或检查频率对关键性工序的产品质量和加工工艺进行的监督检验。

第11条　在巡检时，制程检验员应严格按检验标准或作业指导书检验，包括对关键工序的产品质量、工艺、规程、机器运行参数、物料摆放、标识和加工工艺的监督检验。

第12条　巡回检验程序

1. 制程质检专员每日应对各班组执行巡回检验，依据产品生产工艺规定和"产品制程检验手册"进行判定，将检验结果记录于"巡回检验日报表"内，及时反馈给质量管理部经理。"巡回检验日报表"如下表所示。

（续）

巡回检验日报表

部门：　　　　　　　　　　　　　　　　　　　　　日期：＿＿年＿月＿日

项次	工序名称	检验重点	检验结果			不良内容	对策
			上午	下午	加班		
备注	检验结果标识：○——好，△——尚可，×——不良需矫正						

2. 制程质检专员依据"产品生产工艺单"、样品和巡回检验要求对各道工序每日分上午、下午、加班时段进行巡回检验，并及时将检验情况详细记录在"巡回检验日报表"相应栏内。

3. 在制半成品经检验专员查验合格后，方可转入下一道工序或流程，返工品由制程质检专员重检合格方可放行，制程质检专员每日将检查结果记录在"返工返修记录表"中。

第4章　专检工作规定

第13条　专检是指质量管理部派出专职的检验人员对生产过程中的在制品进行检验，是在制品质量检验的主体，对在制品的质量行使最终否决权。

第14条　专检工作内容

1. 专职检查人员在对在制品进行检验时，应严格执行"产品制程检验手册"及相关在制品的检验规范，其检验项目主要包括在制品的外观、尺寸、理化特性等，从而确定在制品是否可转入下一道工序或流程。

2. 在制的半成品经制程检验员查验合格后，方可转入下一道工序或流程。

3. 不合格品返工经制程检验合格后方可放行，制程检验员每日检查结果记录在"返工维修记录表"中。

第15条　制程质检专员若干检验过程中，发现制程不良率超过5%且无法直接加工改造成良品者，按工厂规定的不合格品控制及处理办法处理。

第5章　附则

第16条　本细则由质量管理部制程检验小组起草，经质量管理部经理审核后报总经理批准。

第17条　本细则自颁布之日起执行。

第18条　本细则将根据实际需要进行修改、补充，其控制程序同上。

	修订标记	修订处数	修订日期	修订执行人	审批签字
修订记录					

四、抽样检验实施规定

制度名称		抽样检验实施规定		受控状态	
				编　号	
执行部门		监督部门		编修部门	

第1章　总则

第1条　目的

为顺利开展抽样检验工作，确保产品质量，特制定本规定。

第2条　适用范围

本规定适用于制程质量控制中的抽样检验工作。

第3条　职责分工

1. 质量管理部应指定人员负责抽样检验工作。

2. 人力资源部配合开展抽样质量检验培训。

3. 生产部人员应积极配合实施抽样检验工作。

第4条　抽样检验实施范围

1. 进行破坏性检验时。

2. 当全数检验的成本超出不合格品成本很高时。

3. 受到时间、人力、设备限制，无法进行全数检验时。

第2章　抽样检验准备工作

第5条　引用标准

1. 以国家发布的统计抽样标准为执行标准。

2. 对于制程质量抽样检验，应根据生产连续性、质量稳定性选择适用的抽样检验标准。

第6条　本厂对检验批的要求

本厂要求检验批只能由在基本相同时段和一致的条件下生产的产品组成，即产品要符合一致性原则。

第7条　选择适用的抽样方法

抽样检验人员应根据抽样对象特征选择适当的抽样方法，按照抽取样本的次数可分为一次抽样、二次抽样、多次抽样和序贯抽样四种方法。本工厂以采用一次抽样和二次抽样为主。

第8条　选择适当的抽样技术

抽样检验人员应根据抽样对象特征选择适当的抽样技术。常用的抽样技术主要包括单纯随机抽样、系统抽样、分层抽样、曲折抽样、区域抽样、分段抽样、反复抽样七种。

第3章　抽样检验实施程序

第9条　检验水平

本工厂抽样检验水平分为四类，检验人员应根据要求确定检验水平。检验水平选择条件如下表所示。

（续）

检验水平选择的条件	
检验水平	适用条件
检验水平Ⅰ	1. 即使降低判断的准确性，对客户使用该产品也无明显影响 2. 单位产品的价格较低 3. 产品生产过程较稳定，受随机因素影响较小 4. 各个检验批内的质量比较均衡 5. 产品批次不合格时，带来的危险性较小
检验水平Ⅱ	1. 买方在产品的使用上无特殊要求 2. 单位产品价格中等 3. 产品质量在生产过程中受随机因素影响，但不是很大 4. 各个检验批之间的质量状况有一定波动 5. 产品批次不合格时，有危险性，但不是很大
检验水平Ⅲ	1. 买方在产品的使用上有特殊要求 2. 单位产品价格较高 3. 产品质量在生产过程中容易受到随机因素的影响 4. 各个检验批之间的质量有较大的波动或差别 5. 产品批次不合格时，平均处理费用远远超过检验费用 6. 主要针对质量状况把握不大的新产品
特殊检验水平	1. 检验费用非常高 2. 贵重产品的破坏性检验 3. 宁愿增加对批质量误判的危险性，也要尽可能减少样本

第 10 条　抽样检验样本数

本工厂抽样检验样本数 n 与检验水平的关系如下表所示。

样本数与 n 的大致比例

检验水平	Ⅰ	Ⅱ	Ⅲ
样本数所占批量比例（％）	0.4	1	1.6

第 11 条　一次抽样检验

从批中随机抽取一个样本，根据这个样本的检验结果决定检验批次合格或不合格，具体操作程序如下图所示。

（续）

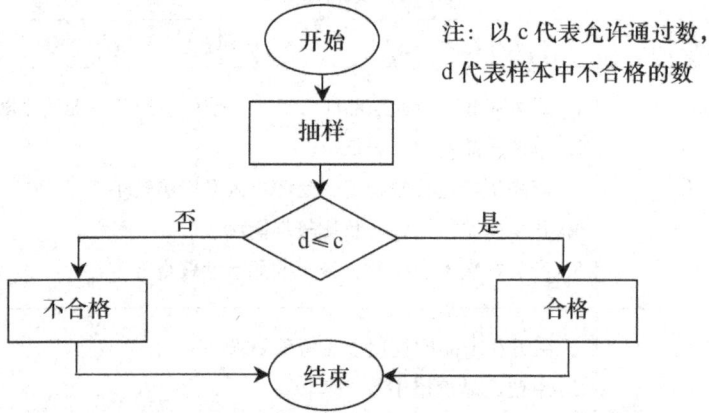

```
                        ┌──────────┐
                        │   开始   │
                        └────┬─────┘      注：以 c 代表允许通过数，
                             │              d 代表样本中不合格的数
                        ┌────┴─────┐
                        │   抽样   │
                        └────┬─────┘
                             │
              否        ┌────┴─────┐        是
         ┌──────────────┤  d ≤ c   ├──────────────┐
         │              └──────────┘              │
    ┌────┴─────┐                             ┌────┴─────┐
    │  不合格  │                             │   合格   │
    └────┬─────┘                             └────┬─────┘
         │              ┌──────────┐              │
         └──────────────┤   结束   ├──────────────┘
                        └──────────┘
```

一次抽样检验操作程序

第12条　二次抽样检验

根据第一个样本的检验结果，决定合格、不合格，或再抽取一个样本，并根据两次样本的结果对照检验标准，以决定该检验批是否合格。操作程序如下图所示。

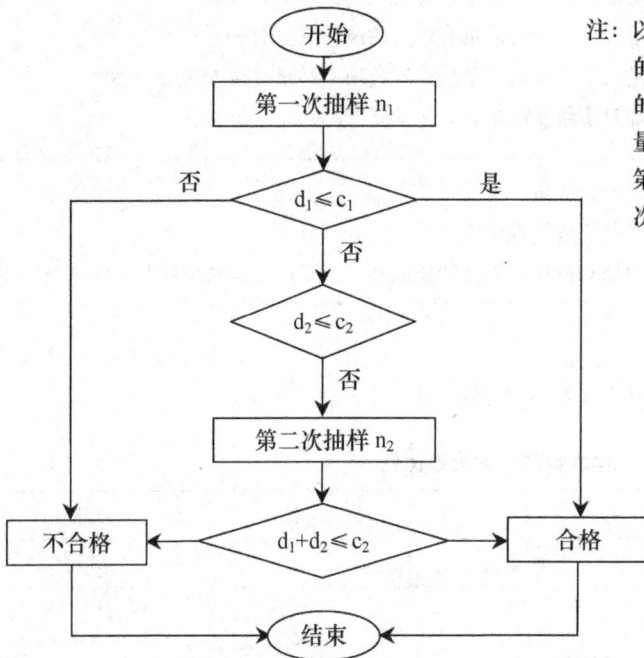

```
                   ┌──────────┐
                   │   开始   │
                   └────┬─────┘      注：以 n 代表批量，c₁ 代表第一次样本
              ┌─────────┴────────┐       的允许通过数，c₂ 代表第二次样本
              │  第一次抽样 n₁   │       的允许通过数，n₁ 代表第一次样本
              └─────────┬────────┘       量，n₂ 代表第二次样本量，d₁ 代表
         否        ┌────┴─────┐    是     第一次样本不合格数，d₂ 代表第二
      ┌───────────┤ d₁ ≤ c₁  ├──────┐    次样本不合格数
      │           └────┬─────┘      │
      │            否  │            │
      │           ┌────┴─────┐      │
      │           │ d₂ ≤ c₂  │      │
      │           └────┬─────┘      │
      │            否  │            │
      │      ┌─────────┴────────┐   │
      │      │  第二次抽样 n₂   │   │
      │      └─────────┬────────┘   │
 ┌────┴─────┐     ┌────┴─────┐ ┌────┴─────┐
 │  不合格  │◄────┤d₁+d₂≤c₂ ├─┤   合格   │
 └────┬─────┘     └────┬─────┘ └────┬─────┘
      │           ┌────┴─────┐      │
      └───────────┤   结束   ├──────┘
                  └──────────┘
```

$$d_1 \leq c_1 \qquad d_2 \leq c_2 \qquad d_1 + d_2 \leq c_2$$

二次抽样检验操作程序

（续）

第13条　在抽样检验中，根据抽样方案规定的样本量从批中随机抽取样本，对样本逐个进行检验，并对检验中发现的不合格品数或累计不合格品数与方案规定的判定数组进行对比，进而对检验批次做出判定。

第4章　抽样检验后的处理

第14条　对于检验合格的批次，作如下处理。

1. 检验合格的批次，样本中发现的不合格品要更换或返工修理。

2. 合格批次整批次接收，入库或是进入下一道工序。

第15条　对于检验不合格的批次，作如下处理。

1. 进行返工。

2. 全部更换或修复不合格品。

3. 检验人员对产品进行全检，挑出不合格品。

4. 报废处理。

第5章　附则

第16条　本规定由质量管理部负责起草和修订。

第17条　本规定经总经理审批后开始生效实施。

修订记录	修订标记	修订处数	修订日期	修订执行人	审批签字

五、不合格品处理办法

制度名称	不合格品处理办法		受控状态	
			编　　号	
执行部门		监督部门	编修部门	

第1章　总则

第1条　目的

为控制与识别制程中的不合格产品，严禁不合格品流向下一道工序或出厂，确保产品质量，结合工厂的实际情况，特制定本办法。

第2条　适用范围

本办法适用于生产过程中不合格品的控制和管理。

第3条　职责分工

1. 质量管理部负责对不合格品进行评审并做出决定。

2. 生产部负责对不合格品的标识、隔离工作。

（续）

第 2 章　不合格品的识别

第 4 条　不合格品的界定

不合格品是指对照产品要求、工艺文件、技术标准进行检验和试验，存在一个或多个质量指标不符合规定要求的产品。

第 5 条　不合格品的分类

1. 对制程半成品检验发现的不合格品。

2. 对最终产品检验发现的不合格品。

3. 其他原因发现的不合格品。

第 6 条　判定不良品的依据

质量管理部负责制定质量检验规范、检验标准书，以作为判定不良的依据。制定依据包括以下内容。

1. 客户提供的检验规范、标准或样品。

2. 国际标准、国家标准、行业标准。

3. 设计指标、技术参数。

4. 工厂品质方针、策略。

5. 同行业或同类型产品样品。

6. 质量管理历史资料。

7. 其他可参考的数据。

第 7 条　质量管理部检验员按照公司相关文件要求对产品进行检验，判定是否合格，并对不合格品进行标记，填制"不合格产品记录表"并开具"品质异常单"。

第 8 条　对于不合格品，由质检员及时提出意见，并由质量管理部负责人评审做出最后评定。

第 3 章　不合格品区域规划

第 9 条　车间应划分固定的不合格品存放区，并加以明显标识，防止出错。

第 10 条　工厂统一确定红色表示为不合格品专用标识，黄色表示为轻微质量问题的抽检产品标识，此类标识不得张贴于合格品、待检品及其他产品上。

第 11 条　工厂统一确定红色容器为严重不合格品和废品专用容器，黄色容器为一般不合格品专用容器，该类容器不得盛装合格品、待检品等非不合格品。

第 12 条　检验员依据检验标准和检验指引等检验文件进行检验，发现不合格品时首先做好记录和相关标识。数量较少时放入各部门划分的不合格品专区，数量较多时由车间班组长组织人员移至不合格品区。

第 4 章　不合格品的处理

第 13 条　工艺技术部、质量管理部、生产部三方共同商榷处理办法，分析不合格品的成因及采取相应预防措施，将评审结果交由相关责任车间，由相关责任车间具体处置不合格品。

（续）

第 14 条　责任车间根据"品质异常单"的评审结论和处理意见，对可以修复使用、返工的不合格品制定返工返修方案，并规定负责返工、返修的班组或个人以及返工期限、质量要求等，对返修后有轻微质量影响的产品做明显区别于正常产品的标识，并通知质量管理部再次检验。

第 15 条　无法返工、返修的产品或返修成本过高时作报废处理，由车间提出报废申请，经质量管理部核实后报废。

第 16 条　不合格品处理方案的实施由质量管理部负责全程跟进。

第 17 条　不合格品的处置方式如下表所示。

不合格品处置方式

处置方式	具体说明
修复使用	◆ 将不合格品经整形、削边、去污、重组等作业予以修复使用，修复后一般应由质量管理人员鉴定，保证质量无问题后方可投入使用
代用	◆ 将不符合某些特定产品标准，但可符合其他产品标准的不合格品，经技术部、品质管理部鉴定后，可用于符合要求的产品上
拆解使用	◆ 将不合格组合品拆解成零组件，取其中符合使用标准的零组件使用，或取部分零组件修复或代用
报废	◆ 不合格品无法重新利用的，视为报废品，依报废品管理规定处置

第 5 章　附则

第 18 条　本办法由质量管理部负责起草和修订。

第 19 条　本办法经总经理审批后生效实施。

修订记录	修订标记	修订处数	修订日期	修订执行人	审批签字

第二节　计量工具控制

一、计量工具控制流程

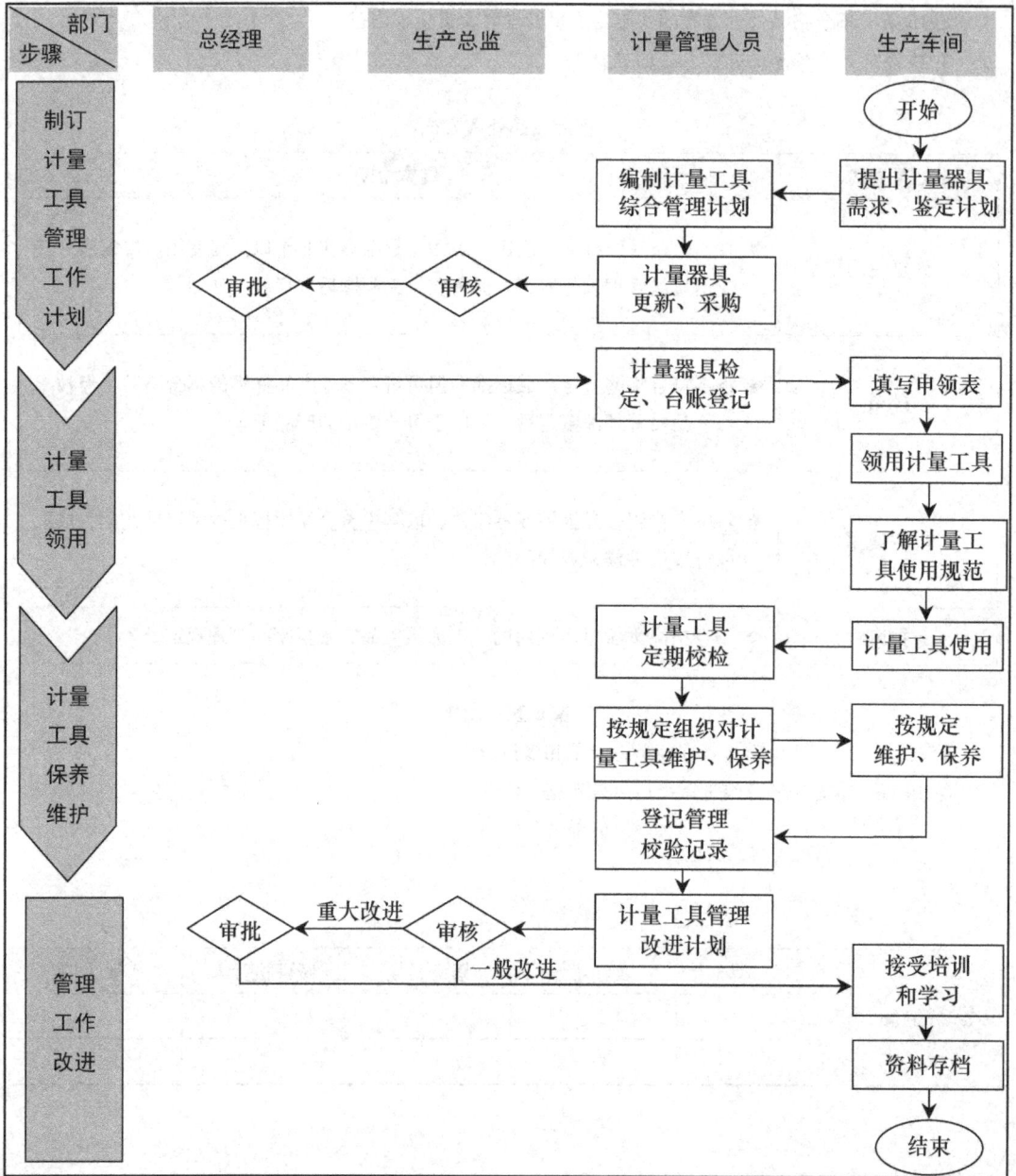

步骤＼部门	总经理	生产总监	计量管理人员	生产车间
制订计量工具管理工作计划		编制计量工具综合管理计划 ←		开始 → 提出计量器具需求、鉴定计划
	审批 ←	审核 ←	计量器具更新、采购 ←	
计量工具领用			计量器具检定、台账登记 →	填写申领表 → 领用计量工具 → 了解计量工具使用规范
计量工具保养维护			计量工具定期校检 ←	计量工具使用
			按规定组织对计量工具维护、保养 →	按规定维护、保养
			登记管理校验记录 ←	
管理工作改进	审批 ← 重大改进	审核 ← 一般改进	计量工具管理改进计划 ←	接受培训和学习 → 资料存档 → 结束

二、计量工具管控规定

制度名称	计量工具管控规定		受控状态	
			编　号	
执行部门		监督部门	编修部门	

第1章　总则

第1条　目的

为了规范本工厂计量工具的管理,使计量工具能都保持有效完好状态,特制定本规定。

第2条　适用范围

本规定适用于计量工具的采购申请、领用、检定和保养工作。

第3条　相关职责

1. 技术部是检验、测量和试验计量工具的归口管理部门。

2. 技术部所属计量管理人员负责检验、测量和试验计量工具的管理控制及委外鉴定工作。

3. 质量管理部负责提供检验、测量和试验计量工具的配套要求。

4. 采购部负责新增检验、测量和试验计量工具的采购工作。

5. 各部门、车间、班组负责计量工具使用过程中的保养和维护工作。

第2章　计量工具的采购

第4条　计量工具的类别

1. 各类标准计量器具。

2. 长度、温度、力学、电磁学、声学、现代计量器具和电子仪表、分析检验仪等各类在用计量工具。

第5条　采购申请

各部门根据生产经营等需要提出计量工具采购计划,经技术部经理批准后由采购部负责统一购置,未经技术部经理批准的计量工具采购计划不予执行,财务部应不支付货款。

第6条　采购执行

1. 采购人员根据物资信息和市场调查情况亲自到供货单位看货,权衡质量和价格后,方可与供货单位签订合同。

2. 采购计量工具应保证质量,并必须有产品合格证、说明书等技术资料和齐全的零配件,严禁采购非标准计量工具。

第7条　到货验收

1. 所购计量工具到货后,采购人员将其送到计量室请有关部门计量检定,检定合格者方可入库,不合格的由采购部负责退(换)货。

2. 未履行技术部的计量检定合格手续时,计量管理人员不予办理入库手续,财务部不予报销款项。

第3章　计量工具的发放

第8条　各部门需要增添计划外的检测设备和计量工具时,要提出书面申请,经部门主管领导审批,按批号登卡、记账后发放。

（续）

第9条　计量管理人员应按照计量工具类别建立"检验、测量和试验计量工具发放台账"，登记计量工具的管理编号、名称、规格型号、制造厂、出厂编号和鉴定日期等内容。

第10条　凡调离本部门或更换工种的员工，必须按原编号交回计量工具，不得私自转让或无故不交，否则按本厂赔偿制度处理。

第11条　计量器具交回的同时注销登记卡，并立即安排检修入库。

第4章　计量工具使用要求

第12条　计量工具的环境应符合检定工作需要，以确保测量数据的准确性。

第13条　使用计量工具时，要严格按照说明书或操作规程要求进行操作，防止因调整不当致其失效。

第14条　发现计量工具偏离校准状态时，应立即停止使用该计量工具，申请重新检定并对检测数据进行评估。

第15条　计量工具在贮存、防护、搬运过程中要注意维护，保持适用性。

第5章　计量工具的定期检定

第16条　技术部负责制定计量工具的"周期检定计划表"进行周期检定，由技术部统一送技术监督部门或技术监督部门授权的机构检定。

第17条　技术部必须按周检计划定期对计量工具进行周检，保证其周检率达到98%以上。

第18条　在用计量工具经检定不合格或超周期的一律停止使用，提出处理意见及时上报工厂技术部备案。否则，一切后果由责任人负责。

第19条　在周期内发生故障或因其他原因检测设备不能使用的，应由所在部门查明原因报技术部，经检修合格后方可使用。

第20条　使用部门对在用计量工具按10%的比例每月抽检一次，并认真做好检定记录，对不符合精度要求的应及时送修。

第21条　计量管理人员对计量工具的检定状态进行标识，注意对停用、封存和报废的计量工具做好隔离和标识工作。

第6章　计量工具的保养、维修

第22条　各部门的计量工具要定人保管，建立账卡，保持账、卡、物、号相符。

第23条　由部门和个人保管的计量工具，要经常检查、加油、防锈，保持计量工具的整洁完好。

第24条　要爱护计量工具，不乱丢乱放，严禁机器运转时测量，用后及时保养。

第25条　计量工具使用后，应松开紧固螺丝，擦净、上油，放入盒内。

第26条　保养表面量具时，除测头面可涂油防锈外，其他处不能涂油，用布擦净后即可。

第27条　计量工具操作人员必须熟悉其性能、结构原理，按规程操作。

第28条　在使用计量器具过程中，如发现异常，严禁私自拆卸、乱调，因此造成的损坏，视情节追究责任。

第29条　严禁手指触摸仪器镜面，保养时按规定程序进行。

第30条　因操作不当或保管不善造成计量器具的损坏、丢失，责任人应按规定赔偿。

第7章　计量工具的报废

第31条　对经修理无法作降级使用或无修复价值的计量工具，经两名以上专业计量检定员鉴定和技术部经理批准后从相应台账中注销，并把报废决定及其理由通知使用部门负责人。

（续）

第 32 条　构成固定资产的计量工具，由使用部门到资产管理部门办理固定资产报废手续。

第 33 条　属于强检的计量工具的报废须向有关法定检定机构备案。

第 34 条　报废后的计量器具应在各类账册中注明。

第 35 条　对停用、封存和报废的检验设备，计量室应做好隔离和标识工作。

第 8 章　计量工具的记录保管

第 36 条　计量技术资料、原始记录、统计报表、证书、标志是加强计量工具管控管理的重要基础，技术部应指定专人保管，必须做到项目齐全、数据可靠。

第 37 条　计量技术档案和记录的内容包括计量人员清册、计量工具账册（总账、分账）、周检计划表、各类标准器及配套仪的技术说明、历史记录卡、各类计量工具事故和报废记录、计量检定修理原始记录、定抄表记录、质量主要参考数检测记录等。

第 38 条　上述资料应按年或月装订成册，由专人统一保管。如有遗失，按奖惩制度办理。原始记录的保管期，原则上不少于一年。

第 39 条　产品合格证、校验合格证和检定合格证是计量工具正常使用的判断依据，应做好保管工作。

第 9 章　附则

第 40 条　本规定由质量管理部负责起草和修订。

第 41 条　本规定经总经理审批后生效实施。

	修订标记	修订处数	修订日期	修订执行人	审批签字
修订记录					

三、计量工具使用规范

制度名称	计量工具使用规范		受控状态	
			编　号	
执行部门		监督部门	编修部门	

第 1 章　总则

第 1 条　为规范使用计量工具、测量仪器和设备，使其精度、准确度满足测量的要求，特制定本规范。

第 2 条　本规范主要适用于规定生产现场工作人员在使用计量器具及检测仪器时的方法和要求。

第 3 条　本规范由生产单位专（兼）职计量员具体实施，由计量室监督检查。

第 4 条　计量工具是指能直接或间接测量出被测对象的装置、仪器仪表、量具和用于统一量值的标准工具，如生产现场及各部门使用的卡尺、天平、仪器、仪表及各种设备的控制指示仪表等。

（续）

第5条　使用现场主要包括生产车间、辅助车间、科研室、工艺室、检验室、仓库以及其他需要使用计量工具的部门。

第2章　计量工具的使用

第6条　现场计量工具使用人员一旦发现计量工具失准，应及时报送计量室处理，严禁自行乱拆乱修，以免造成不必要的损失。

第7条　现场计量工具使用过后应将其擦洗干净，按规范做必要的技术保养，有包装盒的应放入包装盒内，做到防潮、防锈、防腐。

第8条　对领用至生产现场而短时期内又用不上的计量工具，应及时归还或按照规定对其进行定期保养，如通电、上防锈油等，保证计量工具的计量性能。

第9条　计量工具使用后，要及时办理退库手续，归还计量室，以便进行保养、检定、封存或报废。

第10条　各部门兼职计量员配合现场检验员根据标准抽检，内容主要包括以下三个方面。

1. 示值、砝码、秤砣的准确度。

2. 计量工具的灵敏度。

3. 计量工具在使用中的规范程度。

第11条　计量工具使用者必须认真、完整地保管该计量工具的原始记录及相关资料。

第12条　自制计量工具必须经过试用，并且由工艺技术部提供完整的使用、检定和维护等技术资料，经主管领导批准后方可投入使用，并与外购的计量工具进行同样的规范管理。

第13条　当无正当理由破坏、丢失计量工具或零配件时，按相关处罚办法对负责人给予处罚。

第3章　卡尺的使用

第14条　卡尺主要有游标卡尺、带表卡尺、电子数显卡尺、高度卡尺、深度卡尺等。

第15条　使用卡尺时要文明操作、合理使用，使用后应将卡尺放在工具盒内，不可乱拿乱放。

第16条　不能对卡尺作不当使用，如当榔头敲击工具。

第17条　使用前，使用人员应将卡尺测量面的油污擦拭干净，检查卡尺各部分的作用是否正常，零位是否准确。卡尺外量爪两测量面合拢时，不应有可见的白光（允许有可见的蓝光）。

第18条　使用中，不能在机床还在转动的时候就去测量，以防测量人员发生危险和损坏量具，应待被测工具处于静态后方可进行测量作业。

第19条　用卡尺测量爪测量工件时，不能测量直径在10毫米以下的内孔。

第20条　对于电子数显卡尺，应避免水等液体物质深入尺框内，以免损坏电子元件。

第21条　使用后，要对卡尺进行必要的保养，擦净油污、铁屑，如卡尺接触液体，须用清洁油擦洗干净（不可使用丙酮、酒精），然后在工作面上涂上防锈油。

第22条　卡尺放入量具盒前应使两测量面保持一定缝隙，以防卡尺测量面发生锈蚀。

第23条　电子数显卡尺不能使用数据出口端时，不要将端口盖拆下，也不要将金属器件任意触及输出端，以免损坏电子元件。如发现卡尺有故障或示值不准确时应及时报告，由计量人员处理。

第4章　微分量具的使用

第24条　微分量具主要有外径千分尺、内测千分尺、测厚千分尺、微米千分尺和杠杆千分尺等。

（续）

第25条 使用微分量具时要文明操作、合理使用，使用后应将微分量具放在工具盒内，不乱拿乱放。

第26条 不能将微分量具做其他工具使用，如当榔头敲击工具等。

第27条 使用前，使用人员应将测量面的油污擦拭干净，检查微分量具各部分作用是否正常，零位是否准确。

第28条 使用中，不能在机床转动时进行测量，以防测量人员发生危险和损坏量具，应待被测工具处于静态后再进行测量。

第29条 微分量具具有测力装置的，测力工件时应用测力装置测力；调整测量范围时，应手握尺身，转动微分筒使测杆移位至所需位置。

第30条 使用后要对微分量具进行必要的保养，擦净油污、铁屑，如测量面接触树叶，应用清洁汽油擦洗干净（不可使用丙酮、酒精），然后在工作面涂上防锈油。微分量具放入量具盒前应使两侧面保持一定缝隙，以防测量面发生锈蚀。

第31条 发现微分量具有故障或示值不准时应及时报告，由计量人员处理。

第5章 表类量具的使用

第32条 表类量具主要有百分表、杠杆百分表、内径百分表等。

第33条 使用表类量具要文明操作，使用后应将表类量具及附件放在工具盒内，不可乱拿乱放。

第34条 表类量具的各工作部位不能加任何润滑油，以免影响其灵敏度，导致示值失准。

第35条 使用前，使用人员应检查表类量具各部分作用是否正常，零位是否准确。轻轻拨动表的测杆，检查指针回到零位是否稳定无变化。

第36条 使用中，不能在机床还在转动时就测量，以防测量人员发生危险或损坏量具，要待被测工件处于静态后再进行测量。

第37条 表类量具在测量前应将测杆压缩成0.3毫米以上的量程，然后重新调整零位再进行测量，以消除齿轮啮合间隙和空行程。

第38条 表类量具不得在水、油中浸泡，如发现有水或油进入表中，应由计量人员进行清洗。

第39条 发现表类量具有故障或示值不准应及时报告，由计量人员处理。

第6章 天平的使用

第40条 天平应放置在远离震源、腐蚀性气体以及温度、湿度均合适的环境中。工作台应稳固可靠，避免阳光直射及空气扰动或单面受冷受热。天平罩内应放置变色硅胶，忌用酸性干燥剂。

第41条 使用旋钮开关时必须缓慢、均匀转动，过快会使刀刃损坏，导致天平使用时秤盘晃动幅度过大，造成误差。

第42条 利用天平称量时应预估添加砝码，然后开启天平，按指针偏移方向增减砝码至出现度数指示值为止。

第43条 被称物体应放在秤盘中央，并不得超过天平的最大称量。

第44条 应妥善保管天平和砝码，不得置于易受潮、易氧化的环境中，并避免沾着酸碱油脂。

第45条 应保持天平及砝码干净清洁，使用前须用软刷清洁，使用后应对天平、砝码进行检查，并立即收入盒内。

第46条　过冷、过热及挥发性、腐蚀性物体不可直接放入天平内称量，应放在合适的容器内称量。

第47条　天平使用完毕应将天平关闭，并将指示盘归至零位，用罩子罩好天平。

第48条　搬动天平时，必须将衡量、称量挂钩等部件取下。

第49条　如天平要在另一环境下使用，除主要上述事项外，需存放4小时后再启用。

第50条　发现天平、砝码有故障或示值不准确时，须及时报告，由计量室计量人员处理。

第51条　天平应由专人使用，使用人员应进行上岗培训。使用人员发现天平、砝码失准或不正常时应停止使用，报告计量室，经检修合格后方可使用。

第7章　地秤的使用

第52条　为保证计量准确，不受风雨侵蚀，利于操作，工厂应建造地秤的秤房。

第53条　使用地秤前，首先要检查承重台面是否摆动灵活，各部件连接处的接触是否良好，并进行空秤平衡调整。

第54条　计量车辆时，应减速驶入承重台面，轻轻刹车。

第55条　把车停稳后将游砣移至预计位置，启动视准器开关，再移动游砣使之平衡。

第56条　停止计量时，应关好视准器。

第57条　计量车辆货物时，不得超过地秤的最大秤量。

第58条　对计量箱部分的分度和游砣等部分，要经常擦拭以防锈蚀，保持刻度清晰，齿条槽扣不得存有杂物积尘，以免影响计量的准确性。

第59条　地秤各部件连接处及刀、刀承接面应保持清洁干燥。但不要涂油，即使因某种原因而必须涂油时，也一定要擦干净后再涂油，以防油污。

第60条　发现地秤有故障或显示不准确时须及时报告，由生产厂商处理。

第8章　台秤、案秤的使用

第61条　使用台秤、案秤时，必须将其放在平整的地方，如果凭目测能观察到倾斜，应更换地点或用硬质物品垫平。

第62条　使用前应进行空秤平衡检验，先将增砣挂在游标尺尾部吊环上，将游砣移至零位刻线上，然后轻压标尺使其处于最低位置，放松后计量杠杆应在视准器框内上下均匀摆动。如果不平衡，应重复调节计量杠杆上的调整砣，直至计量杠杆处于平衡状态为止（使用过程中不得调整调整砣）。

第63条　使用前应检查增砣是否完好，如发现增砣上加封的铝片脱落或砣体有崩缺时，应对增砣重新修理和鉴定。

第64条　使用增砣后，要将其放在增砣架上，不能放在潮湿或油污处，防止丢失，防止影响计量的准确度。

第65条　被称物体的重量不能大于秤规定的最大秤量，以防损坏。被称物体放上台面前，开关应处于关闭状态，安放被称物应轻放。被称物体要尽量放在台面板的中心，使各刀的刀刃受力均匀，以消除四角误差。

第66条　使用过程中应保持台面的清洁，以防计量不准确。连续称量数次达20次左右时，应重新检查秤零位和各部件的作用。

（续）

第67条　秤的刀子和刀垫工作部位不得上油，如某种原因必须涂油时，也一定要擦干净后才能涂油，以防油污。

第68条　不能把增砣当榔头敲击其他物体或用作其他用途。

第69条　游砣不得任意拆散标尺，不得任意打开增砣盘。

第70条　发现台秤、案秤有故障或示值不准确时须及时报告，由计量室处理。

第9章　压力表的使用

第71条　根据压力表的外壳直径，可将压力表分为6种：40毫米、60毫米、100毫米、150毫米、200毫米、250毫米。

第72条　选择压力表时，应注意以下六点事项。

1. 用于测量黏稠或酸碱等特殊物质时，应选用不锈钢弹簧管、不锈钢机芯和胶木外壳的压力表。

2. 靠墙安装时，应选有边缘的压力表。

3. 直接安装于管道上时，应选用无边缘的压力表。

4. 直接测量气体时，应选用表壳后有安全控的压力表。

5. 根据测压位置，选择表壳直径的大小。

6. 选择使用范围，以选用标尺全程的 1/3 ~ 2/3 为宜。

第73条　安装压力表时，应注意以下三点事项。

1. 压力表应装在环境温度为 −40°C ~ 60°C，相对湿度不大于80%的环境中使用。

2. 压力表应垂直安装，倾斜度不大于30°，力求与测定点保持在同一水平位置。

3. 压力表不宜直接装在临近以及类似设备表面受热的地方，装在这些地方的压力表在与管道连接时要通过环形管和三通管接头。

第74条　使用压力表进行测量时，应注意以下五点事项。

1. 使用前应在无负荷下观察指针是否紧靠限止钉，使用完毕应缓慢降压，避免使指针猛然跌落。

2. 被测介质急剧变化时，应加缓冲罐或阻尼螺丝。

3. 测量结晶或粘度较大的介质时需装隔离器。

4. 测量蒸汽压力时，压力表下端应装有环形管。

5. 测量其他热液体时，环形管内应充满与液体相同或其他中性的液体。

第75条　拆下来的压力表，应存放在干燥、防尘、无腐蚀的环境中。

第76条　发现压力表有故障或示值不准确时须及时报告，由计量人员处理。

第10章　温度仪表的使用

第77条　温度仪表的安装地点应干燥、通风、无腐蚀性气体、无磁场，避免阳光的强烈照射。

第78条　安装温度仪表时，必须做到三个"一致"。

1. 一次仪表与二次仪表的分度号必须一致。

2. 补偿导线与热电偶的分度号必须一致。

3. 交流供电电源的额定值与仪表要求的电源额定值必须一致。

第79条　仪表安装好后，应用直径为 2 ~ 3 毫米的绝缘导线将仪表接地。同时，应检查电源线以及一次仪表的连接线是否牢固可靠，仪表电源的相线、中线、地线的连接是否正确。用作温控的仪表应进行设定，并检查设定是否准确。

（续）

第80条　经常保持仪表周围环境以及仪表自身的整洁。

第81条　在现场应经常观察仪表的运行情况，如观察仪表指示灯是否亮、数码显示是否正常。如不正常，应检查仪表保险丝是否烧断，电源开关是否损坏，检查数显部分的直流供电是否正常，各接插件是否接触良好。如现场不能排除，应及时通知计量人员处理。

第82条　检查仪表的显示是否有无规则的跳字和记录平衡失灵的现象，如有这些现象，应检查被测信号是否正常，极性是否接对，接地是否良好以及周围是否有强磁场干扰。

第83条　如发现仪表接点的控制或报警失灵，应检查设定值是否正常，继电器及连接线是否良好。

第84条　长期使用的仪表，应检查灵敏度的变化。

第85条　仪表必须有专人负责维护、保养，严禁非管理人员乱动。

第11章　附则

第86条　本规范由计量室制定并负责解释，报总经理审批后执行，修订时亦同。

第87条　本规范自颁布之日起实施。

	修订标记	修订处数	修订日期	修订执行人	审批签字
修订记录					

四、计量工具校正方案

方案名称	计量工具校正方案	编　号	
		受控状态	

一、目的

为确保计量工具的精准度，防止因计量工具的误差而产生不合格品，并延长计量工具的使用寿命，特制定本方案。

二、适用范围

本方案适用于计量工具的校正管理。

三、校正时间

本工厂计量仪器的校正按时间可分为以下两种。

（一）定期校正

工艺技术部依校正周期排定日程进行校正。

（二）临时校正

使用人在使用时或质量管理单位在巡回检验时发现检验仪器、量规不精准，应立即校正。

四、校正环境

计量工具校正环境应常温、常压，将工具静置两小时以后进行校正。

（续）

五、硬度计的校正

（一）硬度计的结构

硬度计的主要结构包括指示表、测砧、底板和施力钮。

（二）校正步骤

硬度计校正步骤如下表所示。

硬度计的校正步骤

校正前	1. 检查硬度计是否有影响测量精度的外观缺陷
	2. 检查硬度计指示表指针是否归于零位
校正中	1. 使用待测硬度计与校正合格的硬度计分别对三种不同硬度的材料进行比较校正，两者间的示值差即是误差值
	2. 校验中受力方向要与被测面垂直，且均匀用力
	3. 取用硬度计时要小心轻放，不可掉落在地上
校正后	1. 硬度计出现异常时，转校验单位判断是否暂停使用，重新校验或作报废处理
	2. 硬度计不可测量金属或者是其他硬质物品，使用后应该放入原包装盒中

（三）判定标准

示值不超过下表所列的标准，即可归为合格。

硬度计的校正判定标准

卡尺类型	外径及内径允许误差
带游标	±0.04 毫米
带表	±0.02 毫米
带电子显示器	±0.02 毫米

（四）记录保存

1. 校验合格后，贴上校验标签。

2. 校验不合格时，依实际情况判定为暂停使用或降级使用，进行维修或作报废处理。

3. 将校验结果登记在"计量工具校验记录表"上。

六、深度尺的校正

（一）深度尺的结构

深度尺主要结构包括尺身、尺框、游标和固定螺钉。

（二）校正步骤

深度尺的校正步骤如下表所示。

（续）

深度尺的校正步骤

校正前	1. 检查深度尺是否有碰伤、锈蚀、带磁或其他缺陷 2. 检查深度尺的刻度线及数值是否清晰可见 3. 检查是否有影响测量精度的外观缺陷 4. 尺框在尺身上移动应平稳、无卡住的现象 5. 检查锁紧装置的作用是否有效
校正中	1. 选择标准量块（符合外校合格的标准）对深度尺进行校正 2. 量程为200毫米的分别取51.1毫米、121.5毫米、191.8毫米，量程为300毫米的分别取51.1毫米、101.2毫米、151.3毫米、201.5毫米、250毫米，每点校正两次取平均值 3. 取用标准量块时应带好手套，不可将其掉落在地上 4. 将测量读数值减去标准量块数值，即为误差值
校正后	1. 深度尺遇有外观不良或须调整时，送校验单位判定是否暂停使用并安排校验 2. 标准量块使用完毕后应擦拭干净，并喷上防锈油，放回指定位置保存

（三）判定标准

示值误差不超过±0.04毫米，即为合格。

（四）记录保存

1. 校验合格后，贴上校验标贴。

2. 校验不合格，根据实际情况判定为暂停使用或降级使用，严重差错的情况下作报废处理。

3. 将校验结果登记在"计量工具校验记录表"上。

七、高度尺的校正

（一）高度尺的结构

高度尺的结构主要包括尺身、微动装置、紧固螺钉、尺框、游标、底座和画线量爪。

（二）校正步骤

高度尺的校正步骤如下表所示。

高度尺的校正步骤

校正前	1. 检查高度尺是否有碰伤、锈蚀、带磁或其他缺陷 2. 检查高度尺的刻度线是否清晰可见 3. 检查是否有影响测量精度的外观缺陷 4. 检查尺框在尺身上移动是否平稳、有无卡住现象 5. 检查锁紧装置是否仍然有效

（续）

（续表）

校正中	1. 检查当量爪测量面与基座底平面在同一个平面时，游标刻度零线与尺身刻度零线是否对齐，如未对齐应先进行调整 2. 选择适当不同长度的三种量块，分别用高度尺对每一个量块测量两次，取其平均值与量块实际值作比较 3. 将内校高度尺测量读数值减去外校合格的量块量测读数值，即为误差值
校正后	高度尺遇有外观不良或需要调整时，送校检单位判定是否暂停使用并安排校验

（三）判定标准

示值误差不超过±0.04毫米，即为合格。

（四）记录保存

1. 校验合格后，贴上校验标贴。

2. 校验不合格，根据实际情况判定为暂停使用或降级使用，严重差错的情况下作报废处理。

3. 将校验结果登记在"计量工具校验记录表"上。

八、厚度计的校正

（一）厚度计的结构

厚度计的结构主要包括测砧、指示表、按键、测杆和支架。

（二）校正步骤

厚度计的校正步骤如下表所示。

厚度计的校正步骤

校正前	1. 检验厚度是否有损坏 2. 测砧量测端面是否有明显磨损或损坏，表面是否有其他杂物 3. 按键下压时是否顺畅，指针运转是否平稳、灵活 4. 指示表旋转时不可过松或过紧
校正中	1. 选择适当的标准量块（外校合格的标准件）对厚度计进行校正 2. 各校正件需作五点不同的尺寸校正，分别取1.25毫米、2.5毫米、5.5毫米、7.5毫米、10.0毫米，每次校正两次取平均值 3. 取用标准量块时需戴好手套，不可将其掉落在地上 4. 将量块读数值减去标准量块值，即为误差值

（续）

（续表）

校正后	1. 厚度计遇有外观不良或须调整时，送校验单位，让其判断是否暂停使用、校验或安排维修 2. 量脚磨损过多，如测量值尚不能得到正确的尺寸读数值，应暂停使用并送维修，如无法修理，应进行报废处理 3. 标准量块使用完毕以后需擦拭干净，并喷上防锈油，放回指定的位置保管

（三）判定标准

示值误差不超过 ±0.02 毫米，即为合格。

（四）记录保存

1. 校验合格后，贴上校验标贴。

2. 校验不合格，根据实际情况判定为暂停使用或降级使用，严重差错的情况下作报废处理。

3. 将校验结果登记在"计量工具校验记录表"上。

九、电子秤的校正

（一）电子秤的结构

电子秤的主要结构包括承重和传力机构、称重传感器、电源、电子显示器等。

（二）校正步骤

电子秤的校正步骤如下表所示。

电子秤的校正步骤

校正前	1. 目测电子秤，不得有影响计量精度的外观缺陷 2. 检查电子显示数字是否清晰可见 3. 检查电源线变压器表面是否有损坏
校正中	1. 将电子秤置于平台上，将其调到水平状态 2. 用外校合格的标准砝码对电子秤进行校验、比较，分别取电子称量程的 20%、50%、90% 作为校验点 3. 取用砝码时，要用镊子或戴手套，轻拿轻放，防止将其掉落在地上
校正后	1. 电子秤遇到有数值显示不良或其他异常时，送校验单位判定是否暂停使用，并安排维修或校验 2. 标准砝码取用后要放回原处保存

（三）判定标准

显示值与砝码实际重量误差不超过下列数据时，即为合格。

（续）

电子秤校正判定标准

量程	量程≤300g	量程≤5kg	量程≤50kg
允许误差	±0.02g	±2g	±40g

（四）记录保存

1. 校验合格后，贴上校验标贴。

2. 校验不合格，根据实际情况判定为暂停使用或降级使用，严重差错的情况下作报废处理。

3. 将校验结果登记在"计量工具校验记录表"上。

十、钢卷尺的校正

（一）钢卷尺的结构

钢卷尺的主要结构包括尺壳、尺身和锁紧装置。

（二）校正步骤

钢卷尺的校正步骤如下表所示。

钢卷尺的校正步骤

校正前	1. 目测校验，尺身不得有残缺 2. 检查尺身表面刻度线以及数字是否清晰 3. 尺身应该平直，无严重皱折痕迹
校正中	1. 用校验合格的量块检验钢卷尺，按50厘米为一测量级，分别校正 2. 钢卷尺实际数值减去量块长度的实际读数值，即为误差值，将各段误差值累加即为全场误差值
校正后	如钢卷尺有外观或其他测量精度不良情况时，送校验单位判定是否报废或作其他处理

（三）判定标准

如果钢卷尺的每段误差值未超过±1毫米，全场累计误差未超过±3毫米，即为合格。

（四）记录保存

1. 校验合格后，贴上校验标贴。

2. 校验不合格，根据实际情况判定为暂停使用或降级使用，严重差错的情况下作报废处理。

3. 将校验结果登记在"计量工具校验记录表"上。

十一、计量工具的换新

计量工具经专门技术人员鉴定后认为必须更新者，或者因检验工作实际需要而必须新购或增置者，由质量管理部门依本厂请购规定履行请购手续。

编制人员		审核人员		审批人员	
编制时间		审核时间		审批时间	

第三节 工序质量控制

一、工序质量控制流程

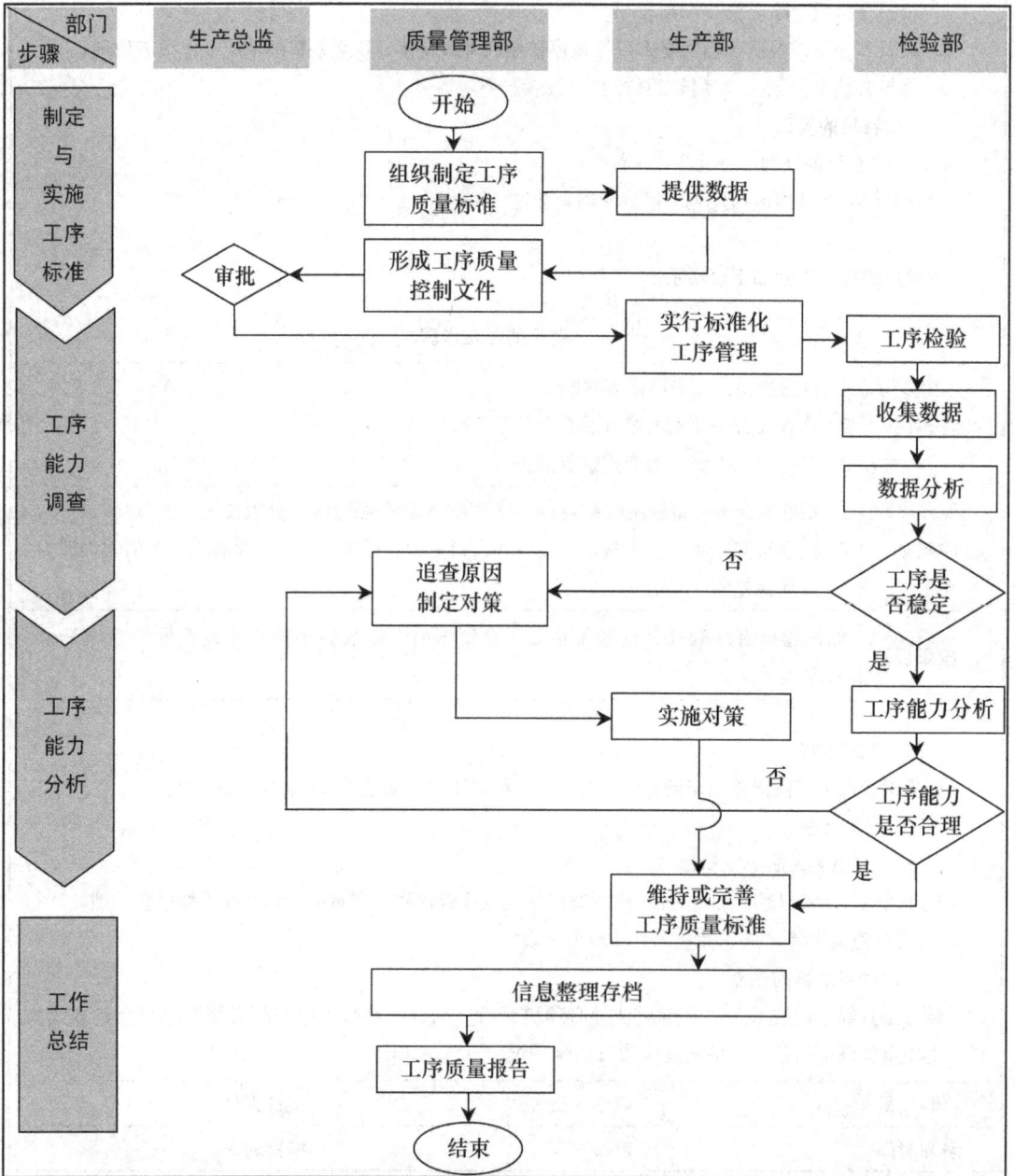

步骤 \ 部门	生产总监	质量管理部	生产部	检验部

制定与实施工序标准

工序能力调查

工序能力分析

工作总结

开始

组织制定工序质量标准 → 提供数据

形成工序质量控制文件 → 审批

实行标准化工序管理 → 工序检验

收集数据

数据分析

工序是否稳定 —否→ 追查原因制定对策

是

工序能力分析

工序能力是否合理

追查原因制定对策 → 实施对策

实施对策 —否→

是 → 维持或完善工序质量标准

信息整理存档

工序质量报告

结束

二、工序质量控制点控制规范

制度名称	工序质量控制点控制规范		受控状态	
			编　号	
执行部门		监督部门	编修部门	

第1章　总则

第1条　目的

为加强对影响工序质量因素的管理和控制，提高工序质量的水平，特制定本规范。

第2条　相关释义

工序质量控制点是指为了使工序处于良好的控制状态，保证产品达到规定的品质要求，在制造现场需采取特殊的管理措施和方法，进行重点控制的品质特性、关键部位、薄弱环节以及影响因素等。

第3条　相关职责

1. 工艺技术部门负责工序点设置工作。

2. 检验人员负责执行工序点检查工作。

3. 质量管理部负责相关监督指导工作。

第2章　控制点的设置

第4条　控制点设置原则

1. 关键原则，指对产品的性能、精度、寿命、可靠性和安全性等有直接影响的关键项目和关键部位。

2. 特殊原则，指在工艺上有特殊要求，对下道工序加工、装配有重大影响的项目或部位。

3. 纠错原则，指在质量信息反馈中发现的不良品较多，需要重点纠正的项目或部位。

第5条　工艺技术部门人员应根据各工序质量要求来设置控制点。

第6条　本工厂工序质量控制点的设置对象主要包括以下两大类。

1. 一道工序加工出来的产品或零件的某一特性，如性能、精度、粗糙度和硬度等。

2. 一道工序的关键特性或重要的工艺条件，如铸造过程的铁水温度、造型中的型砂透气性、水分等，机械加工中的尺寸精度、形状精度和位置精度等。

第7条　控制点的设置步骤

1. 绘制产品质量工序流程图

工艺技术部门负责根据产品质量形成过程绘制工序流程图，并编制"质量保证表"。

2. 组织人员进行工序分析

相关人员结合工序流程图和"质量保证表"确定质量特性，找出各个质量特性的"主要因素"。

3. 确定工序质量控制点

根据工序分析结果，确定工序质量控制点，明确质量要求、验验方式和测量工具等。

第8条　编制相关文件

工艺技术部门编制相关规范文件和表单，如"工序控制点明细表"（如下所示）等。

（续）

工序控制点明细表

序号	零件号及名称	工序号	控制点编号	技术要求	检测方式	检测工具	检测频次	质量特性分级			管理手段
								A	B	C	

第3章 工序控制点工作要求

第9条 工序控制点对操作者要求

1. 学习并掌握现场品质管理基本知识，了解现场关于工序所用数据记录表和控制表以及其他控制手段的用法及作用，懂得计算数据和打点。

2. 操作人员清晰掌握工序控制点的品质要求。

3. 熟记操作规程和检验规程，严格按作业指导书和"工序品质管理表"的规定进行操作和检验。

4. 掌握操作人员的工序控制点和支配性工作要素，对纳入作业指导书的支配性工序要素认真贯彻执行，对由其他部门或人员负责管理的支配性工序要素进行监督。

5. 积极开展自检活动，认真贯彻执行自检责任制和工序控制点管理制度。

6. 按要求填写"数据记录表"、控制图和操作记录，按规定时间抽样检验、记录数据并计算打点，保持图表和记录的整洁、清晰、真实、准确。

7. 在现场中发现工序品质有异常波动的，应立即分析原因并采取措施。

第10条 工序控制点对检验员的要求

1. 检验员在现场巡回检验时，应检查控制点的品质特性及该特性的支配性工作要素，如发现问题应帮助操作员及时找出原因并帮助采取措施解决。

2. 检验人员应把建立控制点的工序列为检验重点，除了检验产品品质外，还应检验监督操作员对工艺要求及工序控制点规定的执行情况，对违章作业的操作员做记录和相应处理。

3. 检验员应熟悉检验范围内各现场的品质要求及检测试验方法，并按检验指导书进行检验。

4. 检验员应熟悉现场品质管理所用的图表以及其他控制手段的用法和作用，并通过抽检的方式核对操作员的记录及控制点是否准确。

5. 检验员应按工厂制度参加工序质量控制点的品质审核。

第4章 附则

第11条 本规范由质量管理部负责起草和修订。

第12条 本规范自工厂总经理审批后生效实施。

	修订标记	修订处数	修订日期	修订执行人	审批签字
修订记录					

三、工序质量控制图操作规程

制度名称	工序质量控制图操作规程		受控状态	
			编　　号	
执行部门		监督部门	编修部门	

第1章　总则

第1条　目的

为了规范工序质量控制图的设计和使用，进一步提高工序质量控制效果，特制定本规程。

第2条　相关释义

工序质量控制图是用来分析和判断工序是否处于平稳状态的，并带有控制界限的一种图形工具。

第3条　相关职责

1. 工艺技术部门负责建立工序图。

2. 检验部负责检验工序图。

3. 质量管理部负责相关监督指导工作。

4. 各班组长负责相关工序图的学习和补充。

第4条　工序控制图的作用

1. 控制图的基本功能是用样本数据推断工序状态，以防止工序失控和产生不合格品。

2. 工序分析是按照抽样检验理论收集数据绘制控制图，观察与判断工序状态，用以分析工序是否处于控制状态。

3. 控制工序质量状态，指通过工序分析发现异常现象，查找原因并采取相应的控制措施，通过消除工序失控现象使工序始终处于受控状态，防止产生不良品。

4. 其他作用，如为质量评定提供依据，为产品和工艺设计积累数据。

第2章　控制图的建立

第5条　控制图的分类

控制图根据数据的种类不同，基本上可分为计量值控制图和计数值控制图两大类，其应用范围如下表所示。

控制图类型及应用

控制图类型	控制图名称	应用范围
计量值控制图 （一般适用于长度、强度、纯度等计量值为控制对象的场合）	平均值——极差控制图	计量值数据控制
	中位数——极差控制图	计量值数据控制，检出能力较强
	单值控制图	计量值数据控制，检验时间应短于加工时间
	单值——移动极差控制图	计量值数据控制，用于一定时间，只能获得一个数据的工序控制

（续）

（续表）

控制图类型	控制图名称	应用范围
计数值控制图 （以计数值数据的质量特性值为控制对象）	不合格品率控制图	关键件全检
	不合格品数控制图	半成品或零部件在一定样本容量 n 的场合
	单位缺陷数控制图	全数检验单位缺陷数场合
	缺陷数控制图	要求每次检测样本容量为 n 的场合

第6条　确定控制项目和质量特性

建立控制图的首要步骤就是选择控制项目，根据重点控制项目的质量特性、关键步骤或薄弱环节等因素确定控制点。

第7条　选定控制图

由于使用的目的不同，工艺技术人员可对于不同控制项目或其他因素选择不同类型的控制图。

第8条　确定样本组

建立控制图时应将产品分成若干样本组，从技术、控制图的类别、需要控制质量特征值的时间间隔及经济性等方面来确定样本组的大小。

第9条　确定抽样方法

工艺技术人员应根据控制图所需反映的质量特征要求来选取合适的抽样方法。

第10条　收集预备数据做分析用控制图

工艺技术人员应采取近期生产中的数据或决定重新采集数据，一般需要 20~25 组数据，每组数据的多少由控制图的种类和其经济性决定。

第11条　稳定状态的判断

用预备数据做分析用控制图后，要观察工序是否处于控制状态，并对以下两种情况进行讨论。

1. 如果没有异常情况发生，即进入同标准状态对比阶段。

2. 如果发生异常情况，应调查其原因，采取措施，消除异常，方可进入同标准状态对比阶段。

第12条　同标准状态进行对比

通过同标准状态对比，调查产品是否满足标准，使之达到控制状态标准化。

第13条　进行日常控制

运用控制图经上述步骤后，当工序处于稳定状态时，应进行日常控制。若发生异常情况，应立即调查原因，采取措施，并保留记录以备分析时用。

第3章　控制图的分析与应用

第14条　工厂需对控制图进行观察分析，掌握工序是否处于受控状态，以判定是否需要采取措施。

（续）

第 15 条　受控状态的判断

受控状态的判断即判断工序是否处于统计控制状态或稳定状态，应包含如下两个判断条件。

1. 绝大多数落在控制界限内，包括以下三个方面。

（1）连续＿＿个点没有一个在控制界限外。

（2）连续＿＿个点中最多有一个点在控制界限外。

（3）连续＿＿个点中最多有两个点在控制界限外。

2. 控制界限内的点排列无缺陷，即无异常排列。

第 16 条　失控状态的判断

只要控制图上出现以下任何一种情况时，即可判断工序为失控状态，表示有异常情况发生。

1. 点超出控制界限外或恰好落在控制界限上。

2. 控制界限内的点排列方式有缺陷，即为非随机性排列的。

第 17 条　工艺技术人员、检验人员及班组长等应定期评价控制界限，确保工序处于控制状态。

第 18 条　当操作者、原材料、机器设备、操作方法等发生变化时，相关人员应对控制图的建立和应用做出相应调整。

第 19 条　控制图可配合操作者自控、机械装置自动控制和工序诊断调解等多种工序质量控制方法一起使用，全面发挥各种方法的监督作用。

第 4 章　附则

第 20 条　本规程由质量管理部负责起草和修订。

第 21 条　本规程经总经理审批后开始实施。

修订记录	修订标记	修订处数	修订日期	修订执行人	审批签字

第四节 品管圈活动控制

一、品管圈组织管理

（一）品管圈名称

1. 工厂内各品管圈应有固定的名称，所拟名称应该具有建设性和给人带来希望。

2. 品管圈名称应由成员自己商定，同一个部门内的品管圈尽量避免同名。

（二）品管圈口号、品管圈歌曲

1. 为了成员们的一体感和精神上的统一，各品管圈应确定自己的口号或者歌曲。

2. 口号内容要有团结力和号召力，所有成员一起参与。

3. 品管圈歌曲要选用强调一体感的歌词，与健康的歌谣一起使用最好。

4. 品管圈口号和歌曲需要所有成员熟知，何时、何地都能灵活使用。

5. 品管圈成员在参加讨论或其他活动时，念口号或唱歌曲可营造团员们的一体感，从而提高本圈内成员的士气。

（三）品管圈的编制规格

1. 按业务技能划分编制，以及按科室、生产线、工序、作业单位等。

2. 按同等水平划分编制，以及职位、学历、经历、年龄、职种等接近的人。

3. 成员数为 5～10 人最为理想，尽量避免倒班（两班倒、三班倒）职员的编制。

4. 品管圈成员的变动（离职、填补）及工序变化（缩小、扩大）频繁的品管圈，如果成员移动较大时不要解散、合并或拆分，先保留品管圈名称，待安排人员以后可再进行活动。

二、品管圈成员任职要求

（一）品管圈圈长的任职要求

品管圈圈长的任职要求如表 8-1 所示。

表 8-1 品管圈圈长的任职要求

任职要求	具体要求说明
选拔	◎ 圈长由品管圈成员们从成员中选拔出来 ◎ 选拔平时具有统率能力、在成员之间有威望的人 ◎ 初期阶段选班长、组长等一线监督人员或年长者 ◎ 成熟、发展阶段选拔熟悉品管圈活动运营要领的成员

（续表）

任职要求	具体要求说明
任期	◎ 圈长的任期采用轮流制，活动初期以解决 1～2 个活动主题的时间为任期最佳 ◎ 发展阶段（分任组活动开始后 1～3 年）任期以 1 年为最佳 ◎ 成熟阶段（品管圈活动开始后 3 年）由熟悉品管圈活动运营的成员长期任职
作用	◎ 圈长要熟悉各成员的情况（身体、环境等）和职务，发挥领导力，统率品管圈成员前进 ◎ 完成圈长应接受的培训，收集品管圈活动中所需资料，对其他成员进行培训 ◎ 主管品管圈的所有活动 ◎ 品管圈活动相关报告（活动计划报告、活动结果报告书）的制作等，协助记录员执行 ◎ 任期结束后，圈长应向接班人交接所有事项

（二）品管圈记录员的任职要求

品管圈记录员的任职要求如表 8-2 所示。

表 8-2　品管圈记录员的任职要求

任职要求	具体要求说明
选拔	◎ 成员中选出文笔、企划能力好，字写得好看的人，经过成员们的同意后选用 ◎ 根据情况由品管圈圈长先推荐，再经过成员们的同意后选用 ◎ 记录员在没有特殊情况的前提下一直留任
作用	◎ 作为品管圈成员辅佐圈长，记录、保存分任组的履历、研究、讨论活动 ◎ 记录、保存品管圈的履历事项 ◎ 综合成员们的研究、讨论、活动事项做品管圈会议记录并保存 ◎ 事前向品管圈成员发布要讨论的课题、目的、时间、地点等内容和资料的通知

三、品管圈组织控制流程

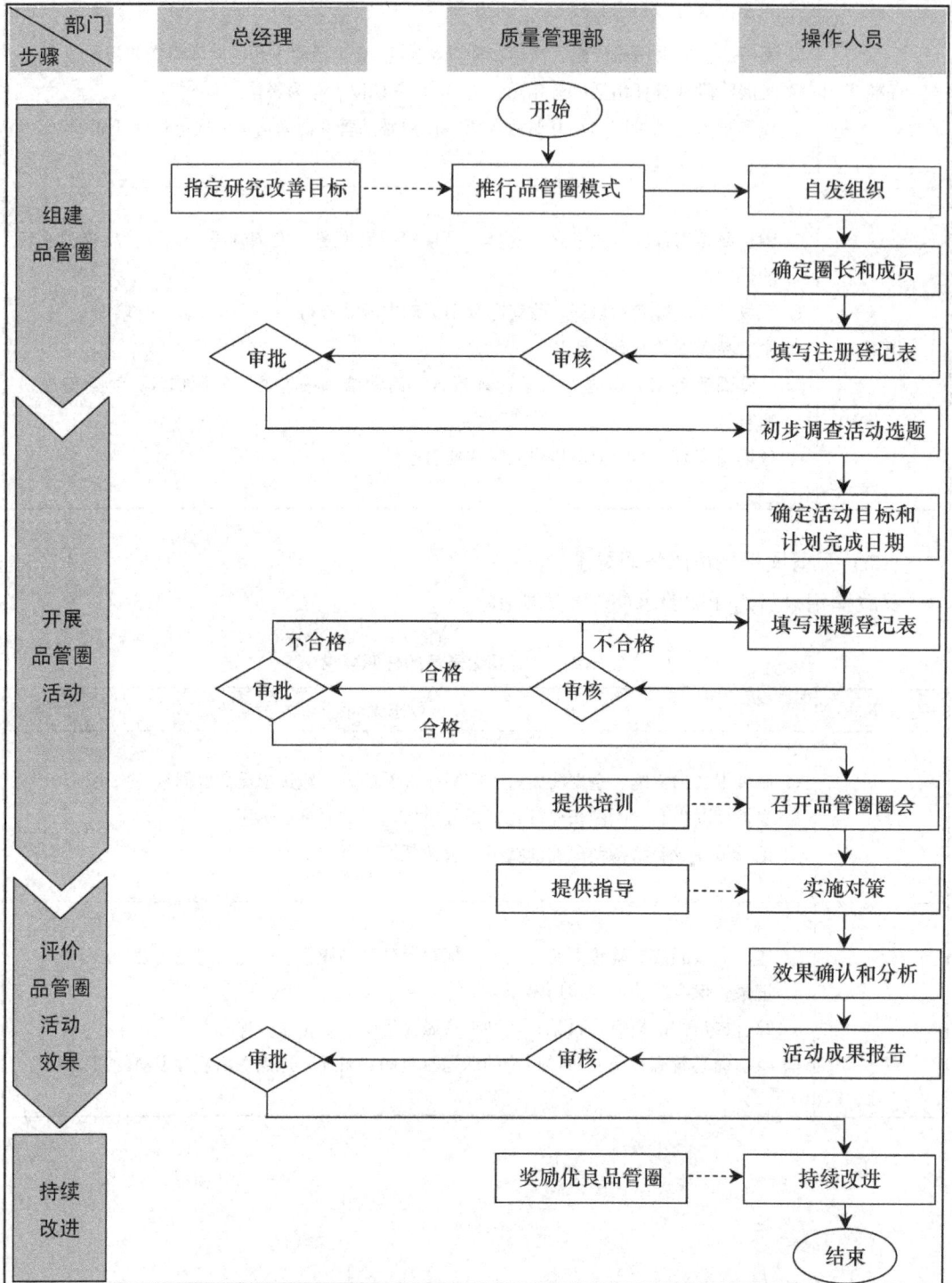

部门 步骤	总经理	质量管理部	操作人员

组建品管圈

开始

指定研究改善目标 ----> 推行品管圈模式 → 自发组织

确定圈长和成员

审批 ← 审核 ← 填写注册登记表

开展品管圈活动

初步调查活动选题

确定活动目标和计划完成日期

填写课题登记表

不合格 / 审批 ← 合格 ← 审核 ← 不合格
合格

提供培训 ----> 召开品管圈圈会

提供指导 ----> 实施对策

评价品管圈活动效果

效果确认和分析

审批 ← 审核 ← 活动成果报告

持续改进

奖励优良品管圈 ----> 持续改进

结束

四、品管圈活动管理规范

制度名称	品管圈活动管理规范		受控状态	
			编　号	
执行部门		监督部门	编修部门	

第1章　总则

第1条　目的

为了激发全体员工的潜能，提高工作效率，达成全员品管目标，特制定本规范。

第2条　适用范围

本规范适用于本工厂所有品管圈活动。

第3条　权责部门

1. 各品管圈的成员负责具体执行品管圈活动。

2. 质量管理部负责监督检查工作。

第2章　组建品管圈

第4条　组建原则

品管圈的组建以员工自发组织、自愿加入为原则。

第5条　管理架构

品管圈的成员包括高级管理层、筹划委员会、协调官、辅导员、圈长和圈员。

第6条　品管圈的具体组成要求

1. 同部门范围内原则上可组建至多两个品管圈。

2. 一个品管圈的成员数量至多不允许超过六人。

3. 同一品管圈成员应工作相同、相近或是互补。

4. 品管圈的命名和圈长应由全体圈员共同决定。

第7条　品管圈人员管理

1. 每位品管圈成员可同时参加两个品管圈活动。

2. 品管圈成立后，须向质量管理部办理登记。

3. 各圈成员因工作关系参加或退出该圈时，需由圈长向质量管理部办理更正手续。

第3章　开展品管圈活动

第8条　选定主题

品管圈成员应注意观察现场环境和生产过程，善于从多角度提出问题，选题可从五个方面入手：效率问题、成本问题、品质问题、服务问题、浪费问题。

第9条　调查现状

1. 收集的数据要有客观性、可比性。

2. 应收集最近时间的数据，真实反映现状。

3. 常用来收集数据的方法包括直方图法、控制图法、散布图法、因果图法和分层法等。

（续）

第10条　目标设定

目标设定应与所发现的问题相对应，一般以降低产品品质不良率为目标。

第11条　原因分析

原因分析可采用集体讨论、共同投票等方式，确定问题主因，并请专人做好记录工作。

第12条　对策制定

1. 对策制定前期，不必考虑提出的对策是否可行，应鼓励圈员积极发表意见，再进行可行性分析和筛选。可选用"对策分析记录表"开展辅助工作。

对策分析记录表

不良项目	要因再分析	改善对策	提案人	优先度			对策选取	实施日期	负责人
				A	B	C			
备注	A——能力可及		B——部分能力可及			C——其他部门职责范围			

2. 制定对策时，确定的结果应包含以下六大内容。

（1）做什么（What）：即主题项目及目标值。

（2）谁来做（Who）：即圈员应分工，各有所司。

（3）何处进行（Where）：即进行的场所及配合部门。

（4）何时（When）：即订出阶段的做法及预定进度。

（5）如何做（How to do）：即对具体执行加以规划设计。

（6）成本、收益如何（How much）：即对成本和收益进行预算。

第13条　对策实施

对策制定完毕，小组成员就应严格按照改进措施加以实施。

第14条　效果检查

每条对策实施完毕，要再次收集数据与设定目标比较，以检查对策是否彻底实施并达到了要求。

第15条　巩固实施

1. 品管圈圈长把通过实施已证明了的有效对策初步纳入有关标准，报质量管理部认可。

2. 质量管理部应派人员再到现场确认，看是否按新的方法操作和执行了新的标准。

3. 品管圈圈长应在取得效果后的指定时期内要做好记录，进行统计，用数据说明成果的巩固状况。

第4章　品管圈的改进

第16条　品管圈活动成果评价

品管圈活动成果评价是本工厂改善或指导品管圈活动的主要方式，评价项目包括活动经过的评价、活动成果的评价以及成果发表的评价。

（续）

第17条　活动经过的评价

活动经过主要由各品管圈直属上司进行评价，并对优良品管圈给予适当物质奖励。评价内容包括品管圈会议出席率、品管圈成员的态度、品管圈会议提出意见的积极性、活动进行期间各种品管技巧的活用情况。

第18条　活动成果的评价

1. 质量管理部组织活动成果评价小组，小组人数以 5 ~ 7 人为宜。

2. 评价小组对所有成果报告进行评价和讨论。

3. 选取优良品管圈，并推介其参加成果发布会。

第19条　成果发表的评价

1. 本工厂每季度、每半年举行一次全工厂成果发布大会。

2. 工厂总经理及资深专业人士 5 ~ 10 名担任大会评委。

3. 全工厂各车间选拔优良品管圈参加比赛。

4. 最终获得名次的品管圈将得到表彰和奖励。

第 5 章　附则

第20条　本规范由质量管理部负责起草和修订。

第21条　本规范由工厂总经理审批后生效实施。

修订记录	修订标记	修订处数	修订日期	修订执行人	审批签字

生产现场物料管制精细化管理

第九章

第一节　物料领取与发放

一、生产物料领取流程

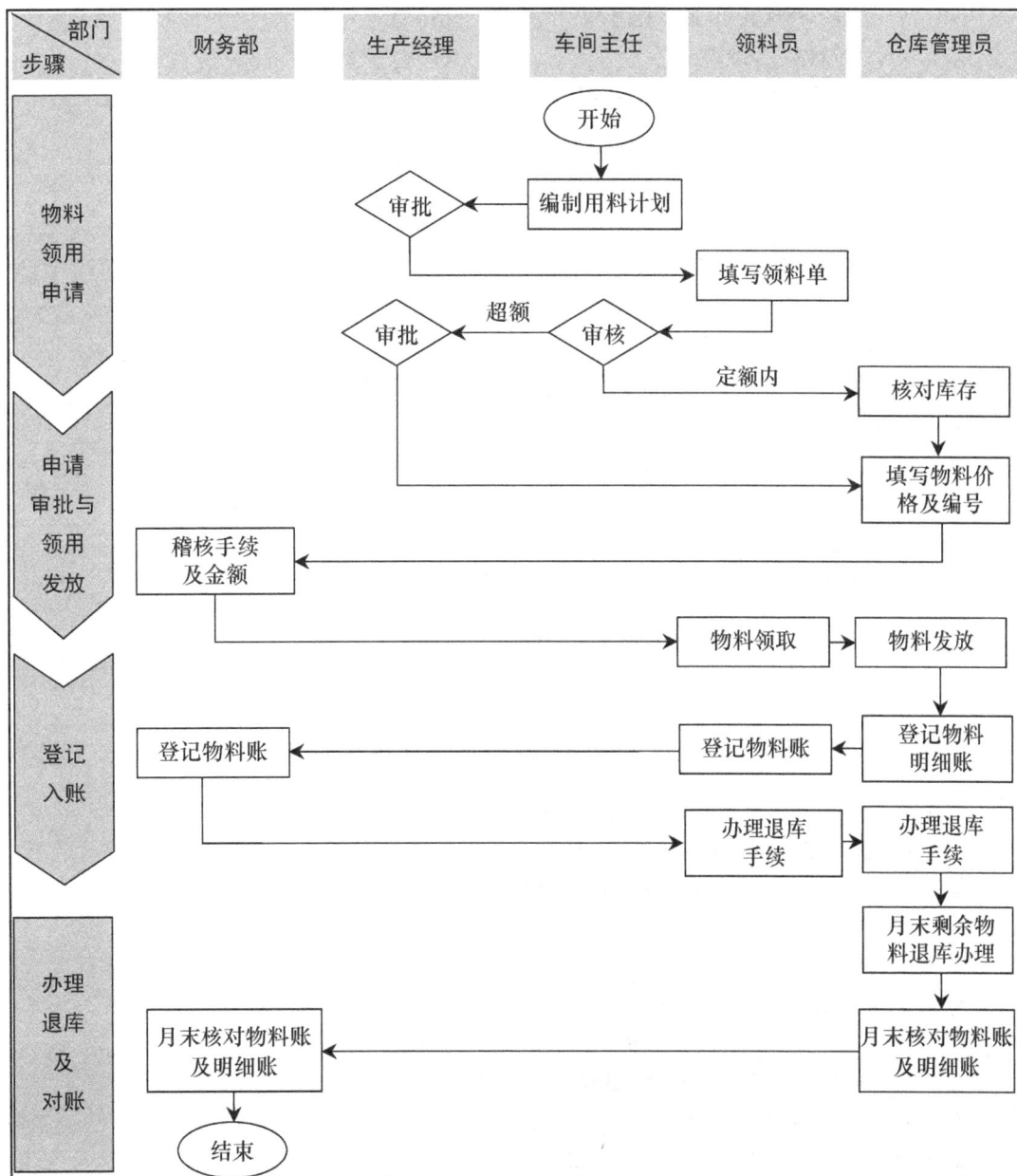

部门 步骤	财务部	生产经理	车间主任	领料员	仓库管理员

开始

物料领用申请：编制用料计划 → 审批 → 填写领料单 → 审核（超额→审批；定额内→核对库存）→ 填写物料价格及编号

申请审批与领用发放：稽核手续及金额 → 物料领取 → 物料发放

登记入账：登记物料明细账 → 登记物料账 → 登记物料账；办理退库手续

办理退库及对账：月末剩余物料退库办理 → 月末核对物料账及明细账 → 月末核对物料账及明细账 → 结束

二、生产物料领取规定

制度名称	生产物料领取规定		受控状态	
			编　号	
执行部门		监督部门	编修部门	

第1章　总则

第1条　为规范物料领用流程，控制物料出库数量，确保领料数量能满足生产的需要，减少物料的浪费与损耗，特制定本规定。

第2条　生产部、生产车间等到仓储物料库领料业务，除另有规定外，均依照本规定处理。

第2章　领料程序要求

第3条　领料员按每天的生产所需领用物料，填写如下"领料单"。

领料单

领料部门				部门编号			
领料人				批准人			
物料用途说明							
物料形态说明	□ 原材料	□ 辅助材料	□ 半成品	□ 成品	□ 不良品		□ 其他
物料编号	品名规格	申领数量	实发量	不足量	单价	发料人	备注
复核	仓储部经理		领料人 签收				
	仓库主管						
	仓库管理员						

第4条　仓库保管员对"领料单"进行审核并签字确认。

第5条　仓库保管员核对领料单是否有库存，在发料处签字，并填写实际单价和物料编号。

第6条　仓库主管审核领料部门的领料是否符合消耗定额和相关计划等，并在实领栏中填写实领数量。

第7条　财务部审核手续是否齐全及领料金额是否准确。

第8条　仓储部按"领料单"发料，并作账务处理。

第3章　领料控制与监督

第9条　领料部门应从以下三个方面控制领料工作。

1. 认真填写"领料单"，要求字迹清晰，不得涂改。

2. 当日"领料单"必须于当日到仓库领取。

（续）

3. 当日未及时领料的处理如下。

（1）财务未签字、盖章的，自行作废。

（2）财务已签字、盖章的，应于当日凭仓库联领料单到财务抽出财务联领料单，并将财务、仓库和车间三联同时作废。

第10条　审批部门在审批"领料单"时，应着重注意以下三方面的问题。

1. "领料单"字迹是否清晰，有无涂改。

2. 实领栏目中的实领数目是否为大写形式。

3. 应严格按照生产计划和消耗定额领取生产物料。

第11条　财务部应严格执行以下四个控制要点。

1. 不办理隔日、有涂改或未按照领料程序要求填写的"领料单"。

2. 不定期抽查仓库的物料账、卡和物料。

3. 结算业务章应由专人保管，不得擅自借给他人使用。

4. 所有"领料单"（财务联）应由专人记账后统一装订并统一保管。

第12条　仓储部应严格执行以下五个控制要点。

1. 填写实际单价和库别时不得涂改。

2. 发现"领料单"有疑问时应及时通知财务部和领料部门。

3. 发放物料时遵循先进先出的原则。

4. 应及时将日报送到指定人员处。

5. 应每日与财务部共同核对当天收、发金额和"领料单"张数。

第4章　附则

第13条　本规定由仓储部负责制定和修改。

第14条　本规定经工厂总经理审批后实施。

修订记录	修订标记	修订处数	修订日期	修订执行人	审批签字

三、生产物料发放细则

制度名称	生产物料发放细则		受控状态	
			编　号	
执行部门		监督部门	编修部门	

第1章　总则

第1条　目的

为规范本工厂的物料发放工作，保证物料及时准确发放，根据工厂相关规章制度，特制定本细则。

（续）

第2条　适用范围

本细则适用于本工厂所有物料的发放工作。

第3条　相关责任

仓储部负责物料的发放工作。

第4条　相关定义

发料是指由仓储部根据生产计划或生产部开立的生产命令单，由仓储部填写"发料单"，备妥物料直接向生产现场发放。

第2章　物料发放的原则和依据

第5条　物料发放的原则

1. 未经检验合格的物料不得发放。

2. 已过有效期的物料不得发放。

3. 同批物料贴有取样验证的最后发放。

4. 按先进先出的原则发放物料。

5. 复验合格的物料先发放。

6. 接近有效期限的物料先发放。

7. 手续不全的领料申请不得发放。

第6条　物料发放的依据

1. 公司稳定的生产计划。

2. 生产标准损耗量。

3. 物料库存量。

第7条　物料发放注意事项

1. 仓储部应建立专人发料领料制度，发料须与账物分开，各分设一人，不同物料按类别由不同的人员负责。

2. 仓库管理人员及时填写仓库账簿。仓库账簿是物料存储控制的依据，避免发生漏记、错记等现象。

3. 物料发放过程中要认真清点数量，防止错发、漏发和多发等现象。

第3章　物料发放流程

第8条　物料计划控制

1. 仓储部根据生产计划制订物料计划，同时进行物料准备，包括按照存储计划已储备的物料和需要采购的物料。

2. 仓储部应及时就需采购的物料通知采购部负责采购。

第9条　物料发放准备

物料发放准备是缩短实际发料的时间，提高工作效率。物料发放前，仓储部根据生产进度和物料需求，将所要发放的物料提前备好，存入"发料区"，检查并标识发放物料的品名、规格、批号等。

第10条　核对单据

生产部持"领料单"到仓库领料，仓库审核"领料单"，其审核内容如下。

（续）

1. "领料单"填写是否规范，字迹是否清晰。

2. "领料单"审批程序是否正确无误。

3. 所领物料的规格、型号、数量等是否与物料计划一致。

4. 所领物料是否在计划范围内且是最近生产所需。

第 11 条　物料发放

物料发放过程中，应防止出现发放错误，如数量不符、质量问题、包装问题和单证不符等情况。

第 12 条　数据汇总并登记出库台账

物料发放结束后，应立即登记台账，进行数据汇总，及时通过计算机系统导入物料信息。

第 4 章　附则

第 13 条　本细则由仓储部制定，解释权归本厂生产办公室所有。

第 14 条　本细则自颁布之日起执行。

	修订标记	修订处数	修订日期	修订执行人	审批签字
修订记录					

第二节　物料定额消耗

一、物料定额消耗规定

制度名称	物料定额消耗规定		受控状态	
			编　号	
执行部门		监督部门	编修部门	

第 1 章　总则

第 1 条　目的

为加强对生产物料的使用控制，降低生产成本，减少损失，根据工厂相关规章制度，特制定本规定。

第 2 条　适用范围

本规定适用于工厂物料消耗的定额管理与控制。

第 3 条　相关责任

物料消耗定额由本厂生产部负责制定，仓储部负责物料限额的发放与领用管理。

（续）

第4条　名词解释

物料定额消耗是指在一定的生产技术组织条件下，为生产产品或完成工作量所需消耗的物料数量标准。

第5条　物料定额消耗控制的作用

1. 物料定额消耗控制为进行物资供应计划、用料管理、定额供料、考核物料消耗指标、加强经济核算、确定产品计划成本等工作提供依据。

2. 物料定额消耗控制是监督和促进工厂生产、降本增效的有力工具。

3. 物料定额消耗控制是提高工厂生产技术水平和经营管理水平的重要手段。

<h3 align="center">第2章　物料消耗定额的确定与执行</h3>

第6条　制定物料消耗定额的方法

物料消耗定额应在保证产品质量的前提下，根据生产的具体条件，结合产品结构和工艺要求，以理论计算和技术测定为主，以经验估计和统计分析为辅，制定最经济、最合理的消耗定额。

第7条　物料消耗定额的构成

1. 原材料的消耗，指构成产品实体的物料消耗。

2. 辅助物料的消耗，指工艺需要耗用而又未构成产品实体的物料。

3. 废品损耗、料代用损耗、设备调整中的损耗等非工艺性损耗由于不是生产过程中所必需的材料消耗，因而不应计入物料消耗定额之中，否则将造成物料浪费。为确保供应，有必要在物料消耗定额的基础上，按一定比例将非工艺性损耗计入物料供应定额。

第8条　制定物料消耗定额

1. 对于消耗稳定的物料定额，由生产部根据本部门上年的月平均消耗情况及近几个月的消耗情况，结合工厂当年的生产计划与经营目标等制定。

2. 对于消耗不稳定的物料定额，由生产部人员根据上阶段该物料的消耗情况、行业市场状况等制定。

第9条　物料消耗定额的审批与执行

1. 生产部在制定物料消耗定额后，由生产部经理进行审核，最后报主管副总审批。

2. 主管副总根据年度生产计划与目标及经营战略对其物料定额进行审查。

3. 审查通过后由工厂总经理审批签字。

4. 对于未通过审核审批的定额，生产部应重新制定，按上述流程重新报批。

5. 经审批通过后的物料消耗定额报相关部门备案，并严格执行。

<h3 align="center">第3章　物料消耗定额的修改</h3>

第10条　物料消耗定额的修改

物资消耗定额每半年修改一次，由仓储部提供实际消耗资料，生产部修订生产消耗定额。由于管理不善而消耗超标者，不得提高定额。

第11条　出现下列情况之一，工厂生产部等应及时核算并修改物料消耗定额。

1. 新生产线投产。

2. 老产品结构设计的变更影响到消耗定额。

3. 加工工艺方式的变更影响到消耗定额。

4. 仓储管理技术改进。

（续）

5. 工厂管理模式变化，参与市场竞争和降低成本的需要。

6. 定额计算或编写中的错误和遗漏。

第 4 章　限额供料

第 12 条　限额供料的目的

限额供料是针对生产所需的物料而设定的，目的是降低库存成本、减少物料浪费，是分析定额差异和提出改进措施的依据。

第 13 条　制定供料限额的依据

1. 物料消耗定额。

2. 生产部提供的年度、月度生产计划。

3. 生产部提供的在制品、"生产余料盘存表"和"技术经济指标月报表"。

4. 仓储部实际情况、供料记录及历史经验。

第 5 章　附则

第 14 条　本规定由生产部会同仓储部制定，解释权归生产部与仓储部所有。

第 15 条　本规定自颁布之日起执行。

修订记录	修订标记	修订处数	修订日期	修订执行人	审批签字

二、物料消耗定额计算

（一）物料消耗定额计算方法

物料消耗定额的计算方法如图 9-1 所示。

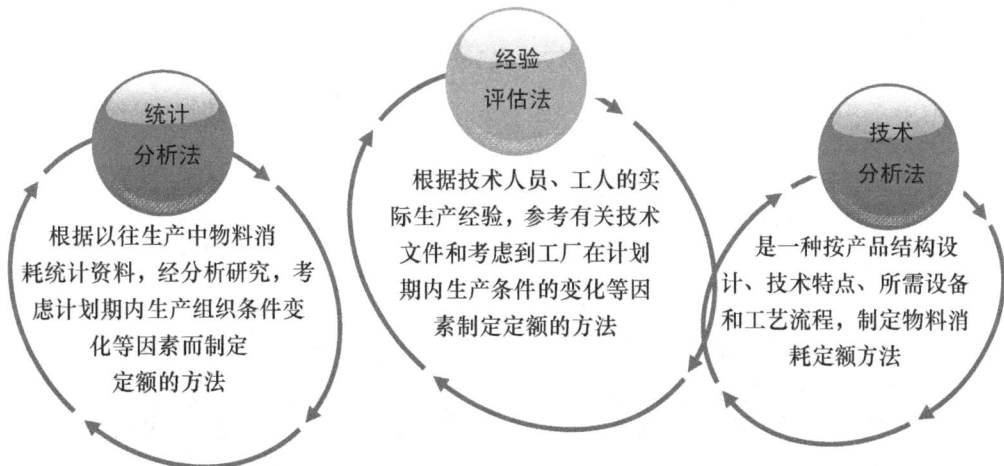

图 9-1　物料消耗定额的计算方法

（二）各类用途物料消耗定额的计算

1. 主要原材料消耗定额的计算

主要原材料消耗定额的计算如图9-2所示。

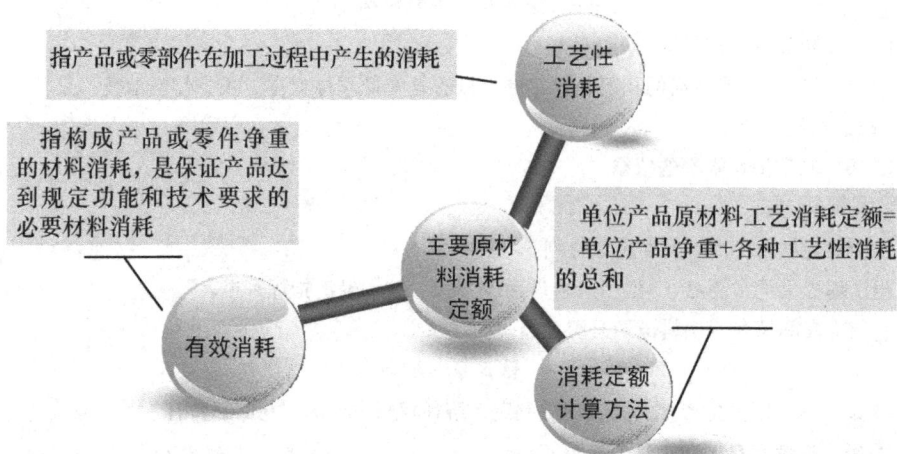

图9-2 主要原材料消耗定额的计算

2. 辅助材料消耗定额的计算

辅助材料品种多、应用广，一般用间接方法确定消耗定额，即根据辅助材料消耗量及相应计算单位来确定每个计量单位的消耗量，具体相关因素和计算单位如图9-3所示。

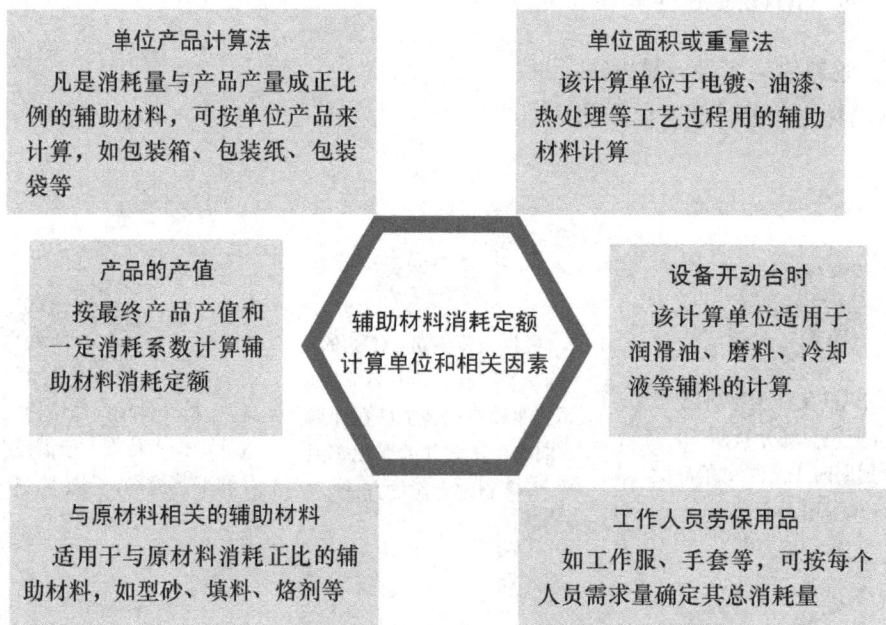

图9-3 辅助材料消耗定额的计算

3. 燃料消耗定额的计算

燃料消耗定额的计算如图 9-4 所示。

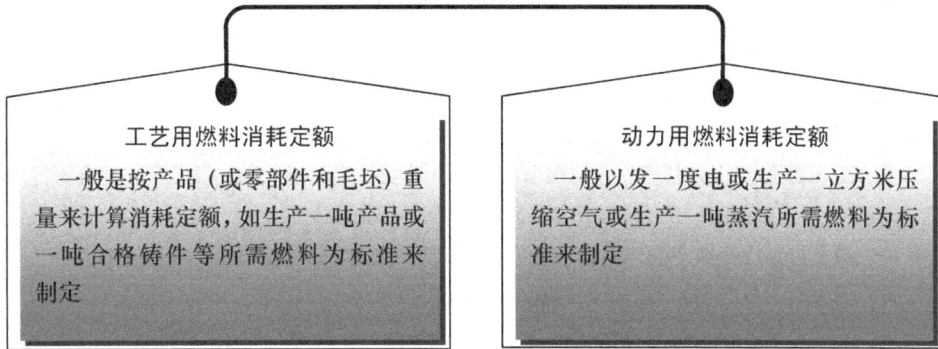

工艺用燃料消耗定额	动力用燃料消耗定额
一般是按产品（或零部件和毛坯）重量来计算消耗定额，如生产一吨产品或一吨合格铸件等所需燃料为标准来制定	一般以发一度电或生产一立方米压缩空气或生产一吨蒸汽所需燃料为标准来制定

图 9-4　燃料消耗定额的计算

4. 动力消耗定额的计算

动力消耗定额通常是按照不同用途分别制定的，如用于电动机的电力一般是先按实际开动马力计算电力消耗量，再按加工每种产品所占用的台时数分摊到单位产品而计算出用于工艺过程的电力。

5. 其他各类用途物料消耗定额的计算

其他各用途的物料如相关工具和维修备用件，可按照耐用期限和使用频率来灵活处理。计算方法可参考如下公式。

$$某种工具的消耗定额 = \frac{某种工具制造一定数量产品的使用时间}{该种工具的耐用期限}$$

第三节　物料存储与监控

一、现场物料存储规定

制度名称	现场物料存储规定		受控状态	
			编　号	
执行部门		监督部门	编修部门	
第 1 章　总则				
第 1 条　为切实做好生产现场物料的临时放置和保管工作，防止物料出现变质、损坏、丢失等情况，特制定本规定。				

（续）

第2条　本规定适用于生产现场的物料存储工作。

第3条　生产人员和物控人员负责现场物料管理监督工作。

第4条　现场物料保管要求如下。

1. 凡领用的贵重材料、小材料，必须在现场规划出合适的放置区域并加锁保管，按定额发放使用。

2. 凡领用的机器设备、钢材、木材等大宗材料，若暂时存放在生产线现场，应堆放整齐、下垫上盖。

3. 上线加工必须做到工完料净，并把剩余的材料全部收回，登记入账、归类存放，留作备用。

第2章　现场物料堆放原则

第5条　最大化利用存储空间，尽量采取立体堆放方式，以提高生产现场空间使用率。

第6条　充分利用机器装卸，如适用加高机，以增大物料堆放的空间。

第7条　车间通道应保留适当宽度并保持一定装卸空间，保持物料搬运的顺畅，同时不影响物料装卸工作的效率。

第8条　不同的物料应依据物料本身形状、性质和价值等因素考虑不同的堆放方式。

第9条　现场物料的存放、取用遵循先进先出的原则。

第10条　物料堆放要遵循使用方便的原则。

第11条　物料的堆放应容易识别和检查，如良品、不良品、呆料和废料均应分开放置。

第3章　现场物料堆放区域设置

第12条　现场应画线隔出"作业区"与"物料区"。

第13条　作业区内存放生产使用的少量物料，对于小物料可将每日用量置于作业区，大物料视体积大小以每小时或每半天用量存放于作业区。

第14条　物料区应区分为"原料区"、"不良品区"、"待检区"、"不合格暂存区"和"合格暂存区"，各类物料存放分类如下表所示。

物料区物料存放分类表

区域	物料种类	标识
原料区	已领用但暂时不使用的各种原材料	以绿色油漆区隔，悬挂"原料区"标志
不良品区	制程过程发现的不良待修品、不良退货品、报废品等物料	以红色油漆区隔，悬挂"不良品区"标志
待检区	生产完毕等待检验或正在检验的制品	以黄色油漆区隔，悬挂"待检区"标志
不合格暂存区	经品管检验不合格、待处理的制品	以红色油漆区隔，悬挂"不合格暂存区"标志
合格暂存区	经品管检验合格，等待入库的制品	以绿色油漆区隔，悬挂"合格暂存区"标志

（续）

第4章　暂时不用物料的管理

第15条　暂时不用物料，指由于生产要素的制约或突变，本次生产活动结束后仍无法全部使用完毕的材料。

第16条　暂时不用的物料应存放在"原料区"，并在封存后方可移到该处，具体管理要求如下。

1. 只有小日程（即每名作业人员或机械从作业开始到结束为止的计划，时间从数日到数星期）计划生产的物料才可以在该暂时存放区域摆放。

2. 属于小日程生产计划需要，但数量多、体积庞大或保管条件复杂的材料，应退回仓库管理。

3. 中日程（即关于制造日程的计划，时间多为一个月或数个月）或是大日程（即为期数月或至数年的计划），规定了从产品设计开始到原材料、部件采购直至产品加工制造这一段时间计划生产需要的材料应退回仓库管理。

4. 不管是现场保管还是退回仓库，物控人员都必须保证物料的质量不会有任何劣化。

第5章　其他相关要求

第17条　阶段生产计划结束后，物控人员应回收所有剩下的物料，包括余料、残料和不良品等。

第18条　物控人员在将收集好的物料清点数量后，放入指定包装袋中并进行标识，按工厂要求处理。

第19条　作业人员和物控人员应定期对现场物料进行巡查，以防丢失。

第6章　附则

第20条　本规定由生产部负责起草和制定。

第21条　本规定自颁布之日起实施。

修订记录	修订标记	修订处数	修订日期	修订执行人	审批签字

二、物料使用监控办法

制度名称	物料使用监控办法		受控状态	
			编　号	
执行部门		监督部门	编修部门	

第1章　总则

第1条　目的

为了提高生产现场的物料管理效果，减少物料浪费现象，有序规划物料使用，特制定本办法。

第2条　适用范围

本办法适用于工厂物料使用监督工作。

（续）

第3条　相关职责

物控人员负责现场物料使用监督工作，其他部门予以配合。

第2章　车间物料分发管理

第4条　车间物料保管

物料从仓库领出来以后存放在现场指定位置，车间主任、班组长等相关管理人员应做好检查、堆码等物控工作。

第5条　车间物料发放

本工厂车间物料的发放包括如下两种方式。

1. 对于常规性、大数量的物料领用，采用使用者用多少领多少、如实登记的方式。

2. 如工厂采用指定工作量计件生产的方式，则采用一次性分配物料的方式，即给每位工序员发放与其承担的工作量相适应的物料，由员工自行保管。

第6条　发放记录控制

各车间应指定人员负责物料分发和使用，确保车间员工在生产过程中无违反物料使用规定的地方，无浪费现象，并对发现的问题及时向上级汇报。

第3章　上线物料用量控制

第7条　上线物料的计划的定义

上线物料的计划，即在生产期（一般以月计算）的物料需求量，根据生产作业任务和物料消耗定额（主要原料为工艺消耗定额）来计算。

第8条　上线物料用量的计算方法

本工厂上线物料用量计算主要采用以下两种方法。

1. 直接计算法：即根据生产计划和物料消耗定额直接确定物料需求量。计算公式如下：

某种物料需用量 =（计划产量 + 技术上不可避免的废品数量）× 单位产品该物料消耗定额 −

计划回用的该物料废品数量某种辅助物料需用量 =（计划产量 + 技术上

不可避免的废品数量）× 单位产品该种物料消耗定额

2. 间接计算法：即按一定比例或系数估算物料需用量的方法，常用于辅助物料的计算。计算公式如下：

$$\text{某种辅助物料需用量} = \frac{\text{上期实际消耗量}}{\text{上期实际产量}} \times \text{本期计算产量} \times (1 - \text{可能降低消耗的百分比})$$

第4章　物料控制现场巡检

第9条　现场巡检的要求

现场巡检是确切了解物料使用情况的最直接办法，物控人员应加大现场巡检力度，如实做好巡检记录，及时上报异常情况，实现物料监控的目的。

第10条　现场巡检的目标和内容

现场巡检的主要目标和内容如下表所示。

（续）

现场巡检目标和内容	
目标	**主要内容**
了解物料到位情况	重点检查的物料到位情况主要包括以下六类 1. 新产品所需的物料和配件　　2. 进口物料和配件 3. 定做的配件　　　　　　　　4. 特殊要求的物料和配件 5. 采购计划限定数量的物料和配件　6. 贵重的物料和配件
了解物料的质量	物料质量重点核查的内容如下 1. 物料是否表里如一 2. 物料的各个部位、各个侧面品质是否一致 3. 物料品质是否与入库检验时一致 4. 物料的质量是否与要求的质量一致 5. 该质量等级的物料能否实现产品的使用功能 6. 物料有无人为或自然损坏 7. 该质量等级的物料是否在加工时增加了工作量而造成工时浪费 8. 是否由于利用率不高而使得总物料成本上升
了解物料的利用情况	了解物料的利用情况主要确认以下内容 1. 员工是否反映或抱怨物料定额偏低 2. 在作业现场是否有较多的报废品或报废物料 3. 物料耗用的比例是否与完成的零部件比例大致相同
查看物料有无无效耗用现象	物料无效耗用体现在以下三大方面 **1. 直接物料浪费** ◆ 加工错误而导致报废 ◆ 人为损坏导致报废 ◆ 丢失导致报废 ◆ 变质、过期导致报废 **2. 间接物料浪费** ◆ 多余功能造成的浪费 ◆ 工序问题造成的浪费 ◆ 设备问题造成的浪费 ◆ 设计或操作不合理造成的浪费 **3. 物料成本上升** ◆ 零散采购物料，使采购成本增加 ◆ 大量囤积暂时不用的物料，造成资金占用 ◆ 物料规格与型号不符 ◆ 既定物料缺乏，采用替代性物料而造成的浪费

（续）

（续表）

目标	主要内容
了解有无物料的挪用及替代	核查有无物料挪用或替代所要观察的事项如下 1. 所选用的替代物料质量与所需物料有何不同，对产品影响如何 2. 有无替代的必要性，替代后对其他产品影响如何 3. 替代物料规格的利用率如何
检查新物料的使用情况	检查新物料使用情况时主要注意以下问题 1. 新物料的性能是否稳定，是否适合产品生产需要 2. 新物料利用率如何，成本控制在什么范围之内 3. 新物料的供应情况如何 4. 新物料是否是最佳选择，有无更好的物料可替代

第5章　物料使用培训

第11条　物料使用培训是规范物料使用要领，提高物料使用效率的有效方式，物控人员应会同人力资源部组织相关人员参加培训。

第12条　物料使用培训的关键问题

1. 由于部门、车间、班组的不同而选用不同的培训内容。

2. 既要讲解物料的使用方法，又要培养每个员工的节约美德。

3. 引入新的物料时，应开展相应的物料使用培训。

4. 要印发有关讲义和制作"物料使用说明书"，发放给参训人员。

5. 将培训与考核相结合，提高员工的重视程度。

第6章　附则

第13条　本办法由生产部负责起草和修订。

第14条　本办法经工厂总经理审批后生效。

修订记录	修订标记	修订处数	修订日期	修订执行人	审批签字

第四节 物料退库与盘点

一、物料退库细则

制度名称		物料退库细则		受控状态	
				编　号	
执行部门		监督部门		编修部门	

第1章 总则

第1条 为规范退料工作，保证生产部顺利运行，降低不必要的损失，特制定本细则。

第2条 本细则适用于生产过程规定可退回仓库物料的退库作业管理。

第3条 补退料工作由生产部门协同仓储部负责。

第2章 退料范围界定

第4条 余料：当每批产品生产结束后，在换批或换品种前，可将剩余的物料、包装材料办理退库。

第5条 坏料：车间在生产中发现的不合格物料、包装材料可退回仓库。

第6条 废料：在生产过程中留下来的残料，本身还有残余价值，生产部应在一定期间内将其收集，办理退料。

第7条 退料包装规定：所退物料须包装严密，用原外包装原样包装好后标明品名、规格、批号、数量和退库原因等，经质监员检查签字后方可办理退料手续。

第3章 退料流程

第8条 对于领用的物料在使用时遇有物料质量异常、用料变更或节余时，生产部应将经部门主管签字后的"物料退库单"连同物料缴回仓库。物料退库单的样式如下表所示。

物料退库单

编号：　　　　　　　　　　　　　　　　　　　　　　　　日期：　年　月　日

退料部门			部门编号		
料号				退料理由	
名称				☐ 物料质量有问题 ☐ 领料过剩 ☐ 其他原因	
规格					
数量		单位			
单价		总价			
备注					

核准人：　　　　　　　质检员：　　　　　　　填单人：

（续）

第9条　物料质量出现异常欲退料时，应先将退料品及"物料退库单"送质量管理部检验，并将检验结果记于退库物料重检单内，再连同料品缴回仓库。退库物料重检单的样式如下表所示。

退库物料重检单

编号：　　　　　　　　　　　　　　　　　　　　　日期：　年　月　日

退料部门		部门编号	
类别			
数量		单位	
检验项目		检验方法	
检验结果		处理意见	

质检员：　　　　　　质检主管：　　　　　　仓管员：

第10条　对于生产部退回的物料，仓储人员依照检验退回的原因制定处理对策，如原因系由供应商所造成，应立即与采购人员协调供应商处理。

第11条　处理意见交由仓储主管与工厂副总审批，按其结果进行处理。

第12条　仓储部每天及时登记物料退回情况并注明原因，填写仓库账簿。

第4章　退料存放

第13条　余料存放

仓储部单设退料区，并分类堆放，在余料卡上填写入库的日期及数量，按先进先出的原则送生产部门使用。

第14条　坏料与废料存放

坏料与废料经质检人员验证后分区存放，仓储人员提出处理意见并得到批准后处理。

第5章　附则

第15条　本细则由仓储部制定，解释权归仓储部所有。

第16条　本细则自颁布之日起执行。

修订记录	修订标记	修订处数	修订日期	修订执行人	审批签字

二、物料盘点流程

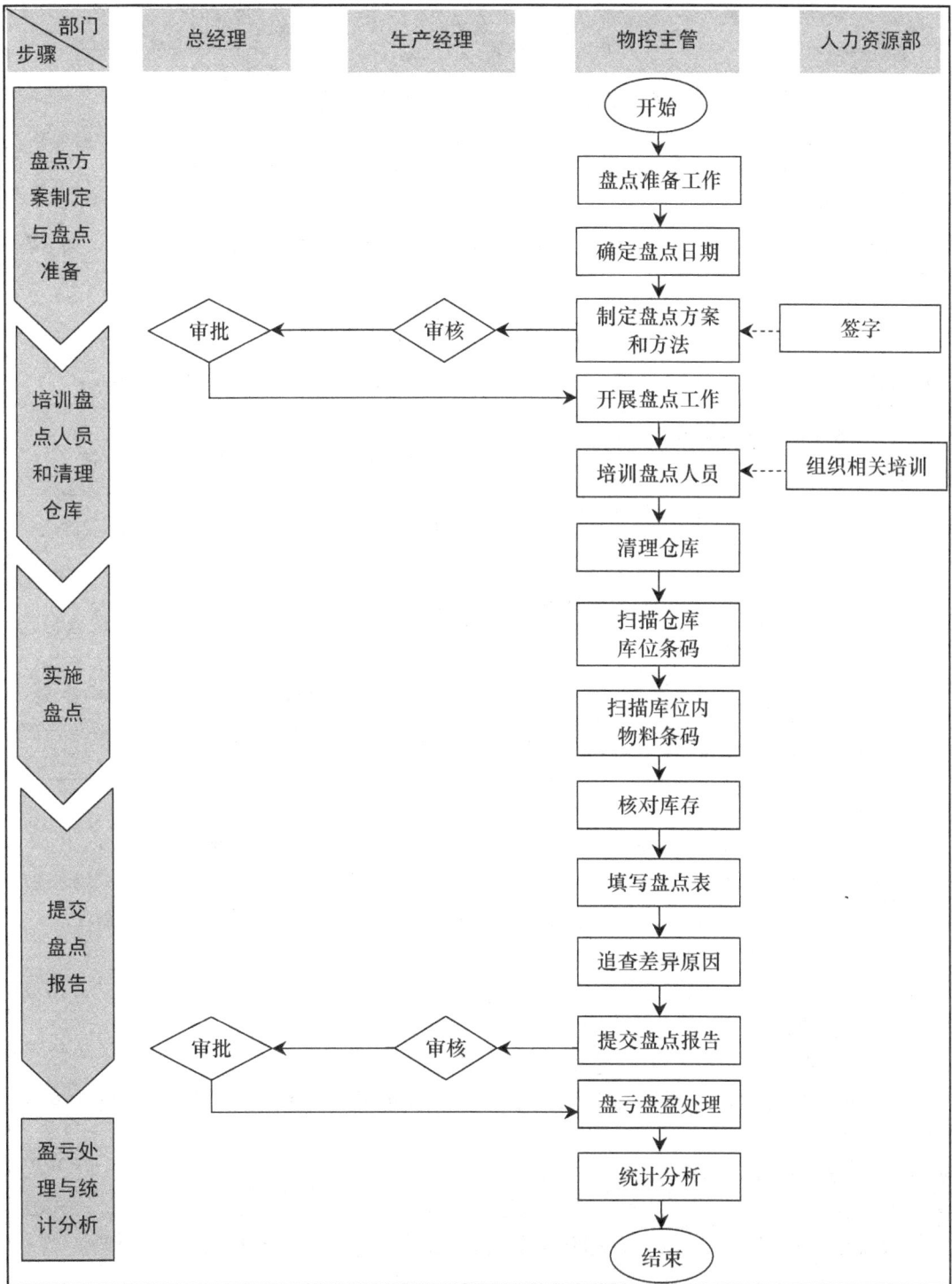

部门 步骤	总经理	生产经理	物控主管	人力资源部
盘点方案制定与盘点准备			开始 → 盘点准备工作 → 确定盘点日期 → 制定盘点方案和方法	签字
	审批 ←	审核 ←		
培训盘点人员和清理仓库			开展盘点工作 → 培训盘点人员 → 清理仓库	组织相关培训
实施盘点			扫描仓库库位条码 → 扫描库位内物料条码 → 核对库存 → 填写盘点表 → 追查差异原因	
提交盘点报告	审批 ←	审核 ←	提交盘点报告 → 盘亏盘盈处理	
盈亏处理与统计分析			统计分析 → 结束	

三、物料盘点方案

方案名称	物料盘点方案	编　号	
		受控状态	

一、实施目的

确切掌握物料库存量，明确损耗并对其加以改善，加强对仓库内库存物料的管理。

二、盘点方式

根据需要，每年盘点____次，盘点方式有循环盘点、定期盘点和临时盘点三种。具体内容如下表所示。

常见盘点方式及其特点

名称	概念	特点	常用方法
循环盘点	◆ 按照物料入库的先后顺序，每天、每月按顺序进行盘点，到月末或期末则每项物料至少完成一次盘点	◆ 盘点是在仓库管理人员的日常工作中进行，盘点时不必停止仓库作业，可减少停工的损失	◆ 盘点单盘点法、盘点签盘点法、货架签盘点法
定期盘点	◆ 又称全面盘点，由仓储主管领导会同其他仓管员按月、季、年度，对库存物料进行一次全面的清查盘点，是库存盘点的主要方式	◆ 能够对库存物料进行全面的盘点，且盘点准确性高，但是盘点时必须停止仓库作业，并且需要大量的人员从事盘点工作	◆ 分区轮盘法、分批分堆盘点法、最低存量盘点法
临时盘点	◆ 又称突击性盘点，根据需要在日常盘点没有及时跟上、仓管员办理交接、发生意外事故或在台风、梅雨、严寒等季节进行的临时突击盘点	◆ 盘点的内容根据实际需要而确定，可以是全面的，也可以是局部、重点的	◆ 根据具体需要灵活采用上述几种盘点方法

三、盘点实施

（一）人员组织

全面盘点应于盘点前____天安排妥善，并由相关部门编制盘点计划安排表，报总经理核定后组织实施。

（二）盘点前的准备工作

1. 告知

盘点前，采购员在订货时注明，或以电话、发函及其他方式告知，避免供应商在盘点时段送货。

（续）

2. 清理仓库

在进行实地盘点之前，为了更容易进行盘点，仓管人员及其他相关人员要对放置物料的场地进行清洁整理，仓库物料的清理最好按照5S活动中的整理、整顿规范来进行，清理要点如下。

（1）供应商所交来的物料尚未办完验收手续的不属于本厂，所有权应为供应商所有，必须与本厂现有物料分开，避免混淆，以免盘入工厂物料当中。

（2）验收完成物料应即时整理入库，若一时来不及入仓，可暂存于场内，登记在场所的临时账上。

（3）仓库关闭之前，必须通知各用料部门预领关闭期间所需的物料。

（4）清理清洁仓库，使仓库井然有序，便于计数与盘点。

（5）将呆滞物料、不良物料和废旧物料预先鉴定，与一般物料划定界限，以便正式盘点时作最后鉴定。

（6）将所有单据、文件、账卡整理就绪，未登账、销账的单据均应结清。

（7）仓库管理人员应于正式盘点前找时间自行盘点，若发现有问题应作必要且适当的处理，以便正式盘点工作的进行。

3. 盘点工具的准备

事先备好工作中所需的工具如计量用具、盘点表、笔等。

（三）现场盘点

1. 划分盘点区域

将仓库或盘点区域划分为几个区域，确保各区域之间不重合、不留有空白。

2. 人员分配

在进行实地盘点时，根据编制的"盘点计划安排表"展开盘点，一般由仓储部相关人员或主管部门人员负责初盘，财务等相关部门主要负责复盘、抽盘及监督等工作。

3. 盘点工作实施

盘点人员按照盘点时间表的安排完成仓库内存货盘点，并在"盘点单"上记录品种规格、代码、数量等内容，盘点责任人进行账目和支持文件的核对。

4. 填写盘点单

"盘点单"一般为一式两联，盘点人员应根据清点后的数量记于"盘点单"（如下表所示）的第一联上，另一联供复盘人员填写。

盘点单

第一联			
物料名称		填写日期	
物料编号		存放货位号	
单位		数量	
填写人		盘点单号	

（续）

（续表）

第二联				
物料名称		填写日期		
物料编号		存放货位号		
单位		数量		
核对人		填写人	盘点单号	

注："盘点单"中的盘点单号为预先印刷的连续号码，应按顺序填写。填写错误时，也不得撕毁，应保留并上交。

5. 复盘

在初盘人员清点完货物并填写"盘点单"后，复盘人员要对清点结果进行检查，并据实填写"盘点表"的第二联。若复盘数量与初盘数量不一致，应由初盘人员对其进行再次清点，以确定最终的数量。

（四）盘点结果

1. 盘点结果汇总

盘点后应将"盘点单"按编号发出数收回，并根据"盘点单"上的最终物料数量统计出物料的总量。"盘点单"是盘点实际库存的原始记录，收回后应妥善保存，以备与账、卡核对。

2. 盘点结果核对

将盘点所得的库存物料实际数量与库存账目进行核对。

四、盘点结果处理

盘点工作结束后，将实际库存与电脑库存相核对，若发现有账物不一的现象，应查明原因并进行分析。

（一）差异原因分析

发现账物不符，而且差异超过容许的误差时，应查明差异产生的原因。差异产生原因包括几个方面。

1. 账物处理系统管理制度和流程不完善，导致物料数据不准确。

2. 盘点时发生漏盘、重盘、错盘等现象，导致数据不准确。

3. 盘点前数据资料未结清，使账面数据不准确。

4. 出入库作业时产生误差。

5. 盘点人员在盘点过程中的过失，如货物损坏、丢失等。

（二）差异处理

1. 仓库物料盘盈时，可借记"原材料"等科目，贷记"待处理财产损溢—待处理流动资产损溢"；经领导审核批准后，结转盘盈的物料，以冲减管理费用。

（续）

2. 仓库物料盘亏时，借记"待处理财产损溢—待处理流动资产损溢"，贷记"原材料"、"应交税费—应交增值税（进项税额转出）"等科目；经查属于保管人保管不当造成时，批准后结转成"其他应收款"；经查必于非正常原因造成时，可转入"营业外支出—非常损失"。

（三）调整账面数量

当盘点实际数量与账面数量不符时，仓库管理人员或主管部门负责人对其产生差异的原因进行分析后，将盘点结果上报给相关管理部门，并根据管理部门的批示调整相应的账面数量。

1. 相关负责人审核"仓库实物盘点表"和"盈亏盘点表"后，据以填制"盘点结果报审表"（1～3 联），写明盈亏的主要原因，报相关领导审批。

2. 经相关领导审批签字后，第一联仓库商品账留存，第二联转交会计，第三联转交统计。

五、上报盘点结果

通过盘点工作查清实际库存后，仓库管理人员及其他相关人员向上级部门及时报告盘点结果。

根据盘点后的结果及领导的批示，仓库管理人员要办理库存账目、货物明细卡的更改手续，以保证账、物、卡相符。

六、盘点工作要求

（一）加强领导

盘点工作领导小组要加强本厂资产清点工作的组织领导，各主管部门盘点小组要切实履行责任，保证资产清点结果真实可靠，并确保盘点工作按时完成。

（二）精心组织

在进行全面盘点工作之前，盘点工作领导小组要做好动员、培训工作，并根据各小组的盘点工作计划按时完成盘点工作。

（三）严肃纪律

1. 盘点开始至结束期间，各组盘点人员均受盘点负责人指挥监督。

2. 在盘点过程中，原则上负责盘点各有关人员不准请假。若有事需离开，应事先请假，获准后方可离开，各有关人员不得擅自离开岗位。

3. 对盘点过程中出现的违纪行为，应按相关规定采取相应的处理措施。

编制人员		审核人员		审批人员	
编制时间		审核时间		审批时间	

第五节　不良物料的处理

一、不良物料处理流程

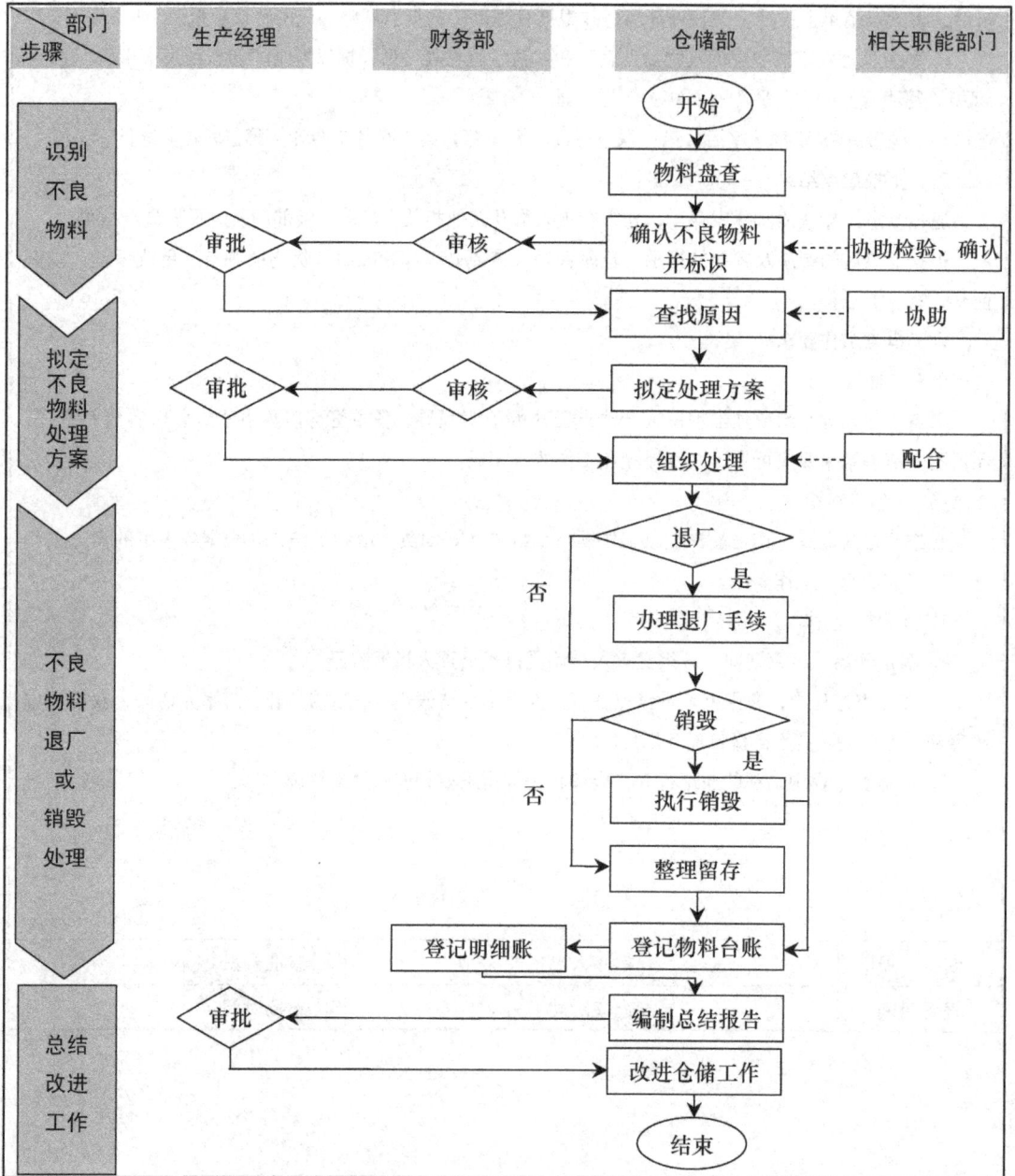

步骤＼部门	生产经理	财务部	仓储部	相关职能部门

```
                                          ( 开始 )
                                             ↓
                                        ┌─────────┐
                                        │ 物料盘查 │
                                        └─────────┘
                                             ↓
识别        ◇审批◇ ← ◇审核◇ ← ┌──────────────┐ ←---- ┌──────────────┐
不良                              │确认不良物料  │        │协助检验、确认 │
物料                              │并标识        │        └──────────────┘
                │                 └──────────────┘
                ↓                       ↓
                └──────────→      ┌─────────┐      ┌──────┐
                                  │ 查找原因 │ ←----│ 协助 │
                                  └─────────┘      └──────┘
                                       ↓
拟定      ◇审批◇ ← ◇审核◇ ←   ┌─────────────┐
不良            │                 │ 拟定处理方案 │
物料            │                 └─────────────┘
处理            ↓                       ↓
方案            └──────────→     ┌─────────┐      ┌──────┐
                                 │ 组织处理 │ ←----│ 配合 │
                                 └─────────┘      └──────┘
                                      ↓
                                  ◇ 退厂 ◇
                          否 ┌──────┤  是
                            │       ↓
                            │  ┌──────────────┐
                            │  │ 办理退厂手续 │──┐
                            │  └──────────────┘  │
                            │       ↓            │
                            │   ◇ 销毁 ◇         │
不良                        │ 否 ┤  是           │
物料                        │    ↓               │
退厂                        │ ┌─────────┐        │
或                          │ │ 执行销毁 │───────┤
销毁                        │ └─────────┘        │
处理                        │    ↓               │
                            │ ┌─────────┐        │
                            └→│ 整理留存 │        │
                              └─────────┘        │
                                   ↓             │
              ┌─────────┐    ┌──────────────┐   │
              │登记明细账│ ← │ 登记物料台账 │ ←─┘
              └─────────┘    └──────────────┘
                                   ↓
总结      ◇审批◇ ←──────────┌──────────────┐
改进            │               │ 编制总结报告 │
工作            ↓               └──────────────┘
                └──────────→   ┌──────────────┐
                               │ 改进仓储工作 │
                               └──────────────┘
                                    ↓
                                 ( 结束 )
```

识别不良物料

拟定不良物料处理方案

不良物料退厂或销毁处理

总结改进工作

二、不良物料处理规范

制度名称	不良物料处理规范		受控状态	
			编 号	
执行部门		监督部门	编修部门	

第1章 总则

第1条 目的

为合理处理不良物料，降低不良产品产生的风险，减少本厂损失，特制定本规范。

第2条 适用范围

本规范适用于库存呆废料的管理与处理相关事项。

第3条 相关责任

1. 班组人员发现和及时上报不良物料。

2. 制程检验人员负责不良物料的检验。

3. 仓储人员负责不良物料的处理工作。

第2章 不良物料分级、标识

第4条 不良物料的分级

本工厂对不良物料采用分级处理方法，具体如下表所示。

不良物料分级处理表

缺点等级	严重程度	判定标准	处理方法
A	致命缺点	1. 有可能导致人身不安全状况的缺点 2. 使产品机能完全丧失而无法使用的缺点	销毁处理、退厂处理
B	重缺点	1. 由于性能不合格会降低产品的实用性，导致难以完成初期目标的缺点 2. 在使用时需改造和交换部件等导致多余麻烦的缺点 3. 在使用初期尽管没有产生大的障碍，但能导致缩短产品寿命的缺点	退厂处理、维修处理
C	轻缺点	几乎不会对产品的实用性或有效使用、操作等带来影响的轻微缺点	特采处理

第5条 不良物料的标识

为确保不良物料在生产过程中不被误用，本工厂要求应对不良物料进行正确色标标识。色标形状为一张正方形（2cm×2cm）的有色粘纸，不同颜色代表不同含义，具体如下表所示。

（续）

色标含义和粘贴要求

颜色	含义	指定粘贴处
绿色	代表不良物料已通过特采申请，可使用	贴于外包装或容器右下角
黄色	代表不良物料在进行检验中	贴于外包装或容器右上角
红色	代表不良物料需要进行销毁或退厂处理	贴于外包装或容器左上角

第3章　不良物料的特采处理

第6条　特采原则

1. 特采的原材料、外包加工品对生产的安全性、公害性及重要机能不得有危害，并且不会导致质量问题。

2. 对成品的功能和价值的影响相当微小。

3. 如合约有规定时，特采需经客户同意。

第7条　特采申请和处理

1. 不良物料使用部门填写"特别采用申请书"，申请书的样式如下表所示。

特别采用申请书

编号：　　　　　　　　　　　　　　　　　　　　　　申请日期：　　年　月　日

申请单位		品　　名		厂商名称	
使用机型		材料编号		数　　量	
异常内容					
特采理由					
检验讨论结果	制造				责任人：
	品管				责任人：

总经理		研发		制造		品管		生产	

2. 为决定是否通过特采，技术部门检验人员应进行检验和讨论，内容包括以下两大项。

（1）使用特采申请品后对产品的技能、可靠性的影响。

（2）判定为有条件使用后，对使用要求进行明确。

第8条　特采物料的使用

1. 特采被批准后，技术部门向使用部门发放相应文件。

2. 生产过程中，如因为使用特采物料引起生产质量或工序异常时，生产部门要及时通知技术人员并采取有效措施。

（续）

	第 4 章　不良物料的返工处理

第 9 条　对于脏污、划伤等外观问题或有其他瑕疵，但对产品机能影响不大的不良物料，可通过返工、修理方式处理。

第 10 条　技术人员应对返工、修理等处理后的可用品进行再次检验，确认达到标准后方可投入使用。

第 5 章　不良物料的退厂处理

第 11 条　技术部门检验人员对不良物料进行检验，并出具"检验报告"。

第 12 条　生产部依据"检验报告"到仓储部办理不良物料退库手续。

第 13 条　物控人员应及时通知采购人员与供应商联系。

第 14 条　采购人员与供应商依据合同协议沟通，协商不良物料退厂。

第 15 条　财务人员负责相关款项追收和账目调整工作。

第 6 章　不良物料的销毁处理

第 16 条　对于无法通过特采、返工、维修或退厂的不良物料，应做销毁处理。

第 17 条　拟做销毁处理的，应由物控部门开具"物料销毁单"，经有核准权限的人员批准后进行销毁。

第 18 条　欲销毁不良物料应依照本工厂规定集中存放，并按其结构进行解体和利用，剩余物料分类销毁。

第 7 章　附则

第 19 条　本规范由生产部制定，解释权归生产部所有。

第 20 条　本规范自颁布之日起执行。

修订记录	修订标记	修订处数	修订日期	修订执行人	审批签字

三、现场呆滞料管理办法

制度名称	现场呆滞料管理办法		受控状态	
			编　号	
执行部门		监督部门	编修部门	

第 1 章　总则

第 1 条　目的

为了对工厂生产现场的呆滞料进行有效的预防控制和及时处理，防止库存资金积压，提高物料储存能力，提高存货周转率，促进工厂生产运营的良性运作，特制定本办法。

（续）

第2条　适用范围

本办法适用于生产现场所有呆滞料的管理，包括对原材料、包装物、低值品、半成品、在制品及成品的呆滞料管理。

第3条　相关释义

呆滞料是指凡品质（型式、规格、材质、效能）不合标准，存储在库却无使用机会，或物料存量过多、耗用量极少而存货周转率极低，或因陈腐、劣质、革新等现状已不适用现行生产，需专案处理的材料。

第4条　呆滞料的处理应遵循以下原则。

1. 在开发新产品时，技术开发部应优先考虑呆滞料的应用。

2. 对于库存量过多的呆滞料，技术开发部应研究将其用于现有产品或其他替代用品的可能性。

3. 对于已停止生产的产品，应维持必要的修复零件和物料。

第2章　现场呆滞料管理职责分工

第5条　厂长负责根据 ISO 9000 体系规定的权限对呆滞料的处置进行审批。

第6条　生产部在生产现场呆滞料管理方面的职责如下。

1. 负责定期对车间生产现场的物料进行盘点、清理、退库工作。

2. 负责提出呆滞废料的处理申请。

3. 负责生产过程中呆滞料产生的预防控制工作，提出呆滞料处理申请，询证、判定呆滞料产生的原因。

4. 组织相关部门进行评审工作，对评审结果提交相应的部门进行处理，并对评审工作编写文字报告，上报工厂领导。

5. 对需返修返工的呆滞料下达返修单指令。

第7条　仓储部在生产现场呆滞料管理方面的职责如下。

1. 负责呆滞料库存月报表的编制。

2. 负责呆滞料的接收、储存管理工作。

3. 配合相关部门做好呆滞料处置工作。

第8条　品质管理部在生产现场呆滞料管理方面的职责如下。

1. 负责对呆滞废料进行检验，追查呆滞料六个月无异动的原因，拟定处理方式及处理期限。

2. 呆滞料留用部分的督促使用。

第9条　技术开发部在生产现场呆滞料管理方面的职责如下。

1. 负责提出呆滞料的解决办法，并提出相应的处理意见。

2. 产品工艺发生变更后，应第一时间通知生产部并给予相关指引，防止呆滞料的产生。

第10条　行政部在生产现场呆滞料管理方面的职责如下。

1. 负责呆滞料的变卖、遗弃等处理工作。

2. 建立可变卖和不可变卖的废品池，并在接到报废通知起两周内按环保体系的要求处理废品。

第11条　财务部在生产现场呆滞料管理方面的职责如下。

1. 负责对呆滞料处置过程的监控、核价、评估。

2. 呆滞处置的账务处理等工作。

（续）

第3章　生产现场呆滞料的处理程序

第12条　对于呆滞料处理每月组织一次评审清理工作。

第13条　仓储部在每月29日之前提供"呆滞料明细表"给生产部。"呆滞料明细表"具体格式如下表所示。

呆滞料明细表

制表人：　　　　　　　　　　　　　　　　　　　　　　　日期：＿＿年＿月＿日

物料编号	物料名称	未使用月份	累计耗用	存量	存货金额	累计存货金额	占总存货（％）	累计

第14条　生产部在接到清单后两天内提出处理申请，拟写"呆滞料处理报告"并组织品质管理部和技术开发部进行呆滞料处置评审工作。"呆滞料处理报告"具体格式如下表所示。

呆滞料处理报告

申请部门：　　　　　　　　　　　　　　　　　　　　　　日期：＿＿年＿月＿日

物料名称	规格	处理原因	拟处理方式	数量	单价	金额	备注
厂长		生产副总		生产计划主管		仓库主管审核	
财务副总		技术开发主管		品质管理主管		制表人	

第15条　品质管理部和技术开发部同时对提报的呆滞料清单及申请报告在两天内进行判定，作出评审意见。

第16条　评审意见完成次日，生产部制作并将"呆滞料处理报告"提交财务部，财务部在三天内完成核价工作，作出审核意见并报送厂长审批。

第17条　厂长根据审批权限作出审批意见，超出审批金额权限的应转交总经理审批。未通过审批的，生产部自收到审批意见次日起组织相关部门对呆滞料进行重新评审，或采用其他方法解决。

第18条　生产部根据最终的审批意见，在收到审批意见后一天内进行一一处理。

1. 对报废的呆滞料，通知行政部处理。

2. 对可回收利用的呆滞料，通知仓储部处理。

（续）

3. 对需返工返修的呆滞料，自行下达返修工单指令。

第19条　仓储部负责配合呆滞料现场处理工作。

第20条　行政部、仓储部在接到生产部通知后，按照规定的职责执行。

第21条　生产部对该月的呆滞料处理工作进行小结，制作"呆滞料发生及处理结果汇总表"并上报厂长。"呆滞料发生及处理结果汇总表"具体格式如下表所示。

呆滞料发生及处理结果汇总表

制表人：　　　　　　　　　　　　　　　　　　　　　　　　　日期：＿＿＿年＿月＿日

物料名称	规格型号	物料状况	处理方式	预计残值	实际收入	备注

第22条　完成呆滞料处理工作后三日内，相关业务单据交财务部作账务处理凭证，同时复印三份：一份交行政部、一份交仓储部、一份连同"呆滞料处理报告"交还生产部作最终的处理凭据。

第4章　生产现场呆滞料的处理措施

第23条　对于生产现场不同情况下产生的呆滞料，应视情况选择最经济的处理措施。

第24条　退库

对于价值完好、使用率较低的现场呆滞料，退缴物料仓库集中处理。

第25条　调拨

对于原存置单位不适用，但工厂的其他分支机构对此类物料有需求的现场呆滞料，则可进行调拨处理。

第26条　交换

对于那些还有使用价值的现场呆滞料，可以考虑和原供应商或制造厂换其他可用物料，或与其他机构交换。

第27条　拆用

对于那些即将报废的现场呆滞料，可与相关部门进行商议，对于其中还能够使用的部分如零件等，在拆卸后使用，提高滞料的价值。

第28条　组装维修

对于那些即将报废的现场呆滞料，可进行组装维修，使其成为其他有价值、更耐用的材料。

第29条　出售

对于那些无法转用的现场呆滞料，应按其类别、用途、品质状况、账面价值等方面列出清单，报请批准出售。

第30条　留存

对于那些预估将来还有使用机会，且储存成本不高的现场呆滞料，则可加以留存。例如已经宣布废止不做的产品，仍需保留其特殊需要的零件以备客户送修维护之用。

（续）

第31条　报废

对于那些无法采取以上的措施处理的现场呆滞料，应提请准予报废，并按相关的手续进行报废处理。

第5章　生产现场呆滞料的预防措施

第32条　生产部在预防呆滞料产生方面，可采取下列四项措施。

1. 加强产销的协调，增加生产计划的稳定性，对紧急订单妥善处理。

2. 生产计划的拟定应合乎现状，以防生产计划错误而造成备料错误。

3. 加强生产线领料、退料的管理，提高领料准确性。

4. 新旧产品的更替及生产计划应十分周密，以防止旧材料变成呆滞料。

第33条　销售部在预防呆滞料产生方面，可采取的措施如下。

1. 加强销售计划的稳定性，对销售计划的变更要加以规划，切忌销售计划变更频繁，使得生产和销售失去平衡，造成呆滞料的产生。

2. 销售人员应把控订单的稳定性，尤其是特殊订单不宜让客户随意地取消或变更，包括订单量、产品型号或规格的变更，若有变更，要及时通知生产部做好调整安排。

3. 销售人员接受的订单需求信息，应准确无误的传递给生产部，避免信息传递的偏差导致产销失衡，造成大量呆滞料的产生。

第34条　技术开发部在预防呆滞料产生方面，可采取的措施如下。

1. 强化研发设计人员的工作能力，减少设计错误的机会，避免因设计错误而产生大量呆滞料。

2. 研发设计时应力求完整，严格遵循样品加工—调试—小批量实验—调试—大批量生产这一过程，而后进行大批量物料的请购和领用。

第35条　物料管理部在预防呆滞料产生方面，可采取的措施如下。

1. 加强材料计划的稳定性，消灭材料计划失常的现象。

2. 对存量加以控制，勿使存量过多，以减少呆滞料产生的机会。

3. 加强物料领用管理，适量合理领用。

第36条　采购部在预防呆滞料产生方面，可采取下列措施。

1. 减少不当的物料请购、订购机会。

2. 加强供应商管理，提高来料品质。

第37条　品质管理部在预防呆滞料产生方面，至少应遵循如下要求。

1. 物料精细验收，提高验收质量。

2. 检验设备及时更新换代，保证验收质量，减少不良物料入库机会。

第6章　附则

第38条　本办法未尽事项依工厂相关规定处理。

第39条　本办法经总经理审批通过后，自发布之日起执行。

修订记录	修订标记	修订处数	修订日期	修订执行人	审批签字

生产现场物流改善精细化管理

第十章

第一节 现场物品搬运

一、现场物品搬运细则

制度名称	现场物品搬运细则		受控状态	
			编　　号	
执行部门		监督部门	编修部门	

第1章 总则

第1条 为使搬运作业有序进行，保证正常生产并维护物品的品质功效，特制定本细则。

第2条 本细则适用于生产现场的物品搬运作业。

第3条 物控人员及搬运人员负责物品搬运和相关管理工作。

第2章 物品搬运的原则和要求

第4条 物品搬运的原则包括但不限于下列六点。

1. 搬运设计尽量合理，如无必要，尽量不要搬运。

2. 待运物品须处在易于移动的状态，以利于搬运。

3. 利用重力减轻人力、物力的消耗，节约能源。

4. 在工厂条件允许的情况下，尽可能采用机械化搬运，以提高劳动生产率。

5. 保持搬运流程的畅通。

6. 将一定数量的物品集中并用托盘或集装箱盛放，构建利于机械搬运和装卸的单元货载系统。

第5条 物品搬运的要求如下。

1. 在搬运作业中，对易磕碰的关键部位应提供适当的保护，如保护套、防护罩等。

2. 选用与物品特点相适应的容器和运输工具，如托盘、货架、板条箱和叉车等。

3. 在搬运精密、特殊的物品时要防止震动，并注意对温度、湿度等环境的要求。

4. 在物品搬运过程中，若需要通过环境有污染的区域时，应对物品加以保护。

5. 对易燃、易爆或对人身安全有影响的物品，因按照搬运要求严格执行。

第3章 一般物品的搬运

第6条 搬运人员应准确识别物品包装的搬运标识。

第7条 在搬运物品前，搬运人员应先对物品的大小和重量进行预估，太大或太重，不便于人力搬运时，最好采用机械辅助搬运。

第8条 搬运物品前，搬运人员必须采取保护措施，如穿戴手套、口罩、工作服和安全帽等。

第9条 搬运物品前，搬运人员应先检查现场外包装是否有钉等尖锐凸起物，各部件是否有松动现象，以免造成损伤。

第10条 搬运物品时，搬运人员应握紧物品以免物品脱落，脚步要稳，避免受伤。

（续）

第11条　放置物品时，搬运人员要小心轻放，不能猛撞或摔落以防损坏物品。

第12条　对标注有放置方法的物品，要按标注方法放置，同时要将其标签朝外，以便识别、取用。

第4章　危险物品的搬运

第13条　搬运前，安全管理部应根据危险物品性质和作业环境要求进行告知，制定防护措施。

第14条　搬运人员搬运危险物品时应按照作业要求佩戴相应的防护用具，禁止违章作业。

第15条　搬运人员在搬运过程中必须轻搬轻卸，防止撞击、重压、拖拉和倾倒，不得毁损包装容器。

第16条　对于易爆、易燃、剧毒和放射性等物品的搬运，搬运人员应选用符合安全要求的搬运工具。

第17条　搬运危险物品前，搬运人员应对装运工具进行清洁，装卸后及时清理，不得留有残渣。

第5章　附则

第18条　本细则由生产部负责起草和修订。

第19条　本细则经工厂总经理审批后生效。

修订记录	修订标记	修订处数	修订日期	修订执行人	审批签字

二、搬运动作改善方案

方案名称	搬运动作改善方案	编　号	
		受控状态	

一、目的

为了改善生产现场物品的搬运状况，提高搬运作业的安全性，特制定本方案。

二、适用范围

本方案主要针对生产工序内的物品搬运或是在某个工序与前后相关工序之间的物品搬运工作。

三、搬运分析

（一）生产线及工序特征分析

搬运主管应对生产流程及生产工序的特征进行分析，以便确定合理的搬运方法，改进搬运效果。

生产线及工序特征对物品搬运办法的影响

生产线及工序	特征	物品搬运着眼点
不固定生产流程	◆ 适当配置机械（个别生产） ◆ 物品需求根据生产计划而变化 ◆ 各工序之间的停滞比较明显	◆ 从整理、整顿入手，注意装卸和停滞问题

（续）

（续表）

生产线及工序	特征	物品搬运着眼点
固定型生产流程	◆ 把物品放置到机械上，机械与机械之间的搬运通过人工完成	◆ 物品搬运要注意操作环节，重视放置方法，减少不合理搬运
半自动化流水线	◆ 已经改进的方式和原用方式混合，存在有待改进的地方	◆ 着眼工序间的衔接，保证流水线进出口畅通
自动化流水线	◆ 自动机械能连续配置，构件由传送带、铲车等自动传送	◆ 要着眼于流水线的进出口，确保物品供应顺畅

（二）搬运物品特性分析

针对待搬运物品的类型、大小、重量、包装方式、容器尺寸、形状、搬运等级等因素进行分析，根据分析结果采用适当的搬运方式。其中，搬运等级分析可从"紧急搬运"或"普通搬运"两个等级进行。

四、危险物品搬运改善

危险物品是指存有安全隐患的所有物品，包括汽油、压缩气体、液化气体、硫酸、射线机械等。对危险物品的搬运要求如下表所示。

危险物品搬运要求

序号	危险物品种类	搬运要求
1	爆炸品	(1) 作业前检查危险品包装是否完整、坚固，使用的工具是否良好 (2) 禁止参加作业的人员携带烟火器具，禁止穿有铁钉的鞋子 (3) 搬运交接物品要手对手、肩对肩，交接牢靠 (4) 装卸物品时，散落的爆炸物要及时用水湿润，再用锯末或棉絮等物品将其吸收，并将吸收物妥善处理
2	氧化剂	(1) 应采用搬运工具辅助搬运，在装车前打扫卫生，不得残留酸类、煤炭、硫化物和磷化物 (2) 装运前，应保持搬运工具或容器的通风情况良好 (3) 对于散落在搬运工具或地面上的粉状、颗粒状氧化物，应先撒上沙土，再清理干净
3	压缩气体和液化气体	(1) 应选用专用的搬运器具，禁止肩扛或滚动 (2) 搬运器具、车辆、手套、防护服上不得沾有油污或其他危险物品，以防引起爆炸 (3) 钢瓶应平卧或堆放，垛高不得超过四个，禁止日光直接暴晒

（续）

（续表）

序号	危险物品种类	搬运要求
4	易燃品	（1）作业时应开门通气，避免可燃气体聚集 （2）对于桶装液体、电气物品，若发现容器膨胀，应使用铜质或木质的扳手轻轻打开排气孔，之后方可作业 （3）雨雪天气如防雨设备不良时，禁止搬运遇水燃烧的物品 （4）搬运易挥发液体的瓶罐时，开盖前要松开螺栓，并停留几分钟后再开启，装运完毕后应将阀门和螺栓拧紧
5	剧毒品	（1）搬运前应保持周围通风环境良好 （2）作业时应穿好防护用具，作业后及时沐浴 （3）对于使用过的防护用具、工具等，最好集中洗涤并消毒 （4）患有慢性疾病的人员不能参加此项作业 （5）作业人员的工作时间不宜过长，最好间隔休息，作业中如发现有头晕、恶心等现象，应立即停止作业并及时处理
6	腐蚀性物品	（1）应选用适当的搬运器具辅助搬运 （2）作业前应准备充足干净的冷水，以便人身、车辆和工具等受到腐蚀时能够及时得到清洗 （3）搬运石灰时，应在石灰上放置垫板，不准在雨中作业，严禁将干石灰、湿石灰混装在一起 （4）装过酸、碱的容器不得胡乱堆放
7	放射性物品	（1）相关专业人员在作业前进行检查和鉴定以确认是否可以搬运，并选择合适的装卸方法和搬运时间 （2）作业人员在搬运前应做好防护工作，保证精力集中 （3）作业后作业人员应将防护用具交回专门保管场所，并及时沐浴更衣

五、贵重易损物品搬运改善

（一）贵重易损物品的定义

贵重易损物品包括玉器、瓷器、艺术品、精密器械、仪表、玻璃器皿等。

（二）贵重易损物品的搬运要求

1. 小心谨慎、轻拿轻放，严禁摔碰、撞击、拖拉、翻滚、挤压、抛扔和剧烈震动。

2. 严格按包装标识搬运和摆放。

3. 理解并遵守各种物品的搬运要求。

（续）

4. 盛装器皿必须符合物品特性，必要时要专用。	

5. 金、银材料和水银、有色重金属等因具有价值巨大的特性，有必要按照工厂要求的方式搬运。

六、超长、大、重物品搬运改善

（一）超长、大、重物品的定义

超长、大、重物品指的是长度超长、体积超大、重量超重的物品，如大型机械设备、钢结构等。

（二）超长、大、重物品的搬运要求

1. 选择安全性能有保障的搬运设施，如桥式起重机、门式起重机。

2. 搬运重量不能超出机械的负载量。

3. 选择安全性能高、耐磨、强度高的索具，如钢丝绳等。

4. 安全系数不能小于规定值。

5. 使用前应对搬运器械仔细检查。

6. 选择有经验、技术熟练的作业人员，有的工种需要持有上岗证方可操作。

7. 作业完成后应对安全性进行再确认。

七、物品搬运效率提高要点

作业人员在遵守各类物品搬运要求的基础上，应从以下几个方面提高搬运效率。

1. 减少搬运距离。

2. 减少物品搬运次数。

3. 控制装载量，合理分摊成本。

4. 提高搬运工具的空间利用率。

编制人员		审核人员		审批人员	
编制时间		审核时间		审批时间	

第二节　现场物流改善

一、物流环境设计方案

方案名称	物流环境设计方案	编　　号	
		受控状态	

一、目的

为了提高工厂现场物流作业效率，优化物流环境设计，特制定本方案。

二、适用范围

本方案适用于生产现场物料搬运路线设计、物料暂存库库位规划以及物流信息系统建设工作。

（续）

三、生产现场物料搬运路线设计

（一）物料搬运路线设计原则

1. 流动性原则，路线设计节点流畅、布局合理，保持物料运转的流动性。

2. 连续性原则，合理设置物料存放和使用的位置，减少搬运次数，保持搬运动作的连续性。

3. 最短距离原则，避免路线无效环绕情况，缩短搬运距离，提高物流效率。

4. 系统匹配原则，通道宽度应与搬运工具大小以及载重量相匹配，便于开展搬运作业。

（二）物料搬运路线常用类型

1. 直达型，指物料从起点到终点经过的路线最短，适合物流量大或特殊要求的物料。

2. 渠道型，指物料在预定路线上移动，与来自不同地点的其他物料一起运到同一终点，适合布置不规则或搬运距离较长的物料。

3. 中心型，各物料从起点移动到中心分拣处，然后再运到终点，适合物流量小且搬运距离长的物料。

（三）生产现场物料搬运七条路线

1. 物料从缺货台搬运到待检区。

2. 物料从待检区搬运到良品区或不良品区。

3. 物料从良品区拣出移送到生产配料区。

4. 物料从生产配料区搬运到生产线上。

5. 物料随加工活动而移动。

6. 成品从生产线搬运到成品暂放区。

7. 成品从暂放区移动到成品仓库。

（四）物料搬运路线常见问题

1. 搬运通道不畅通，无交叉点或交叉点衔接不合理。

2. 搬运路线曲折、环绕，增大作业时间成本。

3. 搬运容器不标准，需搬运的物料与选用的搬运工具性能参数不符合。

4. 搬运设备缺乏柔性，不能满足变动的搬运需求。

5. 搬运系统与生产系统不均衡，人、机、物三者生产力水平失衡，造成资源浪费。

四、生产现场物料暂存区的区位规划

（一）区位规划原则

1. 流畅性原则：区位与运输通道衔接良好，并符合搬运工具对作业场地的要求。

2. 分类原则：对不同类别的物料分区存放。

3. 方便原则：使用频繁的物料应配置于进出便捷的区位。

4. 先进先出原则：确保物料流转"先进先出"。

（二）库位规划说明

根据分类原则，工厂现场物料暂存库区应划分为如下表所列的几个区域。

（续）

物料暂存区区域划分说明

区域名称	用途	相关说明
待检区	放置待检验的生产物料	不同用途的物料分类放置
良品区	放置经检验将投入生产的物料	——
不良品区	放置作业前或作业中发生的不良物料	应与良品进行适当隔离，以防误用
半成品区	用来放置或转移半成品、零部件等	同一类产品归类放置，并进行标识
成品待检区	用来放置待检验的成品	同一个客户的产品放在
合格成品区	用来放置检验合格待入库的成品	同一区域，并进行标识
不合格成品区	用来放置检验不合格的成品	定期进行处理

（三）区位标识要求

1. 现场管理人员应依区位配置情况绘制"区位标识图"，并悬挂于现场明显处。

2. 每个区位应用指定颜色进行标识，并在标识牌上标注该区位放置物要求。

3. 区位内存放的物料/物品应在指定位置标识物料/物品名称、规格、数量和保管要求等信息。

五、生产现场物流信息系统建设

（一）物流信息系统建设原则

1. 信息化原则，通过面向生产现场的管理应用新模式，使生产现场内部、生产现场与相关部门之间达到信息共享。

2. 集成化原则，通过物流信息系统的整合，达到工厂内部各部门之间运作的完整统一。

3. 模块化原则，通过物料信息的收集分析，可以使生产现场各细分模块根据生产计划、订单要求进行组合和排列，在满足客户要求的同时提高工厂效益。

（二）物流信息系统构成

1. 硬件系统，包括计算机、通信设施和安全设施。

2. 软件系统，包括操作系统、业务处理系统和通信协议。

3. 信息资源，包括物流信息、数据、知识、模型等。

4. 人员，包括专业人员、终端使用人员。

（三）物流信息系统主要业务功能

1. 库存管理，对生产现场的暂存物料和成品进行管理，并提供仓库库存信息，有效协调生产。

2. 搬运装卸，通过搬运设备和装卸工具进行作业，降低人力劳动成本，保持生产的连续性，提高经济效益。

3. 包装分拣，对相关物料或成品进行快速包装分拣，加速作业处理流程，提高生产的时效性。

编制人员		审核人员		审批人员	
编制时间		审核时间		审批时间	

二、物流工具使用规定

制度名称	物流工具使用规定		受控状态	
			编　号	
执行部门		监督部门	编修部门	

第 1 章　总则

第 1 条　目的

为了规范物流工具的选择和使用，提高生产现场的物流管理水平，特制定本规定。

第 2 条　适用范围

本规定适用于生产现场物流工具的选择和使用工作。

第 3 条　相关解释

本规定所指物流工具是指生产现场的物料保管、包装、搬运、运输等物流环节所用到的工具，其中包括物流网络工具。

第 2 章　装卸工具的使用

第 4 条　生产现场物料装卸的主要工具

本工厂生产现场物料装卸主要采用手工和机械相互配合的方式，可使用的工具有撬杠、滚杠、跳板和叉车等。

第 5 条　撬杠的使用

1. 装卸人员应根据具体情况采用长、短、大、小适合的撬杠。

2. 操作时，撬杠应放在身体一侧，两腿叉开，两手用力。不准站在或骑在撬杠上面工作，也不准将撬杠放在肚子下面，以防发生事故。

第 6 条　滚杠的使用

1. 拿取滚杠时，四指伸进筒内，拇指压在上方，以防压手。

2. 装卸人员应在重物的下方放入托板，在托板的下方放入滚杠。

3. 使用的滚杠应大小一致，长短适合。

4. 使用过程中调整方向时，应使用锤子进行敲击，不得用手调。

第 7 条　跳板的使用

1. 必须使用厚度大于 50 毫米的跳板，凡腐朽、有扭纹和破裂的跳板，均不得使用。

2. 单行跳板，其宽度不得小于 0.6 米；双行跳板，其宽度不得小于 1.2 米。

3. 凡超过 5 米长的跳板，下部应设支撑。

4. 跳板两头应包扎铁箍，以防裂开。

第 8 条　手动堆高车的使用

1. 主要用来上下货物用，合适短距离操作。

2. 上下货物的次数不是很多、高度不超过 1.6 米时，可采用手动堆高车。

第 9 条　半自动堆高车的使用

主要用于上下货物，经常使用于上下货物次数频繁，升高为 1.6～3.5 米。

第 3 章　搬运工具的使用

第 10 条　搬运工具的选择

搬运工具的选择由物流量和距离决定，具体如下。

（续）

1. 距离短、物流量小，采用简单的搬运设备，如二轮手推车等。

2. 距离短、物流量大，采用较复杂的搬运设备，如带夹具的叉车。

3. 距离相对长、物流量小，采用简单的运输设备，如机动货车。

4. 距离相对长、物流量大，则需要复杂的运输设备，如电子控制的无人驾驶车辆。

第 11 条　搬运工具的使用要求

1. 搬运人员应按照物料大小和重量，选择适合的卡板叠放物料，并严格按照搬运工具的载重量操作。

2. 各种需要用叉车搬运的物料，在搬运前必须将物料合理叠放在卡板上，外包装上有特别标识的，必须按照标识要求叠放。

3. 使用铲车或叉车运输作业时应采用中速步伐前进，当拐弯或路面有变化以及进出电梯时，应预先减速，以免发生碰撞事件，造成损失。

4. 对于每辆车最后一排所装的物料，物料的重心应摆向车头方向，并在车厢加防护栏杆或防护带，以防在车辆开、关门时物料倾斜摔落。

5. 使用叉车搬运的人员，禁止站在叉车上滑行。使用铲车作业的人员，必须持有效的上岗合格证方可操作铲车。

第 4 章　仓储工具的使用

第 12 条　托盘的使用

1. 托盘应放置在阴凉干燥的地方，免受阳光暴晒，以免引起老化，缩短使用寿命。

2. 严禁将物料从高处抛掷在托盘内。

3. 合理确定物料在托盘内的堆放方式，保证物料均匀置放，不要集中堆放，应偏心堆放。

4. 承载重物的托盘应放在平整的地面或物体表面上。

5. 严禁将托盘从高处抛落，避免因猛烈地撞击而造成托盘破碎。

6. 叉车或手动液压车作业时，叉刺尽量向托盘叉孔外侧靠，且应全部伸进托盘内，在平稳抬起托盘后方可变换角度。叉刺不可撞击托盘侧面以免造成托盘破碎。

7. 托盘需上货架时，必须采用货架型托盘，承载量根据货架结构而定，严禁超载使用。

第 13 条　货架的使用

1. 货架的高度应与人体高度、装卸工具机能相适应。

2. 货架的摆放应符合通道设计，并便于叉车装卸搬运作业。

3. 货架承载物料的性能和重量应符合货架使用要求。

4. 合理使用横梁式货架、深层货架，增大存储密度，提高空间利用率。

第 5 章　附则

第 14 条　本规定由工厂生产部负责起草和修订。

第 15 条　本规定经总经理审批后生效并实施。

	修订标记	修订处数	修订日期	修订执行人	审批签字
修订记录					

三、生产物流改善方案

方案名称	生产物流改善方案	编　号	
		受控状态	

一、目的

为了有效控制生产物流体系，彻底减少生产过程中的无效物流，合理安排生产流程，减少等待时间，缩减物流成本，特制定本方案。

二、相关部门

生产物流改善工作由生产部负责，仓储部和PMC部门（即生产计划及物料控制部门）配合执行。

三、相关释义

生产物流是指在工厂生产过程中有关物料移动、加工成半成品、成品到最终成品入库的一系列活动发生的有关配料、配件等空间移动的过程。

四、改善要点

生产物流改善要点主要包括以下四个方面。

1. 配料区物料管理。

2. 生产物流作业过程管理。

3. 在制品管理、半成品管理。

4. 成品下线的管理。

五、改善方法

1. 规范物料管理，严格库存管理，优化生产过程，具体措施如下表所示。

物料管控和生产过程优化措施表

措施	说明
规范物料管理	◆ 对产品采用条形码管理，对零部件等采用动态物料编码规范，取消一物多名、无序的管理方式
简化物料统计	◆ 通过连接车间与仓库之间、各车间之间、车间与生产部之间和生产系统与财务之间的接口，实现信息平台共享，减少冗余信息出现
严格管理库存	◆ 推行物料采购计划，仓库按采购单收货，车间实行物料"日清日结"的管理方式，提高生产物料量化管理的程度
规范生产过程	◆ 设立工艺技术小组，推行工艺设计与现场管理相结合的管理制度和生产物料清单管理制度
实现定置管理	◆ 在车间推行定岗、定位、定加工中心管理，调整部分工艺路线，疏通车间与车间的物流通道

（续）

2. 合理设置对生产物流作业的全过程控制。

对生产物流作业的控制包括对原材料、半成品和生产进度配合的控制，对在制品和产成品产出物料的控制，具体实施要点如下。

（1）做好生产计划编排、物料请购等工作，协调物流能力配置。

（2）跟进采购进度控制，把握先机，确保物料供应满足生产需要。

（3）做好现场物料的使用管理工作，及时补充库存。

（4）推进先进搬运工具的使用，提高现场物料装卸搬运工作效率。

3. 对于在制品、半成品的管理，改善工作要点有如下四个方面。

（1）控制在制品在生产过程中的占用量和储备量，确保车间生产的连续性。

（2）健全在制品、半成品的收发领用制度，根据"入库单"、"领料单"严格按计划限额收发。

（3）对在制品、半成品在工作地之间、工段之间、工段与仓库之间进行记账核对，及时结清收发账目，妥善处理报废、代用和补发等账务。

（4）控制因生产流程变化而产生的在制品、半成品数量、规格型号的变化情况，对发生的报废、返修、回用等各现象进行及时的账务处理。

4. 以物流信息控制生产流程，具体工作要点如下。

（1）完善物流信息系统的建设，确保物流信息系统包含生产流程的各模块。

（2）实现物流信息系统各子模块的共享交互，打破信息孤岛现象。

（3）采用专业物流信息分析软件，通过数据分析结果提出更进一步的改善方案。

编制人员		审核人员		审批人员	
编制时间		审核时间		审批时间	

生产现场人员精细化管理

第十一章

第一节　生产人员培训

一、生产人员培训流程

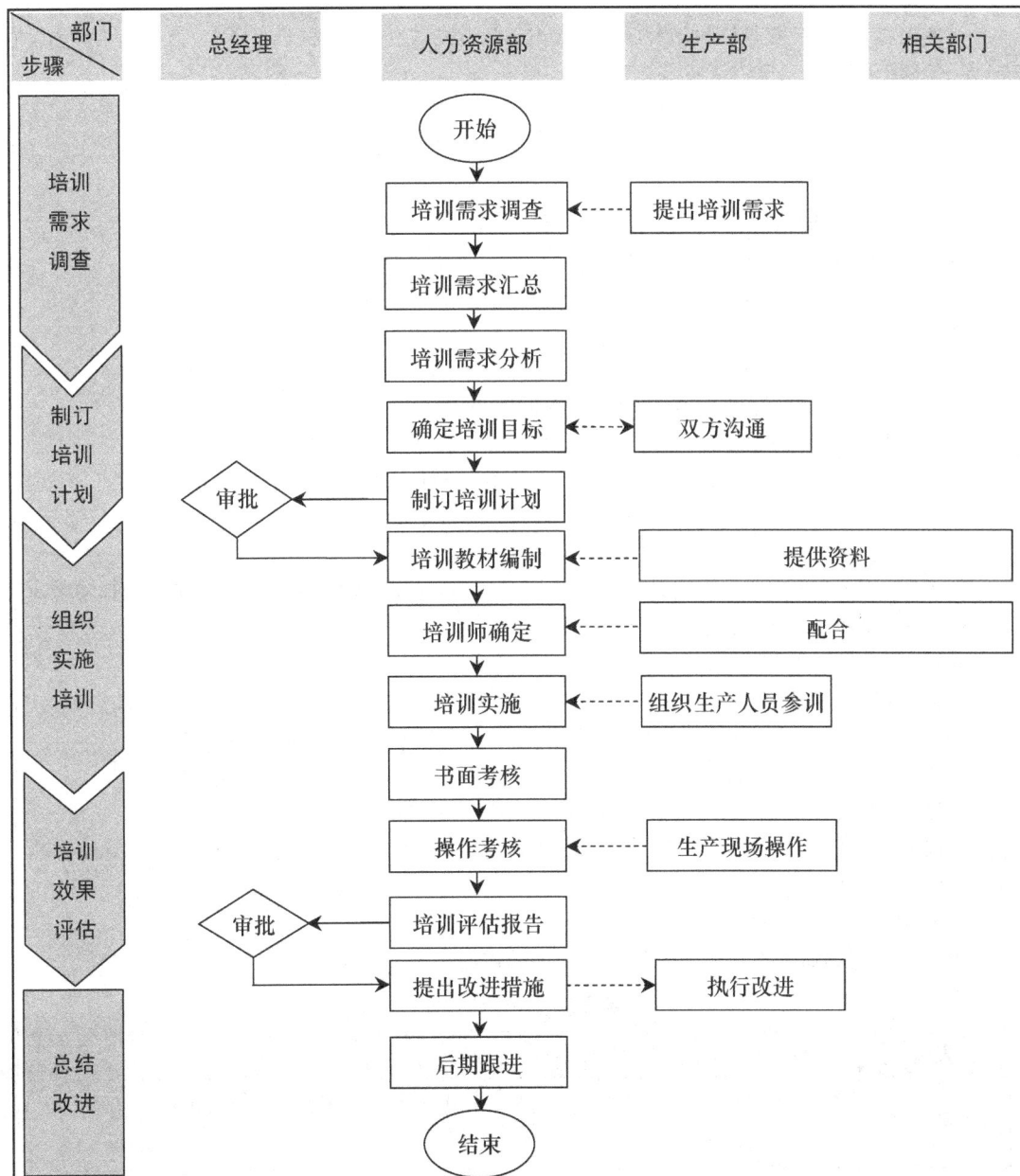

部门 步骤	总经理	人力资源部	生产部	相关部门

```
                              ┌──────────┐
                              │   开始   │
                              └────┬─────┘
                                   ▼
培训          ┌────────────────┐        ┌────────────┐
需求          │  培训需求调查   │◄╌╌╌╌╌╌│ 提出培训需求│
调查          └────────┬───────┘        └────────────┘
                       ▼
             ┌────────────────┐
             │  培训需求汇总   │
             └────────┬───────┘
                      ▼
             ┌────────────────┐
             │  培训需求分析   │
             └────────┬───────┘
                      ▼
制订         ┌────────────────┐        ┌────────────┐
培训         │  确定培训目标   │◄╌╌╌╌╌╌│  双方沟通  │
计划         └────────┬───────┘        └────────────┘
                      ▼
    ◇审批◄────┌────────────────┐
             │  制订培训计划   │
             └────────────────┘
    └────────►┌────────────────┐        ┌──────────────────┐
             │  培训教材编制   │◄╌╌╌╌╌╌│    提供资料      │
             └────────┬───────┘        └──────────────────┘
组织                  ▼
实施         ┌────────────────┐        ┌──────────────────┐
培训         │  培训师确定     │◄╌╌╌╌╌╌│      配合        │
             └────────┬───────┘        └──────────────────┘
                      ▼
             ┌────────────────┐        ┌──────────────┐
             │  培训实施       │◄╌╌╌╌╌╌│ 组织生产人员参训│
             └────────┬───────┘        └──────────────┘
                      ▼
             ┌────────────────┐
             │  书面考核       │
             └────────┬───────┘
                      ▼
             ┌────────────────┐        ┌──────────────┐
             │  操作考核       │◄╌╌╌╌╌╌│  生产现场操作 │
             └────────┬───────┘        └──────────────┘
培训                  ▼
效果   ◇审批◄────┌────────────────┐
评估           │  培训评估报告   │
               └────────────────┘
      └────────►┌────────────────┐        ┌────────────┐
               │  提出改进措施   │╌╌╌╌╌╌►│  执行改进  │
               └────────┬───────┘        └────────────┘
                        ▼
总结           ┌────────────────┐
改进           │  后期跟进       │
               └────────┬───────┘
                        ▼
                  ┌──────────┐
                  │   结束   │
                  └──────────┘
```

二、生产人员培训制度

制度名称	生产人员培训制度		受控状态	
			编　号	
执行部门		监督部门	编修部门	

第1章　总则

第1条　目的

为实现本工厂生产培训工作的规范化、标准化，持续提高生产人员的学习能力、实践能力和创新能力，特制定本制度。

第2条　适用范围

本制度适用于工厂生产人员的入职培训以及在职员工的培训工作。

第3条　相关责任

1. 人力资源部主要负责新员工入职培训工作。

2. 生产部主要负责在职生产人员的培训工作。

3. 其他部门提供相关配合。

第4条　培训原则

1. 实用性原则，即干什么学什么，做到有的放矢、学以致用。

2. 实时性原则，即抓住有利时机开展针对性培训。

3. 实效性原则，即重在实际工作能力的提高。

4. 发展性原则，以本工厂发展目标为依据，通过培训实现能力的逐步提升，重视高技能人才的培养。

第2章　新员工入职培训

第5条　新入职生产人员培训方式

本工厂对新入职生产人员采用分类培训的方式，主要分为社会招聘的一线人员培训和校园招聘的应届生入职培训两类，并根据类别特征设定培训内容。

第6条　一线人员培训内容

一线人员入职培训，除了介绍企业文化、人事福利制度、安全常识、环境与质量体系等内容以外，还设计了一线优秀员工座谈、生产岗位介绍、生产流程讲解、消防安全演练等课程。

第7条　应届生入职培训内容

应届毕业生入职培训，除了安排一些共同的课程外，还应安排校友座谈、工厂各部门负责人讨论、极限挑战、野外郊游等活动，并规划有了三个月的生产线各岗位轮流实习、专业岗位技术实习等内容，促进其角色转变。

第8条　新员工入职培训方式

本工厂采用脱岗培训及在岗培训两种方式，具体内容见下表。

新员工入职培训方式

方式	说明
脱岗培训	◆ 由人力资源与知识管理部制订培训计划和方案并组织实施，采用集中授课及讨论、参观的形式

（续）

（续表）

方式	说明
在岗培训	◆ 由新员工所在班组负责人对新员工已具备的技能与工作岗位所要求的技能进行比较，找出差距，确定该员工的培训方向，并指定专人实施培训指导，由人力资源部与知识管理部跟踪监控

第9条　新员工培训工作流程

1. 人力资源部根据新入职员工的人数确定培训时间并制定具体培训方案。

2. 人力资源部与各相关部门协调，做好新员工培训全过程的组织管理工作，包括经费申请、人员协调组织、场地安排、课程进度推进、培训质量的监控及培训效果考核评估等。

3. 人力资源部在新员工脱岗培训结束后一周内提交"培训分析报告"，报分管副总审阅。

4. 新员工脱岗培训结束后，分配至生产岗位接受上岗指导培训（即在岗培训），由生产经理指定指导教师培训并于培训结束时填写"新员工在岗培训记录表"报人力资源部。

5. 人力资源部在新员工接受上岗指导培训期间，应不定期派专人实施跟踪指导和监督，并通过一系列的观察测试手段考查受训者在工作中对培训知识和技巧的运用情况，统计、分析培训为企业带来的影响和回报，以评估培训结果，调整培训策略和培训方法。

第10条　新员工入职培训考核

1. 入职培训考核分书面考核和应用考核两部分，脱岗培训以书面考核为主，在岗培训以应用考核为主，各占考核总成绩的50%。

2. 书面考核由授课教师提供考题，人力资源部与知识管理部统一印制考卷，应用考核通过观察测试等手段，考查受训员工在实际工作中对培训知识或技巧的应用及业绩行为的改善，由其所在部门的领导、同事及人力资源部与知识管理部共同鉴定。

第11条　新员工培训效果评估

人力资源部通过与学员、教师、车间培训负责人直接交流，制定一系列书面调查表进行培训后的跟踪了解，逐步减少培训方向和内容的偏差，改进培训方式，以使培训更加富有成效并达到预期目标。

第3章　在职员工培训

第12条　在职员工培训定义

在职员工培训是指随着生产项目变化、技术引进、员工晋升、职位变动等原因，为确保生产人员能胜任该岗位而开展的培训活动。

第13条　在职员工培训类型

在职员工培训的具体类型如下表所示。

在职员工培训类型

类型	说明
岗位培训	◆ 对在职人员进行岗位知识、专业技能、规章制度、操作流程的培训，丰富和更新专业知识，提高操作水平，每次培训集中解决一至两个问题 ◆ 岗位培训可采用课堂学习和生产现场操作结合的方式

（续）

（续表）

类型	说明
转岗培训	◆ 对工厂优秀生产人员、"多面手"进行内部调动时进行的培训，为其适应新岗位的要求补充必要的知识及技能，可采用岗位练兵的方式提高培训效果
升职培训	◆ 升职培训是指优秀生产人员职务晋升后开展的培训，主要针对新岗位的要求补充必要的知识和技能培训，以尽快胜任新工作 ◆ 升职培训可采用指定专人帮带的形式，通过现场指导，尽快熟悉上手
专业培训	◆ 专业培训指对生产管理人员就某一专题进行的培训，目的是提高从业人员的综合素质及能力，内容为行业新动态、新知识和新技能等 ◆ 可采用灵活多样的培训形式，如到同行业标杆企业参观、聘请权威专家授课、工厂内高层管理人员交流等方式

第14条　培训实施步骤

1. 确定学员和培训内容

应通过调查或自愿报名的方式了解在职生产人员的现有作业能力，并找出普遍存在的必要能力与实际能力之间的差距，从而确定需要参加培训的人员及制定相关培训主题。

2. 准备教材

为消除作业人员必备能力和实际能力之间的差距，工艺技术人员会同人力资源部将相关工序进行标准化，并以文件形式表现出来，即编制作业指导书，培训师根据作业指导书进行相关教材、讲义的准备。

3. 进行实际作业指导

为有效指导作业，培训师可采用课堂授课、现场演示等方法进行培训，对关键作业点进行事先说明并示范一遍，组织学员进行实际操作，对学员的操作失误进行纠正和总结。

第15条　培训考核评估

人力资源部及相关培训组织部门应在培训活动结束三天内进行考核评估，评估对象包括培训师的教学质量、受训学员对培训知识的掌握运用情况，并留存评估结果，作为个人绩效考核的依据之一。

第4章　附则

第16条　本制度由人力资源部负责起草和修订。

第17条　本制度经工厂总经理审批后生效实施。

	修订标记	修订处数	修订日期	修订执行人	审批签字
修订记录					

三、师带徒培训实施方案

方案名称	师带徒培训实施方案	编　号	
		受控状态	

一、目的

为了充分发挥工厂生产技术骨干人才的"传、帮、带"作用，不断提高员工的专业技能水平，特制定本方案。

二、"师带徒"管理委员会职责

1. 负责师傅及徒弟人选的推荐选评。

2. 负责确定"师带徒"培养方向。

3. 负责定期或不定期地与师傅进行面对面的沟通工作。

4. 负责考核与监查部门"师带徒"的工作。

三、师徒选拔的标准与原则

1. 师徒双方应具有良好的思想道德品质，能够团结同事，作风正派，廉洁奉公。

2. 师傅应具备扎实的理论知识和丰富的实践经验，业务精通，有专业技能特长。一般情况下，师傅应具备中高级职称。

3. 师傅应具有较强的创新意识、开拓务实的精神及组织领导能力、独立工作能力和沟通能力。

4. 参加工作 1～3 年的员工，积极要求上进，热爱本职岗位，肯于钻研与创新，工作认真的青年职工作为徒弟人选。

5. 师徒双方通过双向选择，经师带徒管理委员会批准后结成师徒对子，工厂通过专门会议举行拜师会，双方签定师带徒培训责任书，明确传、帮、带的时间和目标，期满后进行考核评定。

6. 本着"干什么学什么，缺什么补什么"的原则，进行专业技能传授、工厂战略、企业文化、职业道德、生产安全、劳动纪律等内容的培训。

7. 学徒期满，对"师带徒"的学习效果进行考核和评估。如果徒弟成绩合格，能够独立操作，将对师徒给予奖励。

四、"师带徒"选拔程序

1. 全面盘点

由各车间直接上级配合人力资源部分层进行全员盘点，确定师带徒人员范围。

2. 综合评比

由人力资源部组织对盘点的对象逐一进行全面、认真的考察，并结合选拔标准及原则初步确定人选。

3. 结果讨论

"师带徒"管理委员会根据综合评比结果，讨论师傅、徒弟的建议人选，最后确定师徒人员名单。

4. 签订培训责任书

徒弟只与一名导师签订协议，师傅应根据协议书要求有计划地培养徒弟。

五、师傅的主要职责

1. 传授技能，从基本知识、技能抓起，通过言传身教起到示范作用。

2. 帮思想，带作风，把优良作风、职业道德、安全生产经验传给徒弟。

（续）

3. 保持严谨的教学作风，对学徒要严格要求、严格训练，不敷衍推脱。

4. 要保持宽广的胸怀，真心待徒，切实把自己的一技之长传授给徒弟。

六、徒弟的基本要求

1. 徒弟必须有学艺的愿望，有相应的文化基础，肯学上进。

2. 应做到尊重师傅，谦虚好学，勤学好问，服从师傅教导。

3. 有勤奋刻苦的学习精神，认真实践，不抱怨，不怕苦、累、脏。

4. 能主动帮师傅排忧解难，帮师傅做一些力所能及的事务。

5. 善于观察，多动脑筋，及时捕捉和琢磨技术的关键要领，把师傅的绝活学到手。

6. 通过学习，达到技术进步快、思想有提高、作风转变好、安全无事故的目标。

七、"师带徒"培训责任书

双方应签署责任书，并在责任书中明确师徒双方各自的权利与义务，切实保障"师带徒"的顺利推进。"师带徒"培训责任书由工厂人力资源部、生产部共同制定。

八、"师带徒"培训、培养及计划实施

本工厂"师带徒"方案主要分以下四个阶段进行。

1. 初级培养

（1）师傅带徒弟

针对业务类岗位，通过师傅与徒弟签订责任书的方式进行培养，时间为1~6个月，实行双向考核，有一方不合格，师傅或者徒弟将在此环节中被淘汰。

（2）教练传授技术

针对专业技术类岗位特殊工种人员，采取教练传授技术的形式进行培养，人力资源部根据员工目前业务知识及技术的欠缺方面选定教练进行专项培训，时间为1~6个月，培训结束后教练对其工作业绩以及工作表现做出评价，不合格者在此阶段被淘汰。

2. 轮岗培训

将通过第一阶段考核的徒弟调整到其他岗位进行轮岗锻炼，采用复合式导师培养，时间为1~6个月，各岗位的导师负责此阶段的业绩评价和考核，淘汰不合格者。

3. 外派学习

经过两个阶段"师带徒"方案的实施，经过管理委员会的评选，选拔出优秀的导师或徒弟外派学习或到国内外知名企业进行观摩脱产学习，时间为1~2个月。

4. 建立职业生涯导航成长档案

对各分部的师傅或徒弟建立职业生涯导航成长档案，考核结果可作为师傅、徒弟职业生涯通道晋升的依据。

九、考核与监督

为了保证"师带徒"工作的有效开展，本工厂对学、教双方的情况均进行考核，考核时间可以分月、季度、半年等，考核成绩张榜公布并注明师傅和学徒名单。

1. "师带徒"期间，每月补贴师傅____元，随工资按月发放。

（续）

2. 徒弟的成绩在同类型学徒考核中名列前三名者，师傅和学徒各奖励____元，考核成绩在倒数后两名的，扣罚师傅____元，扣罚学徒____元。

3. 每年评选一次优秀师傅，并给予表彰和奖励，对于徒弟人数和满师人数及满师数量与合格率最高者，评为"首席技师"，颁发荣誉证书，增加带徒费用，享受更高的待遇。

编制人员		审核人员		审批人员	
编制时间		审核时间		审批时间	

四、现场多能工培训方案

方案名称	现场多能工培训方案	编　号	
		受控状态	

一、目的

为了促进基层员工主动参加各项技能培训，积极提高技能水平，掌握一项或多项操作技能，确保员工自身以及工厂将来的健康发展，特制定本方案。

二、职责分工

1. 生产部技术人员负责具体的培训工作。

2. 人力资源部负责考核和提供相关配合。

三、定义

一个操作者能承担多个工序或操作多种设备，该操作者即称为多能工，相反，只能进行单一工序或单一设备操作的人员则被称为单能工。

四、多能工培训重点

1. 作业简要化

在生产过程中，生产技术人员应对需要特殊技能或操作复杂的作业进行适当简化，确保受训人员能够胜任作业。

2. 标准化作业

工艺技术人员应制定作业指导书，以确保接触新工种的受训人员能够参照指导书进行标准化作业。

3. 班组长指导

班组长应对班组内参加多能工培训的人员进行跟进和指导。

五、多能工培训计划

1. 工艺技术人员调查分析生产现场必要的技术或技能，列举并记录到"多能工培训计划表"的"培训项目"栏目里。

（续）

多能工培训计划表

姓名 ＼ 培训项目 ＼ 日期	取图	剪断	消除变形	弯曲	冲压成形	整形	热处理	焊锡	熔接	铆接	抛光	组装	总需时间
备注	学习程度标记说明：▲——50% ■——70% ★——100% ●——不需要学习												

2. 制定每项技能的培训时间。

3. 将参与多能工培训的人员姓名填入姓名栏。

4. 设定学习程度标记，以便后期记录学员的学习效果。

5. 评估操作人员的现有技能并制订培训计划，包括培训项目和时间。

六、多能工培训实施

1. 根据"多能工培训计划表"，按照先后顺序逐一进行作业基准及作业指导书的内容培训和指导。

2. 完成初期培训指导后进入该工序，参观操作员操作，加深学员对其作业基准及作业顺序的理解，随后利用午休或加班时间，由班组长指导进行实际操作。

3. 在有班组长或多能工在岗时，可安排学员进入该工序与操作人员一起进行实际操作，以保证作业标准化及顺序标准化，同时掌握正确的作业方法。

4. 当学员掌握了正确的作业方法并能达到作业基准，完全具备该项作业能力后，班组长可安排其进行单独作业，使其逐步达到一定程度的作业稳定性，并能持续一段时间（3~6日最好）。

5. 对于培训中的多能工学员在正常的跟点单独作业时，班组长应进行质量确认。

七、多能工培训考核

1. 考核周期

单项技能报名满五人以上的集中组织一次考核。

2. 考核标准

考核标准由本工厂工艺技术人员根据质量和工艺要求统一制定。

3. 考核组织

由工厂工艺员、技术员及生产经理协助人力资源部一同开展。

4. 其他要求

（1）必须在本职岗位工作技能通过考核合格后，方能报名参加其他技能的培训与考核。

（2）未经培训直接参加考核且未能一次性通过的，在未参加培训的情况下，不能再报名参加该项技能的第二次考核。

编制人员		审核人员		审批人员	
编制时间		审核时间		审批时间	

五、现场 OJT 实施方案

方案名称	现场 OJT 实施方案	编　号	
		受控状态	

一、目的

为促进生产现场的交流，强化生产现场的合作，提高作业者的工作热情及工作技能，特制定本方案。

二、术语界定

OJT 是 On-Job Training 的首字母简写，即在岗指导培训。

三、适用对象

本方案适用于现场 OJT 工作及参与 OJT 培训的指导者与接受指导者，指导者包括工厂车间主任、班组长、技能娴熟的老员工等，接受指导者包括新员工、普通员工等。

四、OJT 实施要点

（一）对新员工的 OJT 实施要点

1. 对于新员工，指导者需指导其树立职业意识，包括职业理想、职业道德、职业纪律、职业态度、职业素质、职业礼仪及对同事、前辈、上司的态度等。

2. 指导者应指导新员工有关工作方面的基本认知，包括成本意识、效率意识、团队合作意识、成果意识、岗位职责等。

（二）对老员工的 OJT 实施要点

1. 对于资深员工的 OJT，指导者首先要使其清晰自己在工厂的地位，认可其骨干地位；其次是在工作方面的指导，要培养其与所负责职务有关的专业知识以及广泛的相关知识。

2. 在指导资深员工时，可向其分配较多的工作，适时给予建议而不要予以干涉。

（三）对不同能力员工的 OJT 实施要点

对不同能力的员工实施 OJT 时应注意的事项如下表所示。

对不同能力员工的 OJT 实施要点

员工类型	说明
有能力没有工作热情	◆ 指导者需调查其失去工作热情的原因，并采取对策以调动其积极性
没有能力有工作热情	◆ 指导者要分析其能力低下的原因，如果其能力有提高的余地和可能，就要对其进行必要的培训和指导；如果确实无法提高，则应调整工作岗位，让其从事与能力相符的工作
没有能力也没有工作热情	◆ 对于此类员工，指导者要有耐心，先向其分配较简单的工作，使之得到成功经验，进而对工作产生兴趣，然后向其灌输岗位所必需的知识与技巧，并使其了解工厂对他们的期待。经过努力之后仍不见起色的员工，工厂应予以淘汰
有能力又有工作热情	◆ 对于此类员工，指导者应注意避免阻碍其工作热情的发挥，对于其微小的错误要具有宽容的态度

（续）

（四）OJT 实施期间时应注意的事项

1. 指导者应充分利用员工的工作经验，并与员工分享自己的经验。

2. 指导者应给予员工尽可能多的练习机会，并在旁进行观察、指导。

3. 指导者应对员工接受指导的情况发表意见，提供不断的反馈来承认和奖励员工所取得的进步。

4. 对于员工不正确的地方，指导者应对事不对人地立即修正；对于员工不熟练的地方，指导者应立即伸出援手，避免让员工感到技不如人而丧失工作积极性。

5. OJT 实施期间，指导者不得以工作忙为借口，推迟或取消现场指导；接受现场指导的员工无特殊情况，不得请假。

6. 接受现场指导的员工应详细地记录现场指导的内容，并进行认真整理。

五、OJT 实施步骤

（一）确定指导者及接受指导者

在实施 OJT 前，生产部列举出完成生产现场的各种作业所需要的能力，并对相应员工的能力进行评价，确定实施现场指导的员工及接受现场指导的员工。

（二）编制 OJT 安排表

生产部需对 OJT 实施期间的指导内容做出详细安排，并编制成"OJT 安排表"，具体如下表所示。

OJT 安排表

时间		指导内容	指导者	接受指导者	备注
第1天	8:30~10:30				
	13:30~15:00				
	15:30~17:00				
第2天	8:30~10:30				
	13:30~15:00				
	15:30~17:00				

（三）进行实际作业指导

1. 概述该项作业的整个过程。

2. 详细描述作业过程的每一个步骤，将工作步骤编制成"指导说明书"对员工的帮助更大。

3. 指导者通过实际操作，向员工演示如何完成该项工作。

需要注意的是，在实际作业指导的过程中，指导者应允许员工提问并为他们解答问题。

六、OJT 效果评价

1. OJT 实施期间，生产部应派专人定期或不定期对指导者的行为进行监督、记录。

2. OJT 结束之后，指导者对接受指导的员工进行评价，生产部需结合指导者所作的员工评价，对指导者进行评价。评价标准如下表所示。

（续）

接受指导者 OJT 评价标准

等级	分数	评价标准
优秀 A	5	认真听讲，记录详细认真，能够主动提问
良好 B	4	认真听讲，记录详细
普通 C	3	较认真地听讲，简单记录了指导者的讲解内容
不足 D	1	不认真听讲，所作记录敷衍了事
非常不足 E	0	不认真听讲，指导期间做其他事情，没有记录讲解内容

指导者 OJT 评价标准

等级	分数	评价标准
优秀 A	3	讲解认真，详细讲解作业步骤，耐心解答员工提问，按时完成指导内容
良好 B	2	讲解较认真，能够认真解答员工提问，按时完成指导内容
普通 C	1	讲解较认真，能够较准确地解答员工提问，未能按时完成指导内容

七、评价结果应用

1. 对于评价等级为 A、B、C 的员工，工厂给予____元、____元、____元的奖励；对于评为优秀等级的新员工，可一并给予涨薪奖励。

2. 对于评价等级为 D、E 的员工，工厂给予____元、____元的处罚；对于等级为 E 的新员工，工厂可考虑不予以继续录用。

3. 对于评价等级为 A 和 B 的指导者，工厂给予____元和____元的奖励，并授予优秀员工称号。

编制人员		审核人员		审批人员	
编制时间		审核时间		审批时间	

第二节　生产人员考核

一、生产人员考核规定

制度名称	生产人员考核规定		受控状态	
			编　　号	
执行部门		监督部门	编修部门	

第 1 章　总则

第 1 条　目的

1. 为全面了解、评估生产人员的工作绩效，发现优秀人才，提高工厂的工作效率，特制定本规定。

2. 通过考核，全面评价生产人员的各项工作表现，使其了解自己的工作表现与取得报酬、待遇的关系，增加努力工作的动力。

第2条　适用范围

本规定适用于工厂对生产车间所有员工的考核。

第3条　术语释义

1. 生产能力考核，即根据每个工位定额产量，检查每个员工在出勤期间是否实现预定产量。

2. 定额产量是根据生产设备与操作员的生产能力而制定的单位时间内（通常为一个小时）的生产能力。

3. 预定产量的计算公式：预定产量 = 定额产量 × 出勤时间。

4. 全勤工资，即由目前工资核算方法得出的工资，由底薪与加班费、岗位补贴、其他补贴或奖金及应扣款组成。

第4条　考核内容

1. 新进员工，必须进行转正考核。

2. 正式员工，必须进行日常行为考核与生产能力考核。

第2章　转正考核

第5条　转正考核时间

新进员工或调入员工在该岗位实习至少一个月，并且可以独立进行操作后，进行转正考核。

第6条　转正考核形式

转正考核主要包括书面考核、提问考核与实际操作考核三种形式，其日常表现也纳入转正考核中。

第7条　书面考核的运用

书面考核只针对品管、焊锡、测试和打标等工位，如有需要时，其他工位也可以进行书面考核。考核内容包括电容器的基本知识、岗位操作注意事项、客户的特别要求等。

第8条　提问考核的运用

进行书面考核的人员，可以不对其进行提问考核；未进行书面考核的员工，必须进行提问考核。提问考核内容包括看单作业、异常预防能力与不良品处理方法等。

第9条　实际操作考核的运用

每名接受转正考核的员工，必须进行实际操作考核。实际操作考核内容包括机台保养、操作、生产效率与5S工作。

第10条　平常表现的考核

平常表现由班组长酌情打分，主要看与同事的关系、对待工作的态度和上进心等。

第11条　转正考核结果的运用

转正考核由班组长主持，结果记录在"生产人员考核表"中。转正考核合格后，就直接转为正式员工，不合格者劝退或直接解雇。

（续）

第3章　日常行为考核

第 12 条　日常行为考核内容

生产人员日常行为的考核由班组长负责执行，考核内容包括纪律、品质、5S 与配合状况四个方面，具体说明如下表所示。

生产人员日常行为的考核内容

A. 纪律状况	B. 品质状况
1. 上班时喧哗嬉闹，从事工作以外的事情 2. 多次离岗，离岗超时 3. 与他人聊天，影响他人工作 4. 无故不参加早会或迟到，不遵守秩序 5. 曾犯错误被工厂通告处分 6. 未当面向领导请假（特别情况除外）或未经批准私自下班 7. 损坏物品或与同事吵架◆ 8. 顶撞上司，污告、威胁、欺骗上级◆ 9. 偷窃工厂财物◆	1. 工位台面堆积时，未及时清理造成品质隐患 2. 未按作业指导书或操作规程作业 3. 不良品未分类标识、隔离 4. 自检表、点检表未按时点检、填写 5. 使用材料时，发现不良未及时上报 6. 换规格时，未经首件确认 7. 不良品未及时或当天处理 8. 未做到自检、互检，发现不良品置之不理◆ 9. 工作时粗心大意，造成不良品的产生，收到异常（处理）单◆
C. 5S 状况	**D. 配合状况**
1. 个人工作区域内地面机台脏乱 2. 下班时不排队打卡 3. 凳子摆放不整齐，工作台面（区域）脏 4. 各种表格、指导书摆放不整齐 5. 衣着不整齐，不修边幅 6. 待作业的产品摆放乱，标识卡未填写 7. 未佩戴厂牌、头巾，未穿工装、拖鞋 8. 设备仪器有灰尘 9. 灯管、支架有灰尘 10. 标识不明确或混乱，未分类放置	1. 自己空闲不主动帮助相邻工位 2. 旷工、早退、迟到 3. 地面有掉物料，路过不捡 4. 发现设备故障不主动上报 5. 下班时不关窗户、电源 6. 态度懒散，不努力工作 7. 领导指定任务未按时完成或未上报作业情况 8. 工作中出现问题，推卸责任 9. 不听从领导合理的分工调配◆ 10. 在集体中散布谣言，煽动人心◆
备注	规定每名员工每月考核底分为 100 分，违反日常行为考核条款中任意一条者，扣除两分，严重违反或违反带"◆"者，扣 3 分，如果一月内连续出现三次违反同一条款者，再扣除 10 分，一个月内未违反任何考核条款者，可得 3 分

（续）

第13条 日常行为考核的实施

1. 班组长根据每名员工每日的工作表现，在"每月生产人员日常行为考核检查表"中进行登记，若未违反就在相应的栏内画圈或不填写，若有违反则填上相应的条款代码。

2. 班组长在月末将"考核检查表"交统计人员处理。

第4章 生产能力考核

第14条 生产能力考核实施

1. 由各班组长根据目前人员、机台的生产状况制定定额产量，报总经理或管理者代签后生效，作为生产能力考核的依据。

2. 班组长负责每月对管辖区域内的生产人员"工作日报表"进行审阅，并交统计人员处理。

3. 由统计人员汇总各班组长确认后的每名生产人员"工作日报表"，编制"生产人员每日生产报告"并公布。

4. 统计人员于次月初汇总该月所有生产人员的考核得分，编制"生产人员绩效考核汇总表"，由主管确认后报副总批准。批准后复印一份给财务部，财务部根据此结果计算所有生产人员的全勤工资。

第15条 考核结果计算

1. 生产能力考核达标者（即达到预定产量，不超过预定产量的5%），不扣分不加分。

2. 超过预定产量5%以上者可得1分，超过10%以上者可得2分，超过20%以上者可得3分。

3. 未达到预定产量90%者扣1分，80%者扣3分，70%者扣5分，60%以下者扣10分。

4. 在绩效考核中，若因机台故障未及时排除而造成未达到预定产量者，在机修人员出具证明的前提下，可以不扣分。

第5章 附则

第16条 本规定由人力资源部负责起草和修订。

第17条 本规定经工厂总经理审批后生效实施。

	修订标记	修订处数	修订日期	修订执行人	审批签字
修订记录					

二、生产人员考核流程

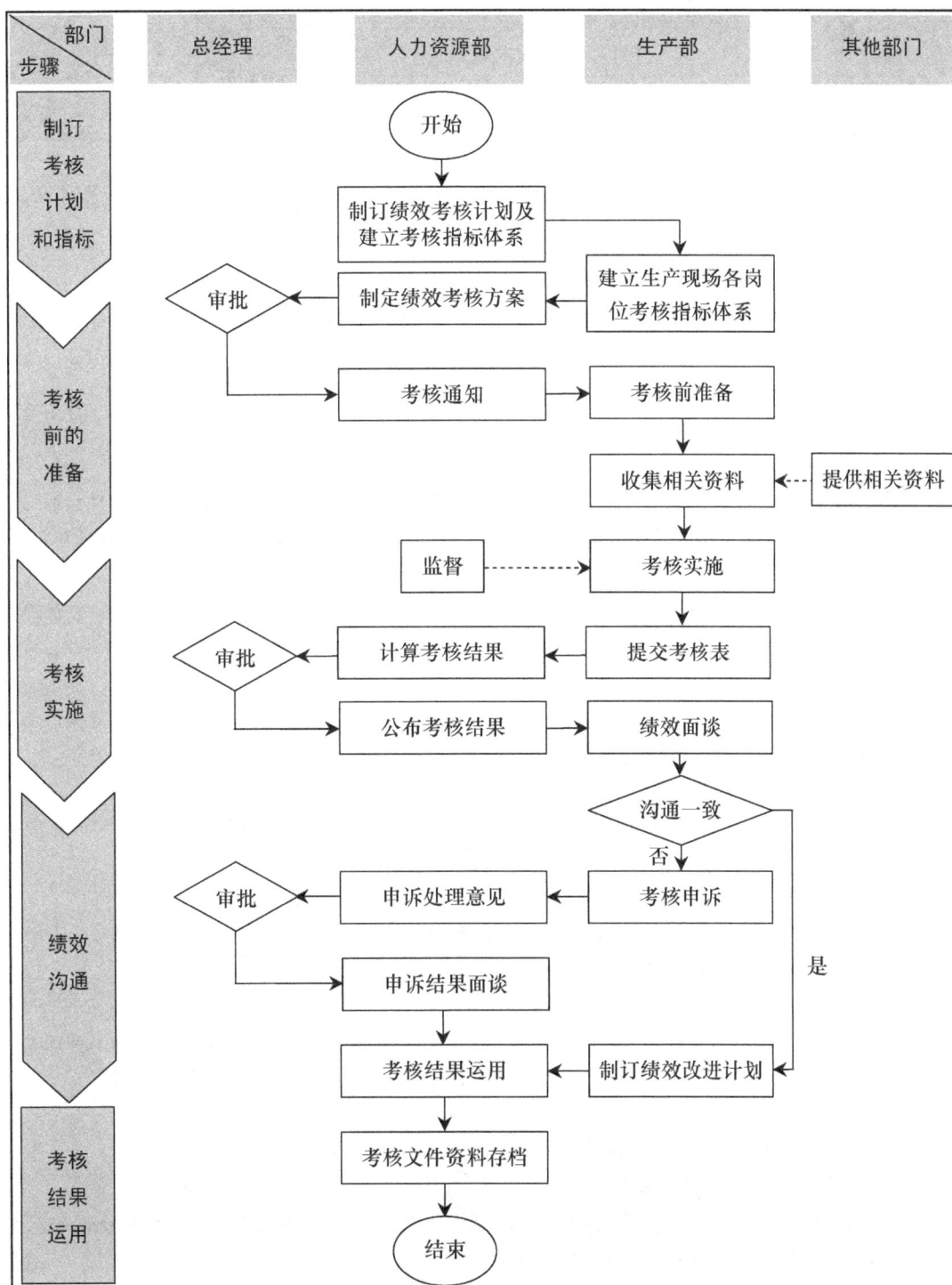

部门 步骤	总经理	人力资源部	生产部	其他部门

制订考核计划和指标

开始

制订绩效考核计划及建立考核指标体系

建立生产现场各岗位考核指标体系

审批 ← 制定绩效考核方案

考核前的准备

考核通知 → 考核前准备

收集相关资料 ⇠ 提供相关资料

监督 ┈┈→ 考核实施

考核实施

审批 ← 计算考核结果 ← 提交考核表

公布考核结果 → 绩效面谈

沟通一致

否

绩效沟通

审批 ← 申诉处理意见 ← 考核申诉

是

申诉结果面谈

考核结果运用

考核结果运用 ← 制订绩效改进计划

考核文件资料存档

结束

三、操作人员考核方案

方案名称	操作人员考核方案	编　　号	
		受控状态	

一、考核对象

本工厂生产现场操作人员。

二、考核内容

（一）劳动态度

1. 思想表现方面，主要包括工作责任心、工作主动性、吃苦耐劳和团队协作精神等。

2. 遵守劳动纪律方面，包括工时纪律、工艺纪律、组织纪律以及爱护机器设备，爱护原料、材料、燃料和动力等方面。

（二）技术业务水平

按照工人技术等级标准中规定的"应知"、"应会"要求和平时实际技能进行考核。

（三）劳动贡献

操作人员的劳动成果，主要是完成生产任务、产品的数量和质量或是定额工时的数量，具体包括工艺指标控制达标与稳定情况，产量与消耗和在避免事故或降低事故损失以及安全周期生产方面的贡献。

三、考核形式与方法

工作考核的形式很多，包括经常性的日考核、月考核、年度考核、技术考核和全面考核。考核的形式不同，则考核的内容和方法也不尽相同。

（一）日考核和月考核

1. 月考核主要由班组进行，考核内容主要包括工作的劳动态度和劳动成果。该考核通常与操作人员经济责任制结合起来，作为月度奖金发放的依据。

2. 日考核是在班组长的组织领导下进行。

（1）考勤人员考核每名操作人员出勤情况和工时利用情况，统计人员考核生产任务和生产任务的完成情况。

（2）质量检查员考核工作或产品的质量情况等。

（3）班组长在每天下班前利用班后会的时间，综合各方面的考核情况进行总结讲评，并征求大家的意见，最后摘其要点记在操作人员考核记录簿或行为业绩档案簿上。

（二）全面考核

1. 操作人员的全面考核，一般在每年年末进行一次，也叫年度考核。考核内容除了劳动态度和劳动成果之外，还包括考核技术、业务学习和提高的情况，即日常的实际技能表现和技术、业务的熟练程度。

2. 考核方法

（1）由操作人员总结本人一年来在思想作风、劳动态度、技术业务等方面取得的成绩和不足，作为自我鉴定填写在"操作人员考核表"上。

（2）班组长在总结一年来对操作人员考核的基础上，充分征求大家的意见，写出小组考核意见，填入"操作人员考核表"的小组意见栏内。

（续）

（3）由车间对操作人员工作作出车间的考核鉴定意见，报主管部门存档。

（三）操作人员的技术考核

1. 考核的内容是依据工作技术等级标准中的"应知"、"应会"和典型实例。

2. 考核的方法是根据上述内容要求，进行专业技术理论知识和实际操作技能的考试。技术考试通常由工厂统一时间、统一试题、统一组织进行。工厂考核方案如下表所示。

操作人员考核指标

指标类别	指标项	考评目的/内容	考评方法	考评主体
任务绩效（80%）	工时（20%）	计算完成的工作量	统计工时数	班组长
	产品合格率（20%）	产品质量	交检合格数/交检数	班组长
	废品率（20%）	成本控制	产出数/投入数	班组长
	重要任务完成情况（20%）	工厂下达的重要任务	期初确定里程碑（包括交期、阶段性成果、质量标准），期末检查是否按期完成	班组长
态度（10%）	考勤（4%）	——		班组长
	服从安排（3%）	——		班组长
	遵守制度（3%）	——		班组长
能力（10%）	能力素质专业知识技能	——		班组长

四、考核结果应用

考核结果与操作人员的任用、岗位调整、薪资发放等挂钩。

编制人员		审核人员		审批人员	
编制时间		审核时间		审批时间	

四、现场班组长考核方案

方案名称	现场班组长考核方案	编　号	
		受控状态	

一、考核对象

本工厂生产现场班组长。

二、考核目的

为加强班组建设，提高班组的素质，全面评价班组长的管理绩效，保证工厂经营目标得以实

（续）

现，计划于今年____月____日至____月____日开展生产现场班组长考核工作。

三、考核内容

工厂对现场班组长的考核内容包括态度考核、能力考核、业绩考核三个方面。

四、考核组织机构

工厂成立生产现场班组长绩效考核领导小组，主要成员有人力资源部经理、生产部经理、车间主任、人力资源部绩效考核专员等，负责具体考核工作及对考核工作进行监察。

五、考核方式

工厂采取自我评议、民主测评、车间领导班子及主管领导评议的方法对班组长进行考核，每项均采用100分制，综合加分后即为最终评价得分。

（一）自我评议

根据工作职责、工作目标和工作绩效，班组长每半年述职一次并进行自我赋分，赋分标准如下表。

自我评价赋分标准

评价内容＼评价标准	赋分范围	赋分标准	自我赋分
优秀	90~100分	◆ 态度端正，准备充分，真实地反映其主要的工作内容，在本部门各项经济指标落实中业绩突出，进取心强	
良好	80~90分	◆ 能反映出其工作状态，工作认真负责，有较强的进取心和责任感，善于管理，各方面均有较突出的业绩	
一般	70~80分	◆ 有一定的进取心和责任感，对班（组）工作有一定的专长，能贯彻工厂的各项规定，并能协助部门领导做好各项工作，有一定的工作业绩	
较差	70分以下	◆ 班（组）管理一般且业绩较差，事业心和进取心不强	

（二）民主测评

工厂下发"班组长民主测评表"，由班组相关成员填写，人力资源部根据员工打分情况列榜排名、末位淘汰，测评表如下表所示。

班组长民主测评表

姓名	职务	测评级别（赋分标准）				备注
		优秀 （90~100分）	称职 （80~90分）	基本称职 （70~80分）	不称职 （60~70分）	

（续）

（三）上级评议

车间领导班子、主管领导对本车间的班（组）长及主管车间的班（组）长按标准逐一打分。如下表所示为"班（组）长考核评价表"。

班（组）长考核评价表

姓　　名		所属车间		岗位名称	生产班组长
考核时间		考核周期			

业绩指标	信息来源	权重	考核标准		得分
产值达成率 （A）	产值统计表	15%	$A = \dfrac{实际产值}{计划产值} \times 100\%$		
			标准定义	得分区间	
			A≥120%	91~100分，每增5%，加1分	
			100%≤A<120%	81~90分，每增5%，加1分	
			90%≤A<100%	61~80分，每增5%，加1分	
			80%≤A<90%	41~60分，每增5%，加1分	
			A<80%	0~40分，每少5%，减1分	
产品质量 合格率 （B）	月度产品质量检查表	15%	$B = \left(1 - \dfrac{不合格产品数量}{总生产数量}\right) \times 100\%$		
			标准定义及得分		
			B值达到目标值（如98%）时，得满分100分 B值每低1%，相应扣10分		
排单计划 准确率 （C）	日排单计划未正常履行的记录	15%	$C = \left(1 - \dfrac{月末按计划履行订单数量}{月排单数量}\right) \times 100\%$		
			标准定义	得分区间	
			C≥90%	91~100分，每增5%，加1分	
			80%≤C<90%	81~90分，每增5%，加1分	
			70%≤C<80%	61~80分，每增5%，加1分	
			60%≤C<70%	41~60分，每增5%，加1分	
			C<60%	0~40分，每少5%，减1分	

（续）

（续表）

业绩指标	信息来源	权重	考核标准		得分
材料消耗定额达成率（D）	材料消耗定额工艺文件领料单	10%	$D = \dfrac{实际材料消耗用量}{材料消耗定额} \times 100\%$		
			标准定义	得分	
			D = 100%	100 分	
			D < 100%	每减少5%，加5分	
			D > 100%	每增加5%，减10分	
工时定额达成率（E）	工时定额工艺文件员工考勤表加班登记表	10%	$E = \dfrac{正常工作工时 + 加班工时}{工时定额} \times 100\%$		
			标准定义	得分区间	
			F = 100%	100 分	
			F < 100%	每减少5%，加5分	
			F > 100%	每增加5%，减10分	
现场问题处理效果	技术问题处理记录	20%	对生产现场问题处理情况的综合评分		
			标准定义	得分区间	
			及时发现生产现场问题，处理十分妥当，没有造成任何损失	91~100 分	
			及时发现生产现场问题，处理得当，造成的损失很小	81~90 分	
			能够应对生产现场问题，采取处理措施，但造成一定损失	61~80 分	
			未能及时发现生产现场问题，处理措施一般，但造成较大损失	41~60 分	
			不能及时发现生产现场问题，且处理措施不当，造成很大损失	0~40 分	

（续）

（续表）

业绩指标	信息来源	权重	考核标准		得分
领导综合 满意度	直接上级	15%	直接上级对其季度其他工作职责执行的综合评分		
			标准定义	得分区间	
			大大超过计划要求，给工厂带来预期外的较大收益	91～100分	
			超出计划要求，超过工厂预期目标	81～90分	
			达到计划的基本要求，完成了基本目标	71～80分	
			未能达到计划的要求，但尚未给工厂带来较大损失	61～70分	
			远未完成计划，给工厂的正常工作开展带来较大消极影响	0～60分	
最终绩效得分					
车间主任评语			签字：　　　　日期：＿＿＿年＿月＿日		
主管领导评语			签字：　　　　日期：＿＿＿年＿月＿日		

（四）各项评议所占比例

1. 自我评议，占15%。

2. 民主测评，占20%。

3. 部门领导班子评议，占25%。

4. 主管领导评议，占40%。

（五）评议分数的确定

考核得分按下列公式计算。

考核得分＝自我评议×15%＋民主测评分数×20%＋部门领导班子评议分数×25%＋主管领导评议分数×40%

六、考核结果应用

考核结果与班组长的任用、培训、薪资等挂钩。

编制人员		审核人员		审批人员	
编制时间		审核时间		审批时间	

五、现场安全生产责任考核方案

方案名称	现场安全生产责任考核方案	编　号	
		受控状态	

一、目的

为保证生产现场的安全，增强现场生产人员安全生产的责任感，落实安全生产责任，特制定本方案。

二、考核对象

本方案的考核对象包括车间主任、班组长、现场操作人员。

三、考核方式

安全管理委员会负责现场安全生产责任的考核工作，考核方式分为下述两种。

1. 安全管理人员日常巡查、值班检查，一般是例行检查和随机检查（每天至少检查一次），以所见事实、行为的结果及经查属实的投诉为根据，将结果汇总到半年考核中。

2. 每季度进行一次考核，安全管理人员对生产现场的设备卫生、安全标志、员工操作行为等进行全面检查。

四、考核内容及标准

安全管理委员会执行考核工作时实行百分制，赋予每项考核内容不同的权重，根据实际考核情况公正、公平地对被考核者进行评分，并填入相应的考核表中。

1. 车间主任考核内容及标准见下表。

车间主任安全生产责任考核表

序号	考核内容	权重	得分	备注
1	对所领导生产车间的安全生产负直接责任，是否违章指挥，是否能够及时制止违章冒险作业	15%		
2	所领导生产车间的劳动防护设施是否完整、齐全、有效，是否符合要求	15%		
3	是否能够认真执行国家的安全生产方针、政策、法规、法令、制度，完成上级部署的安全生产工作	10%		
4	在计划、布置、检查、总结等生产活动中必须把安全生产工作贯穿到每个环节中去，如遇生产与安全发生矛盾时，是否能够做到生产服从安全	10%		
5	是否经常对职工进行安全生产教育，包括进行安全生产、方针、政策及"安全第一、预防为主"的思想教育，对下属各班组进行安全生产责任制的教育，对入厂新员工要进行车间级安全教育等	15%		

（续）

（续表）

序号	考核内容	权重	得分	备注
6	发生重大伤亡事故或重大未遂事故时是否能够及时组织实施抢救工作，保护现场	15%		
7	有权拒绝上级不科学、不安全、不卫生的生产指令，并对上级的整改指令和自检发现的生产安全隐患，认真、及时地做好整改工作，不留安全隐患	10%		
8	是否能够做好对各班组长日常生产安全工作的监督	10%		

2. 班组长考核内容及标准见下表。

班组长安全生产责任考核表

序号	考核内容	权重	得分	备注
1	上阶段安全管理目标执行落实情况	10%		
2	是否组织本班组开展学习安全操作规程活动	5%		
3	是否能够每天利用上班前 15 ~ 20 分钟组织本班组人员开展班前安全活动，并做好记录	5%		
4	是否完成工人转岗教育，并做好班前安全技术交底	5%		
5	是否组织本班组人员开展施工作业层的安全巡检，并及时消除隐患	15%		
6	能否认真执行工厂各项安全管理制度、各工种安全技术规程	15%		
7	检查班组人员劳动保护用品的使用情况，能否及时纠正员工的违章作业行为	15%		
8	是否按时参加安全生产会议，汇报本班组的安全情况	10%		
9	能否制止"三违（违章指挥，违章操作，违反劳动纪律）"现象发生，拒绝违章指挥	20%		

（续）

3. 现场操作人员考核内容及标准见下表。

现场操作人员安全生产责任考核表

序号	考核内容	权重	得分	备注
1	认真学习并严格执行安全操作规程，不违章作业，不盲干乱干，对违章作业的指令有权拒绝执行并有责任制止他人的违章作业行为	15%		
2	严格遵守安全生产各项规章制度和劳动纪律，不得在生产现场追逐打闹，不得擅自离开工作岗位	15%		
3	参加各项安全学习和安全活动，提出安全工作改进意见，不断提高自我防护意识和能力	5%		
4	服从领导、听从指挥，工作时思想集中，严禁酒后上班，不得在禁止烟火的地方吸烟、动火	15%		
5	接受"三级"安全教育，凡未经安全教育的不得上岗作业	10%		
6	发生事故时要立即上报，并迅速参与到抢救工作中，保护好现场	5%		
7	不得乱动他人机台或私自顶替上岗	5%		
8	新员工不得未经指导老师带领擅自操作机台或未经考核即上岗	10%		
9	设备出现异常情况时，应及时停机进行检查处理	10%		
10	不得在班中睡岗、脱岗、串岗，干私活，做与生产无关的事	10%		

五、考核结果应用

安全管理委员会于每季度汇总考核结果，将得分加权平均后得出该季度的考核得分，其中季度考核结果占比为50%，日常考核结果总占比为50%。

1. 对于车间主任、班组长，考核得分在90分以上的，工厂分别奖励＿＿元、＿＿元；得分在80～90分的，工厂分别奖励＿＿元、＿＿元；得分在80分以下的，不给予奖励；得分在70分以下的，工厂对车间主任、班组长分别处以＿＿元、＿＿元的罚款。

2. 对于现场操作人员，考核得分在90分以上的，工厂分别奖励＿＿元；得分在80～90分的，工厂奖励＿＿元。若新员工得分在80分以上，工厂可考虑提高奖励额度；得分在80分以下的，不给予奖励；得分在70分以下的，车间主任及班组长根据实际情况，除处以罚款外，还应责令相关员工接受安全生产教育。

3. 若考核期间，生产现场发生安全事故，则参照工厂的"安全事故处理方案"进行处理，工厂可考虑对车间主任或班组长实行降职处分。

编制人员		审核人员		审批人员	
编制时间		审核时间		审批时间	

现场安全生产精细化管理

第十二章

第一节　安全生产责任

一、安全生产责任管理制度

制度名称	安全生产责任管理制度		受控状态	
			编　号	
执行部门		监督部门	编修部门	

第1条　目的

为规范工厂各级人员的安全职责，做到各负其责、密切配合，共同搞好安全生产，保障安全，根据相关法令、法规，结合本厂的实际情况，特制定本制度。

第2条　适用范围

本制度适用于工厂全体人员安全生产责任的划分与执行。

第3条　安全生产管理原则

1. 安全第一，预防为主。

2. 贯彻执行经理负责制。

3. 实行全面、全员、全方位、全过程的安全管理。

第4条　工厂经理安全管理职责

1. 工厂经理是安全生产工作的第一负责人，对全厂的安全生产工作和劳动保护工作负责，贯彻落实"安全第一，预防为主"的安全生产方针。

2. 认真贯彻执行国家制定的劳动保护条例和安全生产的政策法令和规章制度。

3. 对安全生产工作规则、安全生产条例、奖惩办法、安全生产管理制度和安全生产技术措施等规章制度负责审批，并督促检查各部门的执行情况。

第5条　安全管理委员会职责

1. 安全管理委员会由工厂生产总监直接领导，生产部经理、各车间负责人及其他相关部门人员构成，负责工厂安全生产的领导、监督、检查和评比工作。

2. 安全管理委员会负责制定安全生产相关规章制度，并监督实施。

3. 深入生产现场，定期组织进行安全生产和劳动纪律的检查监督和宣传教育工作，掌握安全生产工作状况并制定改善措施。

4. 检查违章指挥和违章作业，发现险情及时处理，并责令部门或个人暂停生产，迅速制定处理方案并组织实施。

5. 审查生产现场各工序组织设计中的安全生产技术措施，对不符合安全要求和缺少针对性的措施提出完善的意见。

6. 制定安全生产考核标准与奖惩措施，并监督执行。

（续）

第6条　生产经理岗位安全管理职责

1. 贯彻执行工厂安全管理制度，落实各项安全生产规程的要求。

2. 拟定各项安全生产工作规则、安全操作标准，并监督执行。

3. 定期组织安全生产检查，督促整改安全生产工作中的不足之处，并参与组织安全生产竞赛活动。

4. 主持重大工伤事故的现场调查和处理，拟定并落实整改措施。

5. 监督执行员工安全生产教育、法制教育，领导和督促安全生产工作。

第7条　相关职能部门安全管理岗位职责

职能部门安全生产责任划分表

部门	安全管理责任
安全管理部	1. 在安全管理委员会的领导下，严格按照国家安全技术规定、规程和标准，组织编制生产现场的安全技术措施方案 2. 编制适合本厂实际情况的安全生产技术规程，具有一定的针对性 3. 对生产现场的设施、设备进行技术鉴定，并负责安全设施的技术改造和提高 4. 组织开展安全月等活动，对现场人员进行安全教育与考核 5. 负责在具有不安全因素的生产区域和有关设施、设备上悬挂安全警示标识 6. 组织工厂内部安全工作会议，协助和督促有关部门对查出的事故隐患进行整改 7. 负责各类事故的记录、汇总、统计及上报工作，进行事故的调查处理与工伤鉴定工作 8. 推广先进的安全技术和管理方法，对安全生产中有贡献者和事故责任者提出奖惩意见
设备部	1. 制定所有机械设备的安全技术操作规程和管理制度 2. 对各类机械、设备、仪器配备完善的安全防护设施和保险装置 3. 负责对所有设备进行检查、维修、保养、添置，确保机械设备的安全运转 4. 参加调查处理与设备有关的安全事故，并做出技术鉴定和整改意见
物料部	1. 提供生产现场中所需安全保障设备的相关部件与物料 2. 对物料安全性能指标是否符合标准具有监督责任 3. 保障物料收发与存储安全
财务部	1. 按照安全生产设施需要，审批安全设施的经费预算 2. 落实专项资金账户，保障生产安全需求 3. 负责安全生产奖罚款的收付工作，保证奖罚兑现

第8条　本制度由生产部、安全管理部共同负责修订、解释。

第9条　本制度自下发之日起实施。

修订记录	修订标记	修订处数	修订日期	修订执行人	审批签字

二、现场安全责任分解方案

方案名称	现场安全责任分解方案	编　　号	
		受控状态	

一、目的

为进一步强化安全生产，明确工厂安全生产责任与职责分工，确保安全目标的顺利实现，特制定本方案。

二、适用范围

本方案适用于工厂现场人员的安全责任划分。

三、现场安全生产目标

1. 年负伤事故率低于3‰。

2. 重伤、死亡、火灾、中毒等重大事故率为零。

3. 社会、客户、现场员工及其他相关人员的安全事件投诉为零。

四、现场安全生产责任

（一）车间主任安全职责

1. 车间主任为生产现场安全第一负责人，全面负责本车间的安全生产工作。

2. 拟定各项现场安全生产操作规程，并组织执行。

3. 经常进行现场检查，纠正违章作业现象，及时发现安全事故苗头，消灭安全隐患。

4. 一旦发生事应故立即报告安全管理部并详细记录，组织员工认真分析，落实防范措施。

5. 调动车间员工的积极性，培养安全意识。

6. 对新进员工进行基本安全教育，指导现场作业人员正确使用防护用具。

7. 组织车间内的安全生产竞赛活动，注意员工的劳逸结合，保障员工的身体健康和安全。

（二）班组长安全职责

1. 贯彻执行工厂安全生产工作方针，领导班组进行安全作业生产。

2. 执行安全生产相关规章制度，带头做好安全生产工作，并监督班组成员的违章作业。

3. 做好安全工作记录，定期参加安全工作会议，并提出合理的安全改善建议。

4. 合理分配班组人员的工作，不准强令员工冒险作业。

5. 及时检查作业处的安全防护措施，发现不安全因素要及时向车间主任汇报并提出整改措施，对没有得到保护的作业要及时制止。

6. 对班组内员工进行安全教育及指导，监督班组成员使用及维护防护用具。

7. 一旦发生工伤事故，要迅速组织抢救，保护现场，并向领导如实汇报情况。

（三）生产作业人员安全职责

1. 认真学习并严格遵守安全生产技术操作规程和相关规章制度，确保不违章作业。

2. 在生产过程中，对他人的违章操作行为要及时劝阻或向班组长汇报。

3. 拒绝违章指挥，不得在安全设施不完善或危险区域进行操作。

4. 发现不安全因素后应及时向上级汇报。

5. 熟悉劳动保护用品和安全设施，爱护机械、电气等施工安全设备和设施。

（续）

6. 发生工伤事故后，应及时全力抢救伤员，并立即报告领导，保护现场，如实向调查组反映事故经过和原因。

7. 积极参加安全生产活动，主动提出安全改进技术建议。

五、现场安全保护责任

现场安全保护工作由现场安全员负责，其主要职责包括以下六项。

1. 推广并维护安全生产相关规章制度，并向现场作业人员讲解安全操作技术知识，保障生产现场的安全。

2. 负责对生产现场的安全情况进行巡检，纠正违章作业现象，消除事故隐患。

3. 发现不安全因素要及时向安全管理部负责人汇报，并协助拟定防护改进方案。

4. 经常对现场作业人员进行安全教育，并指导作业人员正确使用防护用具。

5. 检查并维护现场安全设施。

6. 参加安全事故的分析研究，协助制定安全事故预防措施。

六、现场安全监督责任

（一）安全管理委员会

1. 经常深入生产现场，监督检查相关安全生产规章制度的执行情况。

2. 对生产现场进行全面安全检查并给予考核评价，执行奖惩措施。

3. 监督检查安全防护措施是否完善，监督安全防护用具的使用与维护情况。

4. 监督生产事故处理工作的进展情况。

5. 接受并调查处理与安全生产相关的重大投诉事件。

（二）生产现场全体人员

1. 随时监督生产过程中的违规行为或违章指挥，及时制止或向上级汇报。

2. 监督安全防护用具、安全设施的发放与使用情况。

编制人员		审核人员		审批人员	
编制时间		审核时间		审批时间	

第二节　安全防护措施

一、机器安全防护

机器的正常运转是实现安全生产的重要保障，若机器在运转过程中发生故障，不仅对生产人员的生命造成威胁，同时对工厂造成一定的直接损失与间接损失（因延误工期造成的损失）。因此，生产部对生产现场的机器设备进行有效、实用的安全防护是十分必要的。常见的防护措施如表12-1所示。

表12-1　机器安全防护措施列表

防护措施	举例	防护原理	适用情况
安装固定或障碍装置	拉伸铁皮、穿孔铁皮、围屏、护栏	◆ 此类装置可对机器的危险部分（如热源、刀具、电线部分）进行固定或隔离，使机器使用人员不易接触或不易移动机器的危险部分	◆ 此类防护措施适用于动力压榨机、研磨机、钻孔机、截断机等具有危险部位机器的安全防护
安装连锁防护装置	安全门、安全杆	◆ 与固定装置原理类似，当机器发动时连锁防护装置会自动将人员与机器分隔，只有关停机器，防护装置才能被打开	◆ 此类防护措施适用于车床、注塑机等危险部位较大的机器
安装自动报警、防护装置	报警器、烟雾警报器、自动洒水器	◆ 此类装置中带有信号接收装置，一旦接收到危险信号（如烟雾、明火、高温等），报警器就会报警并自动采取防护措施，如洒水、排气等	◆ 此类防护措施适用于不用生产人员在周围看护的机器

二、人员安全防护

人员安全是安全生产的根本目标，由于生产现场具有一定的危险性，生产人员需在进行必要安全防护的前提下进入生产现场。以下是工厂常用的人员安全防护措施，以供参考。

（一）一般防护用具

一般防护用具指生产人员在进入生产现场时的基本防护用具，其主要种类与用途如表12-2所示。

表12-2　人员安全一般防护用具说明表

防护用具分类	防护用具	用途说明
头脸防护	安全帽、头盔	◆ 防止坠落物造成的砸伤与机器部件对头部的碰撞
	头帽、头巾	◆ 防止生产人员（特别是女性）头发被卷入机器齿轮、绞盘中
	护目镜	◆ 防止飞砂、强光、热金属泼溅对生产人员的眼睛造成伤害
	口罩	◆ 防止生产现场中粉尘、碎屑的吸入
身体防护	工作服	◆ 一般采用耐火、抗拉的材料制成，保护生产人员
四肢防护	手套	◆ 避免生产人员与机器的直接接触，起到一定的防护作用
	安全鞋	◆ 安全鞋可在生产人员搬运重物或搬运锐利物品时使用，可防止人员被重物砸伤脚部或脚底被锐物刺伤

（二）特殊生产现场防护用具

有些生产现场因设备的特殊性或加工产品的特殊性，生产人员需穿戴特殊的防护用具后才可进入。表12-3是对一些特殊的生产现场及相关的特殊劳动防护用具的介绍。

表12-3 特殊生产现场防护用具一览表

生产现场	特殊防护用具	用途说明
产生毒雾、毒烟的生产现场	防毒面具	◆ 防毒面具的口鼻部分都采用能够净化毒气或吸附有毒颗粒物的特殊材料，能够有效保护生产人员的呼吸系统
高温生产现场	隔热服	◆ 隔热服采用耐火、耐高温、燃点高的材料制成，能够使生产人员进入生产现场后不受高温的影响
有辐射的生产现场	防辐服、防辐眼镜	◆ 防辐服和防辐眼镜能够有效地保护人体最大程度上不受辐射的影响

三、使用安全标志

安全标志是由安全色、几何图形和以图形为主要特征的图形符号或文字构成的标志。生产现场的安全标志可以对员工起到警示、提醒、引导的作用，因此，工厂应在生产现场合理设置安全标志，为安全生产再添一层保障。

（一）安全标志分类

安全标志是根据国家的相关文件而规定的传递安全信息的标志，工厂在制作与使用时应参照相应的标志参数及颜色要求。安全标志分为指令标志、警告标志、禁止标志、提示标志四大类，具体说明如下。

1. 指令标志表示必须遵守，用来限制或强制员工的行为，其基本形式为圆形边框，如图12-1所示。

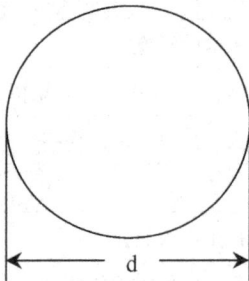

图中 d 为直径，$d = 0.025L$，L 为观察距离。指令标志颜色要求如下表。

指令标志颜色要求

部位	颜色
图像	白色
背景	蓝色

图12-1 指令标志

2. 警告标志的含义是提醒工厂员工提防可能发生的危险，其基本形式为正三角形边框，如图12-2所示。

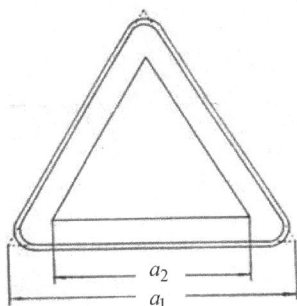

图中，外边 $a_1 = 0.034L$，内边 $a_2 = 0.700a_1$，边框外角圆弧半径 $r = 0.080a_2$，L 为观察距离。警告标志的颜色要求如下表所示。

警告标志颜色要求

部位	颜色
正三角形边框、图像	黑色
背景	黄色

图 12-2　警告标志

3. 禁止标志的含义是禁止工厂员工的不安全行为，其基本形式是带斜杠的圆边框，如图 12-3 所示。

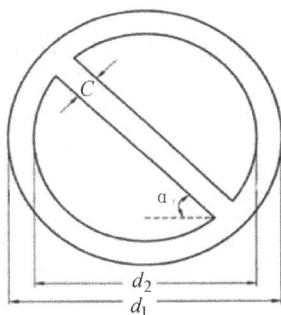

图中，外径 $d_1 = 0.025L$，内径 $d_2 = 0.800L$，斜杠宽 $c = 0.080d_1$，斜杠与水平线的夹角 $\alpha = 45°$，L 为观察距离。禁止标志的颜色要求如下表。

禁止标志颜色要求

部位	颜色
带斜杠的圆边框	红色
图像	黑色
背景	白色

图 12-3　禁止标志

4. 提示标志的含义是提供目标所在位置与方向性的信息，其基本形式是矩形边框，如图 12-4 所示。

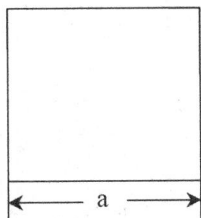

图中，长边 $a = 0.025L$，L 为观察距离。提示标志的颜色要求如下表。

提示标志颜色要求

部位	颜色
图像、文字	白色
背景	一般提示标志用绿色，消防设备提示标志用红色

图 12-4　提示标志

5. 补充标志是安全标志的文字说明，补充标志不能单独存在，必须与安全标志同时使用。补充标志与安全标志同时使用时，二者可以互相连接，也可以分开。当补充标志上的文字横写在安全标志的下方时，其基本形式是矩形边框；当竖写时，则写在安全标志的上部。补充标志的颜色规定如表 12-4 所示。

表 12-4　补充标志颜色

补充标志的写法	横写	竖写
字体	黑体字	黑体字
文字颜色	禁止标志——白色 警告标志——黑色 指令标志——白色	禁止标志——黑色　　警告标志——黑色 指令标志——黑色　　提示标志——黑色
背景	禁止标志——与安全标志颜色相同 警告标志——白色 指令标志——与安全标志颜色相同	禁止标志——白色　　警告标志——白色 指令标志——白色　　提示标志——白色

（二）安全标志牌的制作要求

工厂安置的安全标志牌需符合一定的要求，使标志牌醒目、耐用。工厂对安全标志牌的具体要求如表 12-5 所示。

表 12-5　安全标志牌要求

部位	要求
衬边	◆ 安全标志牌应衬边，除警告标志边框用黄色勾边外，其余安全标志全部用白色将边框勾一窄边，即为安全标志的衬边，衬边宽度为标志边长或直径的 0.025 倍
材质	◆ 安全标志牌应采用坚固耐用的材料制作，一般不宜使用遇水变形、变质或易燃的材料，有触电危险的作业场所应使用绝缘材料
表面质量	◆ 标志牌应图形清楚，无毛刺、孔洞和影响使用的任何疵病

（三）安全标志牌的使用要求

标志牌应设在与安全有关的醒目地方，并使员工看到后有足够的时间来注意它所表示的内容，具体使用要求如图 12-5 所示。

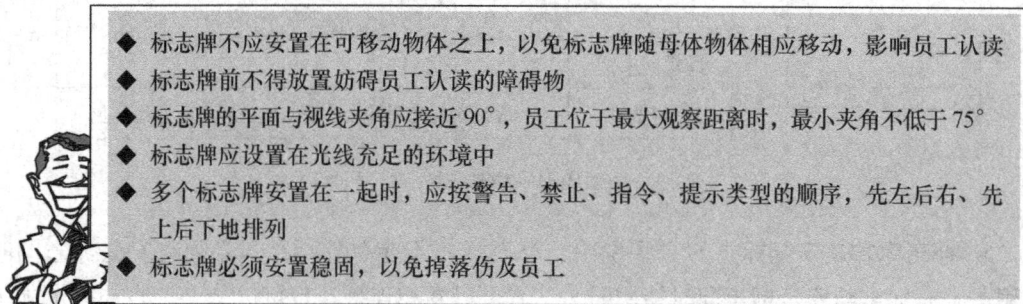

◆ 标志牌不应安置在可移动物体之上，以免标志牌随母体物体相应移动，影响员工认读
◆ 标志牌前不得放置妨碍员工认读的障碍物
◆ 标志牌的平面与视线夹角应接近 90°，员工位于最大观察距离时，最小夹角不低于 75°
◆ 标志牌应设置在光线充足的环境中
◆ 多个标志牌安置在一起时，应按警告、禁止、指令、提示类型的顺序，先左后右、先上后下地排列
◆ 标志牌必须安置稳固，以免掉落伤及员工

图 12-5　安全标志牌的使用要求

四、安全防护实施流程

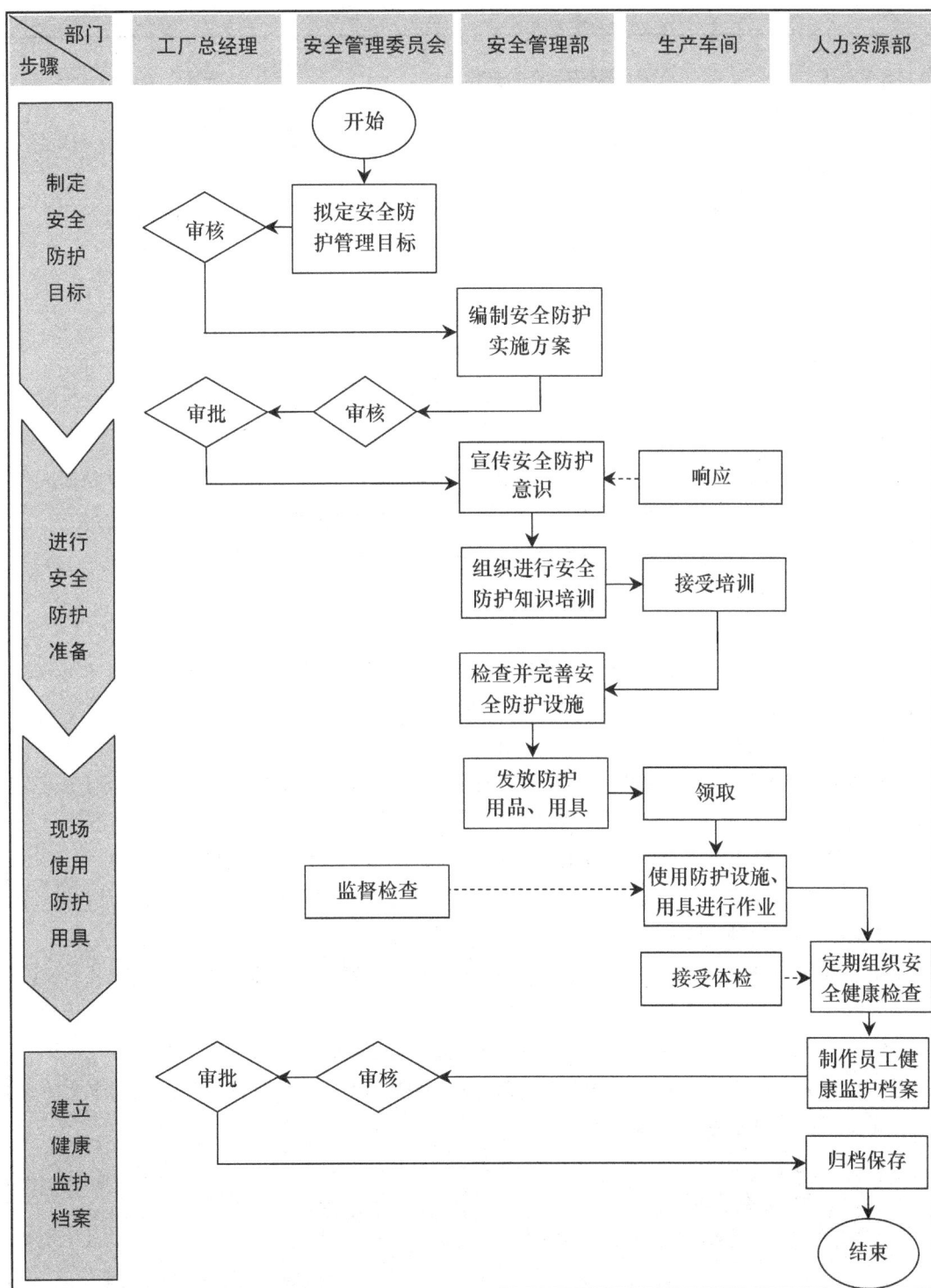

部门 步骤	工厂总经理	安全管理委员会	安全管理部	生产车间	人力资源部

制定安全防护目标

开始

拟定安全防护管理目标

审核

编制安全防护实施方案

审批 ← 审核

进行安全防护准备

宣传安全防护意识 ┈ 响应

组织进行安全防护知识培训 → 接受培训

检查并完善安全防护设施

现场使用防护用具

发放防护用品、用具 → 领取

监督检查 ┈┈┈→ 使用防护设施、用具进行作业

接受体检 ┈→ 定期组织安全健康检查

建立健康监护档案

审批 ← 审核 ← 制作员工健康监护档案

归档保存

结束

五、现场安全防护方案

方案名称	现场安全防护方案	编　号	
		受控状态	

一、目的

为了减少生产现场潜在的不安全因素，防止出现职业危害，根据我国有关劳动保护的法律、法规，结合本厂的实际情况，特制定本方案。

二、适用范围

本方案适用于工厂生产现场的安全防护工作。

三、职责划分

1. 工厂总经理负责安全防护相关规章制度与计划的审批决策。

2. 安全管理委员会负责领导并监督安全防护工作的实施。

3. 安全管理部负责建立健全安全防护规章制度及安全防护操作规程，并组织落实安全防护工作。

4. 人力资源部负责建立现场作业人员的健康档案，并组织实施监护、治疗。

5. 现场作业人员应遵守安全生产规章制度，正确使用劳动保护用品和安全卫生设施，并检举违规操作行为或违章指挥行为。

四、宣传安全防护意识

在安全管理委员会的领导下，安全管理部在生产现场进行安全防护宣传，提高现场作业人员的个人安全意识，确保"三不伤害"：不伤害自己、不伤害他人、不被他人伤害。

五、建立安全防护环境

1. 检查并完善生产现场的场所及设施，使其符合"工厂安全卫生规程"、"工业企业设计卫生标准"、"建筑设计防火规范"及其他有关规定。

2. 分离有害作业，划分特殊场所进行生产作业，并制定相关管理制度限制其他人员进入。

3. 在易燃、易爆、有毒、腐蚀等危险物品的生产、放置区域安装可靠的安全防护措施，并标识醒目的安全标志和紧急处理措施。

4. 在可能出现突然泄漏大量有毒有害气体或造成中毒的作业场所，设置自动报警装置和事故通风设施。

5. 由安全管理部指派专业安全员在现场保障生产安全，负责紧急救援和急救器材、设备。

6. 建立现场安全防护环境后，由安全管理部组织进行防护用具、设备的使用练习和紧急救援的演练，确保现场作业人员熟悉安全防护环境。

六、个人安全防护标准

（一）防护用品的使用规定

现场作业人员的安全防护标准如下表所示。

（续）

| \multicolumn{4}{c}{现场作业人员的安全防护标准} |
类型	防护工具	适用范围	操作注意事项
头部防护	安全帽	1. 因工作中可能遭受飞落或下坠物碰撞时 2. 高压电线作业时 3. 化学液体倒落时 4. 操作大型运转机器时	使用安全帽时应事先检查帽壳是否有破损，内套是否有磨损等
眼睛防护	护目镜、眼罩、面罩	1. 执行可能导致碎片或颗粒飞溅的工序时 2. 生产或使用化学液体、气体时 3. 进行电焊操作时 4. 清扫仪器、设备时	1. 使用护目镜时，在额头绑毛巾吸汗，可避免流汗导致的镜片模糊 2. 注意护眼工具的清洁
耳朵防护	耳塞、耳罩	工作环境噪音超过 90dBA 时	1. 热环境下使用耳塞 2. 不洁净环境下使用耳罩
呼吸系统防护	防护口罩、空气过滤面罩	1. 有毒物质污染的环境下 2. 粉尘颗粒过多的环境下 3. 工作环境可能出现烟雾时	根据作业环境选择不同过滤等级的防护口罩或面罩
手臂防护	手套	1. 因工作性质可能引起手部遭受长时间摩擦时 2. 进行焊接等操作时 3. 接触化学物品时	根据作业环境及接触物品的特性选择不同材质的防护手套
身体防护	防护衣	1. 工作环境过热、过冷或有静电、辐射时 2. 工作环境可能遭受触电、电击时	根据作业环境及接触物质选择不同功能的防护衣
足部防护	安全鞋	1. 岗位性质使员工可能遭受重物碰撞或下落击中足部时 2. 作业地面湿滑 3. 因岗位性质使员工可能接触腐蚀性物质、带电体等	根据作业环境选择不同功能的安全鞋

（二）防护用品的使用方法培训

由安全管理部负责对现场作业人员实施防护用品使用培训，内容主要包括以下三点。

1. 安全防护的重要性。

2. 防护用品的性能及检验方法。

3. 防护用品的正确使用与维护。

七、员工健康监护

1. 人力资源部定时组织员工进行健康检查，具体要求见下表。

（续）

现场作业人员的健康检查标准		
类型	适用人员	实施频率
岗前健康检查	新进员工	上岗前检查一次
定期健康检查	正式员工	每年一次

2. 人力资源部根据员工健康检查结果建立职业健康监护档案，档案应包括下列内容。

（1）员工的职业史和职业中毒危害接触史。

（2）相应作业场所职业中毒危害因素监测结果。

（3）职业健康检查结果及处理情况。

（4）职业病诊疗等职工健康资料。

3. 对受到或可能受到急性职业中毒危害的员工，人力资源部应及时组织医学观察和治疗。

编制人员		审核人员		审批人员	
编制时间		审核时间		审批时间	

第三节　安全生产教育培训

一、安全生产教育活动方式

安全生产教育是工厂安全生产工作的重要组成部分，为提高工厂现场人员的安全意识，保证现场生产的安全，工厂应定期或不定期举办安全生产教育活动，如张贴宣传画、办展览、开讲座等，具体内容如表12-6所示。

表12-6　安全生产教育活动方式

活动方式	说明
宣传画	◆ 通过宣传画可以使员工认识到安全生产的重要性，给员工以警示，使员工提高安全意识 ◆ 宣传画主要分为两类，一类是正面宣传画，说明小心谨慎、注意安全的好处；另一类是反面宣传画，指出粗心大意、盲目行事的恶果
影片	◆ 工厂可以为安全培训工作专门拍摄影片、录像，对新设备、新技术给出形象的说明、示范等，并可以利用快、慢镜头让员工了解每一个操作细节

（续表）

活动方式	说明
报告、讲课及座谈	◆ 报告、讲课和座谈对新员工而言更加有效，通过这种形式的安全教育，可以使他们对安全生产问题有一个大概的了解 ◆ 针对安全事故状况、安全规则、保护措施等问题进行专题讲座，使员工与讲解人有直接接触交流的机会，可以加强宣传教育的效果
安全竞赛活动	◆ 工厂可以开展多种形式的安全竞赛活动，以提高员工安全生产的积极性 ◆ 工厂可把安全竞赛列入工厂安全计划中去，在车间班组进行安全竞赛，对优胜者给予奖励
安全出版物	◆ 利用安全出版物，如定期出版安全杂志、简报（描述新的安全装置、操作规则等方面的调查和研究成果），以及预防事故的新方法等有图示说明的文章等

二、安全生产培训管理规定

制度名称	安全生产培训管理规定		受控状态	
			编　号	
执行部门		监督部门	编修部门	

第1章　总则

第1条　为了提高员工的安全意识，实现安全化生产，降低各种安全事故，减少损失，创造良好的作业环境，保障员工的人身安全和健康，特制定本规定。

第2条　本规定适用于生产现场作业人员安全生产培训的相关工作。

第3条　职责分工如下。

1. 总经理负责安全生产培训计划与实施的决策。

2. 人力资源部负责安全生产培训的计划、实施与考核。

3. 安全管理部协助人力资源部落实安全生产培训，并对培训效果进行评价。

第4条　安全生产培训原则包括以下五项。

1. 全员性原则，提高生产现场全员安全生产意识，保证全员提高安全生产技术。

2. 全面性原则，安全生产培训应涉及所有现场生产事项、所有工种、所有设备操作，做到"不留死角"。

3. 成效性原则，安全生产培训以培训后的安全事故率作为主要评价依据，受训者以培训考试成绩作为上岗凭证。

4. 针对性原则，安全生产培训必须针对现场生产中最易出现安全事故的操作行为进行重点培训。

5. 发展性原则，安全生产培训必须保证长期执行，不断提高员工安全意识与安全操作水平。

（续）

第2章 安全生产培训程序

第5条　人力资源部通过书面调查法、小组讨论法和面谈法等进行培训需求调研，详细了解生产作业人员的职责，分析其培训需求。

第6条　人力资源部根据培训需求设计安全生产培训计划方案，主要内容应包括以下五点。

1. 培训时间。

2. 培训地点。

3. 培训内容。

4. 培训方式。

5. 讲师名单。

第7条　培训方案经总经理批准后，人力资源部应编制培训预算交财务部人员审核。预算内容包括以下四项费用。

1. 内部人员工时费用。

2. 培训资料、材料费用。

3. 外部讲师聘请费用。

4. 其他相关费用。

第8条　实施安全生产培训

1. 安全生产培训的内容主要包括以下三个方面。

（1）安全生产意识。

（2）安全生产相关法律法规及各项规章制度。

（3）安全生产技术，如安全技术知识、工业卫生知识、消防知识、危险地点与设备的安全防护、电气安全技术和触电预防内容等。

2. 安全生产培训可采取以下四种方式。

（1）相关安全知识讲解。

（2）现场安全技术演示。

（3）事故案例分析讨论。

（4）现场作业情景演练。

第9条　培训结束后，人力资源管理部应及时组织考试，向考试通过者颁发证书。考试未通过者应继续参加下次培训，直至培训考试合格为止。

第3章 安全生产培训要求

第10条　生产现场作业人员必须定期参加安全生产培训，不断提高安全意识。

第11条　新员工入职必须经过三级安全培训，即企业安全培训、部门安全培训和班组安全培训，并经考试合格后方可上岗作业。

第12条　员工变换工种时，必须经过新工种安全技术培训，并通过培训考试后上岗作业。

第13条　正常情况下，每期安全培训时间不得少于20课时。

第14条　生产现场各级车间主任、班组长、安全员应定期轮流接受相关培训，不断提高安全意识、安全技术素质。

（续）

第 15 条	人力资源部负责对培训进行记录并存档。				

第 4 章 附则

第 16 条 本规定由安全管理委员会、人力资源部共同负责制定、修订。

第 17 条 本规定自颁布之日起实施。

修订记录	修订标记	修订处数	修订日期	修订执行人	审批签字

三、新员工安全生产培训方案

方案名称	新员工安全生产培训方案	编 号	
		受控状态	

一、目的

为了提高本厂新员工的安全生产意识，做好新员工安全教育培训工作，保障安全生产顺利进行，特制定本方案。

二、适用范围

本方案适用于本厂生产现场新进员工安全生产的培训教育工作。

三、新员工安全生产培训原则

新员工安全生产培训原则包括三级安全培训原则、合格后上岗原则，具体内容见下表。

新员工安全生产培训原则

原则	说明
三级安全培训原则	◆ 新员工安全生产培训包含三级安全培训，即厂级安全培训、车间级安全培训、班组级安全培训
合格后上岗原则	◆ 新进员工必须经过三级安全培训且考试合格后，方可上岗作业

四、新员工安全生产培训对象

1. 新入厂的生产现场员工。

2. 调换工种的现场员工。

3. 生产现场新进的临时工、学徒工、培训人员和实习人员等。

五、新员工安全生产培训时间

新员工安全生产培训工作应在新员工或调岗员工到新岗位上岗之前完成，其时间长度要求如下。

1. 厂级安全培训不少于 10 天。

2. 车间级安全培训不少于 7 天。

（续）

3. 班组级安全培训不少于 5 天。

六、新员工安全生产培训内容

新员工的三级安全培训主要内容及执行主体如下表所示。

新员工三级安全培训内容

培训级别	培训内容	执行者
厂级安全培训	1. 劳动保护的意义、任务、内容及其重要性 2. 工厂的安全概况、安全生产的组织机构与主要安全生产规章制度 3. 常见事故伤害的现场救护 4. 灭火器的使用方法与火灾初期扑救、消防泵的使用与注意事项 5. 工伤事故发生的原因及应对方法 6. 生产现场的工作心态与行动 7. 生产现场各公共区域及安全注意事项培训 8. 典型事故案例 9. 执行力、团队协作、伤员救治培训	人力资源部 安全管理部
车间级安全培训	1. 车间生产的产品、工艺流程及其特点 2. 车间人员结构、安全生产组织状况及活动情况 3. 车间危险区域管理、车间劳动保护方面的规章制度 4. 劳动保护用品的穿戴要求和注意事项 5. 车间事故的多发部位、原因、特殊规定和安全要求 6. 车间安全技术基础知识、车间安全操作规程与防火知识	车间主任
班组级安全培训	1. 班组的生产特点与作业环境 2. 班组活动范围的危险区域、设备状况、消防设施与易发生的事故等 3. 本工种的安全操作规程和岗位责任 4. 作业环境的安全检查和交接班制度、应急处理规定等	班组长

七、新员工安全生产培训方式

各级安全生产培训可根据内容特点采用以下五种方式进行。

1. 组织开展安全生产教育课程。

2. 开展安全知识讲座。

3. 事故案例讨论分析。

4. 培训人员现场演示操作。

5. 模拟场景，学员操作演练。

（续）

八、新员工安全生产培训考试

1. 各级安全培训结束后，由培训执行者组织相应考试以检测培训效果，并填写"新员工三级安全培训卡"，记录受训者的考试成绩。

2. 新员工考试合格后方可上岗，不合格者继续参加下次培训直至考试合格。

3. "新员工三级安全培训卡"（见下表）作为员工上岗依据。

新员工三级安全培训卡

姓名		性别		年龄		学历	
体检情况		进厂日期		工种			
部门		车间		班组			

三级培训	工厂级培训内容		车间级培训内容		班组级培训内容	
	培训起止日期		培训起止日期		培训起止日期	
	考试成绩		考试成绩		考试成绩	
	主考人（签字）		主考人（签字）		主考人（签字）	

考试合格证号		发放日期	
经办人（签字）		部门主管（签字）	
个人态度			

批准上岗意见	
上级主管意见	签字：　　　　　　　　　　　日期：　　年　月　日
安全管理部意见	签字：　　　　　　　　　　　日期：　　年　月　日
安全管理委员会意见	签字：　　　　　　　　　　　日期：　　年　月　日
备注	

编制人员		审核人员		审批人员	
编制时间		审核时间		审批时间	

第四节　安全生产检查

一、安全生产检查制度

制度名称	安全生产检查制度		受控状态	
			编　　号	
执行部门		监督部门	编修部门	

第1章　总则

第1条　目的

为保证工厂的生产作业活动能够安全、顺利地开展，减少事故隐患，根据本工厂的实际情况，特制定本制度。

第2条　适用范围

本制度适用于本厂生产现场全体人员。

第3条　职责划分

1. 安全管理委员会负责建立健全安全检查、登记制度，领导开展全面安全检查，并对重大危险源进行不定期抽查。

2. 安全管理部负责组织落实安全生产检查工作，并定期开展安全检查工作会议，对检查过程中出现的问题制定改善措施。

3. 生产现场安全员负责安全生产的日常巡检工作，及时指出不合格项并提出改善建议。

4. 生产现场作业人员负责配合安全生产检查工作，并执行改进措施。

第2章　安全检查内容

第4条　查思想

1. 检查现场人员对安全生产的认识与责任心。

2. 检查现场人员能否从存在安全隐患的问题及安全事故中吸取教训。

第5条　查管理

1. 检查现场管理人员是否正确处理安全与生产的关系。

2. 检查员工的安全生产教育执行情况，管理人员能否严肃处理安全生产问题，并落实整改措施。

第6条　查执行

1. 检查各项安全生产制度的执行情况，有无违章指挥、违章作业的现象。

2. 检查各车间、班组是否制定相应的安全操作规程并严格遵照执行。

第7条　查记录

1. 检查各项工序操作是否按时记录。

2. 检查各项原始记录凭证是否如实、准确。

（续）

第8条　查环境

1. 检查机械、仪表、厂房、通道、安全装置和消防器材等安全状况是否良好。

2. 检查工位、器具堆放是否整齐。

3. 检查员工劳保用品穿戴、保管是否良好，消防通道是否畅通。

第3章　安全检查实施

第9条　安全生产检查方式

安全生产检查方式的说明具体如下所示。

安全生产检查方式说明

检查方式	主要工作	检查频率	检查执行人
全面检查	◆ 对消防器材、设施、设备进行全面的监测，发现问题及时修正	2 次/年	安全管理委员会
安全检查工作会议	◆ 听取各班组长的安全生产工作汇报，检查班组是否按照各项安全操作规程执行，对发现的问题进行指正	1 次/月	安全管理部
巡检	◆ 对危险工序进行检查，对辖区安全设施、设备进行检测，并填报安全日志送安全管理部审核	2 次/日	安全员

第10条　安全生产检查相关要求

1. 各级检查执行人员必须恪尽职守，不断学习安全生产的相关业务知识，提高安全检查工作水平，确保安全生产监督检查工作的质量和效果。

2. 安全检查工作必须有计划、按要求进行。检查前，检查人员应做好准备工作，提前编制、打印"安全生产检查评分表"。

3. 安全员每天在现场巡检的时间不得低于四小时，应有详细记录。

4. 现场各车间、班组应无条件接受安全生产检查，并积极配合检查人员的工作。

第4章　不合格项整改

第11条　制定整改方案

对检查发现的不合格项及不安全隐患，由安全管理部相关责任人员共同制定整改方案，方案中应明确整改项目、整改时间、整改责任人及监督复核人。

第12条　整改相关要求

1. 在不合格项整改中做到"三不推"，即"班组能整改的不推给车间"，"车间能整改的不推给工厂"，"今天能整改的不推到明天"。

2. 各整改责任人应在规定期限内完成整改，并将整改情况及时报告安全管理部。

第5章　奖惩措施

第13条　奖励措施

对于满足以下五项条件的车间、班组，工厂将按照年度平均检查结果给予不同的奖励。

（续）

1. 认真贯彻"安全第一，预防为主"的方针，执行上级有关安全生产的法令法规，落实安全生产责任制度，加强安全生产管理。

2. 安全生产组织职责分配清晰，有效开展安全生产工作。

3. 严格执行各项安全生产规章制度，开展经常性的安全生产教育活动，不断增强员工的安全意识和提高员工的自我保护能力。

4. 自觉配合安全生产检查，及时整改事故隐患和尘毒危害，积极改善劳动条件。

5. 连续三年以上无责任性员工死亡和重伤事故，交通事故也逐年减少，安全生产工作成绩显著。

第 14 条　惩罚措施

1. 对不按时完成安全检查整改任务的，工厂会对责任人采取经济处罚，并对由此造成的事故承担一切后果，直至追究法律责任。

2. 凡在安全检查中发现有瞒报、虚报、漏报或故意延迟不报的情况，除责成负责人补报外，对事故责任人应给予扣发工资总额的处罚，并追究其法律责任。

3. 对连续三次安全生产检查排名为后三名的班组，应由安全管理委员会在工作会议上提出批评，并扣发班组人员当月绩效奖金的＿＿＿％。

第 6 章　附则

第 15 条　本制度由安全管理委员会负责制定、修订和解释。

第 16 条　本制度自颁布之日起执行。

修订记录	修订标记	修订处数	修订日期	修订执行人	审批签字

二、安全生产检查记录表

为做好安全生产工作，使安全生产工作的考核有据可依，工厂应编制"安全生产检查记录表"，具体可参考表 12-7。编制人员可根据工厂实际情况增减相关项目，并赋予项目相应分值，满分一般为 100 分。

表 12-7　安全生产检查记录表

车间			日期		总体得分	
项目		**检查内容**				**单项得分**
一、安全组织		1. 是否建立安全责任制 2. 班组安全员建设情况 3. 义务消防队员是否有计划地开展工作 4. 特殊岗位人员是否经过必要的培训				

（续表）

项目	检查内容	单项得分
二、安全管理台账	安全会议台账、隐患整改台账、职业卫生检测台账、事故管理台账、重大危险源登记台账、安全费用投入台账、应急救援预案演练记录等是否齐全、正确	
三、岗位安全	1. 安全操作规程执行情况 2. 操作人员精神状况 3. 操作人员动作安全性 4. 装卸产品、零部件过程是否安全 5. 岗位周围环境是否安全	
四、设备管理安全	1. 电气设备电线是否接地接零 2. 设备保护装置是否符合要求 3. 用电器具与可燃物距离是否符合要求 4. 设备操作人员防护措施是否得当 5. 设备防护装置是否可靠 6. 设备润滑情况	
五、防火管理	1. 疏散线路标志是否清楚 2. 易燃易爆品管理、使用是否符合规定 3. 消防器材配备、保护情况 4. 义务消防队员消防知识与能力	
六、仓库管理安全	1. 仓库类物品是否分类存放 2. 电线电灯安全是否符合规定 3. 消防设备是否足够和合用 4. 通道是否通畅 5. 危险品是否按规定存放	
七、安全设施与安全标识	1. 安全计划及实施情况 2. 是否进行安全自检 3. 有无悬挂安全规程 4. 安全标语和标志悬挂情况 5. 安全标志牌是否符合国家有关安全标志的规定	
八、其他安全作业要求	1. 劳保用品是否按要求佩戴 2. 高空作业是否采取安全措施	

273

三、安全生产检查流程图

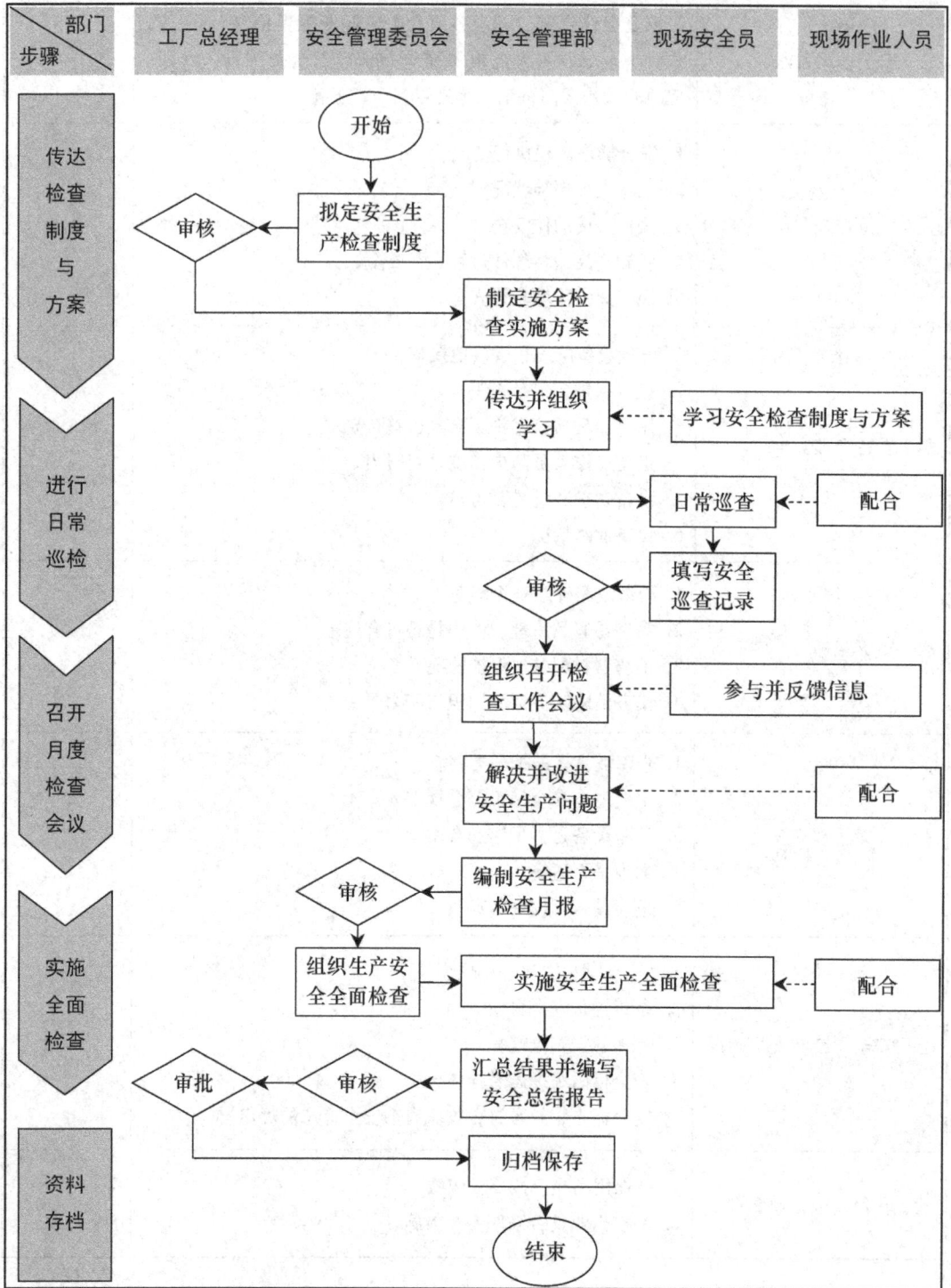

部门\n步骤	工厂总经理	安全管理委员会	安全管理部	现场安全员	现场作业人员

传达检查制度与方案

开始 → 拟定安全生产检查制度 → 审核 → 制定安全检查实施方案 → 传达并组织学习 ← 学习安全检查制度与方案

进行日常巡检

日常巡查 ← 配合
填写安全巡查记录 → 审核

召开月度检查会议

组织召开检查工作会议 ← 参与并反馈信息
解决并改进安全生产问题 ← 配合
编制安全生产检查月报 → 审核

实施全面检查

组织生产安全全面检查 → 实施安全生产全面检查 ← 配合
汇总结果并编写安全总结报告 → 审核 → 审批

资料存档

归档保存 → 结束

第五节　安全事故处理

一、安全事故应急计划

应急计划指基于在某一处发现的潜在事故及其可能造成的影响所形成的一个正式书面计划，该计划描述了在现场和场外如何处理事故及其影响。应急计划包括现场应急计划和场外应急计划。工厂应确保应急计划符合国家法律法规的要求，不应把应急计划作为在设施内维持良好标准的替代措施。

（一）应急计划的编制

应急计划的编制依据为危险评估，即事故后果分析，包括对潜在事故的描述、对危险性的预测以及有害效应的评估。现场应急计划的编制内容主要包括下列七个项目。

1. 潜在事故的性质、规模及影响范围。
2. 危险报警和通信联络的步骤与方法。
3. 与政府及各紧急救援服务机构的联系。
4. 现场管理者的职责，应急指挥中心的地点和组织。
5. 发生危险时，现场人员的撤离步骤、机器设备的关闭程序。
6. 非现场在处于受影响范围内的人员的行动原则。
7. 对节假日等特殊情况所做的安排。

（二）应急计划的注意事项

为保证所制订的应急计划具有可行性，编制人员应注意下列五大事项。

1. 每一个危险设施都应有一个现场应急计划。
2. 工厂应确保应急所需的各种资源及时到位。
3. 工厂应与紧急服务机构共同评估是否有足够的资源来执行此计划。
4. 确保现场人员和应急服务机构熟知应急计划。
5. 根据工厂实际情况的变化，及时对应急计划进行评估、完善。

（三）应急计划的评估与完善

1. 在制订计划和演练计划的过程中，工厂应让熟悉设施的工人包括相应的安全小组成员一起参与。
2. 每一次应急计划演练完成后，工厂都应核对计划是否被全面检查并找出不足之处。
3. 工厂应在必要时修改应急计划以适应现场设施和危险物的变化。
4. 对应急计划所作的修改应让所有与应急计划有关的人知悉。

二、安全事故处理流程

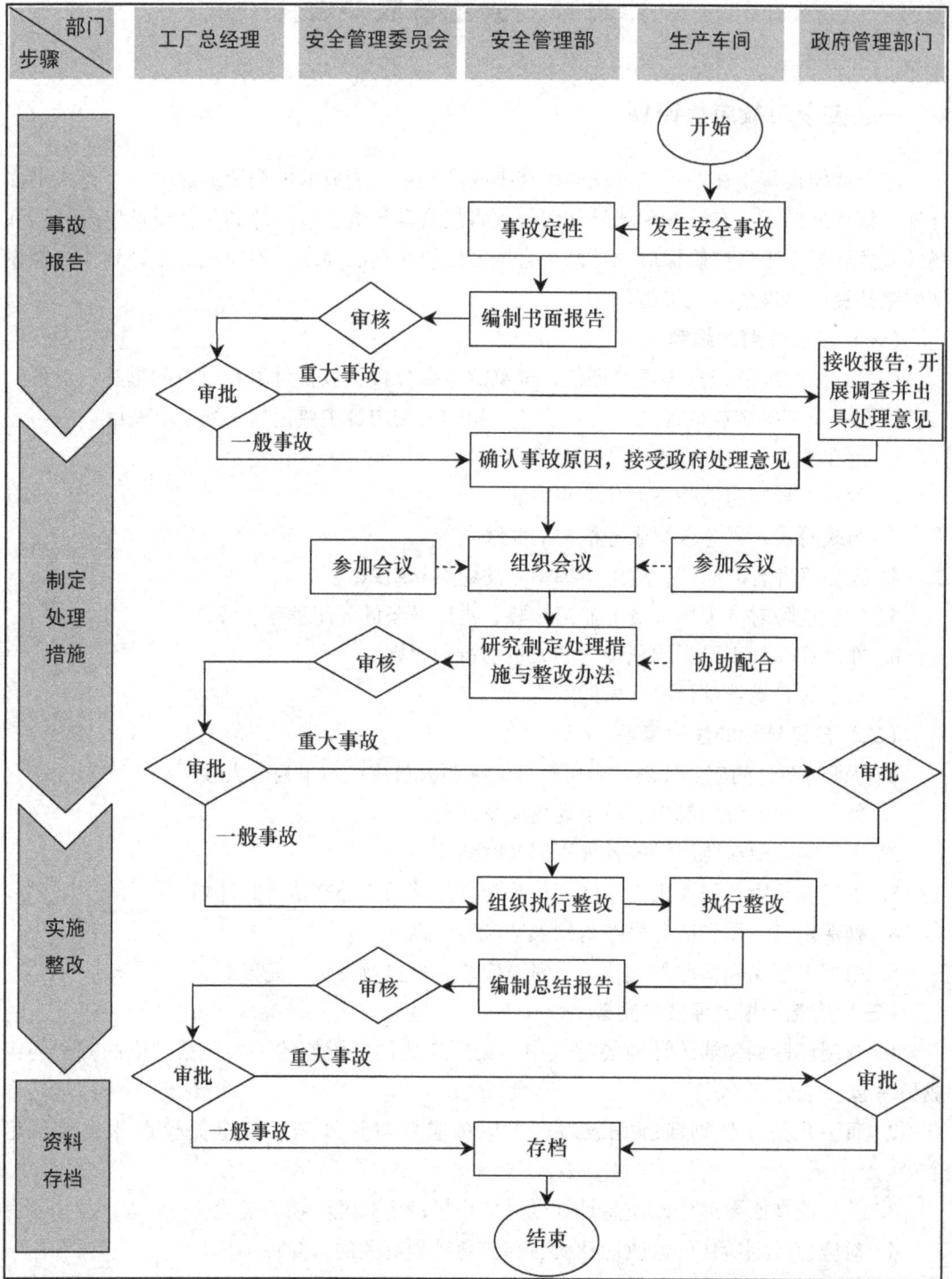

部门 步骤	工厂总经理	安全管理委员会	安全管理部	生产车间	政府管理部门

事故报告

开始 → 发生安全事故 → 事故定性 → 编制书面报告 → 审核 → 审批

重大事故：接收报告，开展调查并出具处理意见

制定处理措施

一般事故 → 确认事故原因，接受政府处理意见

参加会议 ⤍ 组织会议 ⤎ 参加会议

研究制定处理措施与整改办法 ⤎ 协助配合

审核 → 审批

重大事故 → 审批

实施整改

一般事故 → 组织执行整改 → 执行整改

编制总结报告 → 审核 → 审批

重大事故 → 审批

资料存档

一般事故 → 存档 → 结束

三、安全事故处理方案

方案名称	安全事故处理方案	编　号	
		受控状态	

一、目的

为了有序开展安全事故处理工作，最大限度地减轻事故灾害，根据国家相关法律法规，并结合工厂实际情况，特制定本方案。

二、适用范围

工厂生产现场区域内发生的安全事故均适用本方案。

三、生产安全事故级别的界定

1. 特别重大事故，是指造成30人以上死亡，或者100人以上重伤（包括急性工业中毒，下同），或者1亿元以上直接经济损失的事故。

2. 重大事故，是指造成10人以上30人以下死亡，或者50人以上100人以下重伤，或者5 000万元以上1亿元以下直接经济损失的事故。

3. 较大事故，是指造成3人以上10人以下死亡，或者10人以上50人以下重伤，或者1 000万元以上5 000万元以下直接经济损失的事故。

4. 一般事故，是指造成3人以下死亡，或者10人以下重伤，或者1 000万元以下直接经济损失的事故。

四、安全事故处理流程

（一）抢救伤员，报告上级

1. 事故发生后，现场人员不要惊慌失措，应立即抢救伤员并报告上级领导，防止事态进一步扩大。

2. 救护过程中，救护人员要严格执行有关救护规程和规定，严禁出现救护过程中的违章指挥和冒险作业，避免救护过程中的伤亡和财产损失。

（二）保护现场和重要证据

1. 现场人员应保护好现场和重要证据，任何人不得破坏事故现场、毁坏有关证据。

2. 因事故抢救、防止事故扩大而需要移动事故现场物件时，应当做出标志并照相记录。

（三）通知安全管理部

现场人员应尽快通知安全管理部，并向安全管理部汇报下列信息。

1. 事故发生的时间、地点及事故现场情况。

2. 事故的简要经过、伤亡人数（包括下落不明的人数）。

3. 事故的直接原因。

4. 事故发生后采取的紧急措施。

5. 事故发生车间及负责人。

（四）安全事故初步分析

1. 安全管理部对于现场事故进行初步分析，根据人员伤亡情况确定事故级别。

（续）

2. 对于发生人员伤亡的事故，安全管理部应立即向安全管理委员会进行汇报，并上报政府管理部门。

（五）调查事故现场

1. 上报后，根据安全管理委员会批示，由安全管理部进行事故调查。

2. 安全管理部应通过现场勘查、调查询问、查阅记录等方式收集事故有关材料，具体包括以下六项。

（1）事故现场示意图或照片。

（2）相关设备、工具、材料等技术资料。

（3）工艺安全操作规程。

（4）工艺安全技术交底，班组班前安全活动记录。

（5）人证资料。

（6）与事故有关的其他资料。

3. 对于有人员伤亡的安全事故，由安全管理委员会协助政府管理部门进行事故调查取证。

（六）分析事故原因及责任

经调查后，安全管理部协助政府管理部门分析事故的原因与责任，主要分析内容如下表所示。

安全事故分析内容说明

安全事故分析项目	主要包含内容
事故原因	分析事故的直接原因、间接原因和主要原因
事故责任	分析事故的直接责任者、领导责任者和主要责任者

（七）召开安全事故研究会议

1. 安全管理部组织召开安全事故研究会议。

2. 会议参加人员包括安全管理委员会、生产部与政府管理部门相关人员。

3. 安全事故研究会议的主要任务为制定事故处理方案与整改办法。

（八）实施处理方案及整改措施

安全事故处理方案及整改措施经安全管理委员会审核、政府管理部门批准后，由安全管理部组织实施，生产部门相关人员配合执行。

（九）编制安全事故报告

1. 由安全管理部编制"安全事故报告"。

2. 事故报告的内容应包括以下六点。

（1）事故经过。

（2）事故损失。

（3）事故原因。

（4）事故教训及防范措施。

（5）事故责任分析及处理。

（续）

（6）医疗单据及警示牌。

（十）事故通报，报告存档

1. 安全管理委员会在安全生产会议上向生产部全体人员通报事故情况，杜绝类似问题的再次发生。

2. "安全事故报告"经安全管理委员会审核后，由安全管理部归档保存。

五、安全事故处理相关要求

1. 发生重大生产安全事故时，工厂应立即建立以安全委员会为领导的应急指挥小组，主要成员包括安全管理部和生产部相关人员。

2. 发生重大生产安全事故后，本厂全体人员均应服从应急指挥小组的领导，进行紧急抢救工作，防止事故蔓延。

3. 安全事故发生时，现场人员应本着遇事冷静、互相协调、通力配合、不慌不乱的原则，尽快完成救助、上报、保护现场等各项工作。

编制人员		审核人员		审批人员	
编制时间		审核时间		审批时间	

现场 5S 推进
精细化管理

第十三章

第一节 5S 活动推进

一、5S 活动推进流程

5S 活动推进流程如图 13-1 所示。

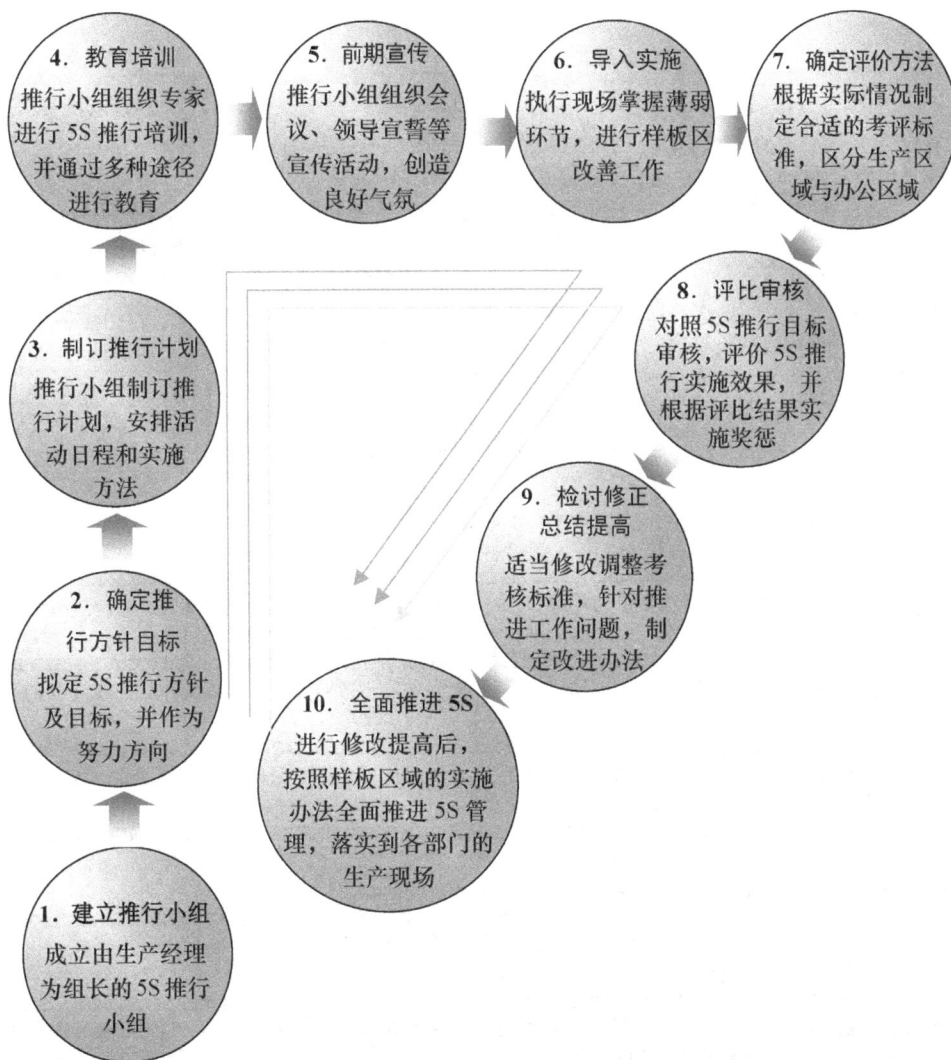

图 13-1 5S 活动推进流程示意图

二、5S 活动推进方法 1：红牌作战

1. 红牌作战是常用的 5S 推进方法，具体说明如图 13-2 所示。

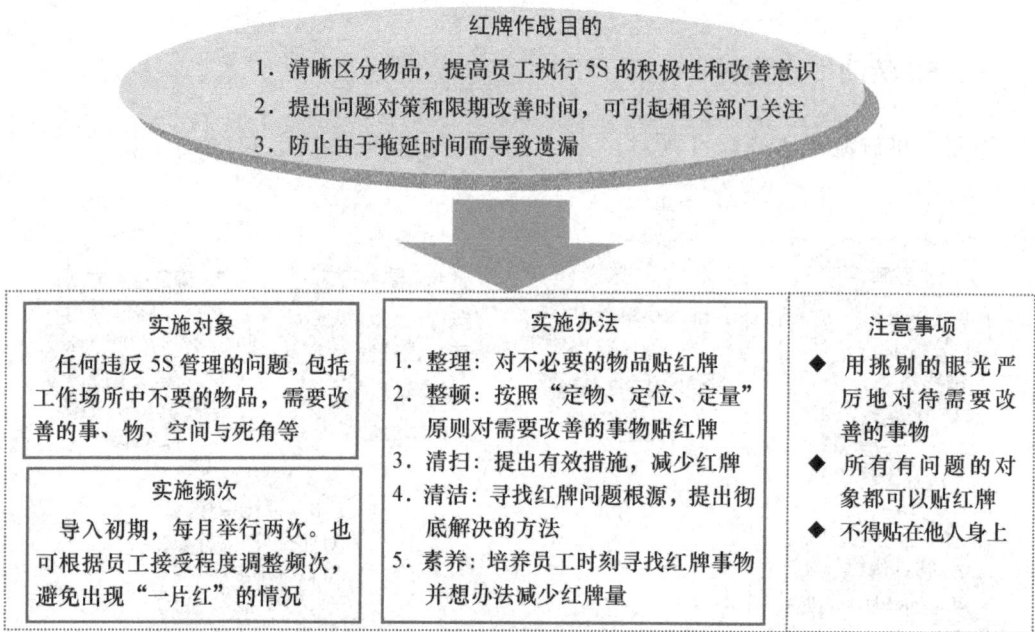

红牌作战目的

1. 清晰区分物品，提高员工执行 5S 的积极性和改善意识
2. 提出问题对策和限期改善时间，可引起相关部门关注
3. 防止由于拖延时间而导致遗漏

实施对象

任何违反 5S 管理的问题，包括工作场所中不要的物品，需要改善的事、物、空间与死角等

实施频次

导入初期，每月举行两次。也可根据员工接受程度调整频次，避免出现"一片红"的情况

实施办法

1. 整理：对不必要的物品贴红牌
2. 整顿：按照"定物、定位、定量"原则对需要改善的事物贴红牌
3. 清扫：提出有效措施，减少红牌
4. 清洁：寻找红牌问题根源，提出彻底解决的方法
5. 素养：培养员工时刻寻找红牌事物并想办法减少红牌量

注意事项

◆ 用挑剔的眼光严厉地对待需要改善的事物
◆ 所有有问题的对象都可以贴红牌
◆ 不得贴在他人身上

图 13-2　红牌作战方法说明

2. 红牌作战活动的执行步骤如图 13-3 所示。

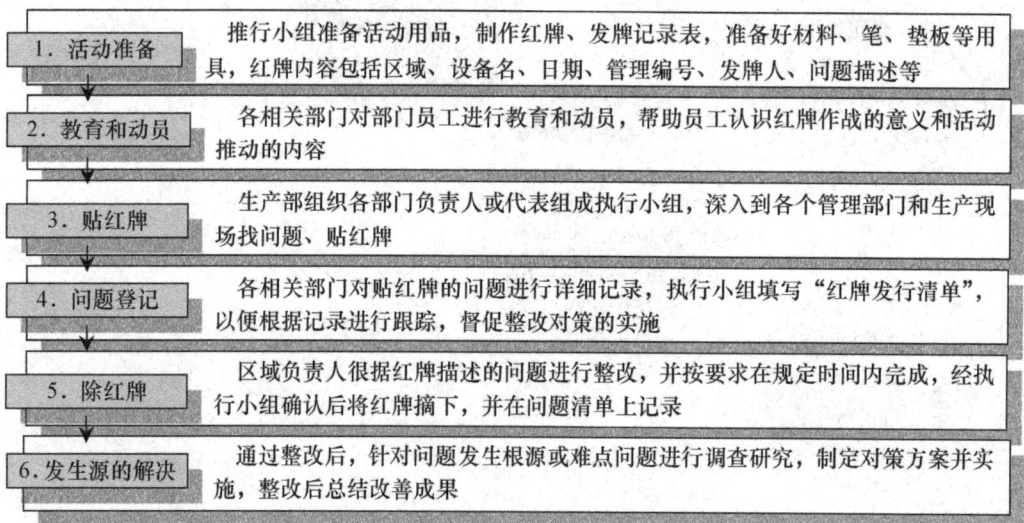

1. 活动准备　推行小组准备活动用品，制作红牌、发牌记录表，准备好材料、笔、垫板等用具，红牌内容包括区域、设备名、日期、管理编号、发牌人、问题描述等

2. 教育和动员　各相关部门对部门员工进行教育和动员，帮助员工认识红牌作战的意义和活动推动的内容

3. 贴红牌　生产部组织各部门负责人或代表组成执行小组，深入到各个管理部门和生产现场找问题、贴红牌

4. 问题登记　各相关部门对贴红牌的问题进行详细记录，执行小组填写"红牌发行清单"，以便根据记录进行跟踪，督促整改对策的实施

5. 除红牌　区域负责人很据红牌描述的问题进行整改，并按要求在规定时间内完成，经执行小组确认后将红牌摘下，并在问题清单上记录

6. 发生源的解决　通过整改后，针对问题发生根源或难点问题进行调查研究，制定对策方案并实施，整改后总结改善成果

图 13-3　红牌作战活动的执行步骤

3. 红牌作战活动的执行工具如下。

红牌问题揭示单					
责任单位			编号		
项目区分	☐ 物料　　☐ 产品　　☐ 电气　　☐ 作业台　　☐ 机器 ☐ 地面　　☐ 墙壁　　☐ 门窗　　☐ 文件　　☐ 档案 ☐ 看板　　☐ 办公设备　☐ 运输设备　☐ 更衣室　☐ 厕所				
红牌 原因	问题现象描述				
	理由				
发行人					
改善期限			改善责任人		
处理方案					
处理结果					
效果确认	☐ 可（关闭）　　　☐ 不可（重对策）		确认者		

三、5S 活动推进方法 2：定点拍照

1. 定点拍照的方法说明如图 13-4 所示。

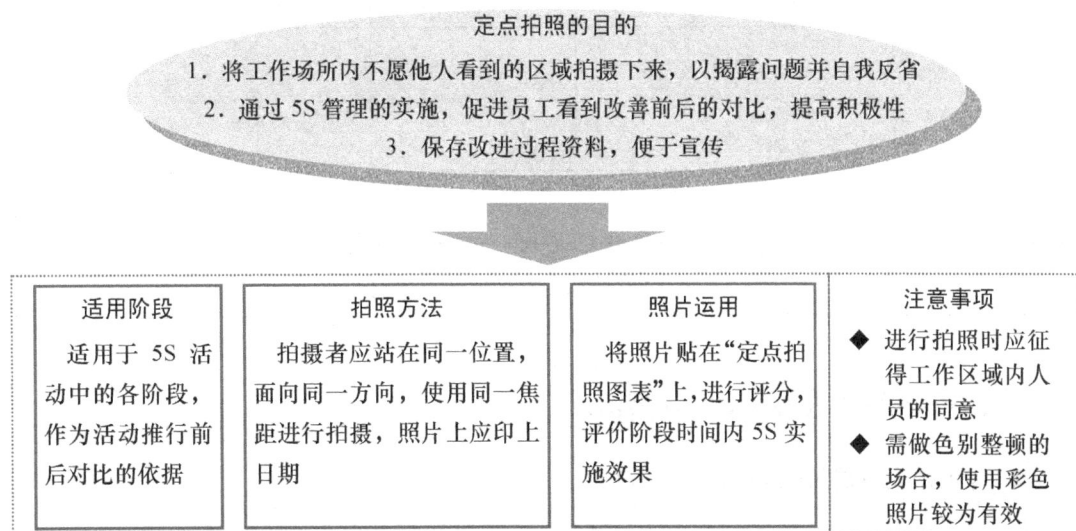

图 13-4　定点拍照方法说明图

2. 定点拍照的执行步骤如图 13-5 所示。

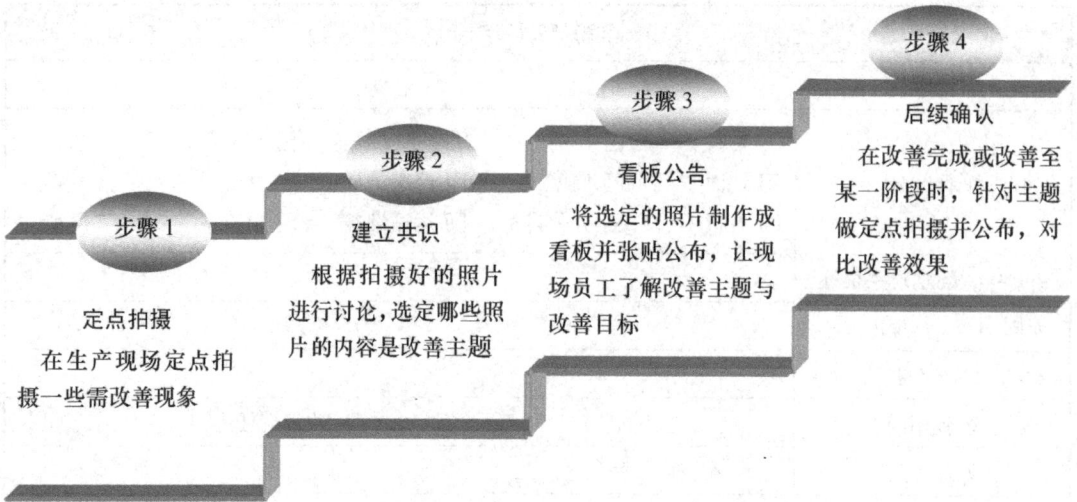

图 13-5　定点拍照的执行步骤

3. 定点拍照的执行工具如下。

定点拍照图表

阶段	照片	摄影日期	评分	建议

四、5S 活动推进方法 3：寻宝活动

1. 寻宝活动方法说明如图 13-6 所示。

寻宝活动的目的

1. 发现并处理大量不用物品，快速判断，加快整理速度
2. 对生产现场进行彻底整理，消除死角，增加整理的趣味性
3. 通过寻宝奖励措施，提高员工的参与热情

适用阶段	实施要领	注意事项
适用于 5S 活动中的整理阶段后期，找出现场的无用物品，进行彻底整理	1. 5S 推进小组指定进行当场判定，减少争议，节约时间 2. 对于不用物品不得直接丢弃，应由 5S 推进小组组织相关人员进行评估，并根据其价值确定处理方案	◆ 活动开展前应确定不要物品摆放区域、标识方法和申报表格 ◆ 明确活动期限和处理流程 ◆ 处理固定资产或存货时应报财务部进行账面处理
活动规则 1. 只寻找无用物品，不追究相关人员责任 2. 按照找到无用物品的多少给予奖励，找到的越多，奖励越高 3. 交叉互换区域寻宝		

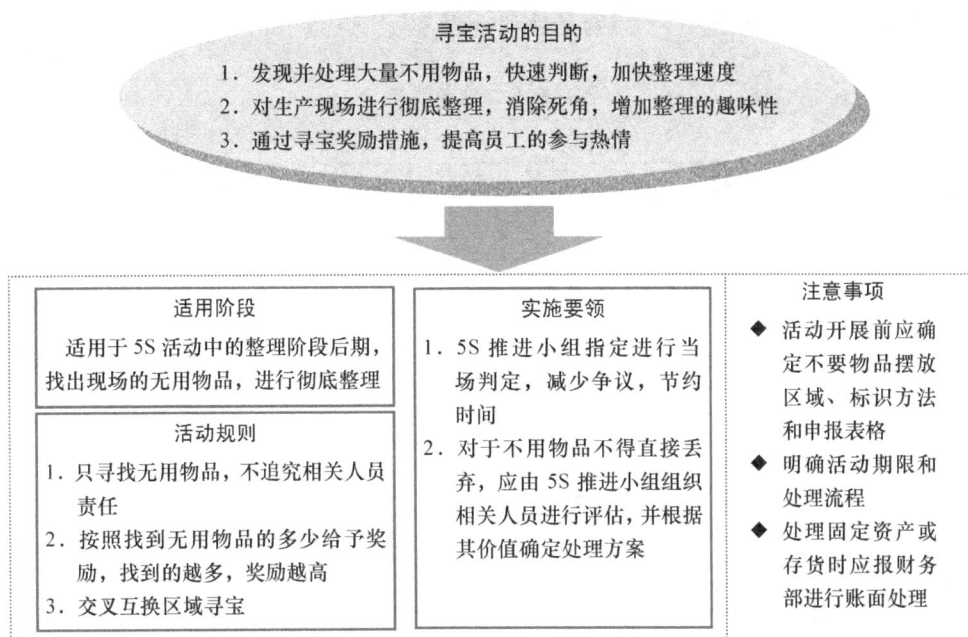

图 13-6　寻宝活动方法说明

2. 寻宝活动实施流程如图 13-7 所示。

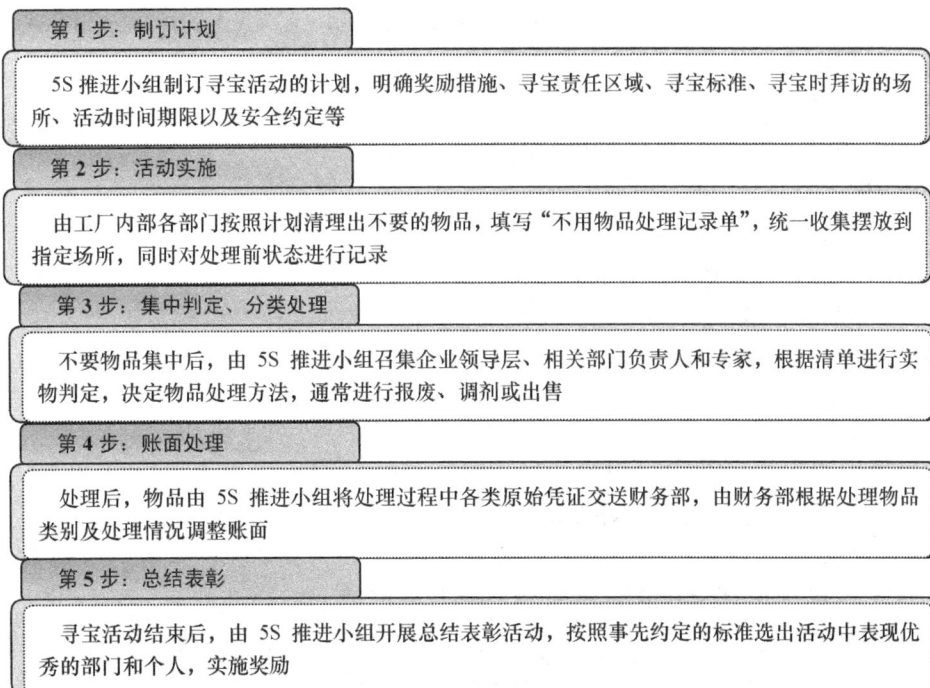

第 1 步：制订计划

5S 推进小组制订寻宝活动的计划，明确奖励措施、寻宝责任区域、寻宝标准、寻宝时拜访的场所、活动时间期限以及安全约定等

第 2 步：活动实施

由工厂内部各部门按照计划清理出不要的物品，填写"不用物品处理记录单"，统一收集摆放到指定场所，同时对处理前状态进行记录

第 3 步：集中判定、分类处理

不要物品集中后，由 5S 推进小组召集企业领导层、相关部门负责人和专家，根据清单进行实物判定，决定物品处理方法，通常进行报废、调剂或出售

第 4 步：账面处理

处理后，物品由 5S 推进小组将处理过程中各类原始凭证交送财务部，由财务部根据处理物品类别及处理情况调整账面

第 5 步：总结表彰

寻宝活动结束后，由 5S 推进小组开展总结表彰活动，按照事先约定的标准选出活动中表现优秀的部门和个人，实施奖励

图 13-7　寻宝活动实施流程

3. 寻宝活动中常会用到"不用物品处理申请表"，其样式如下。

不用物品处理申请表

部门：   日期：___年__月__日

物品名称	规格型号	数量	不用原因	使用部门处理意见	归口管理部门处理意见	备注

主管审核：   经理审核：   申报人：

第二节　5S 实施方案

一、整理实施方案

方案名称	工厂整理实施方案	编　号	
		受控状态	

一、目的

为了规范工厂工作现场的整理活动，区分需要与不需要的事、物，有效推进 5S 管理，提高工作效率和产品质量，特制定本方案。

二、适用范围

本方案适用于工厂内部 5S 推进过程中的整理活动。

三、整理活动目标

1. 腾出空间，改善和增加作业面积。

2. 减少库存，节约资金。

3. 减少失误发生的机会，提高生产的安全性。

4. 消除管理死角，提高产品质量。

5. 构建整洁、清爽的工作场所，使员工心情舒畅，工作热情高涨。

四、实施主体

1. 5S 推进小组负责整理活动的策划、组织、监督执行及效果评估。

2. 生产现场各部门人员负责具体的整理工作。

五、实施时间

5S 整理活动应作为一个循环过程，在生产现场每月定期执行。

六、实施步骤

（一）现场检查

5S 推行小组组织生产现场员工进行工作现场范围内的全面检查，具体检查内容如下表所示。

（续）

整理活动检查内容列表

检查区域	检查内容
生产作业区域	1. 机器设备、模具、零部件等 2. 操作台面、设备机器上摆放的物品 3. 工作场地及角落堆放的成品、半成品、不良品、材料、工具和垃圾等 4. 生产场地中各类容器及其所装物品
现场办公区域	1. 文件柜、抽屉内的文件、书籍、档案和图表等 2. 办公桌上放置的物品 3. 看板、公共栏、标语、月历及各类办公用具等
室外生产区域	1. 堆放在场外的材料、废品、半成品和不良品等 2. 散放的工具、闲置的设备等 3. 杂草、纸屑和垃圾等
现场仓库	1. 原材料、半成品、成品、用具和设备等 2. 废料、不良品、坏损的设备与用具 3. 存料架、柜、箱、标识牌和标签等
墙壁、天花板	1. 各种导线、照明器具、标识牌和指示牌 2. 蜘蛛网、尘网等

（二）必需品与非必需品判定

1. 非必需品的判定应按照下表所示权限进行。

非必需品判定权限分配表

物品类别	初步判定权限者	最终判定权限者
一般物品	车间主任	生产主管
材料、零部件、成品	生产主管	生产经理
机器设备	生产经理	总经理

2. 判定标准如下表所示。

必需品与非必需品的判定标准

物品判定结果	判定标准
必需品	1. 经常使用的 2. 在标准存量范围内的 3. 缺少时需要购入代替品，影响正常生产的

（续）

物品判定结果	判定标准
非必需品	1. 使用周期较长的 2. 超出生产需要存量的 3. 对目前生产无任何作用的

（三）物品的处理

1. 必需品的处理办法如下表所示。

必需品处理办法

必需品类型	处理办法
经常使用的物品	摆放在生产作业人员的附近
不经常使用的物品	摆放到较远的位置
偶尔使用的物品	安排专人保管
取用需耗费较长时间的物品	在生产现场只留下必要的数量

2. 非必需品的处理办法如下表所示。

非必需品处理办法

序号	非必需品类型	处理办法	具体操作
1	材料、零部件、设备、工具等	改用	改用于其他项目或其他有需要的部门
2	不良品、故障设备等	修理、修复	对其进行修理、修复，恢复其使用价值
3	由于其他客观原因，无法使用的物品	作价出售	向供应商退货，或者以较低价格出售，回收价款
4	确实无法发掘其使用价值及商品价值的物品	废弃	本着资源再利用的原则，在不影响环境的条件下进行废弃处理

3. 报废处理程序

（1）物品所在部门向 5S 推进小组提出废弃申请。

（2）5S 推进小组受理申请，并交技术部和其他相关部门对物品价值进行鉴定。

（3）由设备管理部对其再利用的可行性进行分析，并向 5S 推进小组反馈信息。

（4）经设备管理部确认无再利用价值后，5S 推进小组向财务部对物品价值进行确认。

（5）经财务部确认无价值后，5S 推进小组编制废弃计划并报总经理批准。

（续）

（6）5S 推进小组组织实施废弃处理，填写"废弃处理单"并保留单据备查。

（7）财务部进行相应的账面销账处理。

4. "废弃申请单"如下表所示。

废弃申请单

申请人		申请部门	
申请报废物品			
名称		型号	
编号		使用年限	
原用途		原值	
管理部门		存放地点	
申请报废理由			
审批、处理意见			
部门经理意见			
设备技术部意见		行政部意见	
财务部意见 （请提供相关财务数据）			
总经理审批			

（四）非必需品预防控制

1. 生产部各主管根据生产计划严格控制领料数量和用具，防止领取多余的原材料和生产用具。

2. 对于多余的原材料、零部件及各类用具应及时退回仓储部。

3. 生产主管应随时检查产成品和半成品数量，及时办理入库手续，控制生产进度，预防出现堆积。

4. 生产过程中的不良品应定期进行修复或废弃处理。

七、整理活动评价

（一）评价标准

整理活动结束后，由 5S 推进小组进行整理评估，评价各生产区域的整理效果，评价标准如下表所示。

整理活动评价标准

项目	检查标准	得分	备注
通道	1. 物品堆放过多，无法通行，且脏乱，得 0 分 2. 虽能通行，但要避开，不能正常通行，得 5 分 3. 超出通道，但有警示牌，得 10 分 4. 通畅，但周围物品不够整洁，得 15 分 5. 畅通且整洁，得 20 分		

（续）

（续表）

项目	检查标准	得分	备注
设备周围及操作台	1. 一个月以上未用的设备或物品杂乱堆放，得0分 2. 放半个月以后要用的东西，且杂乱，得5分 3. 一周内要用，但未整理，得10分 4. 一周内要用，且整理较好，得15分 5. 三日内使用，且整理很好，得20分		
料架	1. 杂乱存放不使用的物品，得0分 2. 摆放不使用的物品，但较整齐，得5分 3. 摆放近日用品，但较为杂乱，得10分 4. 摆放物为三天内用，很整齐，得15分		
现场仓库	1. 东西杂乱摆放，得0分 2. 有定位规定，但未严格遵守，得5分 3. 有定位，有管理，但不满足"先进先出"的原则，得10分 4. 严格定位，管理有效，物品摆放有序、整洁，得15分		
台面及抽屉	1. 不使用的物品杂乱堆放，得0分 2. 半个月才用一次的物品也有，得5分 3. 一周内要用，但摆放较为整齐，得10分 4. 当日使用，且整齐，得15分		
文件柜	1. 私人文件与公用文件混杂，无用、重复、过期文件充斥其间，得0分 2. 有所整理，无非必需品，但较为杂乱，得5分 3. 文件分类保存，排列较为整齐，得10分 4. 文件归类整齐，标识明确，易于查找，且对重要文件进行备份，得15分		
合计			

（二）结果运用

对整理活动效果的评价结果分为五等，具体划分标准及处理办法如下表所示。

整理评价结果处理

等级	划分标准	处理措施
S	90（含）~100分	◆ 工厂会议上进行表彰并颁发奖状，责任人员月度奖金提高20%，现场张贴光荣榜表扬
A	70（含）~90分	◆ 5S推进小组对其区域内不合格项目进行复查，直至合格

（续）

（续表）

等级	划分标准	处理措施
B	50（含）~70 分	◆ 区域负责人员接受 5S 培训，限期改善现场不合格项，责任人月度奖金扣减 20%
C	50 分以下	◆ 月度会议上提出批评，责令限期改正不合格项，责任人员月度奖金扣减 50%

（三）结果申诉

对考核结果有意见者，可直接向 5S 推进小组进行申诉，如对 5S 推进小组的解释不服，可向工厂总经理提交报告进行申诉。

编制人员		审核人员		审批人员	
编制时间		审核时间		审批时间	

二、整顿实施方案

方案名称	整顿实施方案	编　号	
		受控状态	

一、目的

为了科学合理地布置和摆放生产现场的物品，有效推进 5S 管理，提高工作效率和产品质量，保障生产安全，特制定本方案。

二、适用范围

本方案适用于工厂内部 5S 推进过程中的整顿活动。

三、整顿目标

1. 工作现场物品摆放整齐有序。

2. 各类物品标识清晰，一目了然。

3. 物品取用方便，寻找时间为零。

四、整顿时间

工作现场整顿的时间应是结束整理活动后一周之内。

五、整顿步骤

（一）分析现状

1. 在进行整理活动之后，由 5S 推进小组诊断现场实际情况并进行分析。

2. 分析步骤包括以下五点。

（1）检查整理工作是否全部完成，确认非必需品清理完毕。

（续）

（2）将现场工作过程中物品的传送情况用图纸表示出来。

（3）依据用品就近原则划分各类物品摆放区域。

（4）查看各类物品是否摆放在规定区域内。

（5）将现场物品实际分布情况用表格进行记录。

（二）明确场所

1. 对现场情况进行分析后，在5S推进小组的组织下，各生产车间按照各类物品的使用需求详细划分各类物品摆放场所。

2. 用不同颜色油漆及引线来明确区分各区域用途，具体规定如下表所示。

区域划分说明表

区域划分	说明
黄色实线	即一般通道线、区域、固定物品的定位线
黄色虚线	即机械设备定位线，表示移动台车、工具车等的停放位置
绿色区域	表示料区、成品区
红色区域	表示不合格品区、废品区、危险区
红色斑马线	表示不得进入、不得放置，如配电装置、消防栓处、升降梯等区域
黄黑虎纹线	表示警告、警示，如地面突起物、易碰撞处、坑道、台阶等

（三）决定放置方法

1. 整顿活动中的物品放置方法及适用对象见下表所示。

区域划分标识办法

放置形式		说明	适用对象
固定位置	场所固定	物品固定放置于区域线内或某一固定位置	产成品、机器设备、工具等
	标识固定	物品放置标识保持不变	需防潮、轻放的物品
自由位置		物品放置有一定自由度，不必放回原处，按工艺流程、工序步骤进行流转移动	原材料、零部件、半成品等

2. 物品放置具体要求

（1）同类物品应集中放置，并按照"先进先出"原则取用。

（2）长形物品应横放，或将多个长形物品用绳扎紧后竖放。

（3）各类使用频率高的工具，应依其形状画出外形轮廓，在固定场所定位，便于拿取存放。

（4）应将危险物品放在特定场所，并用栅栏隔开。

（5）文件应按照不同类别装入不同文件夹并放入文件柜内，保证柜内物品明显易见。

（6）尽量使用物料架摆放物品，提高空间利用率。

（续）

（四）明确标识

对整顿区域内各类事物用标识牌标识区域、类别、物品名称、数量、用途和责任者等信息，具体标识内容如下表所示。

标识牌内容说明表

标识牌	标识内容
样板区域标识牌	◆ 车间名称、责任人、活动时间
工具架标识牌	◆ 班组名称、物品类别（如五金工具类、模具类等）、责任人，以及每层物品名称
工具柜标识牌	◆ 车间名称、所属货架类别编号、责任人，以及每层架上放置的物品名称
工具、物品定点标识牌	◆ 物品类别、物品名称、规格、数量、最大库存和安全库存
文件柜标识	◆ 部门名称、文件柜编号、责任人，以及每层放置文件的类别（如常用文件、表单等）
各类管理对象（如配电箱、消防用具等）	◆ 车间名称、班组名称、物品名称、物品编号和责任人

六、整顿检查

（一）整顿合格标准

整顿活动结束后，由5S推进小组检查整顿的执行情况，具体检查标准如下表所示。

整顿评价标准

整顿项目	合格判定标准	是否合格	备注
机器设备	1. 设备之间摆放距离远近适中，既不影响清扫维修，也不过于浪费空间 2. 设备旁备有《操作规程》和《操作注意事项》 3. 设备维修保养相关记录完整		
机台、台车	1. 无多余作业台或棚架，且位置摆放合理 2. 台、架稳固，无晃动 3. 放置需移动物品的台架有轮子，方便移动 4. 台、架置于较高的地面上，便于清理		

（续）

（续表）

整顿项目	合格判定标准	是否合格	备注
工装夹具	1. 无多余或具有相同功能的工具 2. 工具放置在离作业人员最近的地方，避免取用和归位时产生过多步行和弯腰等动作 3. 频繁使用的工具采用吊挂式或放置在双手展开的最大范围内 4. 工具还原位置有定位标记		
切削工具	1. 常用工具由固定使用者负责管理，其他工具集中由专人负责管理 2. 切削工具摆放方向一致、整齐，无堆压现象，且有定位标识 3. 工具放置区域有防锈保护 4. 采用插孔式放置的工具，其形状、大小应与放置的孔向相适应		
材料	1. 材料存放在放置界限内 2. 摆放材料的转箱或台车的边线一致，便于先进先出 3. 不良品放置固定场所并有标识		
配线、配管	1. 配线、配管直线、直角安装，中间安装束套，放置稳固 2. 每条配线、配管的颜色标识准确		
备品配件	1. 摆放位置固定，且有标识 2. 防潮、防锈设施完整		
危险品	1. 严格按照各类危险品存放要求和标准存放 2. 存放处使用警示标识，并标明《使用规定》及《注意事项》 3. 存放处附近配备救护措施，并张贴警示标语 4. 化学品标识注明化学品类型、名称、危险情况及安全措施等		
油类（润滑油、作动油等）	1. 分类放置，以颜色进行标识 2. 标识牌清晰，可分辨油的名称、数量及加油周期 3. 防火、公害、安全方面保护设施完备，无漏油等情况 4. 容器内无灰尘、异物混入		
清扫用具	1. 放置位置适合，不在配电房或出入口处放置 2. 用悬挂方式放置，且下设滴水接盘 3. 将簸箕、垃圾桶定位放置且保证稳固		

（续）

（续表）

整顿项目	合格判定标准	是否合格	备注
仓库	1. 仓库内物品分区、分架、分层摆放 2. 设置仓库总看板，可对现状一目了然 3. 搬运工具定位摆放，便于使用 4. 使用标准量具，严格遵守最高限量基准		
办公室	1. 部门标识准确完整 2. 办公设备及用品定位准确，且保持整洁，由责任人定期点检 3. 资料档案按大、中、小进行分类，并用颜色标识 4. 看板、公告栏版面格局区分标识		

（二）不合格项整改

5S 推进小组对各车间、部门的整顿项目判定为不合格的，应由责任部门对不合格项进行限期整改，经 5S 推进小组检验后才可确认合格。

整顿活动整改效果检验表

编号：　　　　　　　　　　　　　　　　　　　　　　　　区域：

序号	整改内容	责任人	期限	检验人	检验时间	判定结果

编制人员		审核人员		审批人员	
编制时间		审核时间		审批时间	

三、清扫实施方案

方案名称	清扫实施方案	编　　号	
		受控状态	

一、目的

为保证工作场所、设备仪器的干净、清洁，营造洁净、宽敞、明亮的工组环境，维护生产安全，减少工业灾害，保证产品品质，特制定本方案。

（续）

二、适用范围

本方案适用于工厂内部 5S 推进过程中的清扫活动。

三、清扫活动实施目标

1. 保持良好工作环境。

2. 提高设备性能，减少设备故障。

3. 减少污物对产品质量的影响。

4. 通过改善作业环境减少工业伤害。

四、清扫对象

生产现场的清扫对象具体如下表所示。

清扫项目及具体内容

清扫项目	具体内容
场所	◆ 制品仓库、零件仓库、材料仓库、工程内半成品放置处、零件放置处、生产线内放置处、工具棚架、书桌和椅子等
设备	◆ 机器设备、焊具、工具、刀具、量具、模具、车辆、搬运工具、作业台和备品配件等
空间	◆ 地面、作业区、通道、墙壁、梁柱、天花板、窗户、房间和电灯等

五、清扫办法

1. 清扫主要用具及使用说明如下表所示。

清扫用具及使用说明

清扫用具	使用说明
扫帚	◆ 用于清扫粉末和地面上的灰尘
拖把	◆ 用于擦拭地板，包括机器设备的角落
抹布	◆ 用于擦拭作业台、办工桌及机械设备的内、外表面，灰尘多的情况下用湿抹布，灰尘少或需要磨光、擦干或去油污时使用干抹布
专用清洗剂	◆ 用于特殊地点的清扫，如显示屏、玻璃、精密仪器等

2. 清扫要求包括以下三点。

（1）清扫前应断开机器设备电源，确保清扫场所内无通电物品。

（2）清扫时，应使用相应清洗剂或清水，不得使用易燃、易挥发的有机溶剂清洗设备。

（3）清扫后，清扫用具的摆放应符合定置摆放要求，扫帚、拖把悬挂摆放，下方有盛装容器；将抹布清洗干净后集中晾晒，晒干后放置于规定位置。

六、清扫实施步骤

1. 清扫前培训

由 5S 推进小组组织进行清扫前培训，具体内容如下表所示。

（续）

清扫前培训内容列表

培训项目	具体内容
安全意识	1. 安全事故的原因剖析 2. 不安全因素的构成及预防办法 3. 常见事故的紧急处理 4. 抢救及伤口包扎方法
设备知识	1. 设备基本构造及工作原理 2. 如何防止设备老化，减少故障 3. 尘垢、漏油、漏气、振动和异常等常见问题的处理
清扫技能	1. 清扫工具、清扫位置及清扫对象的相关知识 2. 清扫的工作标准及作业流程 3. 特殊操作技能的训练

2. 区域责任划分

区域责任划分由 5S 小组负责，具体步骤包括以下四项。

（1）绘制工作场所位置图。

（2）区分各清扫对象位置，将工作场所进行责任区域划分。

（3）分配清扫任务。

（4）将安排情况统计到"生产现场清扫区域责任统计表"（如下表所示），向生产人员公布。

生产现场清扫区域责任统计表

部门：　　　　　　　　　　　　　　　　　　　　　　　　时间：

区域序号	区域色别	清扫内容	清扫时间	清扫要求	责任人	备注

3. 清扫工作执行

（1）由 5S 推进小组清扫生产现场，具体标准如下表所示。

污垢清扫工作标准

名称	项目	方法	清扫要点	周期
地面	通道区 作业台下	◆ 用扫帚清扫掉垃圾和尘土后，用拖把擦净	地面垃圾、尘土卫生死角	1 次/天

（续）

（续表）

名称	项目	方法	清扫要点	周期
天花板、墙壁	墙角电灯	◆ 用鸡毛掸清扫墙角灰尘及蛛网，用干布擦拭电灯	墙角灰尘、蛛网电灯上灰尘	1次/周
窗户	玻璃窗框	◆ 用玻璃清洗剂擦玻璃，用湿布擦拭窗框后，再用干布擦干	玻璃表面污渍窗框缝隙积尘	1次/周
台面、棚架、橱柜等	外表面内表面	◆ 用湿抹布擦拭后，再用干布擦干	表面污垢、灰尘内部油污	1次/周
机械设备	外表面内表面	◆ 用湿抹布进行擦拭后，再用干布擦净	表面灰尘不常打开的部位	1次/周
电脑	主机、显示器、键盘、鼠标	◆ 用专用清洗剂擦拭显示器，用湿抹布擦拭主机、显示器、键盘及鼠标外表面	主机、显示器及键盘上的污渍和积灰	1次/3天
空调	出风口、入风口、外表面、顶部、及周边环境	◆ 用湿抹布蘸肥皂泡沫擦拭，再用干抹布擦净（电气部分除外）	设备上的灰尘、污垢，设备背面及平时不打开的部位	1次/周

（2）对机器设备进行检查保养，并针对问题部位进行维修，具体工作标准如下表所示。

设备维护保养工作标准

检查项目	检查要点	整修办法	周期
开关和电器操作系统	1. 开关是否可控制设备正常运行与关闭 2. 仪表液位指示是否准确 3. 机械传动是否有一场声音或发热，是否有漏油、异味、松动或振动现象	对接触不良、老化损坏部分进行更换或维修，紧固松动部位	1次/周
润滑、油压系统	1. 供油口是否有破损或堵塞 2. 油量现实是否准确，油箱是否完好 3. 输油管道是否有破损或堵塞 4. 油泵工作是否正常	对损坏部位进行维修或更换，清理堵塞管道，更换可能老化、破损的管道	1次/周

（续）

（续表）

检查项目	检查要点	整修办法	周期
电气控制系统	1. 控制台是否洁净，无污垢 2. 显示灯、显示屏是否完好，显示正常 3. 限位开关是否正常工作 4. 发动机、控制器、传感器等是否运行正常	清理控制台和显示屏污垢，更换接触不良的线路	1次/周
空气压缩系统	1. 空气过滤器是否破损或堵塞 2. 控制阀是否漏气或松动 3. 气缸是否有破损或漏气 4. 排气装置是否堵塞	清理堵塞部位，润滑运转部位，更换破损漏气的管道	1次/周

4. 污垢发生源控制

（1）由5S推进小组针对清扫过程中的污垢集中点组织相关人员进行调查分析，查找污垢发生源，并制作"污垢发生源明细单"（如下表所示）及改善计划。

污垢发生源明细单

序号	车间	污垢发生源	描述	改善措施	预计费用	预计完成日	责任人	主管经理	备注

（2）改善计划经总经理审批通过后，由各相关车间部门落实执行，5S推进小组负责监督。

七、清扫检查

1. 检查内容

清扫活动结束后，由5S推进小组检查各部门的清扫效果，检查项目主要有以下三个方面。

（1）是否对地面、墙壁、天花板、窗户等地方进行彻底清扫。

（2）是否对机器设备进行了全面的清洗和保养维护。

（3）是否清除了污染源。

2. 检查办法

（1）检查人员使用"白手套检查法"进行检查。

（2）检查人员双手戴白色干净的手套，在检查区域内的相关部位进行来回刮擦。

（3）向清扫责任人展示手套是否有污垢，证明清扫工作的执行效果。

（4）清扫责任人应配合检查人员实施检查，并对不合格部位进行限期改善。

（续）

3. 检查注意事项

（1）检查有油脂、油墨的工序操作现场时，可使用白纸、白布代替白手套进行检查。

（2）检查人员必须向责任人展示检查结果，帮助其认识清扫工作的缺陷并制定改进办法。

（3）检查人员的刮擦部位应不断变换，不得流于形式。

（4）对检查结果有异议者，应向5S推进小组进行申诉。

（5）由5S推进小组汇总检查结果，并监督改善工作的执行。

编制人员		审核人员		审批人员	
编制时间		审核时间		审批时间	

四、清洁实施方案

方案名称	清洁实施方案	编　号	
		受控状态	

一、目的

为了维持和改善生产现场的整理、整顿、清扫成果，使整理、整顿、清扫活动规范化、标准化、制度化，并且美化工作环境，提升企业形象，特制定本方案。

二、适用范围

本方案适用于工厂内部5S推进过程中的清洁活动。

三、职责划分

1. 5S推进小组负责清洁制度的制定、清洁工作的计划与实施工作。

2. 生产现场工作人员负责按照清洁制度落实责任区域内的清洁工作。

四、清洁实施要求

（一）教育培训

对生产现场工作人员进行必要培训，主要培训内容包括以下四点。

1. 5S管理观念及心理准备。

2. 整理、整顿、清扫活动的目的与目标。

3. 整理、整顿、清扫的工作规范与操作标准。

4. 清洁活动的实施流程与具体要求。

（二）清洁标准

1. 由5S推进小组负责制定清洁标准，按照清洁检验标准对整理、整顿、清扫成果的检验，确定当前的清洁程度，具体清洁检查标准如下表所示。

（续）

<table>
<tr><th colspan="3">清洁检查标准</th></tr>
<tr><th colspan="2">检查项目</th><th>清洁标准</th></tr>
<tr>
<td rowspan="3">空间</td>
<td>整理</td>
<td>1. 生产现场空间内是否堆放杂物
2. 地板是否摆放垃圾或不用物品</td>
</tr>
<tr>
<td>整顿</td>
<td>1. 区域、场所是否有标识
2. 是否有整体位置规划图，而且物品定位放置
3. 紧急通道是否明确，布局是否合理</td>
</tr>
<tr>
<td>清扫</td>
<td>1. 地面、墙面是否清洁、无污渍
2. 门、窗、墙上是否有涂画现象
3. 玻璃是否完好、洁净</td>
</tr>
<tr>
<td rowspan="3">设备</td>
<td>整理</td>
<td>1. 现场是否有不需要的设备
2. 残旧、破损设备是否仍在使用</td>
</tr>
<tr>
<td>整顿</td>
<td>1. 是否有违规操作行为
2. 设备放置是否合理
3. 标识牌是否脱落或无法清晰辨识</td>
</tr>
<tr>
<td>清扫</td>
<td>1. 设备是否有灰尘、脏污、生锈、褪色、渗油、滴水和漏气之处
2. 导线、导管是否破损、老化
3. 是否及时更换滤脏、滤气和滤水装置
4. 是否定期保养和校正，人身安全保护装置是否正常</td>
</tr>
<tr>
<td rowspan="3">作业台</td>
<td>整理</td>
<td>1. 现场是否有不用的作业台
2. 台面是否放置当天不用的材料、设备或用品
3. 是否有无法使用或多余的物品</td>
</tr>
<tr>
<td>整顿</td>
<td>1. 台面上物品放置是否凌乱
2. 台面是否形状不一、高低不平、色彩各异
3. 作业台有无标识</td>
</tr>
<tr>
<td>清扫</td>
<td>1. 是否布满灰尘、赃污
2. 是否有残留的材料余渣</td>
</tr>
<tr>
<td>通道</td>
<td>整理</td>
<td>1. 不必要的通道是否过多，浪费空间
2. 行人通道与货物通道是否混用
3. 作业区是否与通道混杂</td>
</tr>
</table>

（续）

（续表）

检查项目		清洁标准
通道	整顿	1. 是否标识通道位置 2. 通道是否被占用 3. 通道是否凹凸不平
	清扫	1. 是否有灰尘、积水、油污、纸屑和脏污之处 2. 设备是否长期未打蜡或刷漆
棚架	整理	1. 棚架数量是否过多 2. 棚架上是否放置不用的物品、用具或材料
	整顿	1. 摆放的物品是否因没有识别标志难以找到 2. 棚架是否过高或物品堆积过高、不易拿取 3. 不同的物品是否层层叠放
	清扫	1. 物品是否同包装一同放于棚架上，导致清扫困难 2. 棚架上是否堆积灰尘 3. 物品是否因放置时间过久而变质
文件柜	整理	1. 是否新旧文件并存，难以分清 2. 过期文件是否仍在使用 3. 文件柜内是否存放其他无用物品
	整顿	1. 文件柜是否分类存放文件，并设有标识 2. 各类文件是否定位放置 3. 文件接收、发送是否有记录和底稿
	清扫	1. 文件柜内外是否干净、无污渍 2. 文件夹、文件是否破损、脏污 3. 是否采取了防潮、防虫、防火措施
办公台	整理	1. 办公用具是否过多，且存在无法使用的文具 2. 抽屉内是否有杂物、私人物品
	整顿	1. 办公台是否挪作他用 2. 办公用具、电话是否实施定位管理 3. 办公台抽屉是否有标识牌
	清扫	1. 台面是否脏污、杂乱无章 2. 办公用具、电话等物品是否有污渍 3. 办公垃圾是否按时倒出

（续）

2. 由5S推进小组制作"清洁检查用表"，具体如下表所示。

清洁检查用表

序号	项目	检查时间					
		8：00	10：00	12：00	14：00	16：00	18：00
1							
2							
3							
备注	合格用"√"表示，不合格用"×"表示						

（三）执行整理

1. 根据清洁检查情况分析，由部门负责人在5S推行小组的指导下确定责任区域内整理工作的目标和计划。

2. 生产现场工作人员根据计划进行整理工作，区分必需品和非必需品，并对其进行处理。

3. 整理结束后，由部门负责人检查执行效果，并对不合格项提出改善要求。

（四）执行整顿

1. 现场工作人员根据实际条件和作业规范、要求，合理地规定摆放必需品的位置，做到取拿方便。

2. 确认摆放高度、宽度及数量，制作醒目标志，做到一目了然。

3. 由部门负责人对整顿效果进行检查，改善不合格项。

（五）清扫并明确责任人

1. 各部门对作业现场进行清扫，消除灰尘、垃圾、油渍及其他污物。

2. 由部门负责人监督清扫工作，并随时纠正不合格项目。

（六）清洁责任制度化

1. 由部门负责人将生产现场划分为多个清洁责任区。

2. 部门负责人为各清洁责任区指派责任人，并在标识牌上明确说明。

3. 部门负责人定时检查各清洁区域清洁状况，并做出清洁度分析和执行效果评价。

编制人员		审核人员		审批人员	
编制时间		审核时间		审批时间	

五、素养实施方案

方案名称	素养实施方案	编　　号	
		受控状态	

一、目的

为使现场工作人员牢记5S管理规范，并自觉整理、整顿、清扫、清洁，形成良好的工作习惯，铸造团队精神，特制定本方案。

二、适用范围

本方案适用于工厂内部5S推进过程中的素养活动。

三、素养实施目标

1. 做到生产现场人人有礼貌、重礼节，创造和睦团队。

2. 现场员工遵守规章制度，按照标准作业。

3. 现场员工养成自觉执行整理、整顿、清扫的工作习惯，保持清洁的作业环境。

4. 营造一个环境良好的工作场所。

四、素养实施程序

（一）制定素养目的

5S推进小组根据生产现场状况及5S管理目标制定素养实施目的，主要应包括以下三点。

1. 全体员工认真维护现场环境。

2. 现场工作人员自愿实施整理、整顿、清扫、清洁活动。

3. 所有人员遵守规章制度，形成良好工作习惯。

（二）制定规章制度

5S推进小组负责根据素养目的制定相关规章制度，并监督现场人员遵守执行。

1. 语言礼仪规范内容如下表所示。

生产现场人员语言礼仪规范列表

语言礼仪	具体要求
态度亲切、诚恳、谦虚	1. 语言清晰、语气诚恳、语速适中、语调平和、语意明确、言简意赅 2. 与他人交谈时应专心致志、面带微笑，不得心不在焉、反应冷漠 3. 倾听别人讲话时，不得随意打断，应适时搭话，确认对方的谈话内容 4. 除技术交流外，尽量少用生僻的专业术语，以免影响交流效果
自我介绍	1. 按照工厂名称、所属部门、岗位名称和个人姓名的顺序介绍自己 2. 根据情况介绍自己的简历 3. 对外部人员可使用名片介绍自己
文明用语	1. 严禁讲脏话、忌语 2. 使用"您好"、"谢谢"、"不客气"、"再见"、"不远送"、"您走好"等文明用语

（续）

2. 行为规范内容如下表所示。

生产现场人员行为规范列表

项目	具体要求
班前行为	1. 做好工作前准备，保持愉悦心情上班 2. 提前10分钟到岗，按照规定着装并佩戴工作胸牌 3. 与同事及上级见面应主动问好 4. 因故迟到或请假时，事先通知上级主管人员
工作台面及抽屉管理	1. 办公桌只放置必需的办公用品及文件 2. 文具、茶杯、电话、文件应定位放置，做到方便取用 3. 重要机密文件不应直接放置工作台表面 4. 定期清理抽屉内物品，不得存放私人物品
离开工作区行为	1. 工作时间内不得随便离开现场工作区域 2. 需要外出时，应将地点、目的、预定返回时间向上级报告或填"外出单"明确表示 3. 离开工作区域时，应整理周围工具、文件等，将其归位 4. 进出大门、电梯及通道走廊时，应让客人、上司先行
班后行为	1. 下班时间到达后，收拾、整理当日使用的材料、工具、用品等，将其放置规定位置 2. 收拾工作台面，将各类物品归位，并保持台面清洁 3. 关闭机器设备、电脑、空调 4. 与上司、同事道别后离开，并确认门窗是否关闭

3. 工作态度规范内容如下表所示。

生产现场人员工作态度规范列表

工作态度	具体要求
守时	1. 严格遵守作息时间，不迟到，不早退 2. 参加会议、培训、洽谈或与人约定应严守时间
守序	1. 了解工厂历史、组织结构、规章制度和产品 2. 保持工作气氛，不得在生产现场喧哗、嬉戏 3. 上班时间不可处理私人事务，避免会见亲友 4. 在生产现场不得吸烟、饮酒

（续表）

工作态度	具体要求
履职	1. 对工作充满信心，积极、乐观、负责 2. 对上司不唯唯诺诺，有问题及时提出 3. 知错必改，不强辩，不掩饰，不断追求进步 4. 按照生产现场的相关规定履行职责
惜物	1. 爱护工厂的设备，不挪为私用或随意破坏 2. 未经允许不得随意使用他人负责物品，特殊情况下借用的应在用后立即归还 3. 节约使用材料、用品、用具及其他消耗物品 4. 按时对责任区域内机器设备、材料、物品等进行清洁活动

4. 仪容仪表规范内容主要由以下六项。

（1）现场工作人员上岗时必须着工作装，保持服装整洁。

（2）内衣不得露在工作装外。

（3）不应佩戴贵重的饰品。

（4）女士化妆应淡雅朴实，不涂指甲油。

（5）工作期间应佩戴工作帽，男士不得留长发，女士长发应盘起。

（6）工作期间应保持个人卫生。

（三）实施员工培训

5S推进小组组织进行员工素养培训，具体培训内容如下表所示。

生产现场人员素养培训内容列表

培训类别	培训内容
岗前培训	1. 岗位所需专门操作技能 2. 与现场操作相关的各项规章制度 3. 待人接物的基本礼仪 4. 现场环境、作息时间、通信联络办法、现场应急处理办法等
在岗培训	1. 现场相关岗位的职责和沟通方式 2. 现场操作相关的新知识、新观点、新工艺等 3. 5S管理的相关活动

（续）

（四）执行现场素养

生产现场人员应如下表所示进行素养活动。

生产现场素养活动内容列表

活动周期	活动内容
每天	1. 正确穿着工作服，保持整洁 2. 保持台面、桌面干净无尘，每日擦拭用具并去除油污 3. 工具、物品随手归位，摆放整齐 4. 材料、产品、工具轻拿轻放，防止混放 5. 不随地放置杂物，扔垃圾或烟头，要经常清扫地面 6. 不能确定位置的物品放到暂放区，或作暂放标识 7. 按要求进行日常清洁检查，及时报告异常现象 8. 遵守安全操作规程，无不安全行为
每周	1. 整理一次工具柜，清理不需要的物品 2. 全面整理工作区，对暂放物进行处置 3. 清点现场堆积的物料，只保留必要的量，其余及时退库 4. 更新破损、脱落、卷角、模糊和过期的标识 5. 清洁窗户、柜顶和货架等不常触及的部位 6. 清洁周转用的托盘、容器和推车
不定期	1. 添置工作任务相关的工装器具 2. 提出改进工作效率、质量和安全的意见或建议 3. 及时更新信息栏内容，去掉过时和多余张贴物 4. 根据工作任务调整工具、物品的定位和标识 5. 经常使用礼貌用语，待人有礼有节

五、素养效果检查

由 5S 推进小组组织对现场生产车间的素养实施效果进行检查，对不合格项提出改善要求，并监督、指导其改正，具体检查标准如下表所示。

素养效果检查表

部门：　　　　　　　　　　　　　　　　　　　　　　日期：___年__月__日

项次	检查项目	分值	检查状况	检查方法	得分	纠正跟踪
1	部门日常 5S 活动	0	没有活动	查阅记录 观察座谈		
		5	虽有清洁工作，但未按 5S 计划进行			

（续）

（续表）

项次	检查项目	分值	检查状况	检查方法	得分	纠正跟踪
1	部门日常5S活动	10	开会对5S进行宣导	查阅记录观察座谈		
		15	平时能够做到按5S计划工作			
		20	5S活动热烈，大家均有感受			
2	个人服装	0	脏污，破损未修补	交谈考察		
		5	不整洁			
		10	纽扣或鞋带未弄好			
		15	依规定穿着厂服，佩戴识别证			
		20	依规定穿着，并感觉有活力			
3	个人仪容	0	不修边幅，又脏	观察抽查座谈		
		5	头发、胡须过长			
		10	上两项，其中一项有缺点			
		15	均依规定整理			
		20	感觉精神有活力			
4	行为规范	0	举止粗暴，口出脏言	观察		
		5	衣衫不整，不讲卫生			
		10	自己的事可以做好，但缺乏公德心			
		15	能够遵守工厂规则			
		20	具有主动精神和团队精神			
5	时间观念	0	缺乏时间观念	观察		
		5	稍有时间观念，开会迟到次数较多			
		10	不愿时间约束，但会尽力去做			
		15	约定时间会全力去完成			
		20	约定时间会提早去做好			
共计						

被检查人：　　　　　　　　　　　　　　　　检查人：

编制人员		审核人员		审批人员	
编制时间		审核时间		审批时间	

生产现场可视化管理技巧

第十四章

第一节 定置管理

一、生产现场"三定"原则

定置管理对工厂的生产现场来说，是一件非常重要的事情。定置管理主要以生产现场人、物和场所的有效结合为目的，促进生产现场管理文明化、科学化，达到高效生产、优质生产、安全生产的目标。生产现场定置管理工作的顺利开展，必须遵循"三定"原则。

（一）定位置

定位置就是决定位置如何安排，即规定物品堆放、工具放置、通道、班组（个人）工作场地位置。定位置使对象物按生产需要、工艺要求而科学地固定在场所的特定位置上，以达到物与场所的有效结合，缩短人取物的时间，消除人的重复动作，促进人与物的有效结合。

（二）定数量

定数量就是决定放多少数量，即对各区域堆放物品、设备、工具的数量加以限制，包括对存取对象物品容量的限制以及存放最大最小额度的限制。

（三）定品目

定品目就是决定放置什么物品，即对物料和产品堆放区进行具体划分，例如，产品可分为合格品区、不合格品区、待检区等。

二、生产现场定置管理流程

生产现场定置管理流程如图14-1所示。

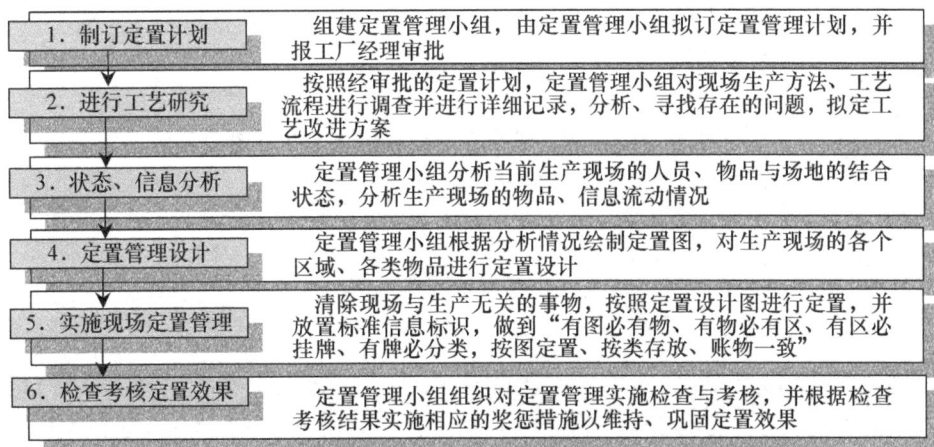

流程	说明
1. 制订定置计划	组建定置管理小组，由定置管理小组拟订定置管理计划，并报工厂经理审批
2. 进行工艺研究	按照经审批的定置计划，定置管理小组对现场生产方法、工艺流程进行调查并进行详细记录，分析、寻找存在的问题，拟定工艺改进方案
3. 状态、信息分析	定置管理小组分析当前生产现场的人员、物品与场地的结合状态，分析生产现场的物品、信息流动情况
4. 定置管理设计	定置管理小组根据分析情况绘制定置图，对生产现场的各个区域、各类物品进行定置设计
5. 实施现场定置管理	清除现场与生产无关的事物，按照定置设计图进行定置，并放置标准信息标识，做到"有图必有物、有物必有区、有区必挂牌、有牌必分类，按图定置、按类存放、账物一致"
6. 检查考核定置效果	定置管理小组组织对定置管理实施检查与考核，并根据检查考核结果实施相应的奖惩措施以维持、巩固定置效果

图14-1 生产现场定置管理流程

三、现场定置管理实施方案

方案名称	现场定置管理实施方案	编　　号	
		受控状态	

一、目的

为科学地固定工作现场的各类物品，合理配置生产现场的人、物、场所，促进生产现场管理文明化、科学化，达到高效生产、优质生产、安全生产的目的，特制定本方案。

二、适用范围

本方案适用于工厂现场环境的改善与管理。

三、定置管理实施原则

1. 有图必有物原则，每一个定制管理图都必然有与其对应的放置物品。

2. 有物必有区原则，物品放置区域划分明确。

3. 有区必有牌原则，所有物品定置区域必须悬挂标识牌，标识牌内容应按照统一要求制作。

四、定置管理实施计划

（一）实施时间

定置管理工作应在5S推行活动的过程中配合整理、整顿活动开展。

（二）实施主体

5S推进过程中，工厂建立定置管理小组，负责定置管理相关活动的组织实施。

（三）主要内容

工厂现场的定置管理内容如下图所示。

工厂现场定置管理内容说明表

区域	定置内容说明
生产车间	1. 根据车间生产需要，合理设计车间定置图 2. 对工段、班组级工序、工位和机台定置 3. 工具箱定置、设备定置 4. 对物品临时停滞区域定置 5. 检查现场定置
现场区域	1. 材料区、半成品区、成品区、返修区和废品区定置 2. 易燃、易爆、污染物停放区定置
可移动物	1. 劳动对象定置 2. 工卡、量具定置 3. 废弃物定置

五、定置管理实施

（一）工艺研究

1. 定置管理小组通过查阅相关资料以及现场观察、记录，了解生产现场现有生产方法、机器设备和工艺流程的情况。

（续）

2. 根据掌握的情况，分析记录事实，确定以下问题。

（1）生产方法是否属于先进水平。

（2）生产方法是否需要改进、更新。

（3）工艺路线、搬运路线是否科学、规范。

（4）现场信息流转是否通畅。

3. 根据确定的问题，由定置管理小组组织相关人员讨论并拟定改进方案。

（二）状态、信息分析

1. 定置管理小组根据工艺研究改进结果，分析当前生产现场的人员、物品与场地的结合状态，具体状态划分标准与处理办法如下表所示。

生产现场的人、物结合状态等级划分标准与处理办法

状态类型	划分标准	实例说明	处理办法
A 状态	人与物处于能够立即结合并发挥效能的状态	◆ 操作人员使用的工具，因摆放地点合理而且固定，当操作者需要时能立即拿到或做到得心应手	长期保持
B 状态	人与物处于寻找状态或尚不能很好发挥效能的状态	◆ 一个操作人员需加工一个零件，需要使用某种工具，但由于现场杂乱或忘记了这一工具放在何处，结果因寻找而浪费了时间	改进
C 状态	人与物没有联系的状态	◆ 生产现场中存在的已报废设备、工具、模具，生产中产生的垃圾、废品、切屑等	消除

2. 定置管理小组应对照标准检查生产现场的物品、信息流动情况，并按照标准要求对其进行改进，具体标准如下表所示。

生产现场物流、信息流状态标准

项目	标准
位置台账	物品摆放在何处，通过查看位置台账，可清楚了解所需物品的存放场所
平面布置图	标明物品摆放场所的具体位置
场所标识	标明摆放位置的物品编号、名称、图示等信息，表示该物品摆放在此处
现货标识	物品的自我标识，标明物品本身的名称及有关事项

（三）定置管理工具设计

1. 定置管理小组进行定置图绘制，具体标准如下表所示。

315

（续）

定置图绘制标准

定置图类型	安装位置	绘制要求
车间定置图	悬挂于车间醒目处	1. 现场中所有物品均应绘制在图上 2. 定置图应简明扼要、完整，物体形状为大概轮廓，尺寸成比例，相对位置准确
工段、班组、工序定置图	张贴在班组责任区域内	3. 现场暂时没有，但以后会出现的物品应在图上标示出来，准备清理的非必需品不需要绘制
办公室、库房定置图	悬挂于办公室、库房醒目处	4. 定置物应用国家标准信息符号或自定信息符号进行标注，并在图上加以说明
工具定置图	贴于工具箱盖内表面	5. 定置图应按定置管理标准的要求绘制，但应随着定置关系的变化而进行修改
文件柜定制图	贴于资料柜内	

2. 定置管理小组对信息媒介物进行设计，具体标准包括以下三项。

信息媒价物设计标准

信息媒介物	说明	设计规则
信息符号	传递安全、环保、搬运、消防和交通等方面信息的符号	1. 有国家标准规定的符号，应直接使用国家标准 2. 国家未规定的符号，应根据行业特点、产品特点和生产特点进行设计 3. 设计符号应简明、形象、美观
定置图示板	表示现场定置情况的综合信息标志	1. 图示板应与相对应的定置蓝图相一致 2. 底色应选用淡色调 3. 图面应清洁、醒目，不易脱落
标牌	指示定置物所处状态、定置区域、定置类型的标志	1. 标牌应保证牢固、不易脱落 2. 底色选用淡色调，确保图案清晰

（四）定置管理执行

1. 清除与生产无关的物品

将生产现场所有物品进行必要性分析，将判断为"非必需品"的物品进行处理，从生产现场清理出去。

2. 按照定置图实施定置

各车间、部门按照定置图的要求，将责任区域内的设备、器具及其他物品进行分类、调整并定位，执行过程中应保证实物与定置图中所绘位置一致。

（续）

3. 放置标准信息标识

放置定置标识牌时，应保证牌、物、图相符，并指派专人进行管理，不得随意挪动。

编制人员		审核人员		审批人员	
编制时间		审核时间		审批时间	

四、定置管理检查考核方案

方案名称	定置管理检查考核方案	编　号	
		受控状态	

一、目的

为了贯彻执行工厂生产现场的定置管理计划，使员工自觉遵守并维护定置管理要求，使定置状态得以保持并不断提高定置水平，特制定本方案。

二、适用范围

本方案适用于生产现场定置管理实施效果的检查与考核。

三、考核原则

（一）日常检查与月度考核相结合

由车间负责人执行日常检查，工厂人力资源部门组织进行月度考核，两者结合，保障定制管理工作。

（二）全面检查与抽查相结合

日常检查实行物品抽查，月度考核实行全面检查，考核面不低于80%。

四、定置管理检查

（一）定置管理检查安排

定置管理检查工作的具体安排如下表所示。

定置管理检查安排表

项目	检查执行主体	检查范围	频度	检查方法
定置管理验收	定置管理小组	工厂生产现场区域	定置管理实施后	全面检查验收
自检	区域责任人	责任区域内	1次/日	自我检查
日检	班组长	下属员工负责区域	1次/日	巡查
周检	车间主任	车间定置管理区域	1次/周	抽查

（二）检查标准

定置管理实施完成后，由定制管理小组负责组织检查验收定置管理工作，具体检查标准如下表所示。

（续）

现场定置标准检查表

车间：   日期：____年__月__日

项目	定置标准	检查结果	改进办法	备注
场所定置	现场无定置图要求外的物品			
	制定标准比例的作业场所定置图			
	规划并显示出生产场地、通道、检查区和物品存放区等各区域，并明确各区域管理责任人			
	原材料、零部件、半成品、设备、废弃物、紧急设施和危险品存放处均有鲜明、直观的标识牌			
工序、工位、机台定置	原材料、半成品及各种用具在工序、工位摆放的数量和方式符合定置要求			
	各工序、工位、机台定置图完整、清晰			
	原材料以及零件货架的编号实现账、标牌、目录一致			
工具定置	工具箱定置图及工具卡片正确粘贴在规定位置			
	工具箱内物品整洁，且按照定置图要求进行摆放			
文件柜定置	文件按全部类别进行了整理，并划分不同摆放区域			
	文件摆放按照文件柜定置图进行正确摆放			
	文件柜内无定置图内容以外的物品			
仓库定置	各类物品严格按照定置图要求进行摆放			
	易燃、易爆、易污染的物品分别划分区域摆放，并进行标识			
	有储备期限的物品在库存报表、数据库管理账册及定置标牌上都应有明确标记			
	仓库所有物品均应保证账、物、标牌一致			

（三）检查结果处理

1. 验收检查中，定置管理小组发现的不合格项应在不合格区做出明确标记，详细记录不合格项，并责令责任人限期更正后申请复查，直至验收合格。

2. 自检过程中发现的不合格项，责任人应立即进行改正处理。

3. 日检、周检过程中发现的不合格项，检查人员应在"定置管理检查不合格项记录单"中详细记录，并跟踪纠正措施的实施，记录单将作为月度考核的依据。

五、定置管理考核

（一）定置管理考核计划

1. 考核主体：定置管理小组协同人力资源部进行定置管理工作开展情况及其效果的考核。

（续）

2. 考核时间规定如下表所示。

定置管理考核时间安排表

类型	考核时间	类型	考核时间
月度考核	每月第1周	年度考核	每年1月5日至15日

3. 考核方式：以各定置率指标水平衡量定置管理实施情况。

（二）定置管理考核指标

定置管理考核指标说明

考核指标	说明	指标公式	目标值	权重（%）	得分
件数定置率	定置管理水平	$\dfrac{实际定置物品个数}{必须定置物品个数}\times100\%$	100%	15	
种类定置率		$\dfrac{实际定置物品种类}{必须定置物品种类}\times100\%$	100%	15	
定置管理推行率	定置管理推行程度	$\dfrac{实际推行的区域数}{定置管理划分区域总数}\times100\%$	100%	20	
定置化率	定置管理执行程度	$\dfrac{已定置物品数}{现场区域内物品总数}\times100\%$	100%	15	
有效定置率	定置状态保持效果	$\dfrac{按要求定置物品数}{定置图标识物品数}\times100\%$	100%	15	
实际定置率	实际定置效果	定置化率×有效定置率	100%	20	
合计				100	

（三）定置考核结果运用

考核完毕后，由定置管理小组跟踪纠正不合格项，并将考核结果交人力资源部作为相关责任人员薪酬调整的依据，具体运用措施如下表所示。

定制考核结果运用

等级	等级定义	分值	责任人奖惩措施	
			月度考核	年度考核
S	优秀	90（含）~100分	月度奖金发放120%	年度会议表彰，年终奖发放150%
A	良	80（含）~90分	月度奖金发放110%	年终奖金发放120%
B	好	70（含）~80分	月度奖金全额发放	年终奖金全额发放
C	一般	60（含）~70分	月奖金发放80%	年终奖金发放80%
D	差	60分以下	月奖金发放50%	年度会议提出批评，扣发年终奖金

（续）

（四）考核结果申诉				
被考核者若认为考核结果不符合实际情况，可于考核结束后七个工作日内向直属上级或定置管理小组提出申诉。				

编制人员		审核人员		审批人员	
编制时间		审核时间		审批时间	

第二节　目视管理

一、目视管理常用工具

生产现场目视管理的常用工具有红牌、看板、信号灯、错误提醒板、操作流程图、警示线、错误演示板、管理板等。下列八种常用目视管理工具在生产现场应用比较广泛，其定义和应用目的具体说明如表 14-1 所示。

表 14-1　目视管理常用工具说明一览表

工具名称		图示	定义	应用目的
红牌	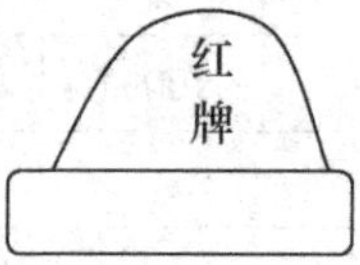	红牌	◆ 红牌是指在工厂内找到问题点并悬挂红牌，又称为红牌作战	为了将日常生产活动中已不要的东西当作改善点，让每个人都能看的见
看板			◆ 看板是指表示出某工序何时需要多少数量的某种物料的卡片，是传递信号的工具	让每个人看了就知道是什么东西、在什么地方、有多少数量
信号灯	发音信号灯		◆ 发音信号灯是用于物料请求通知时的信号灯	提醒物料的及时供需
	异常信号灯		◆ 异常信号灯是管理监督者随时发现生产中异常的信号灯	提醒生产中异常情况

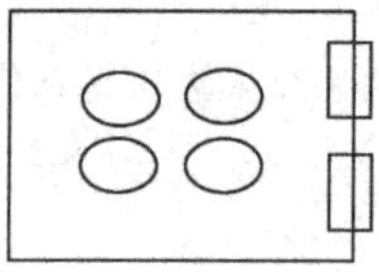

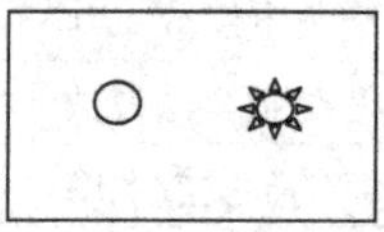

（续表）

工具名称		图示	定义	应用目的
信号灯	运转指示灯	 运行中 呼叫 换模具中 机械故障 不良品发生	◆ 运转指示灯是用来检查显示设备状态的运转、机器开动、转换或停止等状况的信号灯	显示和监控设备的运行状况
错误提醒板	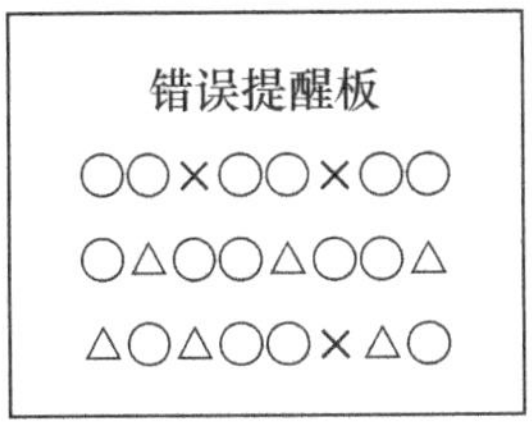	错误提醒板 ○○×○○×○○ ○△○○△○○△ △○△○○×△○	◆ 错误提醒板是自行注意并消除错误的自主管理板	错误警醒的作用
操作流程图		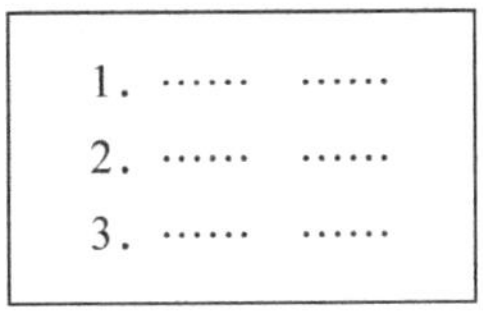 1. …… …… 2. …… …… 3. …… ……	◆ 操作流程图是描述工序重点和作业顺序的简明指示书，也称为步骤图	指导生产作业，使工厂配置及作业步骤以图来表示，使人一目了然
警示线		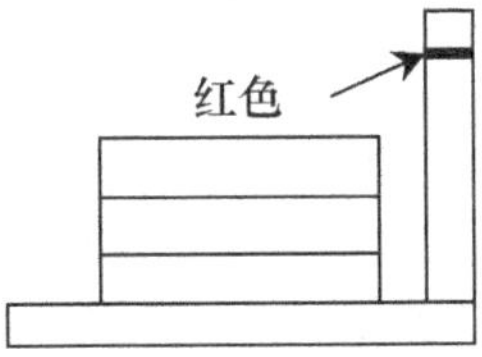 红色	◆ 警示线是在作业现场或其他物品放置处用来表示最大或最小库存量的，涂在地面上或其他地方的彩色漆线	用于看板作战
错误演示板			◆ 错误演示板结合实物和帕累托图表示，向现场的作业人员演示生产中的不良现象及后果的工具	让人一看就明白：不能正常使用或不能违规的操作
管理板		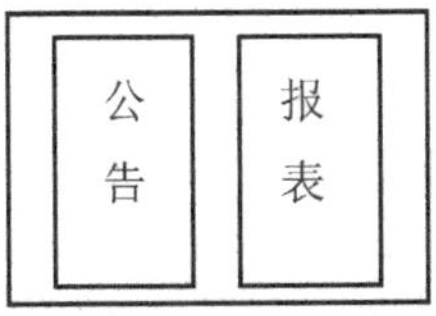 公告 报表	◆ 管理板是用来张贴各种公告、报表、作业指示表、重点标准等管理信息的工具	传递管理信息

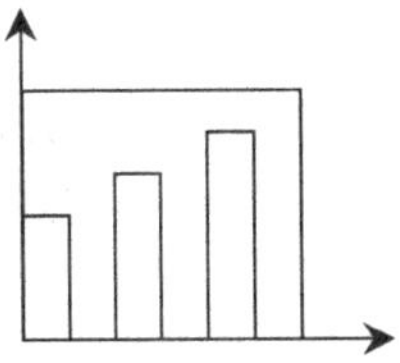

二、现场物料目视管理方案

方案名称	现场物料目视管理方案	编　号	
		受控状态	

一、目的

为了用直观的方法进行物料的管理，提高物料使用率，减少浪费，特制定本方案。

二、适用范围

本方案适用于工厂生产现场的物料管理。

三、物料目视管理目标

1. 一望即知所需物料规格、数量、位置等信息。

2. 新进人员也可了解物料情况。

3. 做到物料先进先出。

4. 可见呆滞物料，且标识清晰。

5. 各类物料分区放置，标识明确。

四、物料目视管理程序

（一）建立目视管理小组

总经理负责组织生产经理、各车间负责人、物料管控人员和质量管理人员成立目视管理小组，进行工厂生产现场的目视管理工作。

（二）确定物料放置区域

1. 用彩色油漆在地面上刷出线条，划分通道和物料储位，并保持通道畅通。

2. 在储存区域画线，确定不合格品区和合格品区。

3. 划分各类物料摆放位置，并保证物料的摆放可满足"先进先出"的原则。

（三）确认物料存量

1. 确认应放置物料的种类、最大存量和安全存量，防止因领用过量或出现断货而影响生产。

2. 制定物料不足时的对策，明确特殊情况下的处理措施。

（四）制作物料标牌

目视管理小组负责组织现场操作人员制作物料标牌，对物料进行颜色标识，标牌主要内容应包括以下六项：物料名称、物料规格、物料进厂日期、数量（包括最大库存量、安全库存量和单次订货量）、保存方法及其他特殊情况说明。

（五）制作作业标准书

由目视管理小组负责制作各工序的作业标准书，并张贴在每一个工序区域醒目位置，现场操作人员应按照作业标准书执行操作。

五、物料目视管理注意事项

（一）定置管理

生产现场物控人员应严格按照定置管理要求执行物料的定置管理，保证物料的摆放符合定置区域划分标准。

（续）

（二）醒目标识

物料标牌应清晰、醒目，各个标牌颜色应不尽相同，但应尽量与物料本身颜色靠近。

（三）"先进先出"原则

生产现场物控人员应经常调整同一区域同一规格的物料位置，让先进车间的物料摆放在最方便拿取的位置，以保证先进车间的物料先使用。

编制人员		审核人员		审批人员	
编制时间		审核时间		审批时间	

三、现场设备目视管理方案

方案名称	现场设备目视管理方案	编　　号	
		受控状态	

一、目的

为正确、高效地实施设备清扫、点检、加油和紧固等日常保养工作，实现现场设备"零"故障，特制定本方案。

二、适用范围

本方案适用于工厂生产现场设备目视管理活动。

三、职责划分

1. 工厂总经理负责设备目视管理推进的决策与监督工作。

2. 目视管理小组负责设备目视管理计划的制订与组织执行。

3. 生产现场操作人员负责落实设备目视管理的各项具体工作。

四、设备目视管理原则

1. 注意事项明显化原则，即将设备的规格型号、使用条件、工作程序及注意事项明显地呈现在操作人员的视线内。

2. 正确操作标准化原则，即明确提示设备操作的标准要求和安全要求。

3. 维护保养制度化原则，即将设备维护保养制度向责任人员清晰显示，提醒其按照制度进行维护保养。

五、设备目视管理实施步骤

1. 由目视管理小组负责制定设备目视管理相关制度。

2. 确定设备的操作方法、保养计划及注意事项，并在设备醒目位置悬挂标牌进行说明。

3. 设备阀门应标明"开"、"关"状态，对于不同状态下需要切换的阀门应标注名称、功能和对应的状态并用颜色加以区分。

4. 制作"设备保养日志"、"使用记录"及"设备保养检查表格"，张贴在设备醒目处或附近墙壁上，作为设备保养及使用情况的记录。

5. 通过各种目视管理手法清晰呈现设备的重点部位、运行状态及参数标准，具体手法及实施要点见下表所示。

（续）

设备目视管理手法及实施要点表

序号	手法	要点
1	◆ 使用不同颜色涂料对设备加油口、管道和阀门进行标识	清楚明了地表示出应该进行维护保养的部位
2	◆ 在设备的发动机、泵上使用温度感应标贴或涂刷温度感应油漆	迅速发现发热异常
3	◆ 在设备出风口处或附近物品上设置连通玻璃管、飘带或小风车	对设备的正常供给、正常运转提供可视化的信号
4	◆ 将设备各种盖板尽可能地更换为透明材质的盖板	使设备重点部位运转情况清晰可见
5	◆ 用红色涂料对设备紧急停止开关进行标识	醒目标识危险动作部位
6	◆ 固定配合的零部件与设备部位用同一颜色的涂料进行标识	为设备安装、维修及保养活动提供清晰指示
7	◆ 用不同颜色的涂料对各类计量仪器的正常范围或异常范围进行标识	清楚、方便地显示计量仪器的状态范围及管理界限
8	◆ 标识出设备正常状态下的周期及运转速度	随时检验设备是否在正常状态进行运转
9	◆ 为设备安装声光报警器	监控设备参数与故障情况

编制人员		审核人员		审批人员	
编制时间		审核时间		审批时间	

四、现场质量目视管理方案

方案名称	现场质量目视管理方案	编　号	
		受控状态	

一、目的

为了有效防止生产现场的操作失误，减少品质问题，提高生产质量的可视化程度，及时处理异常情况，特制定本方案。

二、适用范围

本方案适用于生产现场质量目视管理活动。

（续）

三、质量目视管理目标

1. 避免由于"人为失误"导致的品质问题。

2. 重要管理项目可"一目了然"。

3. 所有人都可通过标识正确判断产品质量。

四、不合格品目视管理

（一）不合格品区域规划

由目视管理小组对不合格品的摆放进行规划，防止不合格品与合格品的混放，具体方式包括两种。

1. 不合格品摆放区，摆放从生产线上收集的不合格品。

2. 不合格品暂放区，在每台设备或每个工位旁边，收集生产过程中的不合格品，存放时间不超过八小时，定时对暂放区进行整理，将不合格品统一收集到不合格品摆放区。

（二）不合格品标识

1. 当产品经质量管理部检验，判定为不合格品后，由现场物控人员将不合格品集中打包，并在包装物表面印盖"拒收"标识。

2. 对于产品是否合格产生异议时，应在问题产品摆放处悬挂"待处理"标牌，由质量管理人员进行调查，寻求处理意见。

（三）不合格品区货品标识

不合格品区内的产品应按照处理方式的不同进行分类打包摆放并标识，具体货品标识及处理说明如下表所示。

不合格品区货品标识说明

标识字样	处理说明
报废	◆ 现场物控人员将带有"报废"字样的不合格品运送到车间内划定的"废品区"进行处理
返工	◆ 物控人员应将带有"返工"字样的不合格品返还相关责任人，由责任人进行返工、返修、挑选及选择性重新生产
条件收货	◆ 取消不合格标识，包装物表面的不合格标识应用绿色胶带进行覆盖

五、看板质量目视管理

（一）不良品展示看板

由目视管理小组制作"不良品展示看板"，将作业过程中容易产生错误或是产生不良的地方用实物的方式进行展示，具体如下表所示。

（续）

不良品展示看板

产品名称	合格产品样品实物	不良品					
		项目	1	2	3	4	…
生产及品质控制要点	1. 2. 3.	样品					
		说明					

（二）不良品追踪看板

目视管理小组制作"不良品追踪处理看板"（见下表所示）悬挂在生产现场醒目位置，由质量管理人员与现场操作人员按照不良品情况如实填写。

不良品追踪处理看板

日期：＿＿＿年＿月＿日

不良原因图示	解决对策	责任人	预计处理完成日期	处理状况	备注

（三）产品品质检验看板

目视管理小组负责在产品检验区域张贴品质检验看板，提醒检验人员检验要点，具体如下表所示。

产品品质检验看板

检验产品		型号	
检验要点			

编制人员		审核人员		审批人员	
编制时间		审核时间		审批时间	

第三节　看板管理

一、看板管理实施流程

生产现场的看板管理流程如图 14-2 所示。

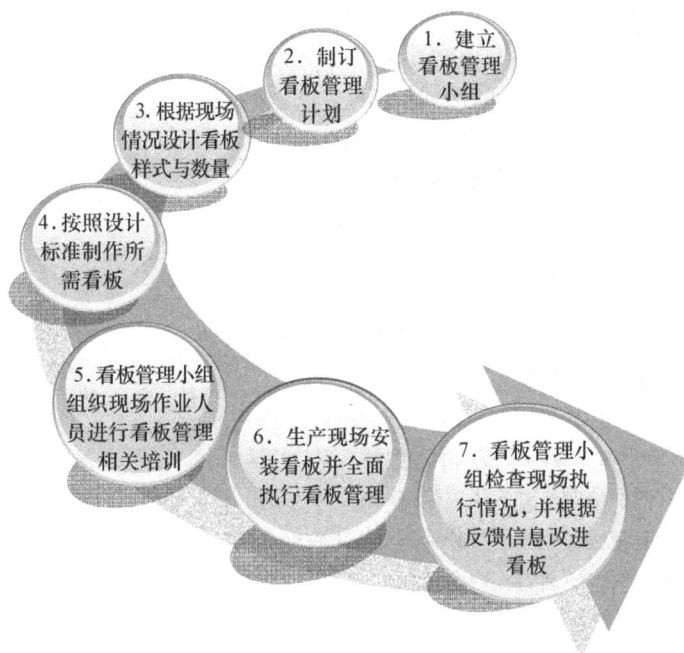

图14-2　生产现场的看板管理流程

二、现场看板编制规范

制度名称	现场看板编制规范		受控状态	
			编　　号	
执行部门		监督部门	编修部门	

第 1 章　总则

第 1 条　目的

　　为规范生产现场看板的内容编制与制作过程，加强生产现场的目视化管理，减少操作失误，提高现场管理水平和生产效率，特制定本规范。

第 2 条　适用范围

　　本规范适用于生产现场所需看板的内容编写与制作活动。

327

（续）

第3条　职责划分

1. 工厂总经理负责看板制作计划的决策。

2. 目视管理小组负责看板制作计划的制订与组织实施。

3. 其他相关人员负责协助目视管理小组制作看板。

第4条　看板编制种类

根据使用途径和目的，生产现场看板可如下表所示进行分类。

生产现场看板分类表

看板类别	具体实例
管理看板	计划看板、现状看板、制度看板、工程看板和现场布局看板等
标识看板	状态看板、标识看板、区域看板和标记看板等
宣传看板	宣传栏、宣传画和班组学习园地等看板
安全看板	安全标识、安全警示和用电指示等
专用看板	特别设置的专门用途看板，如JIT生产专用看板

第2章　看板编制标准与改进

第5条　看板编制与改进时机

看板的编制与改进时机主要有以下四种情况。

1. 工厂实施5S管理时，编制看板以推进整顿、清扫活动。

2. 产品更新换代时，编制新看板用来识别新旧差异。

3. 优化组合及业务流程再造时，重新编制看板以符合新的流程。

4. 改进材料、工艺时，更新看板内容。

第6条　看板编制与安装的标准

各类看板编制及安装位置标准如下表所示。

看板编制及安装位置标准

看板类型	主要内容	放置处	相关管理要求
现场布局看板	1. 现场地理位置图 2. 现场的总体布局 3. 必要时对各种图例和内容做出解释 4. 标出观图者所处位置	安装在车间入口或电梯（楼梯）口	若现场做出改动，应及时在布局图上标明；若变动较大，则应报废后重新编制
工作计划看板	1. 一周生产计划现状、每日生产现状 2. 生产目标、实际绩效与计划的差异及变化	张贴在车间主任办公区域或班组附近显要位置	在看板上用红色标出重点项目
生产线看板	1. 生产进度 2. 生产计划与实绩 3. 当日重点事项说明及通告	张贴在生产线的头或尾	随时更新生产线相关信息

（续）

（续表）

看板类型	主要内容	放置处	相关管理要求
工作看板	1. 指示规定的工作事项 2. 标明工作配置状态 3. 展示过程中整理、整顿的效果 4. 生产工序、流程	悬挂在生产现场	根据具体工序的不同分别绘制相关图形
品质现状看板	1. 每月、周、日的生产品质现状 2. 不良率、完工率、合格率及达成率 3. 各种质量控制图表	张贴在车间墙壁的醒目位置	如实反映品质实际状况
人员动态看板	1. 管理人员、技术人员流动状态 2. 车间或班组人员分布、流动状态	粘贴在车间或班组醒目位置	清晰显示现场各人员当前所处状态

第7条 看板改进的项目

看板的改进主要包括以下四个方面。

1. 改进看板位置，使看板更加醒目，更加方便观看。

2. 改进标示内容，使看板符合新工艺、新技术和新管理标准。

3. 改进看板构造，增强看板的实用性。

4. 改进看板样式，使用先进的看板样式，不断提高看板管理的水平。

第3章 附则

第8条 本规范由生产部负责制定、修改。

第9条 本规范经总经理签字批准后生效。

修订记录	修订标记	修订处数	修订日期	修订执行人	审批签字

三、JIT 专用看板编制规范

制度名称	JIT 专用看板编制规范		受控状态	
			编 号	
执行部门		监督部门	编修部门	

第1条 目的

为推进 JIT 管理活动，有效调配工厂生产任务，改善生产环境，实现准时生产目的，特制定本规范。

（续）

第2条　适用范围

本规范适用于工厂现场 JIT 专用看板的编制工作。

第3条　职责划分

1. 工厂总经理负责 JIT 管理整体规划与专用看板编制计划的决策。

2. 目视管理小组负责 JIT 专用看板设计、编制的组织实施。

3. 其他相关人员负责协助目视管理小组执行 JIT 专用看板的编制。

第4条　JIT 专用范围

JIT 专用主要应包括11项内容：产品名称、型号、件号、件名、每台件数、生产的工序或机台、运送时间、运送地点、运送数量、放置位置、最低标准数量。

第5条　标识醒目

JIT 生产专用看板所记载的各项内容应用不同颜色进行标记，并使背面号码清晰可见。

第6条　便于制作

JIT 专用看板设计应方便最终制作，确保生产流水线上需要的大量看板准时制作完成。

第7条　同实物相适应

由于 JIT 专用看板随实物一同传递，因此，应当根据实物的属性与特点设计看板的设置形式（插入、张贴或悬挂），应适应实物，方便运送。

第8条　坚固耐用

JIT 专用看板的材质应保证坚固、耐油污、不易破损，便于保管并可循环使用。

第9条　本规范由工厂生产部负责制定、修改。

第10条　本规范总经理签字批准后生效。

修订记录	修订标记	修订处数	修订日期	修订执行人	审批签字

四、现场看板管理操作方案

方案名称	现场看板管理操作方案	编　　号	
		受控状态	

一、目的

为了规范现场看板的管理，及时传递作业指令和生产信息，加强目视管理，提高生产效率，特制定本方案。

二、适用范围

本方案适用于工厂现场看板的管理工作。

（续）

三、建立看板管理小组

由生产经理组建看板管理小组，负责看板管理计划的制订与组织实施。

（一）看板管理小组人员构成

看板管理小组成员由生产现场各部门人员构成，至少应包括五类人员：生产经理、生产主管或车间主任、物料管控人员、生产作业人员及其他相关人员，小组成员人数应为 5~8 人。

（二）看板管理小组的主要职责

1. 召开看板管理项目会议。

2. 制订并实施看板管理计划。

3. 监督并向上级汇报看板管理实施进展。

四、制订看板管理计划

（一）制定看板管理实施的日程

1. 看板设计与制作时间。

2. 安装工装夹具所需时间。

3. 看板管理实施时间。

4. 相关培训实施时间。

（二）看板管理预算的编制与审批

看板管理小组编制看板管理预算，交总经理及财务部进行审批，预算主要包含下列四项费用。

1. 制作看板费用。

2. 安装看板费用。

3. 其他相关硬件投入费用。

4. 看板投入使用后的维护费用。

五、开展看板管理培训

（一）培训目的

1. 使现场生产人员了解看板管理的运行与预期效果。

2. 介绍相关人员在看板管理中承担的职责。

3. 使生产人员掌握现场看板的使用方法。

（二）培训步骤

1. 沙盘演练，展示各类看板的设置位置与特殊看板的运行情况。

2. 详细列举看板管理中的各种状况与应对措施。

3. 进行实战演练。

六、实施看板管理

1. 培训结束后，由看板管理小组确认现场看板制作、安装完成，并进行看板指示测试。

2. 预估看板实施中可能出现的错误和失误，制定处理预案。

3. 规定相关部门及人员在看板管理实施各阶段的相应职责。

4. 实施看板管理，并监督跟进看板管理的实施情况。

（续）

七、看板管理改进

1. 看板管理实施后，由看板管理小组组织看板管理评价，检验看板管理的实施情况。

2. 根据看板管理的不合格项与现场生产人员的反馈信息，制定看板改进措施。

3. 看板管理小组负责组织执行改进措施，并修改相应的操作规范与制度。

编制人员		审核人员		审批人员	
编制时间		审核时间		审批时间	

五、生产现场看板使用方案

方案名称	生产现场看板使用方案	编　号	
		受控状态	

一、目的

为了规范生产现场看板的使用，提高现场流水线作业生产效率，使原材料、半成品、零配件等物料按照既定的物料标准在生产作业中顺利流转，特制定本方案。

二、适用范围

本方案适用于工程生产现场看板的规范使用。

三、看板使用要领

（一）看板是实现准时生产的工具

根据看板内容在必要的时间，生产必要的数量。

（二）坚持下道工序向上道工序提取部件

各道工序必须做到只向上工序领取需要的零部件，不可向下工序运送产品，杜绝产品积压。

（三）看板与实物一同运动

在没有看板的情况下不得进行生产，并保证不合格品不挂看板，不得送交下道工序。

四、各类看板的使用

（一）工序看板

工厂现场各生产工序之间使用的工序看板包括以下七种，具体使用说明如下表所示。

工序看板使用说明

看板种类	使用说明
取货看板	标识内容作为操作者领取零部件的依据
送货看板	标识工序填写零部件取货需要量，作为送货依据
加工看板	指示某工序加工制造规定数量与要求的看板
信号看板	固定的生产线上作为生产指令的看板，一般是信号灯或不同颜色的小球

（续）

（续表）

看板种类	使用说明
材料看板	作为批量生产时的材料准备依据
特殊看板	特殊情况下的生产订货要求标示，用后即收回
临时看板	生产中出现次品、临时任务或临时加班时用的看板，只使用一次

（二）生产管理看板

生产管理看板的具体使用规范如下表所示。

生产管理看板使用规范

看板类别	使用目的	作用
指示管理看板	分配每人的工作	1. 展示当日的作业内容与顺序 2. 将其作为作业指标而加以标识
进度管理看板	把握有关计划生产进度，了解加班或交期变更的必要性	1. 集中管理生产流程 2. 用于交货期的决定
交期管理看板	了解每批产品的交期，提前制定防止误期的措施	1. 了解入库预定期的预定时间与实际时间 2. 生产过程中，标识模具、原材料配件等交期预定时间与实际时间

（三）外协件看板

外协件看板应标识外部应交零部件数量和时间等，仅用于固定协作工厂之间。

编制人员		审核人员		审批人员	
编制时间		审核时间		审批时间	

第四节　颜色管理

一、现场常用五种颜色

生产现场最常用的颜色有蓝色、绿色、黄色、红色、白色五种颜色，主要应用在现场产品标识、区域标识、人员标识三个方面。具体应用说明如表14-2所示。

表 14-2　现场常用五种颜色应用说明表

颜色	应用事项		
	产品标识	区域标识	人员标识
蓝色	1. 表示完成品，通常在生产线的最后一个工作站，已经由生产线判断为良品 2. 通常为短期内部标签	产品待检区	表示一线作业员工，还可区分为浅蓝和深蓝，浅蓝为产线员工，深蓝为维修辅助人员
绿色	1. 表示最终良品，通常要有品检人员通过抽检生产线的完成品后判断批量良品，直接粘贴或替换原来生产线的蓝色标签 2. 通常为长期标签	1. 产品合格区 2. 通道或是非生产区域，表示比较安全，人员走动没有太多的限制	表示物料人员，包括仓库物流人员和线外备料人员
黄色	1. 表示具有品质争议但可能仍然可以为客户接受，或者可以特殊放行，或是返工的产品，通常依据处理流程，具有一定的时效性 2. 内部短期标签	1. 产品返修区 2. 只允许相关人员进入的区域，如机器旁边需要特殊防护的区域	表示品管人员
红色	1. 表示不良产品 2. 内部长期标签	1. 产品不合格、废品区 2. 不能进入或者闲置物品堆放的区域，如消防设备以及运动部件活动区域	表示一线管理人员，线长、班组、领班，还包括现场工程师
白色	1. 表示原材料或合格半成品 2. 内部短期标签	产品待判区	表示中高层管理人员

二、工厂现场颜色使用标准

工厂现场颜色的具体使用标准如表 14-3 所示。

表 14-3　工厂现场常用颜色使用标准

序号	应用	项目	基准颜色	宽度（规格）	线型
1	产品（生产容器）颜色管理标准	原材料	白色	△	实线
2		合格半成品	蓝色	△	实线
3		合格成品	绿色	△	实线
4		待判定品（原材料、半成品、成品）	黄色	△	实线
5		不合格品（原材料、半成品、成品）	红色	△	实线
6		工具盒	蓝色	△	实线
7	区域颜色管理标准	车间及仓库通道	黄色	120mm	实线
8		仓库区域线	黄色	80mm	实线
9		辅助通道	黄色	60mm	实线
10		可移动物定位	黄色	60mm	实线
11		原材料及合格半成品放置区域	黄色	60mm	实线
12		闲置物品定位	黄色	60mm	实线
13		合格成品区域	绿色	60mm	实线
14		不合格品（原材料、半成品、成品）	红色	60mm	实线
15		待判定品区域	黄色	60mm	实线
16		危险化学品、设备、消防及电力配置柜区域	黄黑斑马线	120mm	斑马线
17		报废品及垃圾	黑色	60mm	实线
18	人员颜色管理标准	作业员工、维修辅助员工	蓝色	×	×
19		物料人员	绿色	×	×
20		品管人员	黄色	×	×
21		线长、领班、现场工程师	红色	×	×
22		中高层管理人员	白色	×	×

说明：1. 应用在产品（容器）标识颜色的宽度应根据工作需要、容器以及场地大小决定

2. 区域线通常用于通道和作业区两种情况，区域线一般为实线，通道线要比作业区域线粗一些

3. 通道线用于人车物料的通行，常采用实线，用刷油漆的方法涂染

4. "×"表示无此属性，"△"表示结合实际情况确定宽度

三、现场油漆画线实施方案

方案名称	现场油漆画线实施方案	编　　号	
		受控状态	

一、目的

为了对生产现场进行颜色管理，彻底地进行明确的区域线划分及定位位置管理，确保现场油漆画线的规范性，提高作业的安全性、准确性，特制定本方案。

二、油漆画线的实施流程

生产现场油漆画线实施流程如下图所示。

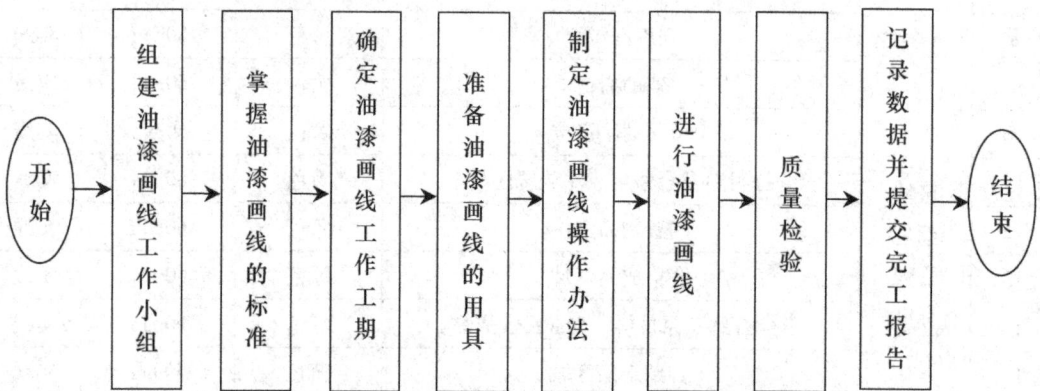

开始 → 组建油漆画线工作小组 → 掌握油漆画线的标准 → 确定油漆画线工作工期 → 准备油漆画线的用具 → 制定油漆画线操作办法 → 进行油漆画线 → 质量检验 → 记录数据并提交完工报告 → 结束

生产现场油漆画线实施流程示意图

三、油漆画线小组的构成

此次油漆画线行动由主管生产的副总××担任组长，具体成员名单如下。

1. 副组长：×××。

2. 组员：×××、×××、×××、×××、×××。

四、方案的实施时间计划

（一）油漆画线工作的实施工期

此次油漆画线工作的实施时间始于＿＿年＿月＿日，止于＿＿年＿月＿日。

（二）油漆画线工作的具体时间安排

此次油漆画线工作共分为四个阶段，具体时间安排如下表所示。

油漆画线工作时间安排表

工作阶段	具体时间	负责人
准备阶段	＿＿年＿月＿日～＿＿年＿月＿日	×××
具体实施阶段	＿＿年＿月＿日～＿＿年＿月＿日	×××

（续）

（续表）

工作阶段	具体时间	负责人
质量验收阶段	＿＿年＿月＿日～＿＿年＿月＿日	×××
完工报告	＿＿年＿月＿日～＿＿年＿月＿日	×××

五、油漆画线工作的具体实施

（一）油漆画线前的准备工作

1. 建立油漆画线实施小组，小组成员分工包括观测人员、油漆人员、质检人员及具体执行时的辅助人员。

2. 以生产现场相关规定和现场颜色标准为依据，作为此次油漆画线工作的标准。

3. 准备工作的用具，包括油漆、涂料或胶带纸、测量工具、粉刷工具等。

（二）在合适的场所画合适的区域线

根据画线场所的不同，应注意以下事项。

1. 可以不必对每台不移动设备、装置都画区域线。

2. 在设备间、装置间没有设定通道的情况下，根据需要也可以画区域间隔线。

3. 在作业区域内，以搬运为目的的备品（台车、附有脚轮的货架等）一定要画放置场所线。

4. 废弃、再循环使用物品的放置场所，要分别标明放置场所线。

（三）根据区域划分选定合适线种

现场油漆画线主要有区域线和定位线两大线种，其具体区别如下表所示。

区域线和定位线的区别

线型	应用不同	型式不同
区域线	通道和作业区、物品放置、设备定置	
定位线	针对小型设备、工作台、台车、周转箱等可移动物品	

（四）油漆画线的具体操作

在确定作业时，可以将下表的数据作为参考。

（续）

油漆画线作业具体操作参考表

线型	应用		颜色	宽度
	适用场合	适用范围		
区域线	大部分车间	◆ 适用于地面颜色不是绿色的车间通道与作业区域的区分	黄色	50mm
		◆ 适用于地面颜色为深绿色等非其他颜色的车间通道与作业区域的区分	白色	50mm
警戒线	危险场所	◆ 适用于厂房内变压器、配电箱、配电柜、易燃易爆危险品、设备的突出部分及刀刃部分等	黄黑	50mm
定位线	地面	◆ 半成品（包括材料）台车、货架等	黄色	50mm
		◆ 不良品（材料、半成品、完成品）台车、试验品台车、货架等	红色	25mm
		◆ 良品9台车、货架、备品及其他易于移动的物品等	白色	25mm
	作业台	◆ 半成品（包括材料）、材料架等	黄色	25mm
		◆ 不良品（材料、半成品、完成品）、材料架等	红色	25mm
		◆ 良品材料架、印章、印泥盒等	白色	25mm

油漆画线有四点注意事项，具体说明如下。

1. 画直线，设备的区域间隔线要沿着步行线进行画线。

2. 不要踩踏区域线，不要在出入口处划线。

3. 为了与放置场所画线吻合，画线应遵循"三定"原则。

4. 如发现区域线有破损和剥离，应立即修正更换。

（五）对油漆画线的质量检验

由专门的油漆画线质检人员依据生产现场相关规定和现场颜色标准，检查油漆画线工作的实施情况是否合格。

（六）记录数据并提交完工报告

将整个工作过程中完工时间、用料情况、质检数据等数据以书面报告形式列出，并提交完工报告。

编制人员		审核人员		审批人员	
编制时间		审核时间		审批时间	

四、现场颜色优劣法实施方案

方案名称	现场颜色优劣法实施方案	编　号	
		受控状态	

一、目的

为了对生产现场进行颜色管理，提高现场的生产工作效率，确保产品质量和工作场所的安全，以有效推行现场颜色优劣法的实施，特制定本方案。

二、颜色优劣法实施的依据

（一）颜色管理

管理者应贯彻"走动管理"，借助看板、标示、实物、灯号、图表等颜色管理的工具，界定管理对象的程度、趋势、差异等，针对现场的不同状况进行有效管理和改善。

（二）四种颜色优劣顺序

运用绿、蓝、黄、红四种颜色，以"绿色优于蓝色、蓝色优于黄色、黄色优于红色"为基准，区别状况的好坏程度。

三、现场颜色优劣法的实施流程

生产现场颜色优劣法实施流程如下图所示。

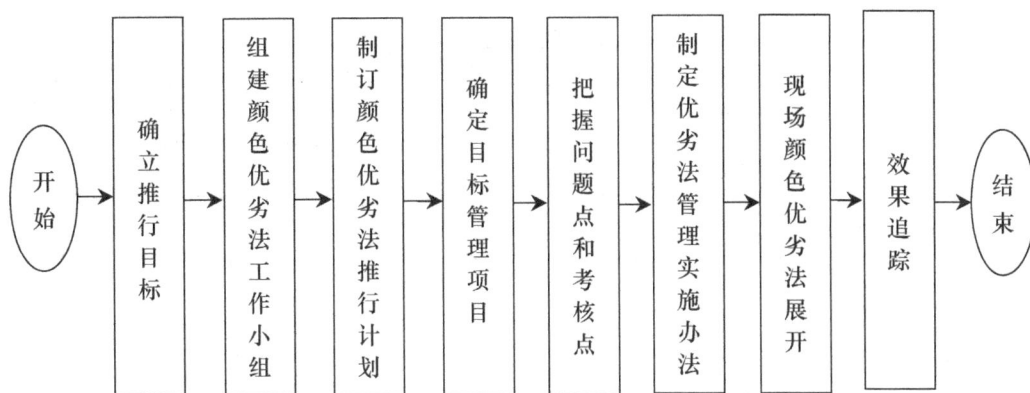

现场颜色优劣法实施流程示意图

四、推行目标

1. 改善工作环境。

2. 提高现场安全管理。

3. 提高品质管理的水准。

4. 提高生产效率。

5. 活用管理看板、管理图标。

五、现场颜色优劣法推行小组的构成

此次现场颜色优劣法推行由主管生产的副总××担任组长，具体成员名单如下。

（续）

1. 副组长：×××。

2. 组员：×××、×××（品质管理部）、×××、×××（安全部）、×××、×××（生产部）、×××、×××（行政部），其中，在车间具体执行人员有×××、×××、×××、×××。

六、制订现场颜色优劣法推行计划

（一）确定现场颜色优劣法推行工作的实施周期

此次现场颜色优劣法推行工作的实施时间始于____年__月__日，止于____年__月__日。

（二）确定现场颜色优劣法推行的执行计划

由现场颜色优劣法推行小组制订颜色优劣法推行计划、办法、奖惩条例及宣传导入等事宜，并通过各种渠道进行宣导，让全体员工了解颜色优劣法推行的作用和目的。

七、确定现场颜色优劣法目标管理项目和方向

推行现场颜色优劣法时，要让生产现场的管理人员、作业人员都明确对哪些项目实施颜色优劣法管理，并依不同的重要性和紧迫性制作必要的管理看板、图标及标识，在6S管理、现场安全、生产进度管理、品质管理、绩效管理等方面加以应用。

八、把握颜色优劣法目标管理项目的问题点和改善点

确立颜色优劣法推行目标项目后，必须明确推行项目的问题点和改善点，确定需用颜色优劣法去评判的内容和方法。结合五个推行方向，颜色优劣法的具体应用如下表所示。

颜色优劣法应用表

推行方向	评审员	评定内容	成效
6S 管理	6S 主管	每日 6S 状况显示	1. 环境整洁、通道畅通 2. 提升员工整体素养，强化公司的执行力
工业现场安全	现场主管或安全人员	每日安全状况显示	避免和减少各种事故的发生
生产进度管理	生产主管	依实际进度与生产计划日程表，给予颜色区分显示，方便跟催工作（交货、进料、制程进度管制）	1. 增加企业信誉 2. 增强企业生产的执行力 3. 延迟交货现象改善
品质管理	品质主管	依品质水准高低，以颜色区分显示	1. 提高品质管理人员的监控灵敏度 2. 有助于提高生产品质
绩效管理	人事主管	依员工的综合效率，以颜色区分显示	通过对绩效的有效监控，提升绩效，实现员工价值最大化

（续）

九、现场颜色优劣法的实施办法

（一）6S管理颜色优劣法实施办法

首先设计、制作6S管理检查表，在表中以绿、蓝、黄、红分别表示6S评定中的不同评级，6S管理人员定点定期的检查、记录、评定、改善。6S管理中颜色优劣法管理检查表具体如下表所示。

颜色优劣法6S管理检查表

人员 / 日期	×××	×××	×××	×××	×××
	绿	绿	蓝		
	绿	红	绿		
	红	黄	绿		
颜色说明	绿色：6S评鉴　91~100分			蓝色：6S评鉴　81~90分	
	黄色：6S评鉴　71~80分			红色：6S评鉴　71分以下	

（二）生产安全管理颜色优劣法实施办法

设计、制作生产安全管理检查表，将一个十字形划成30或31等份，每一格代表一天。用绿、蓝、黄、红分别表示无人受伤、微伤、轻伤、重伤四种意外程度，且所有受伤者姓名均应列示于表格上。

安全管理人员每天巡视、检查现场人员安全情况并记录，检查结果张贴看板以起监督作用。生产安全管理中颜色优劣法管理检查表具体如下表所示。

颜色优劣法生产安全管理"绿十字"检查表

			1	2	3			
			4	5	6			
7	8	9	10	11	12	13	14	15
16	17	18	19	20	21	22	23	24
			25	26	27			
			28	29	30、31			

（三）生产进度管理颜色优劣法实施办法

首先设计、制作生产进度管理检查表，在表中以绿、蓝、黄、红、双红分别表示生产过程中准时交货、延迟但完工、延迟一天、延迟两天、延迟三天以上五种情况，生产管理人员定点定期检查生产进度情况并记录，结合看板管理以通知形式张贴出来，以便监督各车间、部门生产进度情况。生产进度管理中颜色优劣法管理检查表具体如下表所示。

（续）

颜色优劣法生产进度管理检查表

日期 车间					
××部	绿	绿	双红		
××部	绿	红	绿		
××部	红	黄	绿		
颜色说明	绿色：生产评鉴　准时交货 黄色：生产评鉴　延迟一天 双红：生产评鉴　延迟三天以上			蓝色：生产评鉴　延迟但完工 红色：生产评鉴　延迟两天	

（四）品质管理颜色优劣法实施办法

首先设计、制作品质管理检查表，在表中以绿、蓝、黄、红分别表示品质检验过程中产品不同不良率，品质管理人员定点定期的检查、记录、看板张贴、评定以及通知和监督生产人员改善品质。品质管理中颜色优劣法管理检查表具体如下表所示。

颜色优劣法品质管理检查表

员工 日期	×××	×××	×××	×××	×××
	绿	绿	红		
	绿	红	绿		
	红	黄	绿		
颜色说明	绿色：品质评鉴　不良率1%以下 黄色：品质评鉴　不良率3%～5%			蓝色：品质评鉴　不良率1%～3% 红色：品质评鉴　不良率5%以内	

（五）绩效管理颜色优劣法实施办法

首先设计、制作管理检查表，在表中以绿、蓝、黄、红分别表示员工不同的效率考核值，绩效管理人员每天统计员工效率表并记录，每周向生产管理人员和员工公布效率表，奖优评差，以此来提高员工生产效率。绩效管理中颜色优劣法管理检查表具体如下表所示。

颜色优劣法绩效管理检查表

10月份 人员	1日	2日	4日	5日	……	31日
张三						
李四						

（续）

（续表）

10 月份／人员	1 日	2 日	4 日	5 日	……	31 日
王五						
颜色说明	1. 绿色：效率评鉴　效率100％以上 2. 蓝色：效率评鉴　效率95％～100％ 3. 黄色：效率评鉴　效率90％～94％ 4. 红色：效率评鉴　效率0％～89％					

十、现场颜色优劣法展开活动

在确定实施方向和实施办法后，颜色优劣法进入展开阶段。为了活动展开的实际效果，必须在推行小组的统一指导下，有计划、有步骤地展开。具体展开的活动及主要执行步骤如下。

1. 宣传导入，设计并粘贴海报、标语或通知。

2. 规划责任区。

3. 现场巡回、指导及评审。

十一、颜色优劣法效果追踪和评审

为了确保颜色优劣法在生产现场有效实施，且进一步巩固已获得的实施成果，推行小组应定期稽查、追踪、评审实施效果，并为颜色优劣法推行工作进行监督和指导。

编制人员		审核人员		审批人员	
编制时间		审核时间		审批时间	

五、现场颜色层别法实施方案

方案名称	现场颜色层别法实施方案	编　号	
		受控状态	

一、目的

为了对生产现场进行颜色管理，将生产现场复杂的问题层别化，确保提高现场的生产工作效率，以有效推行现场颜色层别法的实施，特制定本方案。

二、颜色层别法实施的依据

运用色彩的多样性与区别性，作为生产现场管理分类和区辨的基准。

三、现场颜色层别法实施方案的设计思路

1. 确定研究的主题、分层的类别和调查的对象。

2. 设计不同的层别表示不同的主题。

3. 实施并改进。

（续）

4. 效果评定，得出结论并改善。

四、方案的实施时间计划

（一）现场颜色层别法推行工作的实施周期

此次现场颜色层别法推行工作的实施时间始于____年__月__日，止于____年__月__日。

（二）现场颜色层别法推行工作的具体时间安排

此次现场颜色层别法推行工作共分为三个阶段，具体时间安排如下表所示。

现场颜色层别法推行工作时间安排表

工作阶段	进行工作	具体时间	负责人
初期准备阶段	1. 组建现场颜色层别法实施小组 2. 确定实施目标方向	____年__月__日~ ____年__月__日	×××
具体实施阶段	1. 宣传导入 2. 方案的展开	____年__月__日~ ____年__月__日	×××
效果追踪和评审阶段	1. 评定效果 2. 奖惩 3. 提出改善措施	____年__月__日~ ____年__月__日	×××

五、现场颜色层别法实施初期准备阶段

（一）组建现场颜色层别法实施小组

此次现场颜色层别法推行由主管生产的副总××担任组长，具体成员名单如下。

副组长：×××；组员：×××、×××、×××、×××、×××。其中，在车间具体执行人员有×××、×××、×××。

（二）确定现场颜色层别法推行的方向

推行现场颜色层别法时，要让生产现场的管理人员、作业人员都明确对哪些项目实施颜色层别法管理，并依不同的重要性和作用，制作必要的管理看板、图标及标识。

颜色层别法主要应用于重要零件管理、油料管理、管路管理、头巾与帽子管理、模具管理、卷宗管理等方面。

六、现场颜色层别法实施阶段

（一）现场颜色层别法前期宣传导入工作

在颜色层别法进入实施阶段的时候，为了保证实施的实际效果，必须在推行小组的统一指导下有计划、有步骤地展开。首先需要对实施对象及其管理人员进行必要的宣传教育工作。宣传教育工作主要有方案执行决定的公布、方案执行的优势分析、效果预期等，具体方法有设计并张贴海报、标语、条幅等。

（二）规划责任区

规划生产现场实施开展层别法的责任区域、责任人，同时规划办公室及各制程、设备、公共场所等的标识、管理看板、管理图标等，确定需要对责任区进行油漆画线或其他颜色管理具体操作执行的责任人。

（续）

（三）现场颜色层别法具体应用

确立了颜色层别法推行方向后，必须明确推行项目的问题点和改善点，以及用颜色层别法评判目标方向的内容和应用方法。结合以上六个推行方向，颜色层别法具体的应用如下表所示。

颜色层别法应用表

推行方向	应用方法	颜色代表				成效
		绿	蓝	黄	红	
重要零部件管理	每月入货予以不同颜色标示	1、5、9月入货	2、6、10月入货	3、7、11月入货	4、8、12月入货	1. 可实现先进先出 2. 可调整安全库存 3. 可提醒解决呆滞料
油料管理	油类依种类不同颜色标示	中级机油	特种机油	通用机油	重级机油	不致误用
管路管理	机器各种管路漆不同颜色	气管	水管	油管	电管	遇有漏水、电、气、油，可循色找出
头巾与帽子管理	不同的工种和职位分戴不同颜色的头巾或帽子	主管	材管员	技术员	品管员	易于辨认以及管制人员的频繁走动
模具管理	依不同材质予不同颜色铭板	冲床模	塑料模	锌模	铝模	易于辨认及管理
	依不同用途漆不同颜色油漆	轿车用	货车用	机车用	自行车用	
卷宗管理	依卷宗不同性质予以颜色区分	绩效统计分析	计划办法和规章	记录资料	规格标准和检验规范	找寻容易，提高办公效率

（四）现场巡回、指导及评审

依据以上颜色层别法具体应用的要求以及生产现场的其他管理办法，方案实施小组应定期去现场巡视、指导，使执行过程出现的偏差得以及时纠正，保证方案正确有效地实施。

七、颜色层别法效果追踪和评审

为了确保颜色层别法在生产现场有效实施，且进一步巩固已获得的实施成果，推行小组应定期稽查、追踪、评审实施效果，并为颜色层别法推行工作进行监督和指导。

编制人员		审核人员		审批人员	
编制时间		审核时间		审批时间	

生产现场改善
精细化管理

第十五章

第一节　生产现场诊断

一、现场诊断六大工具

（一）品质会议

品质会议是针对企业内所发生的全部品质问题召开的会议。在会议上，各部门或单位组织进行讨论研究、制定对策，并对其进行评价和信息共享，提高组织成员的品质意识，形成全员参与品质改善的风气。

根据实施的时间和周期，品质会议可以分为品质反省会、品质总结会、周品质改善会议和月实绩评价会。其中，品质反省会、品质总结会的开展说明如表 15-1 所示。

表 15-1　每日品质反省会、品质总结会开展说明

会议说明	品质反省会	品质总结会
时间	每天下午作业前 10~15 分钟	每天下午下班前 40 分钟~1 小时
责任部门	现场组织单位（如班组）	车间，有时整个工厂
主持人	现场主管（如质量主管、班组长）	车间主任/质量经理
与会人员	现场作业人员	全体现场质量相关人员
地点	现场	现场（有时会议室）
会议内容	◎ 确认不良内容 ◎ 工序不良现状分析——巡检实绩 ◎ 共享主要不良内容及对策，包括RTN 内容及对策、工序不良内容及对策等	◎ 确认当日不良状态，报告日品质现况，如 RTN 趋势、工序不良趋势等 ◎ 商讨改善对策，发表改善对策
使用工具表单	◎ 巡检现场板（件数管理） ◎ 日日返工（RTN）趋势表 ◎ 日日工序不良趋势表 ◎ 品质反省会议记录	◎ 日日进料检验（IQC）、制程检验（LQC）、出货检验（OQC）不良现况 ◎ 二次抽检现况 ◎ 日日返工（RTN）趋势表 ◎ 日日工序不良趋势表 ◎ 日日总结报告 ◎ 市场抱怨改善对策

（续表）

会议 说明	品质反省会	品质总结会
会议进行方法	◎ 全员集合到不良率现况板前，喊革新口号 ◎ 主持人（管理者/监督者）说明之前发生的不良内容 ◎ 发表不良原因和问题点，鼓励作业人员发言 ◎ 主持人重新确认每个原因作业改善 ◎ 与会人员一起喊革新口号，解散	
备注	◎ 会议记录经生产部经理签字确认后归档 ◎ 相关人员根据会议记录内容，跟踪约定的事项	

（二）顺次检查

顺次检查是指为防止作业不良、改善生产中的质量问题，在本工序生产前首先对前一工序的产品进行确认，并确认、检查本工序的作业内容之后，再向后续工序输出的检查方法。

顺次检查方法原理如图15-1所示。

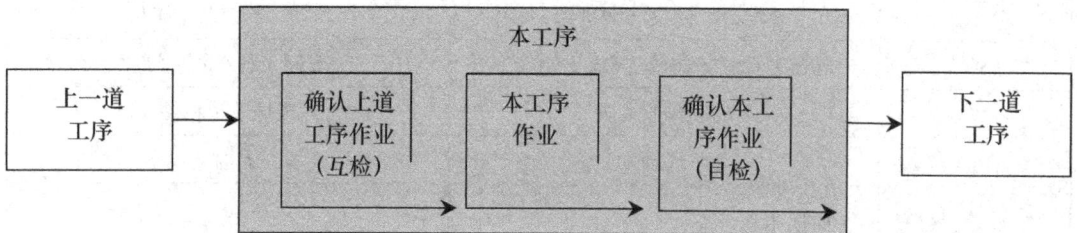

图15-1　顺次检查方法原理

顺次检查的目的在于从开始必须具有做正确、做好的思想，对前工序未检查的和即使进行自己检查也难免不良品到下一道工序，它是防止这些不良品到下一道工序的保证系统，主要适用于流水线生产。

顺次检查法具有因及时反馈不良而立即减少不良产品的特点，可达到不良明显锐减的效果。在企业生产管理初期阶段，可有效达成不良明显锐减的效果。

（三）定期检查

作业人员进行顺次检查后，为防止检查漏洞和测量差错，质量检查监督人员需按规定时间进行检查，这就是定期检查。

定期检查（Time Check）是指按一定时间间隔对工序/产品质量特性及其特性值的变化进行检查，确认标准条件下的作业结果，并于异常出现时及时采取相应措施的方法。定期检查的方法原理如图 15-2 所示。

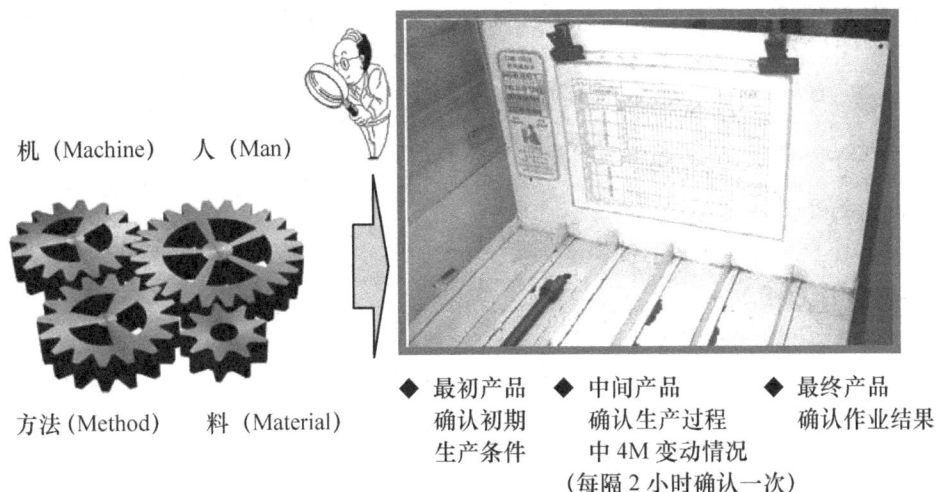

图 15-2　定期检查方法原理图示

1. 检查周期：按产品特性来决定。

2. 检查项目：在作业标准书上明确提示，由现场责任者指定。

3. 最初产品：模具切换后，初次作业时测定规定的材料，与良品进行检查对比，采取相应措施。

4. 中间产品：作业时每一定周期检查是否与良品一致，监督者进行遵守与否的确认。

5. 最终产品：作业结束之前，确认最终产品是否为良品，下次作业对比的检查（现物管理）。

（四）关键工序控制

关键工序控制是指针对产品质量特性的要求，选定需要在生产过程中进行管理的质量特性，构建质量特性检查系统，并做到事前预防和事后管理，以防止不良再次发生。

关键工序的识别一般可通过工序上方的看板及其内容进行目视管理，适合使用主要工序管理的工序主要包括以下四种，如图 15-3 所示。

关键工序控制的操作原理如图 15-4 所示。

（五）品质稽核

品质稽核（Q-Audit）是指对设计开发中的产品或零部件进行品质评价的活动，其目的是保证批量生产时的问题最小化、生产系统保持稳定状态，可以分为规格稽核和过程稽核两大类。

品质稽核是对产品和生产系统进行全面稽核，通过设定主题、登录在册、定期汇报进度等，从而从根源上管理品质。品质稽核的操作步骤如图 15-5 所示。

会发生企业外部市场不良或后续工序不满事项的工序

需要进行生产条件管理的工序，或满足顾客要求事项的工序，或可能发生一个月内不允许再犯的顾客不满事项的工序

| 1 | 顾客不满工序 | 重要工序（CTQ工序） | 2 |
| 3 | 法定工序 | 一般工序 | 4 |

国内外相关法律法规明确规定的或可能会发生致命安全事故的工序

对作业方法无特别要求的工序

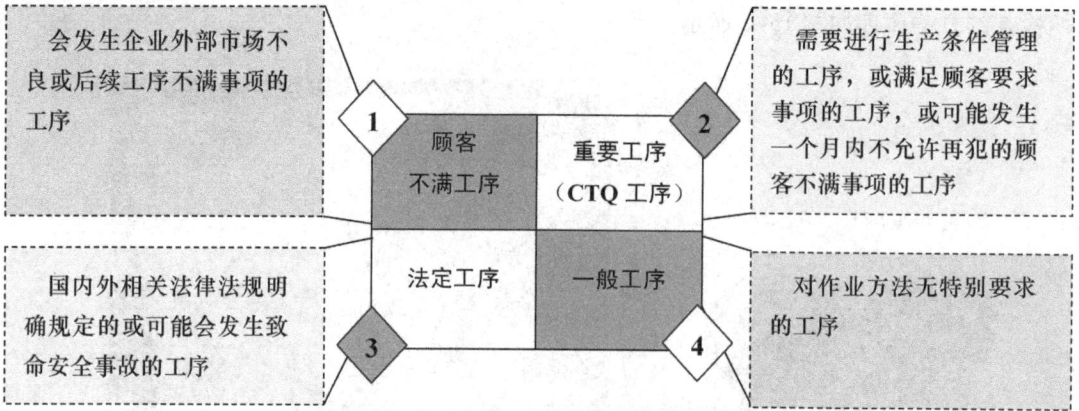

图15-3　适用关键工序管理的四大工序说明

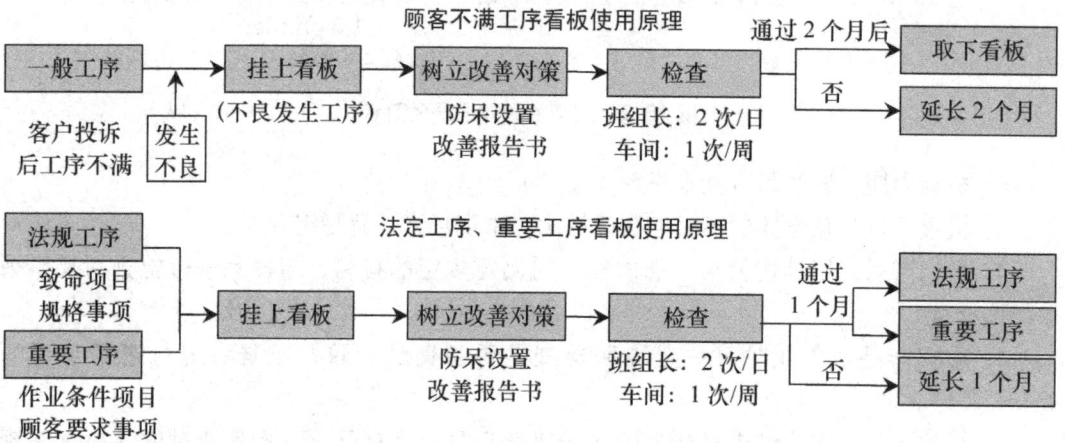

顾客不满工序看板使用原理

一般工序 → 挂上看板（不良发生工序）→ 树立改善对策 防呆设置 改善报告书 → 检查 班组长：2次/日 车间：1次/周 → 通过2个月后 → 取下看板 / 否 → 延长2个月

客户投诉后工序不满　发生不良

法定工序、重要工序看板使用原理

法规工序 致命项目 规格事项 / 重要工序 作业条件项目 顾客要求事项 → 挂上看板 → 树立改善对策 防呆设置 改善报告书 → 检查 班组长：2次/日 车间：1次/周 → 通过1个月后 → 法规工序 / 重要工序 / 否 → 延长1个月

图15-4　关键工序控制操作原理示意图

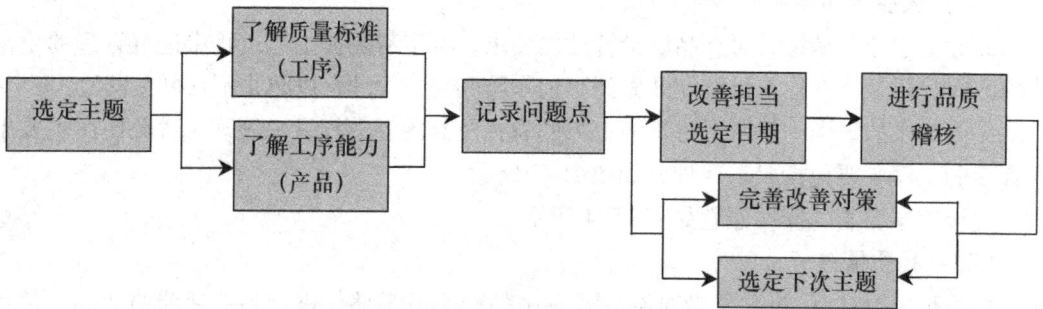

选定主题 → 了解质量标准（工序）/ 了解工序能力（产品）→ 记录问题点 → 改善担当选定日期 → 进行品质稽核 → 完善改善对策 / 选定下次主题

图15-5　品质稽核的操作步骤图

1. 规格稽核

规格稽核是指找出现有品质水平与期望品质水平之间的差异，为了实现比基准品质水平更高的品质目标，制定并实施改善方案的活动。规格稽核又分为产品稽核和零部件稽核。

产品稽核指将本企业设计开发的产品与其他公司的产品或规格（国际规格、安全规格等）、使用环境、顾客使用便利性等进行比较和监测的活动。

零部件稽核适用于功能原器件、原材料等的品质评价，主要与其他公司或外国产品进行比较和监测。

2. 过程稽核

过程稽核是指对生产系统的各项要素（如设备、方法、人员等）是否完备进行确认，审查管理项目和点检项目是否按规定执行，对未按照规定执行的项目制定改善对策并开展改善活动。

（六）过量、不足和缺陷分析

假设生产线采用的是及时制生产（Just In Time，简称为 JIT）方式，在未出现不良时，零部件若有剩余则成为过量（Over：O）；若出现不良，则因合格零部件数量比生产目标少，零部件则没有剩余，也就无法按目标完成生产任务的情形称为不足（Shortage：S）；而将不良零部件称为缺陷（Defect：D）。过量、不足和缺陷，即 Over，Shortage and Defect，简称为 OS&D。

OS&D 是指对在生产现场进行顺次检查与全面检查的过程中生产的不合格零部件进行回收与探讨，防止不良品流入生产线，同时改善不良根源，保证提供的均为合格品的活动。其目的是迅速反馈生产现场的生产信息，第一时间采取措施以减少损失，并提高部件的质量管理能力及改善后达到 100PM 的质量水平。

OS&D 通过产品不良品评审会及外协单位质量反省会消除不良要因，其操作方法如下：

□ 通报：根据 OS&D 流程图，OS&D 的不良内容由采购部给外协单位发传真。

□ 追加订单：采购紧急申购产品，外协单位采取最大的措施进行紧急入库处理。

□ 改善对策：召开改善会议，实施 1 回/月检查的改善对策。

□ 结果评价：通过月评价会评价出月计划比实绩。

OS&D 的操作步骤如图 15-6 所示。

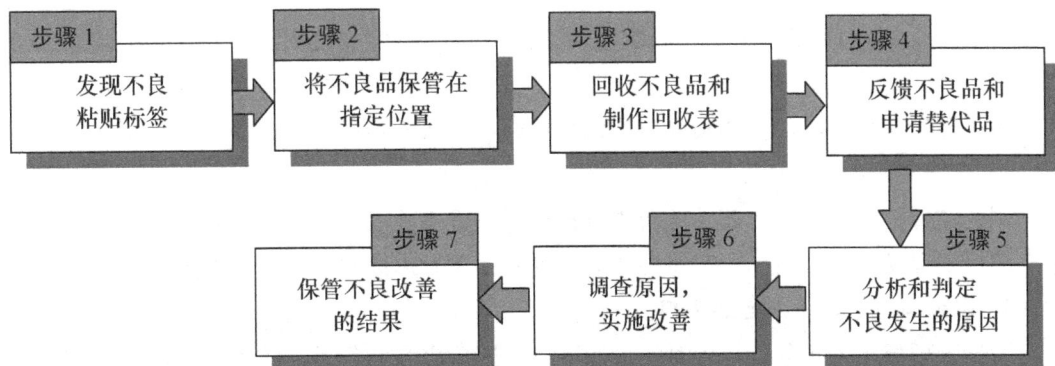

图 15-6　OS&D 的操作步骤图

1. 发现不良、粘贴标签

生产线上发生不良时，作业人员应粘贴如图15-7所示的"不良识别标签"，该标签应该可以一目了然地区别其不良的原因、种类。

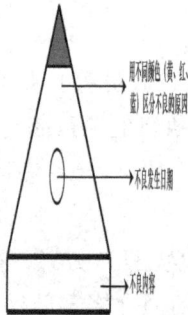

用不同颜色（黄、红、蓝）区分不良原因

不良发生日期

不良内容

图15-7 不良识别标签

在图15-7中，需要用不同的颜色明确、醒目地区分不良发生的原因，具体规定如下。

（1）本企业现场员工作业中发生的不良，使用黄色标签。

（2）外协单位品质管理不善而发生的零部件不良，使用红色标签。

（3）从外协单位至本企业仓库或工位的移动过程中发生运输不良或其他不良，使用蓝色标签。

2. 将不良品保管在指定位置

将粘贴有不良标签的不良品放置在指定的不良品保管箱中。

（1）不良品保管箱应设置在和操作台相对应的位置，以保证作业人员在正常作业位置即可将不良品妥善保管。

（2）所有工位的不良品保管箱应统一颜色，一般使用红色。

3. 回收不良品和制作回收表

零部件供应商应定期回收不良品，制作不良品目录。不良品回收的主要目的是消除生产线的损失，所以应综合考虑零部件供货能力和零部件库存等因素，确定不良品回收周期。

如果可以实现五小时的物料供应，每日可开展四次不良品回收工作。

4. 反馈不良品和申请替代品

现场监督者将回收的不良品送至质量管理部进行检验以便分析和判定原因，并向物料管理部提出退换申请。因作业问题导致的不良品，在做出废弃报告后予以废弃处理。

5. 分析和判定不良发生的原因

质量管理部相关业务负责人对收集的不良品进行研究、分析，按发生原因的不同分为作业不良、零部件不良、运输不良等，并初步确定处理办法。

（1）对于作业不良，要求生产部做相关处理，将不良零部件放至指定场所。

（2）对于运输不良，则应依发生地点不同按公司内部不良和外协不良进行区别处理。

质量管理部负责保管不良分析的过程文件及不良品的处理结果文件。如果可能，最好将相关文件公示在现况板上，以便让所有员工共享信息。

6. 调查原因，实施改善

质量管理部相关负责人将分析的内容和原因反馈给相关部门或外协公司，要求制定改善对策并进行管理。收到改善要求的部门或外协公司应在三天之内回复。对于经改善后仍存在的不良率称为工程返品不良率。

7. 保管不良改善的结果

质量管理部相关负责人每周报告一次不良现况、改善内容、防止再犯的措施等，要求相关部门就未尽事项制定出相应的对策。

二、生产现场诊断流程

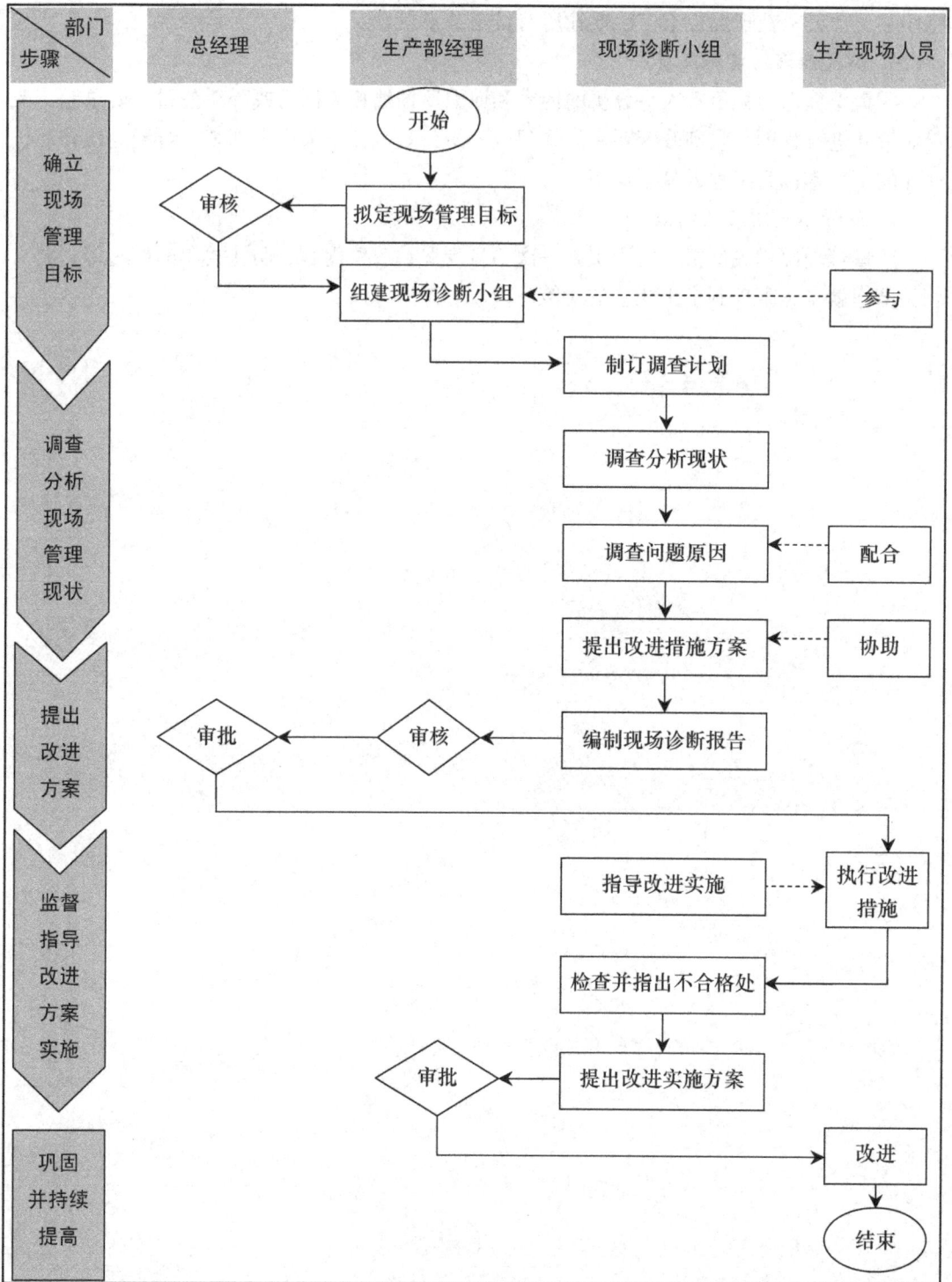

部门 步骤	总经理	生产部经理	现场诊断小组	生产现场人员

确立现场管理目标：

开始 → 拟定现场管理目标 → 审核

调查分析现场管理现状：

组建现场诊断小组 ← 参与

制订调查计划 → 调查分析现状 → 调查问题原因 ← 配合

提出改进方案：

提出改进措施方案 ← 协助

编制现场诊断报告 → 审核 → 审批

监督指导改进方案实施：

指导改进实施 ┄┄ 执行改进措施

检查并指出不合格处

审批 ← 提出改进实施方案

巩固并持续提高：

改进 → 结束

三、生产现场诊断方案

方案名称	生产现场诊断方案	编　号	
		受控状态	

一、目的

为不断提高生产效率，减少生产过程中的浪费，使生产现场资源得到合理配置和利用，营造整洁有序的生产环境，降低安全事故的可能性，特制定本方案。

二、适用范围

本方案适用于生产现场的诊断、改善活动。

三、诊断准备

（一）组建诊断小组

1. 由生产部经理负责组织建立生产现场诊断小组，由生产部经理担任组长。

2. 成员构成包括生产主管、车间主任、班组长。

（二）诊断方法

本次诊断采用现场观察法与访谈法相结合的办法，通过诊断小组成员的观察及与作业人员的交谈获得生产现场的相关信息进行诊断。

（三）诊断时间

本次诊断活动时间为 6 月 1 日至 6 月 20 日，具体诊断阶段时间划分如下。

1. 诊断准备阶段为 6 月 1 日至 6 月 5 日。

2. 诊断实施阶段为 6 月 6 日至 6 月 15 日。

3. 诊断收尾阶段为 6 月 16 日至 6 月 20 日。

四、诊断实施

生产现场诊断的主要内容如下表所示。

生产现场诊断的主要内容

项目	具体调查内容
安全生产	1. 环境卫生、厂容、车间和工作区域的整洁 2. 各种物品的定置情况 3. 安全设施和安全规章的执行情况等
劳动条件状况	定格照明、粉尘、温湿度、噪音、通风和劳动强度等
目视管理	1. 岗位责任制的公布 2. 工作任务和完成情况的公布 3. 作业规程和标准的公布 4. 定置图的公布

（续）

（续表）

项目	具体调查内容
目视管理	5. 各种物品的彩色标志 6. 安全生产的标志 7. 现场作业人员着装的情况等
生产工艺及 产品质量	1. 生产工艺的机械化和自动化水平 2. 产品或零部件的工艺技术精度和难度 3. 产品或零部件的成品率和返修率 4. 有无工艺文件、检验标准及其执行的严格程度和变动程度 5. 操作人员的技术水平和熟练程度 6. 工序质量控制点的管理状况等
现场物流	1. 生产现场采用何种生产的空间组织形式 2. 设备布置的合理性 3. 物流路线和运输路线是否合理等
设备管理	1. 设备的新度、精度以及对产品质量和任务的保证程度 2. 根据设备的使用、停放、维修、保养等判断设备的管理状况与质量等
现场改善	1. 在制品的质量、数量及检验方法 2. 合格品、次品的堆放与隔离 3. 在制品的堆放位置、方法、数量和转移手续 4. 作业计划下达的及时性以及生产均衡率、配套率等
人员管理	1. 作业人员的基本情况 2. 技术水平是否符合生产需要 3. 作业人员的精神状态、劳动热情、效率和工作紧张程度 4. 生产现场劳动纪律的遵守状况等

五、诊断结果

1. 对诊断小组整理收集到的各项资料进行分析。

2. 根据分析结果，诊断小组与作业人员共同提出改进建议，并制订改进实施计划。

3. 诊断小组编制《生产现场诊断报告》交总经理审批，具体报告内容包含现状概述、诊断组织结构、诊断方法、诊断实施步骤、诊断结果分析、建议改进措施、诊断数据资料七大部分。

4.《生产现场诊断报告》经总经理审批后，生产部应根据改进建议实施相应改进措施。

编制人员		审核人员		审批人员	
编制时间		审核时间		审批时间	

第二节　生产现场改善

一、现场改善推进流程

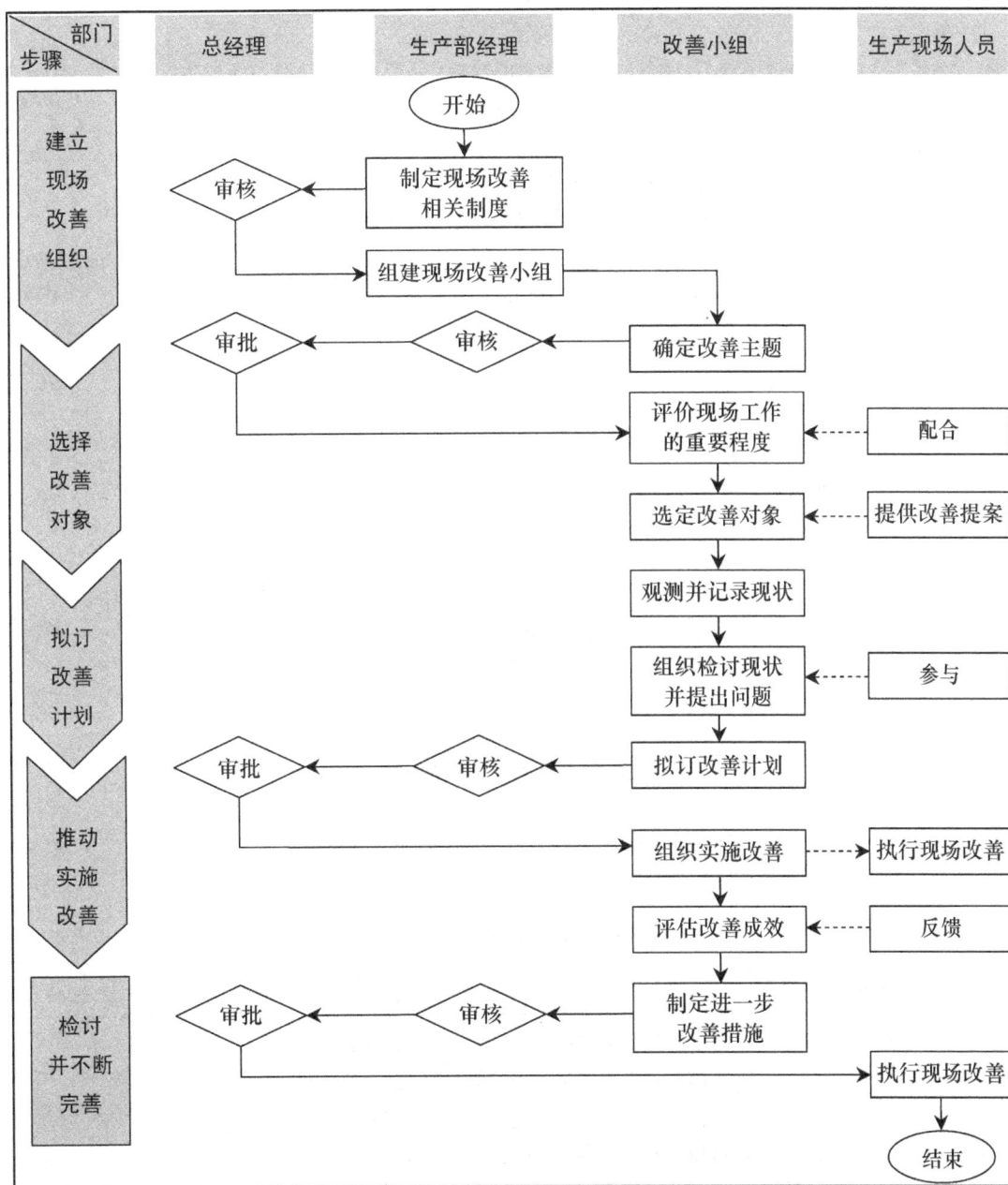

步骤\部门	总经理	生产部经理	改善小组	生产现场人员
建立现场改善组织	审核	开始 → 制定现场改善相关制度 / 组建现场改善小组	确定改善主题	
选择改善对象	审批	审核	评价现场工作的重要程度 / 选定改善对象	配合 / 提供改善提案
拟订改善计划	审批	审核	观测并记录现状 / 组织检讨现状并提出问题 / 拟订改善计划	参与
推动实施改善	审批	审核	组织实施改善 / 评估改善成效 / 制定进一步改善措施	执行现场改善 / 反馈
检讨并不断完善				执行现场改善 → 结束

二、现场改善提案制度

制度名称	现场改善提案制度		受控状态	
			编　号	
执行部门		监督部门	编修部门	

第1章　总则

第1条　目的

为激发全体员工的工作士气，积累并推广员工的智慧，不断提出对工作改善的建议与方法，促进全员参与改善，提高改善意识，从而降低成本，提高生产现场的管理水平，特制定本制度。

第2条　适用范围

本制度适用于对现场改善提案的管理等相关事项。

第2章　改善提案委员会组织结构与职能

第3条　改善提案委员会组织结构

改善提案委员会组织结构如下图所示。

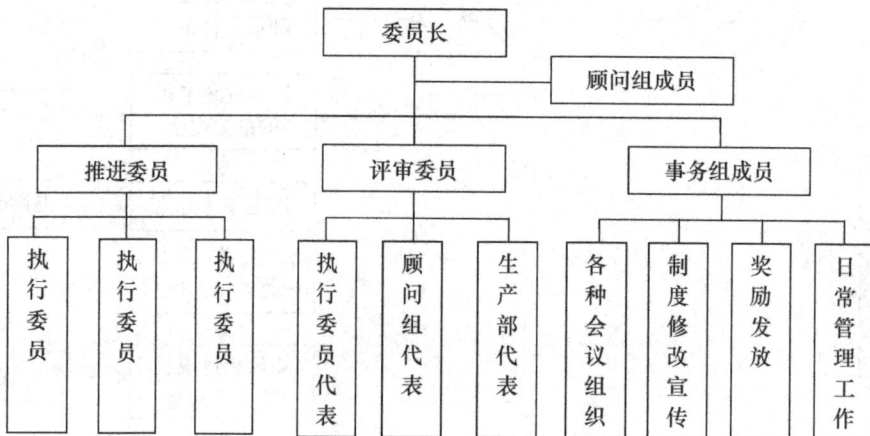

改善提案委员会组织结构图

第4条　改善提案委员会职责划分

改善提案委员会职责划分如下表所示。

改善提案委员会职责划分表

改善提案委员会成员	职责
委员长	1. 指导改善提案体制的方针、年度计划与目标 2. 跟踪改善提案体制的实施情况和成果 3. 任命相关人员，审定奖励成果及活动经费 4. 协调各职能部门的工作

（续）

（续表）

改善提案委员会成员	职责
推进委员	1. 负责与提案者的日常联络、提案跟踪与指导 2. 负责提案的初审工作及推广工作 3. 负责各提案实施效果的跟踪、确认与评估工作 4. 定期参加改善提案的相关会议 5. 负责培训、指导本单位员工的问题意识、改善意识
评审委员	1. 定期参加提案评审工作 2. 在评审过程中必须做到公平、公正 3. 定期参加改善提案的相关会议
事务组成员	1. 各种会议的组织 2. 改善提案的宣传工作，改善提案的整理、存档等工作 3. 改善提案活动实施的总结、相关制度的制定与完善 4. 改善提案活动经费管理、奖励活动的组织与主持

第3章　改善提案的提出

第5条　提案范围具体要求

1. 改善提案受理范围

（1）管理体制，有利于企业文化建设、现场管理以及提高团队士气等合理化建议或方案。

（2）品质改善，降低不良损失额、提高产品一次合格率等方面的提案。

（3）降低成本，有利于效率提升、作业方法改善、工艺流程改善、工装夹具或设备改善、物流改善、布局改善、降低消耗品使用量以及其他成本降低方法的提案。

（4）生产技术，有关生产方式改善与变革的方法与建议，新生产技术的建议、实施方案等提案。

（5）有关安全生产、生产环境改善、5S改善的提案。

2. 不受理范围

非建设性的批评、抱怨，涉及人身攻击的内容，以及无具体改善内容或内容重复的提案等将不予受理。

第6条　改善提案的内容要求

改善提案内容与现行的作业标准、加工标准有冲突时，应先经相关人员确认后列出临时标准后实施，实施达到预期效果后修改现行标准。

第7条　改善提案的提出与审批

1. 生产现场所有人员均可提出提案，提案者可为个人或团体，团体提案应设组长。

2. 提案提出后，车间主任应对是否直接申报提案做出判断，未实施确认的项目应在车间内实施后填表申报。

3. 车间主任确认后，应指导提案人填写"改善提案专用表"（如下表所示），并将本车间的提案汇总，交改善提案委员会事务组进行初审。

（续）

改善提案专用表

编号：　　　　　　　　　　　　　　　　　　　页次：第　　页/总　　页

工号		姓名				提案日		受案日	
车间主任印	提案者印	职位描述	1	车间主任及以上人员		3	指导员、班组长		
			2	职员、技术员		4	作业员、修机检查员		
提案名称									
改善前描述									
改善过程描述									
改善后效果描述									
实际改善效果								确认印	
序号		评价项目			初审得分		复审得分	综合得分	
1		创新度（0~25分）							
2		可实施性（0~20分）							
3		实施效果（0~35分）							
4		推广性（0~20分）							
评价等级	优秀		良好		一般		鼓励	最终得分	
终审简评								奖励情况	
备注	1. 团体提案，在提案者中填写组长，其他成员另外附上 2. 最终得分＝初审评分×0.4＋复审评审×0.6								

第4章　改善提案处理

第8条　改善提案处理程序

改善提案处理程序如下表所示。

改善提案处理程序表

受理步骤	日程	负责
个人或班组提出改善提案	当月	提案者
提交改善提案	次月2日前	车间主任
初审	次月5日前	推进委员
复审	次月10日前	评审委员
评审结果公布	次月10日	事务组
提案采用实施	次月10日后	推进委员

362

（续）

（续表）

受理步骤	日程	负责
备案存档	次月 10 日	事务组
颁发奖励	次月 15 日前颁发改善提案奖 于年度大会颁发其他奖项	事务组
维护并持续改善	视具体情况而定	全员

第9条 提案评审实施要求

1. 为营造各车间内公平、合理竞争的环境，各级评审担当者及改善者本人（或团体）应保持一定的素养，对改善提案的评审必须遵循公平、公正、公开的原则。

2. 团体提案以主导人员（以组长负责）为主体进行评审。

3. 改善提案的评审由改善提案委员会根据"改善提案评审类别表"（如下表所示）进行分类汇总，然后按各类别进行评定。"改善提案评审类别表"是为了体现全员统一，按改善提案提出者的工作业务内容及工作范围划分而制成的。

改善提案评审类别表

序号	职位描述	提案内容概要
1	车间主任以上人员	
2	职员、技术员	
3	指导员、班组长	
4	作业员、修机检查员	

4. 提案评审工作共从四个方面进行，具体评定标准如下表所示。

改善提案评分标准表

序号	评价指标		评分标准	评分
1	创新度 （25 分）	模仿	本期提出	0 ~ 5 分
			在此之前有类似的方法或制度	
		应用	本期提出	0 ~ 5 分
			对本职工作没做到位，进行更正的提案	5 ~ 10 分
			在此之前没有类似的方案、提案或制度	10 ~ 15 分
		创新	在应用条件的基础上	15 ~ 20 分
			能更高层次考虑问题（即超出本职工作范围）	
			改善提案对改革的促进有非常大的作用	20 ~ 25 分

（续）

（续表）

序号	评价指标		评分标准	评分
2	可实施性（20分）	困难	就目前的条件或即使有其他方面的支援、投资，提案都无法实施	5~10分
		可实施	通过一些其他方面支援或投资即可实施	10~15分
		易实施	不需任何投资或支援即可实施	15~20分
3	实施效果（35分）	一般	提案已实施，但经济效益收益很小	0~10分
		显著	节省费用在0.5万~1万元	10~25分
			效率、合格率提升10%~20%	
			执行率提升5%~10%	
		效益巨大	节省费用在1万元以上	25~35分
			效率、合格率提升20%以上	
			执行率提升10%以上	
4	推广性（20分）	无	只限于本工位、本班组	0~5分
		一般	可在本工位推行	5~15分
			可在本车间内推行	
			可推广到其他部门	
		极广	可本部门内推行	15~20分
			可作为标准化文件	
			可在整个事业部内全面推行	

第10条　改善提案的执行与成果报告

各实施部门应认真执行改善提案，每月填具"成果报告表"呈直属主管核定后转呈改善提案委员会。经三个月的考核并评分后，改善提案委员会依"成果报告表"及评分表作审查核定。

第5章　改善提案的奖励

第11条　改善提案评审等级及所占比例

改善提案依据提案者工作内容实行分类表彰和奖励。根据评审分数确定改善提案的等级，优秀提案将获得部门表彰和奖励。评审等级及所占比例如下表所示。

评审等级及比例

评审等级	优秀	良好	一般	鼓励
占各类百分比	10%	20%	30%	40%

（续）

第 12 条 奖项设置如下表所示。

改善提案奖项设置

奖项	奖励标准
改善提案奖	1. 为采用者颁发 200 ~ 800 元人民币的提案奖金 2. 给予未采用者发 80 元人民币的参与奖金
成果奖励	依提案改善成果评分表，可核发 800 ~ 1 200 元人民币的奖金
追加奖励	提案实施后，定期追踪效益，成果显著、绩效卓越者，由委员会核计实际效益后，报请核发 2 500 ~ 12 000 元人民币的追加奖金
团体特别奖	以团队为单位，六个月内，每人平均被采用四件提案以上者，向团队前三名发 300 ~ 700 元人民币奖金

第 6 章 附则

第 13 条 本制度内容如涉及专利法者，其权益属本工厂所有。

第 14 条 本制度呈总经理核定后公布实施，修改时亦同。

修订记录	修订标记	修订处数	修订日期	修订执行人	审批签字

三、TDR 现场改善活动方案

方案名称	TDR 现场改善活动方案	编　号	
		受控状态	

一、目的

为更好地规范开展 TDR 现场改善活动，有效指导 TDR 团队的组建和活动开展，特制定本方案。

二、术语解释

TDR 是由词组 Tear Down & Redesign 缩写而来的，Tear Down 表示分解，Redesign 表示重新设计。本方案中的 TDR 活动是指工厂为了实现部门的革新目标及确保核心竞争地位，选出对经营成果影响最大的课题，以创意和执行力为基础，在一切归零的基础上解决问题的活动。

三、TDR 活动原则

实施 TDR 活动，要以下面的四项原则为基础。

（续）

1. 构建跨部门团队

TDR 活动专门解决工厂疑难杂症，一般解决的不是某个部门的课题，而是整个工厂的重要课题。所以，TDR 活动小组要由几个部门的"专家"组成，各类优秀人员参与 TDR 活动。

TDR 活动小组成立后，其成员原来的例行事务交由部门其他同事代劳，待 TDR 活动结束后再回到原岗位。

2. 制定远大的目标

TDR 活动要实现的目标不是"进步一点"，而是"革新性"的目标，如不是提高 5% 而是提高 30%。因此，TDR 活动需制定一个革新性的目标，充分发挥创造性思维，制定出开创性的方法。

3. 设专门的活动空间

为了让活动小组成员能够全身心地投入到 TDR 活动中，工厂要专设一个 TDR 活动空间。该空间还被赋予"不能实现目标就不能从空间里出来"的象征意义，因此，该活动也称为"穷即通（Tear Down Room）。"

4. TDR 活动要与经营成果挂钩

无论多好的活动，如果主题与经营课题没有关系，就等于对工厂的盈利没有帮助，也就意味着该活动的必要性较低。因此，TDR 活动一定要与经营成果挂钩。

四、TDR 活动实施步骤

TDR 活动以小组的形式开展，TDR 活动小组也可被称为"拆解及重新设计专案小组"，小组处理问题的周期一般为 3~6 个月，TRD 活动实施步骤如下图所示。

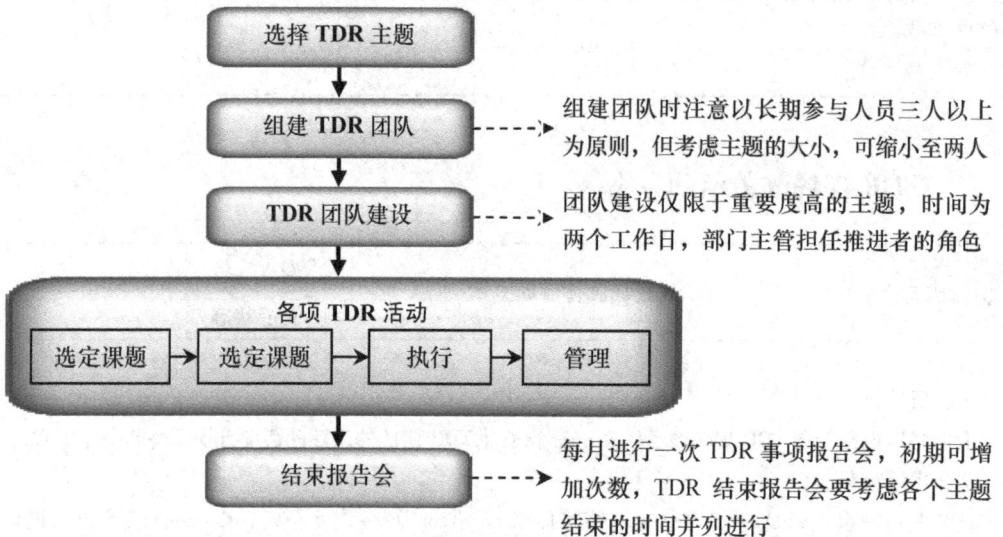

TDR 活动推进步骤

1. 选择 TDR 主题

（1）TDR 活动要与问题的解决直接挂钩，以提升经营业绩。

（续）

（2）活动前事先对问题进行逻辑树、流程分析，充分了解工厂和客户的需求。

（3）需在一定时间期限内完成团队组建、解决问题，要能产出可计量的成果。

2. 组建 TDR 团队

（1）确定 TDR 活动推进者。活动推进者应由具备问题解决能力的人担任，要能创造出 TDR 活动的实质成果，在短时间内充分发挥其领导力把业绩最大化。

（2）确定 TDR 活动协助者。活动协助者应由有解决问题能力的人员担任，特别是具备 6σ 黑带资格的人员。协助者是掌管 TDR 所有活动、提供问题解决工具的人员。

（3）构建团队时要彻底执行跨部门团队原则，想办法实现 TDR 课题。

3. TDR 团队建设

团队建设是把课题具体化、制定 TDR 方向性的融解过程。

（1）团队建设阶段，TDR 活动小组成员间要充分沟通，成员们对课题的看法也需要达成一致。

（2）团队建设阶段是协助者对该课题解决活动提供相关实务性支援的阶段，协助者会提供项目问题所属的领域、问题分析及制定战略方向所需的工具和知识。

团队建设后，TDR 活动小组向管理层报告情况。管理层对 TDR 方向性进行验证，并对阻碍因素的解决提供支援。然后，TDR 活动小组向内外宣布 TDR 活动正式开始。团队建设工作应在两个工作日内完成。

下图给出××工厂 TDR 活动小组团队建设工作要点，以供参考。

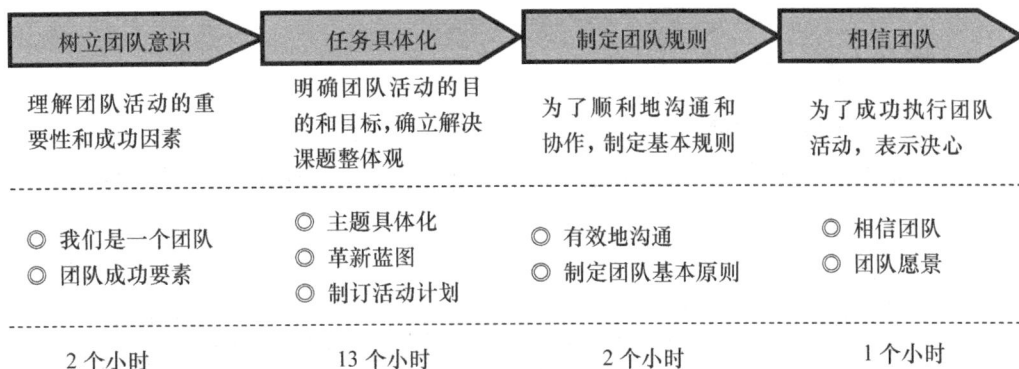

××工厂 TDR 活动小组团队建设工作要点

4. 各项 TDR 活动

本阶段应以 TDR 活动推进者为中心创造 TDR 成果，是正式开展 TDR 活动的阶段，本阶段要体现执行的最大化。

（1）TDR 活动过程中，TDR 团队定期与管理层面谈，管理层通过面谈检查中间产物，共享活动进展过程，使以后的推进课题及日程也得到管理层的承认。

（2）本阶段，协助者作用巨大。协助者需要遵守执行 TDR 活动改善流程，提醒 TDR 活动要集中解决的问题。为实现有效的支援活动，协助者需建立制订访问计划、检查主要要点、指示事项定期复查、TDR 活动履历管理等具体化的支援体系。

（续）

5. 结束报告会

结束报告会是向管理层报告 TDR 活动最终产出的阶段。TDR 活动小组通过结束报告，正式结束该活动。

（1）最终产出的归集与持续运用。最终产出包括 KPI 完成度、有共享价值的案例、后续定期复查计划等。TDR 的产出不是一次性结束的东西，要在实际工作中持续运用。

（2）TDR 活动评价。进行结束报告时，要对 TDR 活动进行现场评价。为确保评价的公正性，事前要对评价要素进行验证，检查 KPI 的完成度，确认定期复查计划的妥当性，同时也要让相关部门参与其中，使 TDR 活动成果能有效传达。

（3）定期复检督查。工厂应对 KPI 完成度进行监督，必要时向管理层做定期复查报告。

编制人员		审核人员		审批人员	
编制时间		审核时间		审批时间	

第三节　IE/VE 改善

一、标准工时计算

（一）标准工时计算的用途

标准工时是工厂 IE 改善的重要计量标准与管理手法，主要应用范围如图 15-8 所示。

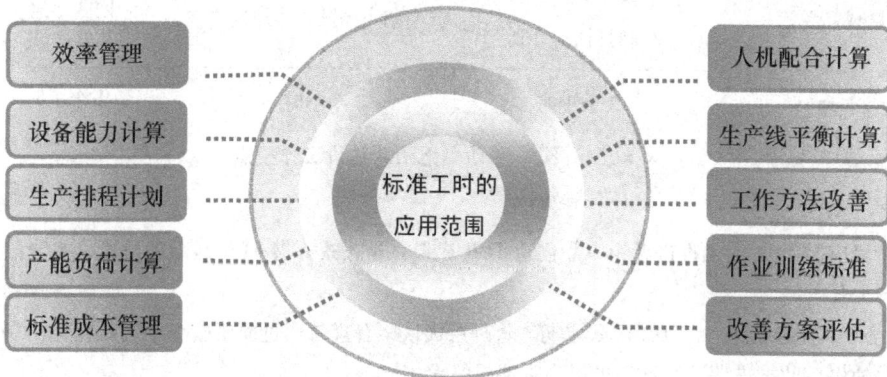

图 15-8　标准工时的应用范围

（二）标准工时构成

1. 标准工时计算法是运用在工厂管理、价格管理等重要环节的改善办法，具体构成要素如图15-9所示。

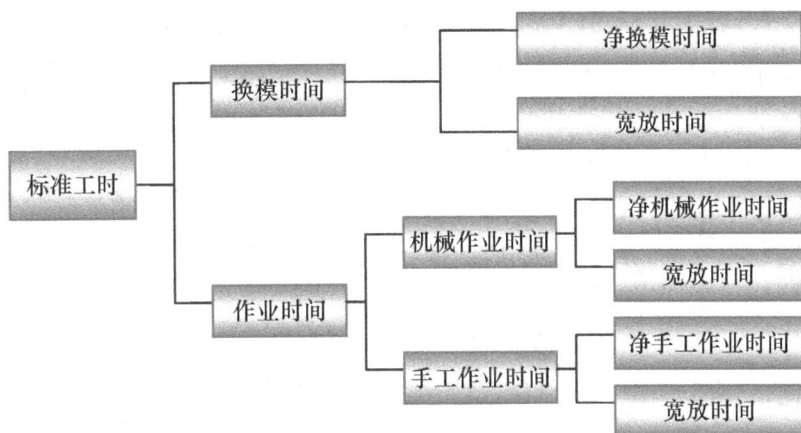

图15-9　标准工时的构成要素

2. 标准工时中的宽放时间主要指四类时间消耗，具体如图15-10所示。

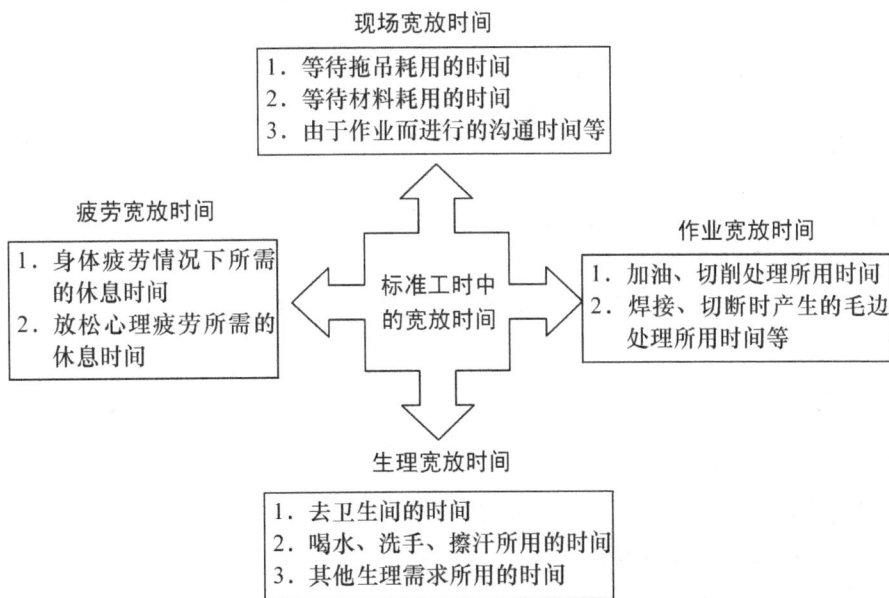

现场宽放时间
1．等待拖吊耗用的时间
2．等待材料耗用的时间
3．由于作业而进行的沟通时间等

疲劳宽放时间
1．身体疲劳情况下所需的休息时间
2．放松心理疲劳所需的休息时间

标准工时中的宽放时间

作业宽放时间
1．加油、切削处理所用时间
2．焊接、切断时产生的毛边处理所用时间等

生理宽放时间
1．去卫生间的时间
2．喝水、洗手、擦汗所用的时间
3．其他生理需求所用的时间

图15-10　标准工时中的宽放时间

（三）标准工时计算流程

作业法测定标准工时的流程如图15-11所示。

标准工时测算步骤	具体要求
衡量标准状态下工作所需时间	1．操作人员必须是合格的工人，且与工作适合 2．操作者需经过良好的训练 3．操作者在适宜的工作环境、正常的机器运作状态下用正常速度操作
记录并收集有关资料	常见资料收集内容包括如下 　被观测者基本资料，使用机器、工具等设备资料，工作环境资料，详细的工作方法及操作动作单元，工作材料的规格，预期工作结果及测定人员的姓名、测定时间及地点
划分工作单元	1．在不影响观测记录的前提下，工作单元划分越短越好 2．人力的操作时间与机器操作时间应分开划分 3．可变单元、超长单元应单独划分出来
测量时间工作	1．通常情况下，使用秒表测时法在现场进行测量并计算平均时间 2．测量人员站在操作人员后方易观察处进行，并避免与操作人员谈话 3．测量时应保证被测量人员的标准化操作
影响因素评比	1．对操作者的熟练程度、努力程度、工作环境、一致性进行评价 2．平均时间×（1＋评比系数）＝正常时间
改善方案评估	1．计算操作人员因私事、疲劳及作业中的延迟时间 2．注意工作环境的变化，在高温、嘈杂的作业环境下应适当增加宽放时间
计算标准工时	标准工时＝正常时间＋宽放时间

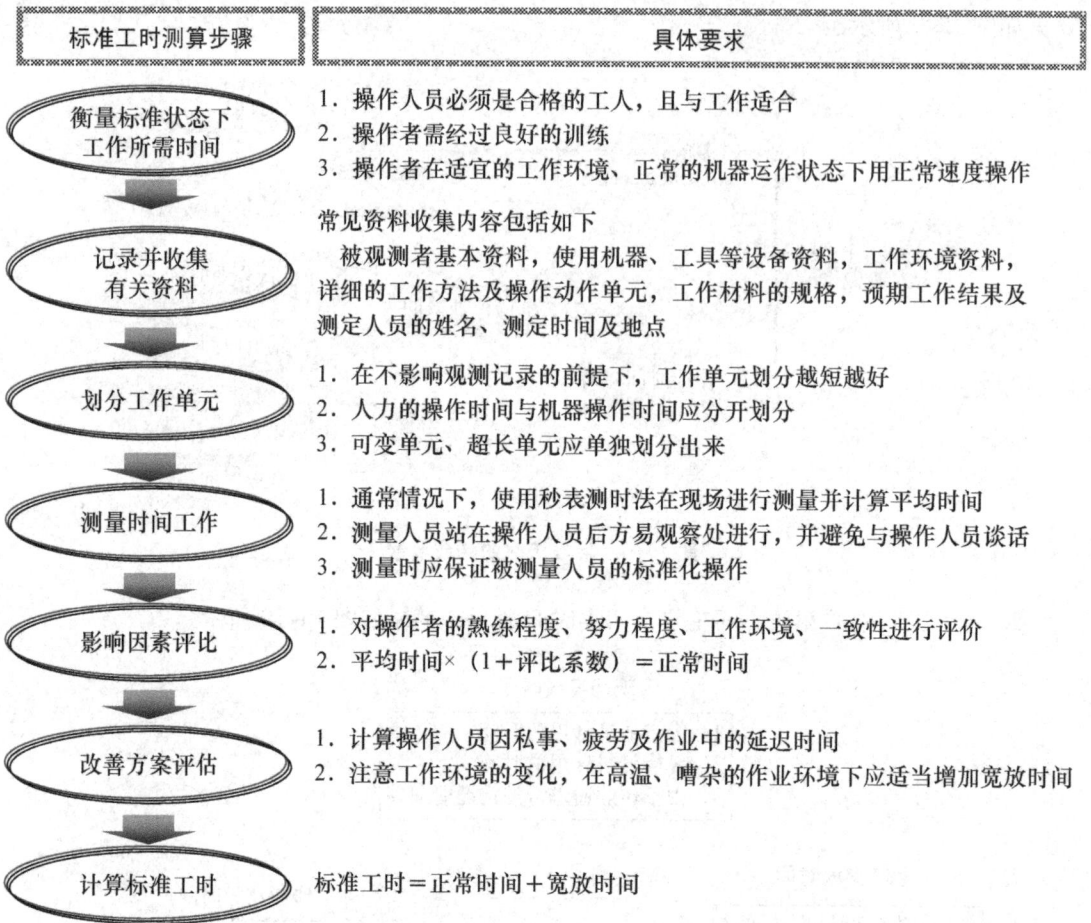

图 15-11　作业法测定标准工时的流程

二、工作程序分析

（一）工作程序分析用途

工作程序分析的改善用途如图 15-12 所示。

（二）工作程序分析改善方法

1. 5W2H 提问分析法

运用 5W2H 提问法对工作程序中各项作业环节进行分析，具体如图 15-13 所示。

2. ECRS 改善法

通过 5W2H 提问分析后，对工作程序进行改善，主要改善措施如图 15-14 所示。

图 15-12　工作程序分析的改善用途

项目		问题	分析内容
1	Why	目的是什么？	是否可去掉目的不明确的工序或动作？
2	Where	什么地方执行？	有没有其他更合适的位置或布局？
3	When	什么时间执行？	有没有更合适的时间或顺序？
4	Who	由谁来执行？	有没有其他更合适的人来执行？
5	What	执行什么操作？	是否可简化作业动作或内容？
6	How	怎样操作？	有没有更好的操作方法？
7	How much	需要多少费用？	改进项目各需要多少费用？经济性如何？

图 15-13　5W2H 提问及分析内容

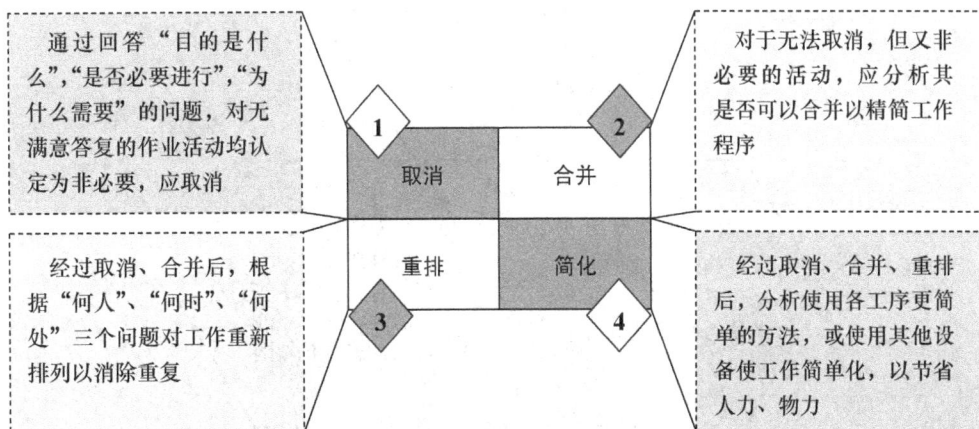

通过回答"目的是什么"，"是否必要进行"，"为什么需要"的问题，对无满意答复的作业活动均认定为非必要，应取消

对于无法取消，但又非必要的活动，应分析其是否可以合并以精简工作程序

经过取消、合并后，根据"何人"、"何时"、"何处"三个问题对工作重新排列以消除重复

经过取消、合并、重排后，分析使用各工序更简单的方法，或使用其他设备使工作简单化，以节省人力、物力

1 取消　　2 合并　　重排 3　　简化 4

图 15-14　ECRS 改善处理方法

（三）工作程序分析改善流程

工作程序分析改善流程如图15-15所示。

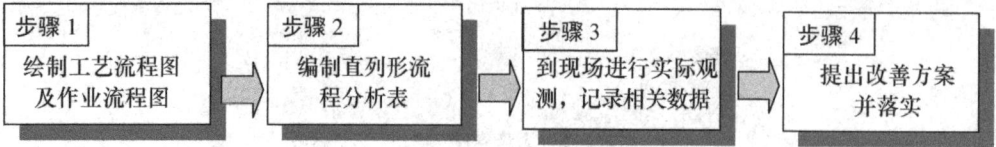

步骤1	步骤2	步骤3	步骤4
绘制工艺流程图及作业流程图	编制直列形流程分析表	到现场进行实际观测，记录相关数据	提出改善方案并落实

图15-15　工作程序分析改善流程图

三、人体动作分析

（一）人体动作分析的目的

人体动作分析的主要目的包括如图15-16所示的两个方面。

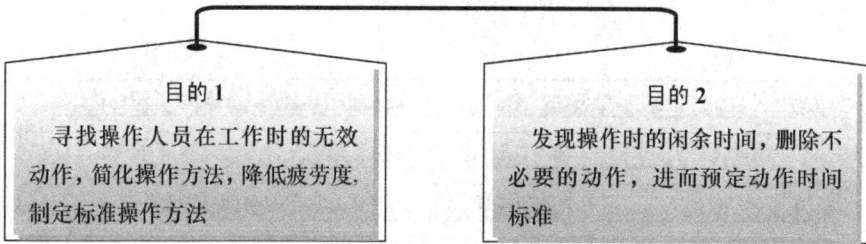

目的1
寻找操作人员在工作时的无效动作，简化操作方法，降低疲劳度，制定标准操作方法

目的2
发现操作时的闲余时间，删除不必要的动作，进而预定动作时间标准

图15-16　人体动作分析的目的

（二）人体动作分析实施要领

1. 人体动作分析的主要方法如图15-17所示。

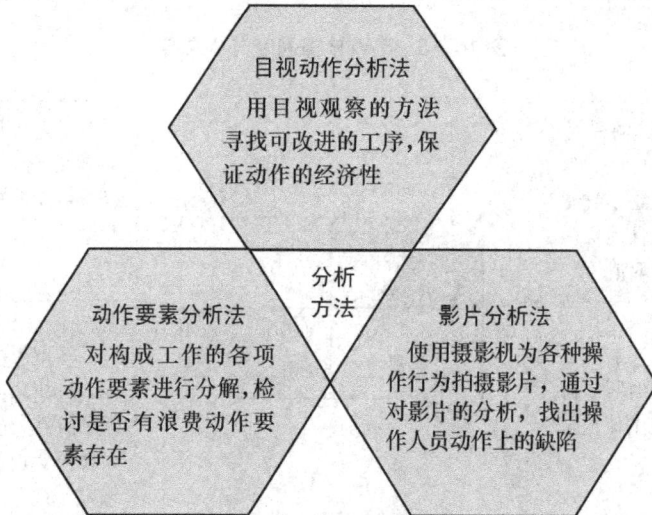

目视动作分析法
用目视观察的方法寻找可改进的工序,保证动作的经济性

动作要素分析法
对构成工作的各项动作要素进行分解,检讨是否有浪费动作要素存在

影片分析法
使用摄影机为各种操作行为拍摄影片，通过对影片的分析，找出操作人员动作上的缺陷

分析方法

图15-17　人体动作分析的主要方法

2. 人体动作分析的改善方法如图 15-18 所示。

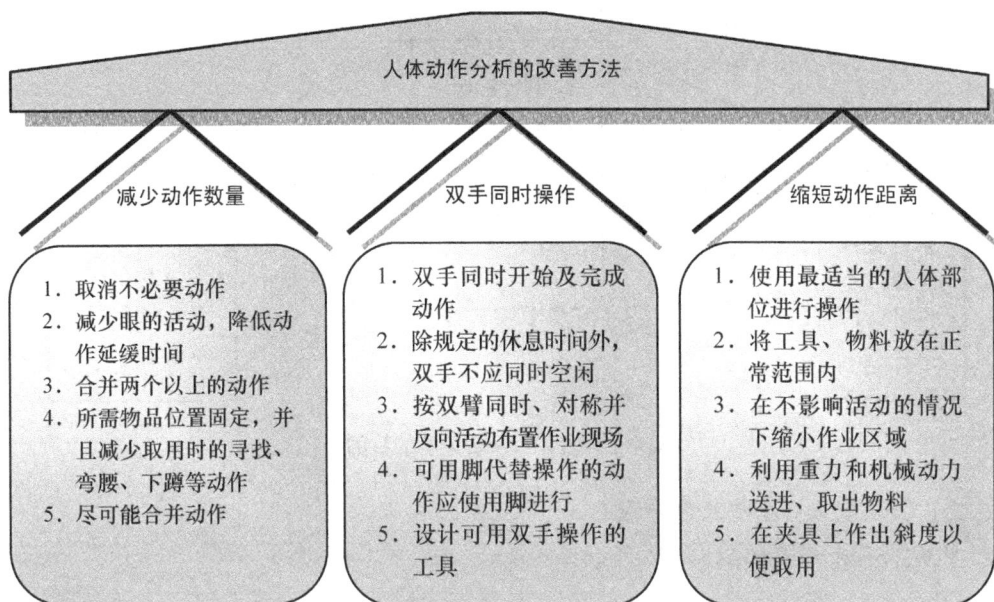

图 15-18 人体动作分析的改善方法

（三）人体动作分析改善对象

人体动作分析重点需要改善的工作如图 15-19 所示。

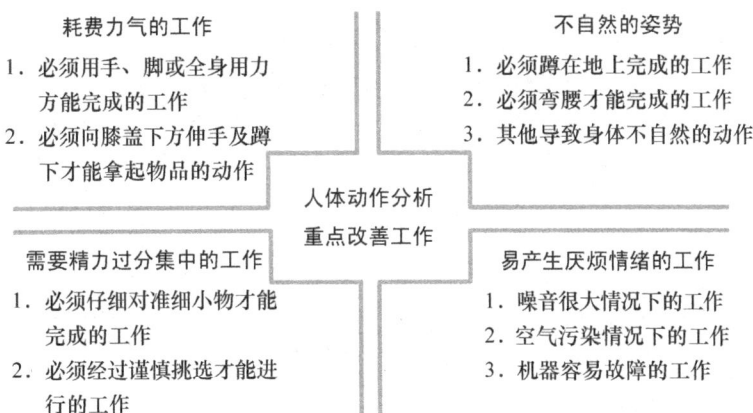

图 15-19 人体动作分析重点改善的工作

四、人机配合分析

（一）人机配合分析的目的

生产现场的人机配合分析主要是为了寻找人机配合之间可改善的项目，从而提高生产效率，具体如图 15-20 所示。

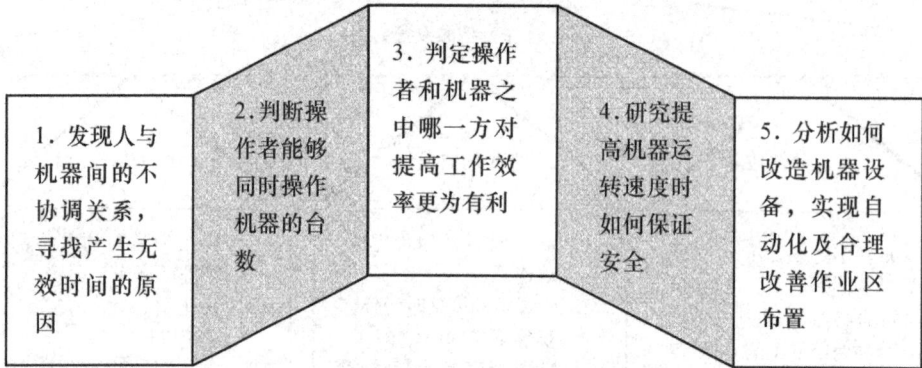

图 15-20　人机配合分析的目的

（二）人机配合分析与改善步骤

人机配合分析步骤如图 15-21 所示。

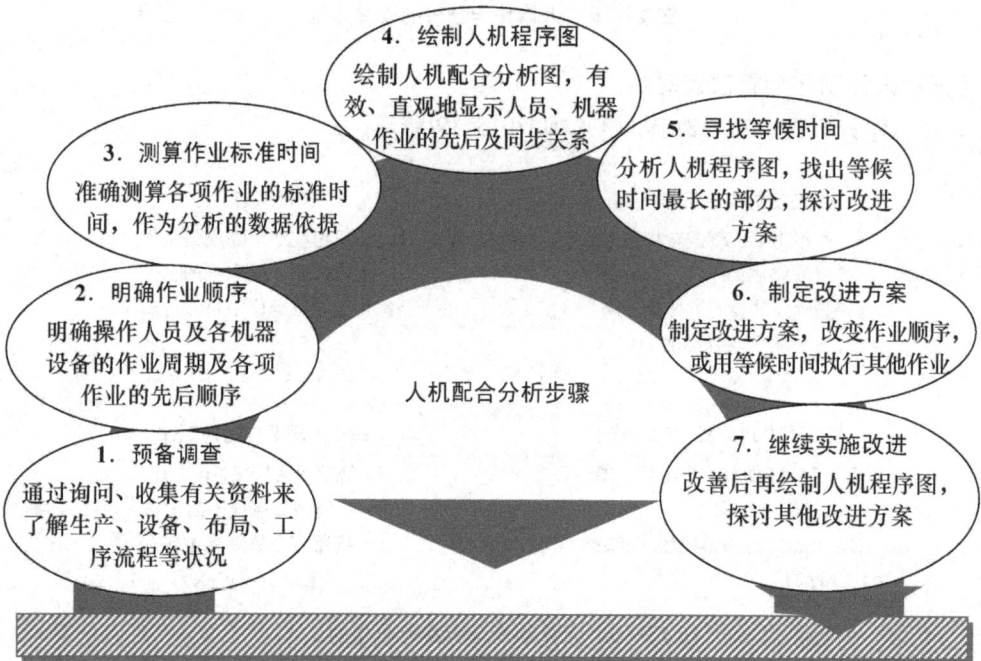

图 15-21　人机配合分析步骤示意图

（三）人机配合分析改善要领

人机配合分析改善的实施要领如图 15-22 所示。

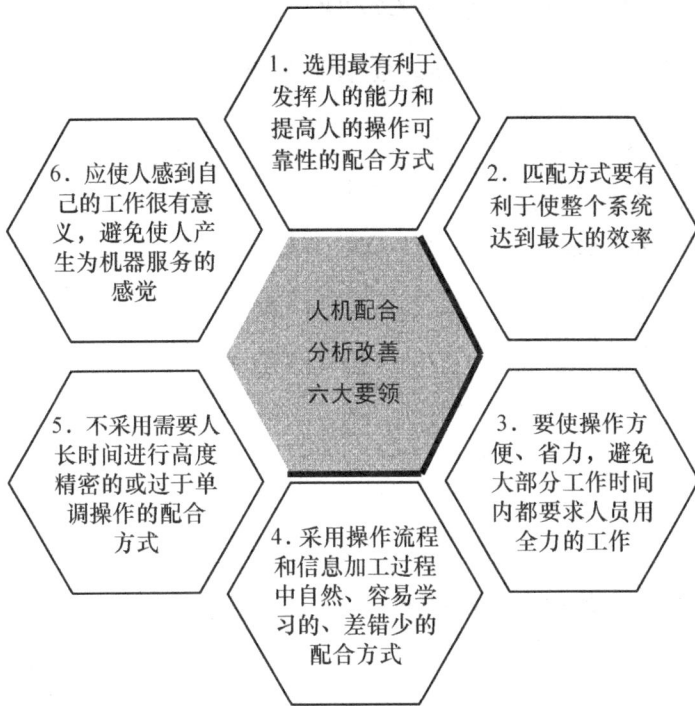

图 15-22　人机配合分析改善实施要领

《工厂现场精细化管理手册（第2版）》

编读互动信息卡

亲爱的读者：

感谢您购买本书。只要您以下三种方式之一成为普华公司的**会员**，即可免费获得普华每月新书信息快递，在线订购图书或向我们邮购图书时可获得免付图书邮寄费的优惠：①详细填写本卡并以**传真（复印有效）**或邮寄返回给我们；②登录普华公司官网注册成为普华会员；③关注微博：@普华文化（新浪微博）。会员单笔订购金额满 300 元，可免费获赠普华当月新书一本。

哪些因素促使您购买本书（可多选）

○本书摆放在书店显著位置　　　○封面推荐　　　　　　　○书名

○作者及出版社　　　　　　　　○封面设计及版式　　　　○媒体书评

○前言　　　　　　　　　　　　○内容　　　　　　　　　○价格

○其他（　　　　　　　　　　　　　　　　　　　　　　　　　　）

您最近三个月购买的其他经济管理类图书有

1.《　　　　　　　　　》　　　　2.《　　　　　　　　　》

3.《　　　　　　　　　》　　　　4.《　　　　　　　　　》

您还希望我们提供的服务有

1. 作者讲座或培训　　　　　　　2. 附赠光盘

3. 新书信息　　　　　　　　　　4. 其他（　　　　　　　　）

请附阁下资料，便于我们向您提供图书信息

姓　　　名		联系电话		职　　务	
电子邮箱		工作单位			
地　　　址					

地　　址：北京市丰台区成寿寺路 11 号邮电出版大厦 1108 室　北京普华文化发展有限公司（100164）

传　　真：010-81055644

读者热线：010-81055656

编辑邮箱：zhangguocai@puhuabook.com

投稿邮箱：puhua111@126.com，或请登录普华官网"作者投稿专区"。

投稿热线：010-81055633

购书电话：010-81055656　　　　　　淘宝店网址：http://shop60686916.taobao.com

媒体及活动联系电话：010-81055656　　邮件地址：hanjuan@puhuabook.com

普华官网：http://www.puhuabook.com.cn

博　　客：http://blog.sina.com.cn/u/1812635437

新浪微博：@普华文化（关注微博，免费订阅普华每月新书信息速递）